成渝地区双城经济圈建设进展与展望：2020—2025年

毛中根　丁如曦　吕朝凤　伍骏骞 等　著

本书受到以下项目资助：

1. 西南财经大学“双一流”建设项目

2. 四川省哲学社会科学基金“中国式现代化引领四川高质量发展研究”重大专项“中国式现代化进程中成渝地区双城经济圈建设研究”

3. 国家自然科学基金面上项目“中心城市引领城市群带动区域经济协调发展的机制与路径研究”

4. 四川省、重庆市社科规划“成渝地区双城经济圈建设”重大项目“成渝地区双城经济圈联手打造内陆开放高地研究”和“成渝地区双城经济圈协同建设现代产业体系研究”

科学出版社

北　京

内 容 简 介

本书首先围绕成渝地区双城经济圈建设五周年的成效进展、现实困难与未来展望展开论述。其次通过重要经济中心、科技创新中心、改革开放新高地、高品质生活宜居地等 4 个专题 22 章系统论述成渝地区双城经济圈在基础设施网络建设、产业发展、现代高效特色农业带建设、经济区与行政区适度分离改革、国际消费目的地建设、公共服务共建共享等方面的成就进展、问题困难及未来展望。

本书可供国家和地方政府相关决策者，发展经济学、区域经济学等相关领域的研究人员，非政府组织，以及关心西部经济社会发展的社会公众等参考。

图书在版编目（CIP）数据

成渝地区双城经济圈建设进展与展望 ： 2020—2025 年 / 毛中根等著. -- 北京 ： 科学出版社，2025. 1. -- ISBN 978-7-03-080224-8

Ⅰ. F127.71

中国国家版本馆 CIP 数据核字第 2024671A9E 号

责任编辑：陶 璇 王丹妮 / 责任校对：姜丽策
责任印制：吴兆东 / 封面设计：有道设计

科学出版社 出版
北京东黄城根北街 16 号
邮政编码：100717
http://www.sciencep.com
北京中科印刷有限公司印刷
科学出版社发行 各地新华书店经销
*
2025 年 1 月第 一 版 开本：787×1092 1/16
2025 年 1 月第一次印刷 印张：22
字数：510 000

定价：268.00 元

（如有印装质量问题，我社负责调换）

作 者 简 介

毛中根，1975 年出生，湖南武冈人，经济学博士、博士后。现任西南财经大学中国西部经济研究院院长、二级教授、博士生导师。国家“万人计划”哲学社会科学领军人才、中央宣传部文化名家暨“四个一批”人才、享受国务院政府特殊津贴专家、教育部“新世纪优秀人才支持计划”人选、教育部高等学校教学指导委员会委员、四川省“天府万人计划”天府文化领军人才、四川省学术和技术带头人。兼任（中国）消费经济学会副会长。主持国家社会科学基金重大项目、国家自然科学基金重点项目、霍英东教育基金会高等院校青年教师基金项目等课题。研究成果入选《国家哲学社会科学成果文库》，获高等学校科学研究优秀成果奖（人文社会科学）三等奖、商务部商务发展研究成果奖一等奖、四川省社会科学优秀成果奖一等奖等奖项。多篇研究报告获党和国家领导人重要批示。

丁如曦，1986 年出生，甘肃天水人，经济学博士、博士后。现任西南财经大学中国西部经济研究院副教授、硕士生导师。兼任中国区域经济学会理事、中国城市经济学会第七届理事、中国国土经济学会区域战略菁英会委员、《中国城市竞争力报告 No.15》副主编等。主持国家自然科学基金青年项目、国家自然科学基金面上项目、四川省哲学社会科学规划青年项目以及主研国家社会科学基金项目、教育部人文社会科学研究项目等国家级、省部级课题 10 余项。在《中国工业经济》《财贸经济》《统计研究》等刊物发表论文 30 余篇，出版中英文独著、合著共 4 部，参编《中国城市竞争力报告》系列报告、《中国西部开发开放报告 2021：成渝地区双城经济圈建设》等 10 余部。研究成果获省部级优秀科研成果特等奖、一等奖、三等奖以及中国城市经济学会优秀论文奖等。

吕朝凤，1981 年出生，四川自贡人，厦门大学经济学博士，墨西哥下加利福尼亚州自治大学蒂华纳分校访问学者。现任西南财经大学中国西部经济研究院教授、博士生导师。入选省级青年拔尖人才，获四川省社会科学优秀成果奖二等奖。主持国家社会科学基金项目、四川省哲学社会科学规划重大项目等 10 余项；参与国家自然科学基金重点项目、国家社会科学基金重大项目等 10 余项。在《经济研究》、《管理世界》、《经济学》（季刊）、《中国工业经济》、《金融研究》、*International Review of Financial Analysis*（《国际金融分析评论》）等期刊发表论文 40 余篇；出版教材《高级宏观经济学》《现代国际投资学》。

伍骏骞，1986 年出生，四川自贡人，浙江大学管理学博士，美国加利福尼亚大学戴维斯分校访问学者。现任西南财经大学中国西部经济研究院教授、博士生导师。入选省级青年拔尖人才，四川省学术和技术带头人后备人选。主持国家自然科学基金项目、教育部人文社会科学研究项目、四川省哲学社会科学规划“重点研究基地重大项目”等10余项；参与国家社会科学基金重大项目、国家发展和改革委员会（以下简称国家发展改革委）重大项目等20余项。出版专著1部；在《经济学》（季刊）、《管理世界》、《中国农村经济》等期刊发表论文60余篇；获四川省社会科学优秀成果奖二等奖、全国农业普查研究课题评审一等奖、钱学森城市学金奖提名奖等。

目　　录

总　　论

第一章　成渝地区双城经济圈建设：成效进展、现实困难与未来展望 …… 3
　第一节　成效进展 …… 4
　第二节　现实困难 …… 21
　第三节　未来展望 …… 36
　本章参考文献 …… 45

专题一　重要经济中心：设施与产业

第二章　成渝地区双城经济圈基础设施网络建设的成就、问题与展望 …… 49
　第一节　进展成就 …… 50
　第二节　存在的问题 …… 60
　第三节　未来展望 …… 63
　本章参考文献 …… 65
第三章　成渝地区双城经济圈产业发展的成就、困难与建议 …… 67
　第一节　发展成就 …… 67
　第二节　现实困难 …… 71
　第三节　发展建议 …… 75
　本章参考文献 …… 78
第四章　成渝地区双城经济圈战略性新兴产业集群打造的成就、困难与展望 …… 79
　第一节　发展成就 …… 79
　第二节　现实困难 …… 88
　第三节　未来展望 …… 91
　本章参考文献 …… 94
第五章　成渝地区双城经济圈现代服务业发展的成就、问题与建议 …… 96
　第一节　发展成就 …… 96
　第二节　发展问题 …… 103

第三节　发展建议 ······ 108
本章参考文献 ······ 112
第六章　成渝地区双城经济圈现代高效特色农业带建设的成就、困难与建议 ······ 114
第一节　发展成就 ······ 114
第二节　现实困难 ······ 119
第三节　发展建议 ······ 122
本章参考文献 ······ 124
第七章　成渝地区双城经济圈汽车产业发展的成就、困难与展望 ······ 126
第一节　发展成就 ······ 126
第二节　现实困难 ······ 132
第三节　未来展望 ······ 135
本章参考文献 ······ 137

专题二　科技创新中心：科教与人才

第八章　成渝地区双城经济圈新质生产力发展的成就、困难与展望 ······ 141
第一节　进展成就 ······ 142
第二节　现实困难 ······ 147
第三节　未来展望 ······ 149
本章参考文献 ······ 151
第九章　成渝地区双城经济圈科技创新空间布局的成就、挑战与展望 ······ 153
第一节　进展成就 ······ 154
第二节　问题与挑战 ······ 157
第三节　未来展望 ······ 160
本章参考文献 ······ 163
第十章　成渝地区双城经济圈技术转移支撑协同创新的成就、困难与展望 ······ 164
第一节　亮点与成就 ······ 164
第二节　现实困难 ······ 167
第三节　未来展望 ······ 170
本章参考文献 ······ 174
第十一章　成渝地区双城经济圈大学青年金融科技人才发展的成就、问题与建议 ······ 175
第一节　成就与进展 ······ 175
第二节　问题与挑战 ······ 184
第三节　建议与展望 ······ 188
本章参考文献 ······ 192

专题三　改革开放新高地：融合与开放

第十二章　成渝地区双城经济圈城乡融合发展的成就、困难与展望 …… 195
第一节　进展成就 …… 196
第二节　现实困难 …… 201
第三节　未来展望 …… 204
本章参考文献 …… 206
第十三章　成渝地区双城经济圈协同辐射发展的成就、挑战与展望 …… 207
第一节　进展成就 …… 207
第二节　现实挑战 …… 211
第三节　未来展望 …… 214
本章参考文献 …… 217
第十四章　成渝地区双城经济圈经济区与行政区适度分离改革的进展、问题与建议 …… 218
第一节　改革进展 …… 218
第二节　存在问题 …… 223
第三节　政策建议 …… 225
本章参考文献 …… 228
第十五章　成渝地区双城经济圈川渝毗邻地区功能平台建设的成就、困难与建议 …… 229
第一节　建设成就 …… 229
第二节　存在的困难 …… 233
第三节　对策建议 …… 236
本章参考文献 …… 238
第十六章　成渝地区双城经济圈内陆开放高地建设的成就、困难与展望 …… 240
第一节　进展成就 …… 241
第二节　现实困难 …… 246
第三节　未来展望 …… 249
本章参考文献 …… 251
第十七章　成渝地区双城经济圈西部陆海新通道建设的成就、困难与展望 …… 254
第一节　进展成就 …… 254
第二节　现实困难 …… 257
第三节　未来展望 …… 260
本章参考文献 …… 262

专题四　高品质生活宜居地：生态与民生

第十八章　成渝地区双城经济圈跨流域跨区域生态补偿机制建设的成就、问题与建议……265
第一节　进展成就……265
第二节　存在问题……270
第三节　政策建议……272
本章参考文献……276
第十九章　成渝地区双城经济圈国际消费目的地建设的成就、问题与展望……278
第一节　进展成就……278
第二节　存在问题……282
第三节　未来展望……285
本章参考文献……288
第二十章　成渝地区双城经济圈世界级休闲旅游胜地建设的成就、困难与展望……289
第一节　进展成就……289
第二节　现实困难……295
第三节　未来展望……296
本章参考文献……300
第二十一章　成渝地区双城经济圈公共服务共建共享的成就、挑战与展望……301
第一节　发展成就……301
第二节　面临挑战……307
第三节　未来展望……311
本章参考文献……313
第二十二章　成渝地区双城经济圈基本公共服务标准化便利化建设的成就、问题与展望……315
第一节　进展成就……315
第二节　存在问题……319
第三节　未来展望……324
本章参考文献……326
第二十三章　成渝地区双城经济圈多元包容社会治理格局构建的成就、问题与建议……327
第一节　发展成就……327
第二节　主要问题……335
第三节　政策建议……338
本章参考文献……340
后记……341

总　论

成渝地区双城经济圈在国家发展大局中具有独特而重要的战略地位，推动成渝地区双城经济圈建设、打造高质量发展重要增长极是党中央做出的重大决策部署。中共中央、国务院印发的《成渝地区双城经济圈建设规划纲要》(以下简称《规划纲要》) 明确指出，“尊重客观规律，发挥比较优势，把成渝地区双城经济圈建设成为具有全国影响力的重要经济中心、科技创新中心、改革开放新高地、高品质生活宜居地”(以下简称“两中心两地”)。站在成渝地区双城经济圈建设五周年的重要时点上，基于成渝地区双城经济圈建设的战略定位与地区实际，以“两中心两地”战略定位为论纲，构建以共建重要经济中心为基础、以共建科技创新中心为支撑、以构筑改革开放新高地为动力、以打造高品质生活宜居地为归宿的“四位一体”分析总框架，总结其建设成效与进展，揭示存在的现实困难，提出对策建议并展望未来发展，对于推动成渝地区双城经济圈建设走深走实具有重要意义。

第一章 成渝地区双城经济圈建设：成效进展、现实困难与未来展望

成渝地区双城经济圈在国家发展大局中具有独特而重要的战略地位。2020 年 1 月 3 日，习近平总书记主持召开中央财经委员会第六次会议，做出推动成渝地区双城经济圈建设、打造高质量发展重要增长极的重大决策部署，为未来一段时期成渝地区的发展提供了根本遵循和重要指引。2021 年 10 月，中共中央、国务院印发了《规划纲要》，标志着成渝地区双城经济圈建设迈上了加快推动高质量发展的新征程。2023 年 7 月，习近平总书记来川视察时强调，要坚持“川渝一盘棋”，加强成渝区域协同发展[①]。2024 年 4 月，习近平总书记在重庆视察时指出，重庆、四川两地要紧密合作，不断提升发展能级，共同唱好新时代西部“双城记”[②]。近五年来，川渝两地牢记习近平总书记嘱托，牢固树立一体化发展理念，强化战略协作、政策协同、工作协调，整合优势产业、优化竞合关系，着力发展新质生产力，促进区域更高质量协同发展，在合力推进基础设施互联互通、携手打造先进制造业集群、联合加强产业分工协作、共同推动科技创新合作、共建中国经济新的增长极和动力源、深化经济区与行政区适度分离改革等方面成绩突出、成效斐然，为区域经济社会高质量发展奠定了坚实基础。同时，随着一系列重大政策、项目和平台以及改革举措的落地实施，成渝地区双城经济圈的发展动能持续增强，吸引力、竞争力和辐射力显著提升。

2024 年，成渝地区双城经济圈建设进入第五个年头，站在成渝地区双城经济圈建设五周年的重要时点上，总结其建设成效与进展，揭示存在的现实困难，提出对策建议并展望未来发展，对于推动成渝地区双城经济圈建设走深走实具有重要意义。本书基于成渝地区双城经济圈建设的战略定位与地区实际，以“两中心两地”战略定位为论纲构建起成渝地区双城经济圈建设的“四位一体”分析总框架，即共建重要经济中心是成渝地区双城经济圈建设的基础，共建科技创新中心是成渝地区双城经济圈建设的支撑，构筑改革开放新高地是成渝地区双城经济圈建设的动力，打造高品质生活宜居地是成渝地区双城经济圈建设的归宿。在此过程中，构建区域协调发展新格局是成渝地区双城经济圈

① 习近平在四川考察时强调 推动新时代治蜀兴川再上新台阶 奋力谱写中国式现代化四川新篇章 返京途中在陕西汉中考察，https://www.sc.gov.cn/10462/13241/2023/7/29/8ca958f73980488d8352239f13a8408a.shtml，2023-07-29。

② 习近平在重庆考察时强调：进一步全面深化改革开放 不断谱写中国式现代化重庆篇章，https://www.gov.cn/yaowen/liebiao/202404/content_6947266.htm，2024-04-24。

建设“四位一体”联动的保障。为此，本书按照“四位一体”及以区域协调发展为保障的架构，总结建设成效进展，揭示现实困难，并对未来进行展望。

第一节 成效进展

自2020年1月中央做出成渝地区双城经济圈建设重大部署以来，成渝地区双城经济圈在基础设施、公共服务、制度机制以及经济发展、对外开放、民生改善、生态保护等多个方面的建设工作稳步推进，尤其是聚焦《规划纲要》提出的发展目标和重点建设任务，在重要经济中心建设、科技创新中心建设、改革开放新高地建设、高品质生活宜居地建设和区域协调发展等方面取得了重要成效进展。

一、重要经济中心建设方面

（一）经济规模及占比持续提升

作为经济圈，经济建设是其核心内容。近年来，成渝地区双城经济圈的经济建设取得显著成效。统计数据显示（表1-1），一方面，经济总量及全国占比不断增大。2023年，成渝地区双城经济圈经济总量达81 986.67亿元，相比于2019年（63 000.00亿元）增长了30.14%，占全国比重由2019年的6.3%提升至6.5%，相较2022年增长0.1个百分点[①]。其中，成都都市圈经济总量达27 845.3亿元，占四川全省的比重为46.3%，重庆主城都市区经济总量达23 120.1亿元，占重庆市的比重为76.7%；成都市地区生产总值由2019年的17 012.65亿元提升至2023年的22 074.70亿元，增长29.75%。重庆市地区生产总值由2019年的23 605.77亿元提升至2023年的30 145.79亿元，增长27.71%。2023年成都市和重庆市地区生产总值分别占成渝地区双城经济圈的26.92%和36.77%，双核（成都市和重庆市）在经济圈经济建设中的支撑作用突出。

表1-1 2019—2023年成渝地区双城经济圈地区生产总值及占比情况

年份	地区生产总值/亿元	地区生产总值全国占比	地区生产总值西部占比
2019	63 000.00	6.3%	—
2020	—	—	—
2021	73 919.21	6.5%	30.8%
2022	77 587.99	6.4%	30.1%
2023	81 986.67	6.5%	30.4%

资料来源：《规划纲要》、重庆市统计局网站等

另一方面，人均地区生产总值加快提升。成渝地区双城经济圈内市区县层面人均地

① 2023年成渝地区双城经济圈经济发展监测分析，https://tjj.cq.gov.cn/zwgk_233/fdzdgknr/tjxx/sjjd_55469/202403/t20240306_12999005.html，2024-03-06。

区生产总值平均值由 2020 年的 67 174 元提升至 2022 年的 78 848 元，提高 17.38%[①]。四川省 2023 年人均地区生产总值为 71 835 元，相较于 2019 年的 55 774 元增长了 28.80%。其中，成都市人均地区生产总值由 2019 年的 84 584 元提升至 2023 年的 103 465 元，2023 年人均地区生产总值高于全国水平（89 358 元）15.79%。重庆市 2023 年人均地区生产总值为 94 135 元，相较于 2019 年的 758 28 元增长了 24.14%[②]。

（二）现代产业体系加快构建

成渝地区双城经济圈产业协同载体建设和优势产业集群协同培育已见成效，产业集群规模不断扩大。2024 年发布的《共建成渝地区双城经济圈 2024 年重大项目清单》显示，2024 年实施的 300 个重大项目中，现代产业类项目占比超过三分之一，聚焦协同建设电子信息、装备制造等现代产业集群[③]。2024 年 1—5 月，300 个共建成渝地区双城经济圈重大项目完成投资 1884.6 亿元[④]。从一、二、三次产业的产值看，总体保持良好增长态势。2022 年，成渝地区双城经济圈第一产业增加值 6469.55 亿元，占全国的 7.3%，比上年增长 4.2%，高于全国平均水平 0.1 个百分点；第二产业增加值 29 890.58 亿元，占全国的 6.2%，比上年增长 3.8%，与全国持平；第三产业增加值 41 227.86 亿元，占全国的 6.5%，比上年增长 2.2%。三次产业结构为 8.3：38.5：53.2，第二产业占比比上年提高 0.3 个百分点，第三产业占比高于全国平均水平 0.4 个百分点[⑤]。

同时，以优化都市圈为重点、以同城化为导向，加快现代产业体系构建，逐步形成了极核引领、轴带串联、多点支撑的空间发展格局。其中，成都都市圈东北方向布局成德临港经济产业带，西南方向布局成眉高新技术产业带，东南区域布局成资临空经济产业带，多轴带融合发展，协同推动成都都市圈东进，实现与重庆都市圈的经济联动。截至 2024 年 3 月底，成都都市圈 57 个重大产业项目完成年度投资 146.6 亿元，占年度计划的 37%[⑥]。2023 年，成德临港经济产业带完成年度投资 330.53 亿元，占年度计划的 104.74%[⑦]，成眉高新技术产业带截至 2022 年初已有成都、眉山两地产品配套企业 130 户，在建工业项目 56 个，总投资达 362 亿元，产业生态圈初步形成[⑧]。此外，成渝地区双

---

① 基于成渝地区双城经济圈涉及的四川 15 个地级及以上城市，以及重庆 27 个区（县）及开州、云阳的部分地区[为了便于区（县）层面的数据收集和分析，以下简称重庆 29 个区（县）]的相关数据计算得到。

② 资料来源：国家统计局及地区统计年鉴。

③ 成渝地区双城经济圈建设向纵深推进，https://www.thepaper.cn/newsDetail_forward_27275264，2024-05-06。

④ 协同发展双向奔赴 聚力推进双城经济圈建设取得更多标志性成果，https://www.cq.gov.cn/zt/cydqscjjq/spbb_122003/202406/t20240625_13322045.html，2024-06-25。

⑤ 川渝统计局联合发布《2022 年成渝地区双城经济圈经济发展监测报告》成渝地区双城经济圈 GDP 为 77587.99 亿元，https://www.sc.gov.cn/10462/10464/10797/2023/4/3/7c5cef33e76a494a8cb096b219d73450.shtml，2023-04-03。

⑥ 成都都市圈项目建设实现“开门红” 158 个重大项目完成年度投资 332.9 亿元，http://cdmztch.com/news/id/2488.html，2024-04-19。

⑦ 四大“合作” 推进成德临港经济产业带高质量发展，https://www.chengdu.gov.cn/cdsrmzf/c137429/2024-03/14/content_c6ce48402f1c4a6aab9c7497f1794375.shtml，2024-03-14。

⑧ “双核”引领 “双圈”互动，https://www.sc.gov.cn/10462/10464/10797/2022/1/4/c5e3d68f11554cf5ab64c96401aa27e6.shtml，2022-01-04。

城经济圈中，成都和重庆为生产服务功能中心，其余城市为生产制造功能主导的中心——外围分工格局正逐步显现，不同城市主导功能分工水平也明显提升（丁如曦和乔莹莹，2024）。

（三）基础设施互联互通有序推进

基础设施是成渝地区双城经济圈打造经济中心的重要内容和硬件支撑，基础设施网络建设不仅有助于加强区域内的互联互通，也可以为经济圈开放和发展提供强有力的交通支撑。成渝地区双城经济圈区域间交通内联外畅建设成效明显，成都、重庆“1 小时交通圈”基本形成，对优化区域产业布局、助力区域对外开放、拉动区域经济增长形成了良好的硬件支撑。

第一，加快打造世界级机场群。2022 年 2 月，由中国民用航空局综合司印发的《民航局关于加快成渝世界级机场群建设的指导意见》指出，要“以成都、重庆国际航空枢纽功能建设为牵引，加快打造西部对外开放空中大通道”。截至2024年6月19日，仅成都天府国际机场就已累计开通国内航线 332 条，国际及地区航线 59 条；2024 年 1—5 月，旅客总量 2215 万人次，货邮总量 14.2 万吨；2023 年旅客吞吐量、货邮吞吐量分别达 4478.6 万人次、24.6 万吨①。2022 年，成都双流国际机场、成都天府国际机场、江北国际机场旅客吞吐量分别位居全国第 6 位、第 10 位和第 2 位，货邮吞吐量分别实现 53 万吨、8.2 万吨和 42 万吨②。

第二，加速推进轨道交通建设。截至 2022 年底，四川、重庆两省市高铁通车里程分别为 1391 公里、1023 公里，成都、重庆城市轨道交通运营里程分别位列西部地区第一和第二。《城市轨道交通 2023 年度统计和分析报告》显示，截至 2023 年底，全国累计运营线网规模达到 100 公里及以上的城市共 29 个，其中，上海和北京超过 900 公里，在全国处于领跑地位，成都和重庆运营线路长度超过 500 公里，位居全国前列。从 2023 年主要城市群城市轨道交通开通运营线路规模对比情况来看（图 1-1），长三角城市群运营线路分布最为密集，全国占有率接近三分之一；成渝地区双城经济圈运营线路的全国占比为 11.60%，与京津冀城市群相近。2023 年成渝地区轨道交通全产业链生产总值突破 4000 亿元③。

第三，持续完善公路网络体系。截至 2022 年底，重庆市高速公路通车里程达到 4002 公里，高速公路密度为 0.0486 公里/公里^2，相较于 2019 年提高了 23.8%；四川省高速公路通车里程为9179公里，高速公路密度为0.0189公里/公里^2，相较于2019年提高了22.0%④。

① 通航三周年 成都天府国际机场初步达成国际航空主枢纽目标，https://local.cctv.com/2024/06/27/ARTIHqDYEZERhibrN6YtpYt4240627.shtml，2024-06-27。

② 双城经济圈一体化发展“成绩单”来了，https://www.cq.gov.cn/ywdt/jrcq/202312/t20231210_12678763.html，2023-12-10。

③ 新质生产力在中国丨成渝地区打造千亿级轨道交通产业集群，https://baijiahao.baidu.com/s?id=1793822967270093836&wfr= spider&for=pc，2024-03-18。

④ 双城经济圈一体化发展“成绩单”来了，https://www.cq.gov.cn/ywdt/jrcq/202312/t20231210_12678763.html，2023-12-10。

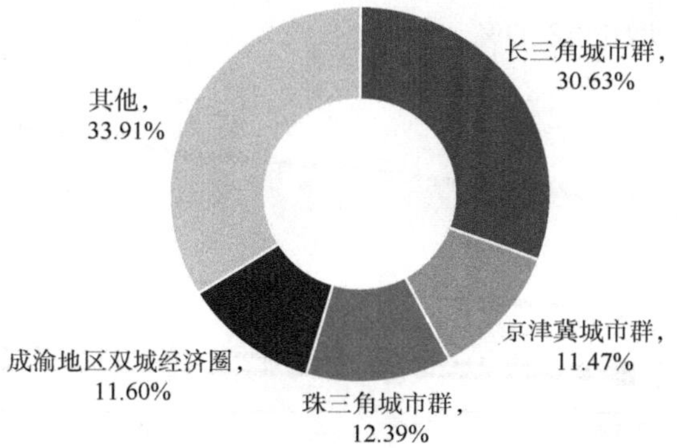

图 1-1　2023 年主要城市群城市轨道交通开通运营线路规模对比

资料来源：《城市轨道交通 2023 年度统计和分析报告》

《2023 年度中国主要城市道路网密度与运行状态监测报告》显示，2022 年，成都市道路网密度为 8.6 公里/公里^2，位居全国主要城市第 3 名；重庆市道路网密度为 7.4 公里/公里^2，与上海市接近，位居全国主要城市第 8 名。

二、科技创新中心建设方面

（一）区域协同创新布局基本形成

创新是发展的第一动力，形成区域协同创新格局助力科技创新中心建设，是成渝地区双城经济圈建设科技创新中心的重要内容之一。在科技协同创新方面，成渝地区双城经济圈先后出台并落实《成渝地区建设具有全国影响力的科技创新中心总体方案》《关于进一步支持西部科学城加快建设的意见》等系列文件，为形成区域协同创新布局提供政策支撑。截至 2023 年底，川渝两省市累计建成国家级创新平台 236 个，支持科技合作项目 147 项，并联合组建了川渝技术转移联盟、科研院所联盟等一批协同创新机构，区域协同创新布局基本形成①。《2023 成渝地区双城经济圈协同创新指数》显示，2020—2022 年，成渝地区双城经济圈协同创新总指数增长 57.07%，年均增速 25.33%。其中，成果共享指标增幅最大，2022 年相较于 2020 年增长 109.77%，年均增长 44.83%，其次是环境支撑指标和产业联动指标，相较于 2020 年分别增长了 82.36%和 53.42%。

从四大城市群 2018—2021 年研究与试验发展（research and experimental development，R&D）内部经费支出总量（图 1-2）和人均值（图 1-3）的对比情况来看，成渝地区双城经济圈相关投入水平略高于京津冀城市群，但与长三角城市群、珠三角城市群仍存在一定差距。2018—2021 年，成渝地区双城经济圈 R&D 内部经费支出总量和人均值呈现出稳步上升的趋势。其中，R&D 内部经费支出总量从 2018 年的 1075.67 亿元增加至 2021 年的 1611.95 亿元，增长 49.86%；人均 R&D 内部经费支出从 2018 年的 1058.43 元提升至

① 推动成渝地区双城经济圈建设科技协同创新专项工作组第六次会议在重庆举行，https://www.most.gov.cn/dfkj/sc/zxdt/202311/t20231103_188657.html，2023-11-03。

2021 年的 1566.82 元，增长 48.03%。

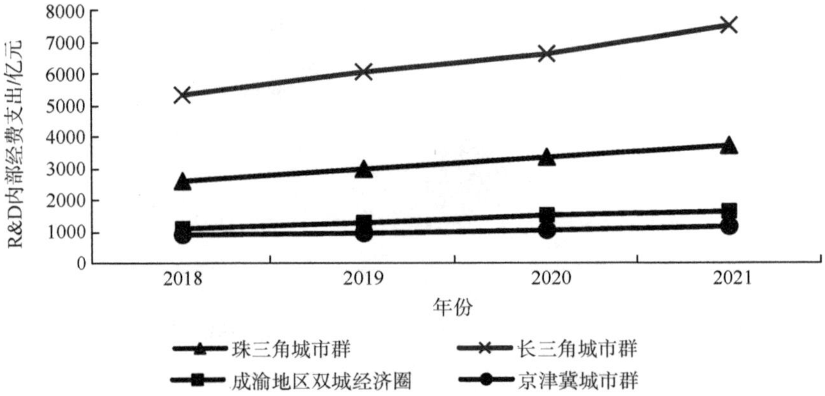

图 1-2 四大城市群 2018—2021 年 R&D 内部经费支出对比

资料来源：根据《中国城市统计年鉴》整理得到

受数据可得性限制，计算时选取地级及以上城市数据进行城市群层面的汇总。珠三角城市群样本为其涵盖的 9 个城市，长三角城市群样本为其涵盖的 25 个城市，成渝地区双城经济圈样本为其涵盖的四川省 15 个城市以及重庆市整体，京津冀城市群样本包含北京市、天津市以及河北省的 11 市，不包括安阳市。图 1-3、图 1-4、图 1-5 同

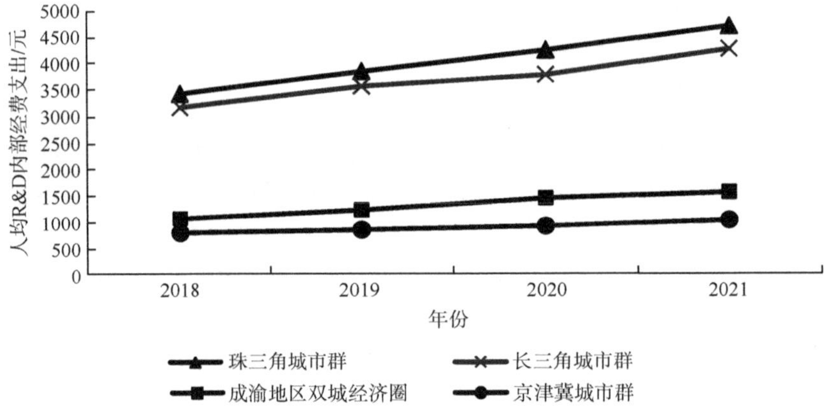

图 1-3 四大城市群 2018—2021 年人均 R&D 内部经费支出对比

资料来源：根据《中国城市统计年鉴》整理得到

从科技创新成果看（图 1-4），2018—2021 年成渝地区双城经济圈科技创新成效显著。成渝地区双城经济圈专利授权数从 2018 年（128 715 项）到 2021 年（216 623 项）增长了 68.30%，每万人专利授权数由 2018 年的 12.67 项提高到 2021 年的 21.06 项，增长 66.22%。但与长三角城市群、珠三角城市群、京津冀城市群相比，成渝地区双城经济圈科技创新成果总量及人均值还存在一定差距。

（二）科创平台与政策支撑打牢基础

近年来，成渝地区双城经济圈出台了一系列政策支撑科技成果落地，并共同打造政

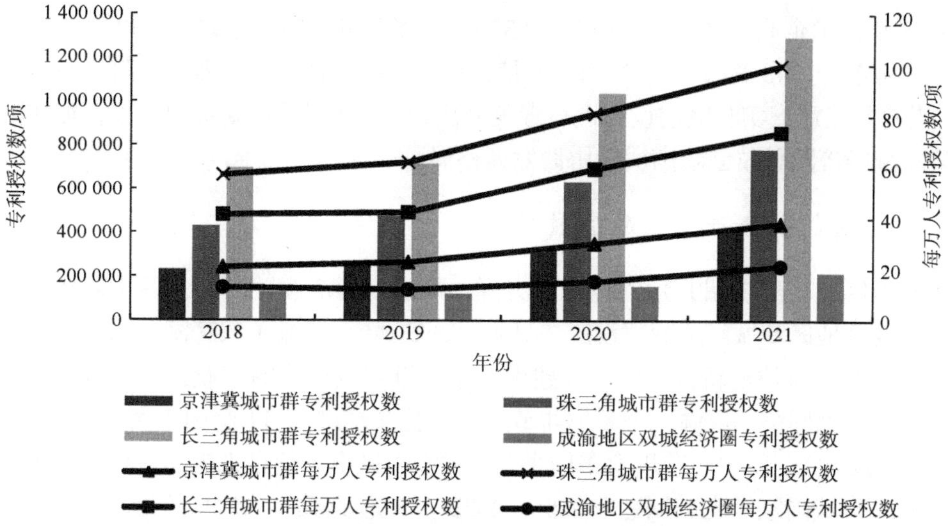

图 1-4　四大城市群 2018—2021 年科技创新成果对比

资料来源：根据《中国城市统计年鉴》整理得到

企合作平台，促进优势产业核心竞争力提升，更好地增强了成渝地区双城经济圈人才培养及科技创新能力，巩固了创新基础，有效催生了更多创新成果。

借势于成渝地区双城经济圈不断出台的相关政策，作为双核的成都市和重庆市的科技创新竞争力提升成效明显。2023 年末，成都市拥有国家级科技创新平台 146 个，全年实施关键核心技术攻关重点研发项目 114 个，技术合同成交额 1614.2 亿元，全市高新技术产业营业收入达 14 372.2 亿元，年末高新技术企业突破 1.3 万家，同比增长 13.3%[①]。2023 年，重庆市新认定高新技术企业 3071 家，新增入库科技型企业 15 535 家，高新技术企业和科技型企业分别达到 7565 家、58 524 家，分别较 2022 年底增长 19.2%、36.1%[②]。

2020 年，四川军民融合大型科学仪器共享平台（17 共享网）重庆中心成立，平台将高效促成校企合作，破解部分行业难题。绵阳市建立的“云上大学城”“云上科技城”，为成渝地区双城经济圈共享科技创新资源和连接全球创新资源、打造科技创新大市场提供了更大的平台，加速了高端创新资源汇聚，推动了科技成果的落地转化。截至 2023 年底，“云上大学城”和“云上科技城”已入驻知名高校 24 所，吸引顶尖创新团队 29 个，高校院所发布科技成果 460 项[③]。截至 2022 年，川渝两省市国家级重点实验室达 28 个，聚焦人工智能、自动驾驶等领域实施的重点联合研发项目同比增长 81.3%，达到

① 2023 年成都市国民经济和社会发展统计公报，https://cdstats.chengdu.gov.cn/cdstjj/c154795/2024-03/30/content_68e47282894d4e47a77e59f5592808ab.shtml，2024-03-30。

② 2023 年重庆市科技型企业和高新技术企业“双倍增”行动计划取得显著成效，https://www.most.gov.cn/dfkj/cq/zxdt/202402/t20240205_189613.html，2024-02-05。

③ 以资源聚集推动协同创新，积极打造成渝地区双城经济圈创新高地 服务“创新金三角”绵阳这样做好协同，https://www.sc.gov.cn/10462/10464/10465/10595/2023/12/20/ce7b955cbf5b4119b95d0cf82cb09769.shtml，2023-12-20。

29 个；高新技术企业数量比 2020 年（12 376 家）增长 69.1%，达到 20 930 家，增速远高于全国平均水平（48.2%）。2023 年 11 月，重庆市科学技术局、四川省科学技术厅联合印发《川渝共建重点实验室建设与运行管理办法》，意在促进创新资源集聚，加快形成成渝地区双城经济圈科技创新高质量协调发展格局。

（三）科创融合产业创新成效显著

成渝地区双城经济圈共建优势产业集群，加快现代产业链构建，科技创新赋能产业创新助力成渝地区双城经济圈建设成势见效。2023 年，成渝（兴隆湖）综合性科学中心和“一带一路”科技创新合作区启动建设，第二批双城经济圈产业合作示范园区获批，全国一体化算力网络（成渝）国家枢纽节点建设扎实推进①；11 个国家大科学装置、5 个国家产业（技术）创新中心在川渝布局建设。成渝地区电子信息先进制造集群成为全国首个入选的跨省域国家级先进制造业集群，2022 年规模达到 1.68 万亿元，占全国比重达 10.9%，成为中国第三、全球前十的电子信息制造业聚集地。2022 年，四川、重庆两省市高新技术企业总量分别占全国 1.9%、4.2%，培育优质企业成效明显。2022 年，川渝共计研发首台（套）产品 182 个，30 余家川渝企业在海外建立创新研发机构②。

三、改革开放新高地建设方面

（一）两区适度分离改革积极探索

成渝地区双城经济圈经济区与行政区适度分离改革积极探索、逐步推进，在跨行政区市场建设、产业合作、资源配置以及利益分配等方面均取得一定成效。

在体制机制上，跨行政区合作机制不断完善。一是统筹协调协商机制确立。川渝两省市建立了党政联席会议、常务副省市长协调会议、干部互派挂职等一系列工作机制。二是合作共建机制和模式不断创新。推动建立包括战略合作、专项合作等在内的合作机制，探索形成“飞地园区”等多种合作模式。三是经济区与行政区适度分离改革探索取得突破。川渝毗邻地区在区域发展功能平台集成探索上率先破题，专门出台规划并加快建设川渝高竹新区、万达开川渝统筹发展示范区等 10 个毗邻地区区域发展功能平台。其中，川渝高竹新区按照“经济区与行政区适度分离改革试验区”定位，在跨省域运行管理、政策协同、要素保障、产业发展、公共服务等方面积极探索，包括建立扁平有效运行管理模式、健全协调联动政策协同体系、探索共保共优要素保障机制及协同立法机制等。2024 年 7 月底，川渝协同立法项目——《关于川渝高竹新区行政管理事项的决定》，先后在四川、重庆两省市召开的人民代表大会常务委员会会议上表决通过，意味着全国

---

① 2023 年成渝地区双城经济圈经济发展监测分析，https://tjj.cq.gov.cn/zwgk_233/fdzdgknr/tjxx/sjjd_55469/202403/t20240306_12999005.html，2024-03-06。

② 崛起的科创“新高地”——成渝地区共建“一带一路”科技创新合作区，https://www.gov.cn/lianbo/difang/202311/content_6913683.htm，2023-11-05。

首个跨省域共建新区依法取得行政主体资格和相应行政管理权限。

在市场建设上，有效推动建设高标准一体化市场体系。2023 年初，重庆市人民政府办公厅、四川省人民政府办公厅印发《推动成渝地区双城经济圈市场一体化建设行动方案》，提出构建一体化综合交通运输网络、共建公平竞争审查制度等要求，为区域市场一体化建立良好的基础。此外，川渝两省市还联合出台《重庆成都都市圈市场监管联动联建重点措施（2023—2027 年）》《川渝公共信用信息共享目录》等，加强两地市场监管联动，完善跨区域投诉举报转办机制。

在产业合作上，加快推进共建产业园区并联合开展招商引资工作。川渝两省市积极探索“一区多园”等产业园区合作模式，加快推进省级产业合作示范园区建设。2023 年，川渝两省市联合制定成渝地区双城经济圈跨区域产业协同招商十条措施，共同发布“双城双百”产业机会清单，推出投资项目规模扩大；成功举办首届成渝地区双城经济圈民营经济高质量发展合作峰会。

在资源配置上，建立重大项目用地管理协同机制和高层次人才互认机制。川渝两地实施 17 个全域土地综合整治试点，探索建设用地统一管理体系。在全国率先实现跨区域人才职称评价互认。截至 2023 年底，已共享共用专家资源 4 万余名，“重庆英才服务卡”与“天府英才卡”实现 7488 名高层次人才互认，有力促进了人才的区际流动[①]。2023 年，重庆联合产权交易所集团与四川联合环境交易所共同搭建“川渝碳中和联合服务平台”，川渝联合成立川渝“双碳”产业计量创新联盟，加强在能源环境领域的合作。

在利益分配上，创新体制机制实现利益共享。以川渝高竹新区为例，该新区由重庆市渝北区茨竹镇、大湾镇的部分行政区域和四川省广安市邻水县高滩镇、坛同镇的部分行政区域组成，实行“经济活动一体开展，社会事务分区管理”[②]，探索构建“小管委会+大公司”运行管理模式，成立全国首个跨省域税费征管服务中心，建立跨省政务服务中心等。按照“权责对等、成本共担、利益共享”原则，广安市、渝北区对新区建设初期的人员工资、运转经费和项目前期费用同等公摊。将新区原有存量企业、地块锁定，实行“存量收益各自分享，增量收益五五分成”[③]。在经济区与行政区适度分离改革基础上初步形成一批实践成果，新区开出的首张税票入选党的二十大“奋进新时代”主题成就展、被中国国家博物馆永久收藏，国家发展改革委将新区“探索构建‘小管委会+大公司’运行管理模式，成立全国首个跨省税费征管服务中心”[④]等做法，首次在全国通报

① 川渝共同探索经济区与行政区适度分离改革 实现多项“全国首个” 晒出五张“成绩清单”，http://cq.people.com.cn/n2/2023/1213/c367697-40676063.html，2023-12-13。

② 川渝高竹新区：蹚出一条改革新路径 形成更多标志性成果，https://www.guang-an.gov.cn/gasrmzfw/bmdt/pc/content/content_1773850000124063744.html，2024-03-30。

③ 《川渝高竹新区总体方案》出炉 这个跨省新区如何建？，https://www.sc.gov.cn/10462/10464/10797/2021/1/12/35de65b3b75547a29177784386d2c60a.shtml，2021-01-12。

④ 成渝地区双城经济圈 18 条经验做法缘何获全国推广 这是继长三角、粤港澳大湾区之后，国家发改委第三次向全国推广跨区域协作经验，https://www.cq.gov.cn/ywdt/jrcq/202309/t20230925_12370311.html，2023-09-25。

推广。

（二）国际经贸往来持续拓展深化

近年来，依托西部陆海新通道、中欧班列等开放大通道，成渝地区双城经济圈对外开放程度不断提升，国际经贸往来持续拓展深化。统计数据显示（图 1-5），2018—2021 年，成渝地区双城经济圈进出口总额由 11 021.12 亿元提高至 17 444.19 亿元，增长 58.28%，占全国比重由 3.61%增长至 4.50%，提升了 0.89 个百分点。2023 年，成渝地区双城经济圈实现进出口总额 16 503.96 亿元①，其中，成都市对“一带一路”共建国家实现进出口总额 3133.3 亿元，占全市进出口总额的 41.8%，全市全年新设外商投资企业 713 家，外商直接投资（foreign direct investment，FDI）到位 22.9 亿美元，获批在蓉设立领事机构的国家达 23 个，国际友城和国际友好合作关系城市有 110 个②。据海关统计数据，2024 年 1—2 月，川渝两省市外贸进出口总值为 2591.3 亿元，同比增长 6.2%，其中高新技术产品进出口总值为 1497.7 亿元，同比增长 14.3%。总体来看，成渝地区双城经济圈出台的一系列“走出去”政策成效明显，加强对外联系、深化国际经贸往来，对于成渝地区双城经济圈打造内陆开放新高地、推动经济高质量发展具有重要意义。

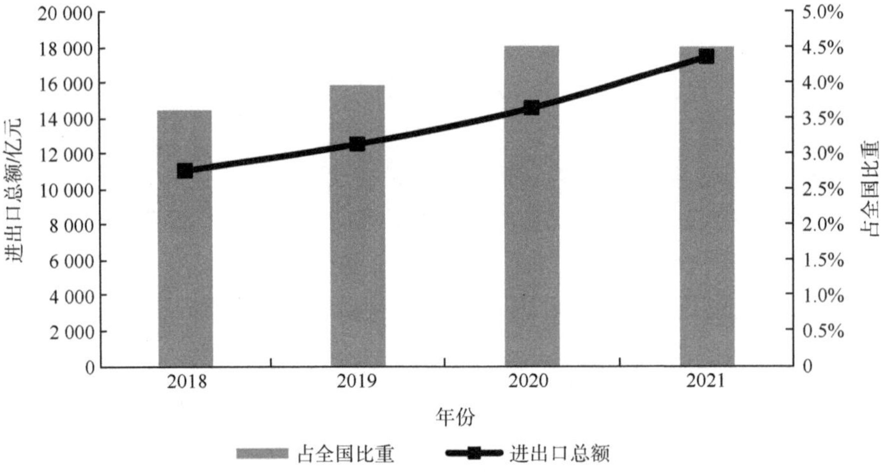

图 1-5　2018—2021 年成渝地区双城经济圈进出口总额及其占全国比重

资料来源：根据《中国城市统计年鉴》整理得到

（三）对外开放战略通道不断拓展

成渝地区双城经济圈对外开放战略通道不断拓展，对外通道运力持续释放。在 2020 年，成渝两地开创全国首个中欧班列跨省域共建共享的先例，联合打造中欧班列（成渝）品牌。中欧班列（成渝）采取“三统一”（运营标识统一、基础运价统一、车辆调拨统一）

① 根据重庆市和成渝地区双城经济圈涉及的四川省 15 个地级及以上城市的进出口数据计算得到。

② 2023 年成都市国民经济和社会发展统计公报，https://cdstats.chengdu.gov.cn/cdstjj/c154795/2024-03/30/content_68e47282894d4e47a77e59f5592808ab.shtml，2024-03-30。

的策略，2023 年运输箱量超过 43 万标箱，累计开行超过 5300 列[①]。截至 2023 年底，中欧班列（成渝）已稳定运行线路 50 余条，开行班列数、货值均居全国第一。2022 年 7 月，川渝两地相关企业、政府部门等还共同签订了《国际物流枢纽建设合作协议》《成渝地区双城经济圈物流与供应链联盟合作协议》等多项协议，推动川渝口岸物流一体化协同发展[②]。重庆市在 2023 年、2024 年分别印发了《重庆市加快建设西部陆海新通道五年行动方案（2023—2027 年）》《重庆市支持西部陆海新通道高质量发展若干政策措施》。截至 2022 年底，西部陆海新通道已覆盖 119 个国家和地区的 393 个港口，2022 年运输货物量达到 22.1 万标箱，占全国的比重为 29.2%。2024 年 1—6 月，西部陆海新通道海铁联运班列开行 5536 列，同比增长 22.7%。

四、高品质生活宜居地建设方面

（一）生态文明建设稳步推进

成渝地区处于长江上游，共筑长江上游生态屏障是成渝地区双城经济圈建设的重点任务之一。近年来，成渝地区双城经济圈不断强化“上游意识和责任”，着力推进生态屏障建设。

一方面，在生态环境治理方面实施协同立法与司法协作。从生态规划出台、生态环境标准制定到生态环境执法以及生态环境成效评估，成渝地区双城经济圈都合作谋划、协同制定、统一标准。2022 年，川渝两省市联合印发《推动川渝能源绿色低碳高质量发展协同行动方案》，力求有效保障成渝地区双城经济圈建设清洁用能需求。同时，进一步全面落实《深化川渝两地水生态环境共建共保协议》，有效打击跨流域跨区域环境污染行为，推动形成“协同共进、安全共保、绿色共建、创新共赢、民生共享”[③]的川渝能源绿色低碳高质量发展格局。2023 年以来，川渝两地联合实施成渝地区双城经济圈及周边地区“三线一单”（生态保护红线、环境质量底线、资源利用上线和生态环境准入清单）生态环境分区管控制度，“两岸青山·千里林带”营造林突破千万亩[④]大关，实现重庆 238 个水站、四川 331 个水站水质数据共享[⑤]。

另一方面，持续深化生态共保共建、污染协同防治。川渝地区在全国率先建立起危险废物跨省市转移“白名单”机制；重庆、四川空气质量优良天数分别由 2016 年的 300 天、287 天上升至 2022 年的 332 天和 326 天，2022 年优良天数比重达 90.96%、89.3%；

---

① 中欧班列（成渝）2023 年累计开行超 5300 列，https://www.gov.cn/yaowen/liebiao/202401/content_6928029.htm，2024-01-24。

② 唱好“双城记” 共建经济圈—川渝共建成渝地区双城经济圈口岸物流体系签约暨洽谈系列活动在我市举行，https://zfkawlb.cq.gov.cn/zwxx/tt/202207/t20220706_10891120.html，2022-07-05。

③《推动川渝能源绿色低碳高质量发展协同行动方案》政策解读，https://www.cq.gov.cn/zwgk/zfxxgkml/zcjd_120614/bmjd/202209/t20220902_11069544.html，2022-09-02。

④ 1 亩≈666.7 平方米。

⑤ 川渝合力推动成渝地区双城经济圈建设高质量发展，http://sc.people.com.cn/n2/2023/1228/c345167-40694885.html，2023-12-28。

2022 年长江干流川渝段水质保持为优，水环境质量持续位居全国前列①。2023 年 11 月 4 日，重庆市人民政府办公厅、四川省人民政府办公厅联合印发《成渝地区双城经济圈"六江"生态廊道建设规划（2022—2035 年）》，推进长江、嘉陵江等"六江"生态廊道的整体保护、系统修复和综合治理，有效提升成渝地区双城经济圈跨区域协同治理能力，共筑长江上游重要生态屏障。在倡导绿色低碳生活方式上，2023 年，川渝间"轨道+公交+慢行"绿色交通体系加快形成，川渝 7 个城市获评全国绿色出行创建考核评价达标城市。

（二）公共服务提质增效明显

成渝地区双城经济圈在构建公共服务一体部署、相互协作体系上取得积极成效。截至2023年底，川渝两省市已共享人力资源和就业岗位信息24万个，落实社保补贴、创业贷款补贴等政策补助资金达千万余元；累计办理成渝间基本养老保险关系转移业务超 1 万人次；实现社保卡作为身份凭证在两地129家图书馆通借通还②。2024年初，川渝两省市人民政府办公厅联合印发《推进川渝公共服务一体化深化便捷生活行动事项（2024 年版）》，进一步推动成渝地区双城经济圈公共服务一体化走深走实。

在教育方面，教育支持力度不断加强，教育资源有效优化，为集聚更多高端人才、打造人才高地创造良好条件。地方财政教育支出指标可以反映财政对基本公共服务中教育方面的支持力度，2018—2022 年川渝两省市财政教育支出情况（图 1-6）表明，两地财政教育支出均逐年稳步提升。其中，四川省增长趋势更为明显，重庆市增长较为平缓。2018—2022年，四川省财政教育支出增长27.59%，重庆市财政教育支出增长20.73%。各级学校生师比直观反映了人力资源的培养情况，2019—2022 年，川渝两省市各级学校生师比均呈现出下降趋势（表 1-2），教育资源不断优化，反映出两地政府对教育资源的投入取得实际成效。

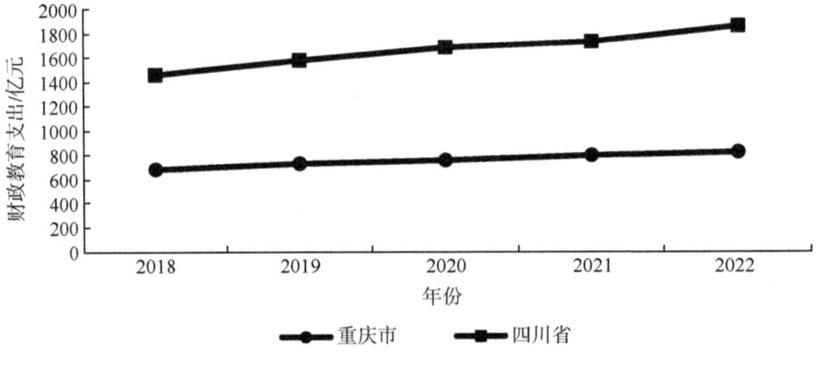

图 1-6　2018—2022 年川渝两省市财政教育支出情况

资料来源：《中国统计年鉴》

① 双城经济圈一体化发展"成绩单"来了，https://www.cq.gov.cn/ywdt/jrcq/202312/t20231210_12678763.html，2023-12-10。

② 成渝双核人社事业协同发展 2023 年第二次联席会议召开 101 项合作事项！成渝两地人社再"牵手"，https://cdhrss.chengdu.gov.cn/cdrsj/c152160/2023-11/10/content_048560cd45004ce688252e56b0eb4939.shtml，2023-11-10。

表 1-2　2019 年、2022 年川渝两省市各级学校生师比情况

指标	2019 年		2022 年	
	四川省	重庆市	四川省	重庆市
小学生师比(教师人数=1)	16.45	16.02	15.59	15.16
初中生师比(教师人数=1)	12.93	13.74	12.4	12.71
普通高中生师比(教师人数=1)	13.82	15.46	13.15	15.00
普通高校生师比(教师人数=1)	19.56	18.64	19.81	18.31

资料来源：国家统计局

在社会保障方面，政策持续发力，重点社会保险保障惠及更多居民。2019—2022 年，四川省、重庆市城镇职工养老保险和失业保险的参保人数及参保人数占常住人口比重显著上升（表 1-3）。其中，2022 年四川省城镇职工养老保险参保人数比 2019 年增长 23.22%，参保人数占常住人口比重增加 7.39 个百分点，失业保险参保人数比 2019 年增长 23.65%，参保人数占常住人口比重增加 2.66 个百分点；2022 年重庆市城镇职工养老保险参保人数比 2019 年增长 26.96%，参保人数占常住人口比重增加 9.19 个百分点，失业保险参保人数比 2019 年增长 19.28%，参保人数占常住人口比重增加 2.97 个百分点。

表 1-3　2019 年、2022 年川渝两省市社会保险参保情况

指标		2019 年		2022 年	
		四川省	重庆市	四川省	重庆市
城镇职工养老保险	参保人数/万人	2700.32	1127.72	3327.21	1431.76
	参保人数占常住人口比重	32.34%	35.37%	39.73%	44.56%
城乡居民社会养老保险	参保人数/万人	3368.7	1162.7	3185.3	1140.3
	参保人数占常住人口比重	40.34%	36.47%	38.04%	35.49%
失业保险	参保人数/万人	953.54	514.95	1179.02	614.24
	参保人数占常住人口比重	11.42%	16.15%	14.08%	19.12%

资料来源：国家统计局

在医疗卫生方面，公共卫生事业的投入力度加大。总体来看，2018—2022 年重庆市财政支出中医疗卫生支出占比（占地方一般公共预算支出的比重）略低于四川省，但样本期内重庆市医疗卫生支出占比持续上升，增长较快，在 2022 年超过四川省（图 1-7）。2022 年，四川省、重庆市医疗卫生支出占比分别为 9.83%、9.91%，均高于全国平均水平（8.65%）。

（三）生活宜居水平持续提升

成渝地区双城经济圈各级政府积极推进城市绿地及公园建设，为居民提供更加绿色的生活环境，高品质生活宜居地建设取得明显进展。表 1-4 的数据显示，2019—2022 年，四川省、重庆市城市绿地面积、公园绿地面积、公园个数、公园面积和建成区绿化

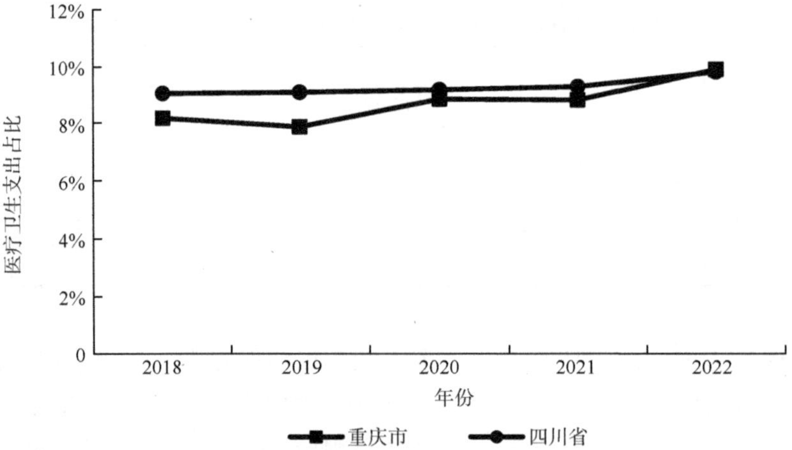

图 1-7　2018—2022 年川渝两省市财政支出中医疗卫生支出占比变化情况

资料来源：《中国统计年鉴》

覆盖率指标绝对值均显著增长，其中四川省城市绿地面积增长 13.15%，公园绿地面积增长 11.33%，公园个数增加 24.01%，公园面积增加 7.74%，建成区绿化覆盖率提升 2.8 个百分点；重庆市城市绿地面积增长 15.54%，公园绿地面积增长 21.47%，公园个数增加 36.51%，公园面积增加 38.65%，建成区绿化覆盖率提升 1.7 个百分点。从全国占比看，川渝两省市 2019—2022 年城市绿地面积和公园绿地面积的全国占比上升。

表 1-4　2019 年、2022 年川渝两省市城市绿地及公园情况

指标	2019 年			2022 年		
	四川省	重庆市	川渝全国占比	四川省	重庆市	川渝全国占比
城市绿地面积/万公顷	6.77	12.42	6.09%	7.66	14.35	6.14%
公园绿地面积/万公顷	2.56	3.68	8.25%	2.85	4.47	8.43%
公园个数/个	479	693	6.50%	594	946	6.20%
公园面积/万公顷	1.55	2.07	7.21%	1.67	2.87	6.75%
建成区绿化覆盖率	41.8%	41.8%	—	44.6%	43.5%	—

资料来源：国家统计局

成渝地区双城经济圈建设启动以来，川渝两省市大力推进立体交通网络体系建设，并倡导绿色出行方式，在增强公众生态文明意识的同时，极大提高了居民出行的便利性。统计数据显示（表 1-5），2019—2022 年，四川省公共汽电车运营车辆数增长 15.93%、运营线路总长度增长 71.70%，轨道交通配属车辆数增长 67.22%、运营里程增长 63.16%；重庆市公共汽电车运营车辆数增长 14.40%、运营线路总长度增长 11.27%，轨道交通配属车辆数增长 25.92%、运营里程增长 32.22%。但值得注意的是，2019—2022 年四川省公共汽电车客运量下降 28.93%，重庆市公共汽电车客运量下降 23.03%、轨道交通客运量下降 12.42%。如何提高公共交通的利用效率并不断满足人民日益增长和多样化的美好出行需求，是需要进一步解决的问题。

表 1-5　2019 年、2022 年川渝两省市公共交通情况及全国占比

指标		2019 年			2022 年		
		四川省	重庆市	川渝全国占比	四川省	重庆市	川渝全国占比
公共汽电车	运营车辆数/辆	29 337	13 226	7.29%	34 010	15 131	6.99%
	运营线路总长度/公里	38 160	27 105	6.76%	65 520	30 161	5.75%
	客运量/万人次	361 271	240 421	9.57%	256 769	185 055	12.50%
轨道交通	配属车辆数/辆	2 764	2 130	11.94%	4 622	2 682	11.68%
	运营里程/公里	342	329	10.87%	558	435	10.39%
	客运量/万人次	140 011	104 187	10.23%	157 176	91 242	12.87%

资料来源：国家统计局

五、区域协调发展方面

成渝地区双城经济圈“双核型”跨行政区特征明显，域内双核与外围地区、两大都市圈与经济圈南北两翼、大中小城市和小城镇间的发展基础、条件和发展状况等存在差异。构筑优势互补、竞合有序、疏密有致、集约高效的空间布局和区域协调发展格局，对于经济圈整体做大做强、支撑和保障“两中心两地”建设具有十分重要的意义。

（一）“双核、双圈、两翼”联动加强

其一，成都与重庆在多方面深化合作，有效增强双核创新发展能力，形成成渝地区双城经济圈高质量发展的“双引擎”。在产业方面，成渝两地合力打造高端装备制造业、电子信息产业等产业集群，以信息安全、集成电路、核心零部件等领域为发展重心，推进技术创新与突破。在交通大通道大枢纽建设方面，成渝两地联合打造中欧班列（成渝）品牌，持续推进西部陆海新通道降本增效、中欧班列增量提质，两地协同共建世界级机场群，在轨道交通、公路建设等多方面持续发力，有效提升综合枢纽的全国地位。在公共服务共建共享方面，两地推动多项服务事项落地，依托数字化提升便民服务质效。

其二，在成都都市圈和重庆都市圈双圈互动机制与模式方面取得进展。首先，在双核周边布局配套产业，初步形成梯度分布的产业分工体系，强化成渝地区双城经济圈高质量发展的主动力。根据《重庆四川两省市贯彻落实〈成渝地区双城经济圈建设规划纲要〉联合实施方案》的要求，成渝双圈正在着力建设成德眉资同城化综合试验区，推进成德临港经济产业带、成眉高新技术产业带、成资临空经济产业带建设和交界地带融合发展。其次，以双核引领的两大都市圈，正着力构建交通大网络，共建“轨道上的都市圈”。最后，立足巴蜀文化特色，促进两大都市圈融合发展，提升消费平台能级、优化消费供

给品质和打造消费活动品牌，着力提升国际消费集聚辐射力。2023 年，成渝地区双城经济圈实现社会消费品零售总额 38 950.32 亿元，全国占比 8.26%[①]。

其三，探索构建南北两翼产业发展规划、联动、利益共享机制体制，初步形成各具特色、相互促进的空间布局。在政策上，川南渝西、川东北渝东北出台各类政策支撑发展。例如，川南渝西出台《推动川南渝西地区统计合作共建协议》《共建川南渝西融合发展（泸州）研究院战略合作框架协议》《川南渝西自贸协同改革联动创新联盟框架合作协议》等；川东北渝东北出台《推动川渝万达开地区统筹发展总体方案》，建立推动万州、达州、开州三城统筹发展的制度体系，引领川东北渝东北一体化发展等。在产业上，川南渝西成立统计合作共建联盟，开展数字经济赋能成渝地区双城经济圈建设研讨会等，为助力成渝地区双城经济圈打造数字产业新高地及区域数字经济协同发展建言献策；渝东北和川东北经济区的制造业逐步向智能制造、高端制造、新能源等新兴领域转型升级，两地区的制造业日趋紧密结合，促进形成优势互补、高质量发展的产业发展新格局。

（二）大中小城市协调度提升

随着成渝地区双城经济圈建设的推进，双核对周边城市的辐射带动作用逐步增强，产业空间布局日趋优化，大中小城市协调发展程度提升。

在提升大中城市功能品质上，成都、重庆作为双核，其辐射带动能力显著加强，科技创新能力、交通疏导能力以及公共服务水平等也均有较大提升，同时通过加强对外开放程度，成都和重庆有效提高了国际影响力。宜宾、绵阳等城市积极发展新兴产业，提升科技实力，川渝毗邻地区中小城市积极增强承接重庆中心城区、成都的产业转移和功能疏解能力，增加优质公共服务供给，提升城市功能品质。

在补齐县城发展短板上，成渝地区双城经济圈加强区县合作，补齐县城在公共服务和交通等方面的短板，并发展县域特色产业，引导农业转移人口就地城镇化，有效发挥县域作为城乡融合关键纽带的作用。截至 2023 年底，成渝地区双城经济圈合作区县总数达到 21 对，共涉及 30 个区（市）县，区县以合作协议为纲，结合区域优势产业和特色，形成了近 200 项合作举措[②]。

在小城镇发展上，成渝地区双城经济圈注重分类引导，推动中心镇做大做强。推进都市圈内重点镇与周边城市的规划统筹和功能配套，将一些具有特色资源的小城镇培育成为专业特色镇，增强服务农村、带动周边的能力，不断激发小城镇发展的内生动力与活力。

（三）区域收入差距持续缩小

一方面，成渝地区双城经济圈内城市间人均收入差距逐渐缩小。图 1-8 报告了成渝

---

① 成渝地区双城经济圈社会消费品零售总额根据重庆市和成渝地区双城经济圈涉及的四川省 15 个地级及以上城市社会消费品零售总额数据加总得到。

② 成渝双核人社事业协同发展 2023 年第二次联席会议召开 101 项合作事项！成渝两地人社再“牵手”，https://cdhrss.chengdu.gov.cn/cdrsj/c152160/2023-11/10/content_048560cd45004ce688252e56b0eb4939.shtml，2023-11-10。

地区双城经济圈 2022 年各市（区、县）人均地区生产总值情况。人均地区生产总值高于成渝地区双城经济圈平均值的市（区、县）有 15 个，人均地区生产总值由高到低分布相对均衡，没有出现明显断层的情况。从 2018—2022 年成渝地区双城经济圈人均地区生产总值变异系数来看（图 1-9），成渝地区双城经济圈内人均地区生产总值的差异总体上呈现出在波动中下降的趋势，反映出经济圈内发展不平衡不充分问题有所缓解。

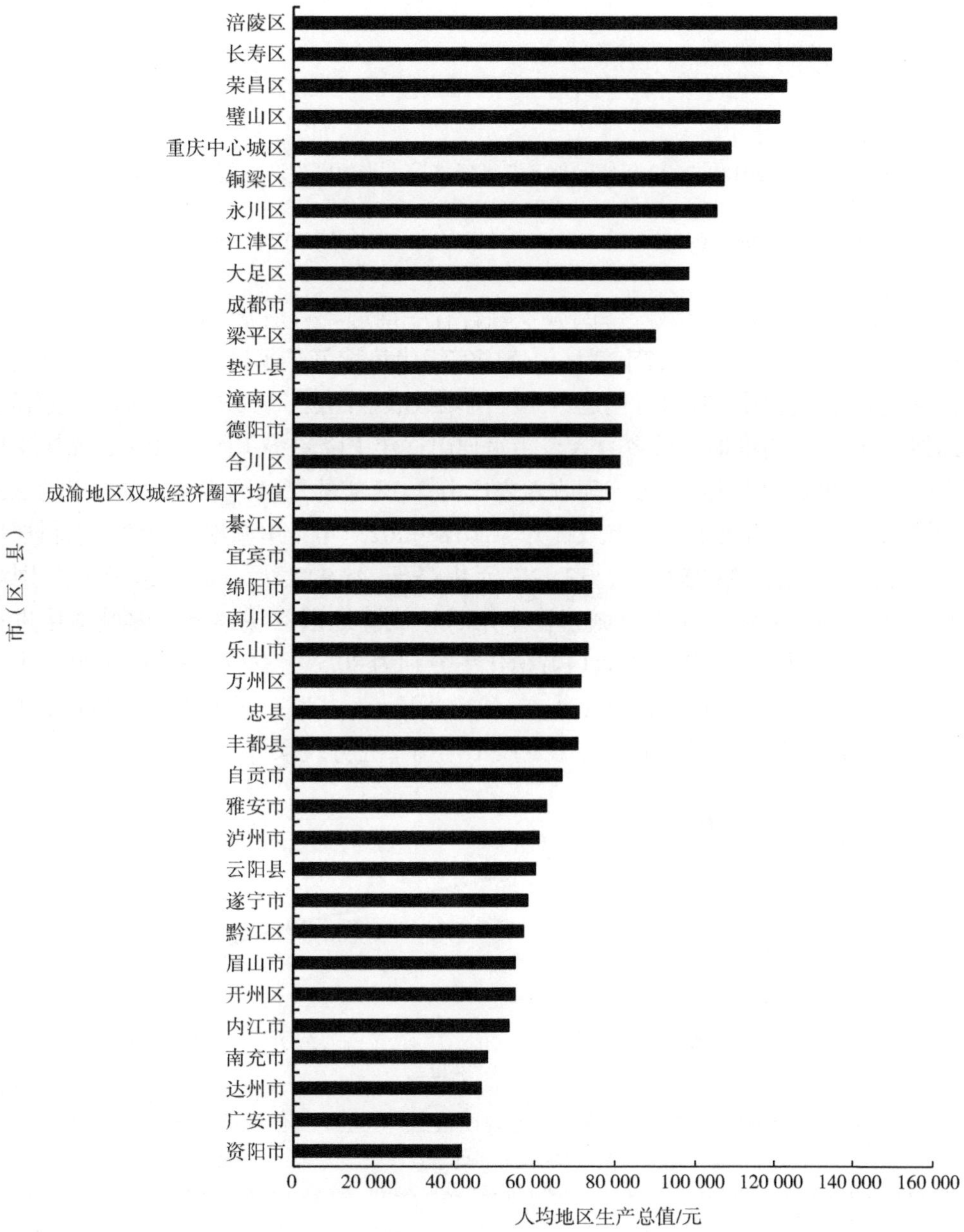

图 1-8　成渝地区双城经济圈 2022 年各市（区、县）人均地区生产总值

资料来源：《四川统计年鉴 2023》《重庆统计年鉴 2023》

基于纳入成渝地区双城经济圈的四川 15 个地级及以上城市，以及重庆 29 个区（县）计算

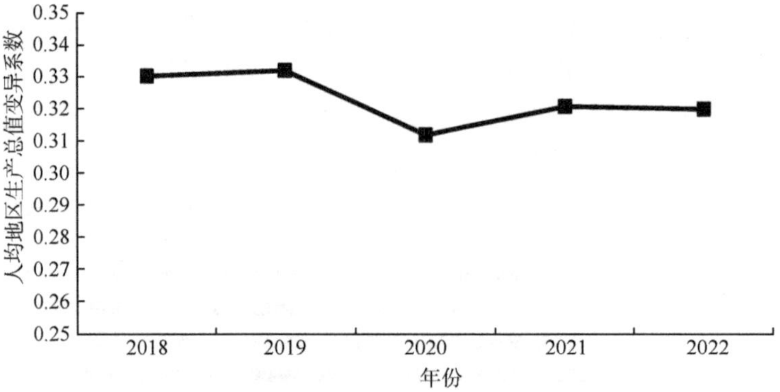

图 1-9　2018—2022 年成渝地区双城经济圈人均地区生产总值变异系数

资料来源：四川和重庆相应年份的统计年鉴

基于纳入成渝地区双城经济圈的四川 15 个地级及以上城市，以及重庆 29 个区（县）计算

另一方面，成渝地区双城经济圈城乡融合有序推进。一是城乡融合产业支撑逐步夯实。截至 2022 年底，川渝两省市累计创建国家级优势特色产业集群 7 个，重庆市建成 8 个国家现代农业产业园，四川省创建 15 个国家级农业园区①。二是城乡收入差距显著缩小。2018—2023 年川渝地区城乡收入差距呈现出逐年下降趋势（图 1-10），城镇居民人均可支配收入和农村居民人均可支配收入之比由 2018 年的 2.51 下降到 2023 年的 2.28。三是城镇和农村居民可支配收入有效提升。2018—2023 年，川渝地区城镇、农村居民人均可支配收入分别由 33 753 元、13 427 元提高至 45 922 元、20 155 元，分别增长 36.05%、50.11%。但从常住人口城镇化率来看，成渝地区双城经济圈内城镇化进程不一。成都市、重庆市 2023 年常住人口城镇化率分别为 80.5%、71.67%，然而四川其余 14 个地级及以上城市常住人口城镇化率均在 60%以下，一些城市城镇化水平明显低于全国平均水平，城镇化在时空演进上呈现出发展不均衡不充分现象②。

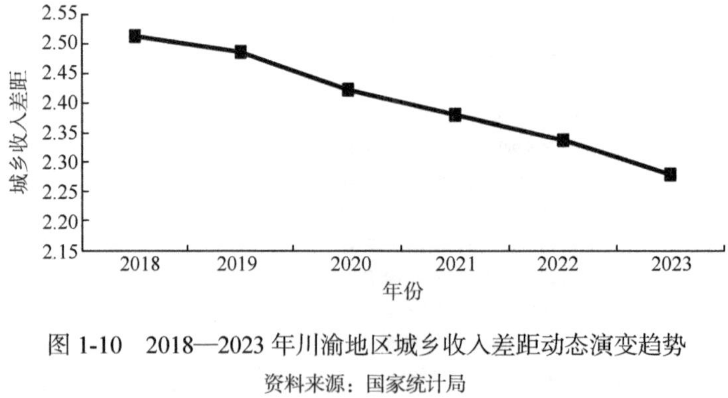

图 1-10　2018—2023 年川渝地区城乡收入差距动态演变趋势

资料来源：国家统计局

选取的样本区域为四川省和重庆市，计算公式为川渝两省市城镇居民人均可支配收入/川渝两省市农村居民人均可支配收入

---

① 双城经济圈一体化发展“成绩单”来了，https://www.cq.gov.cn/ywdt/jrcq/202312/t20231210_12678763.html，2023-12-10。

② 资料来源：2023 年各城市国民经济和社会发展统计公报。

第二节　现实困难

成渝地区双城经济圈建设是系统性工程，尽管目前在“两中心两地”建设与区域协调发展方面已取得了显著成效和进展，但由于自然地理、经济社会、历史文化、制度政策、行政等多重因素的相互制约和相互影响，成渝地区双城经济圈建设仍面临一定的挑战，在重要经济中心建设、科技创新中心建设、改革开放新高地建设、高品质生活宜居地建设和区域协调发展等方面存在现实困难。

一、重要经济中心建设方面

（一）经济发展空间结构待优化

成渝地区双城经济圈经济发展空间结构面临待优化问题，主要表现为空间极化现象仍比较明显，区域间发展不平衡不充分问题仍然较为突出，形成了鲜明的空间格局差异，并对经济圈整体经济做大做强造成一定的制约。

经济圈内经济发展水平的差异仍然较大。2022 年成渝地区双城经济圈人均地区生产总值约为 78 576 元，四川板块 15 个地级及以上城市的人均地区生产总值约为 62 644 元（表 1-6），低于经济圈均值，而重庆板块 29 个区（县）的人均地区生产总值约为 90 422 元，超出经济圈均值 11 846 元。其中，成渝地区双城经济圈内人均地区生产总值最高的是重庆市渝中区，高达 267 738 元，约为经济圈人均地区生产总值的 3.4 倍；而人均地区生产总值最低的则为四川省资阳市，仅为 41 788 元，略高于经济圈人均地区生产总值的一半。成渝地区双城经济圈内各市（区、县）人均地区生产总值差异较大，成都市和重庆市作为成渝地区双城经济圈的双核，经济实力和发展水平远高于其他城市。

表 1-6　2022 年成渝地区双城经济圈人均地区生产总值差异

区域构成		2022 年人均地区生产总值/元	备注
四川板块	四川 15 个地级及以上城市	62 644	—
	成都市	97 882	人均地区生产总值最高城市
	资阳市	41 788	人均地区生产总值最低城市
重庆板块	重庆 29 个区（县）	90 422	—
	渝中区	267 738	人均地区生产总值最高区（县）
	开州区	55 193	人均地区生产总值最低区（县）
成渝地区双城经济圈		78 576	—

资料来源：《四川统计年鉴 2023》和《重庆统计年鉴 2023》。人均地区生产总值根据地区生产总值除以常住人口计算得到

空间上经济发展不平衡不充分问题仍比较突出。四川省和重庆市之间、四川省内部、重庆市内部均存在发展不平衡不充分问题。成都都市圈和重庆都市圈为成渝地区双城经济圈的核心地带，凭借其优越的地理位置、完善的产业体系和先进的基础设施，经

济总量持续领跑，但其辐射带动作用有待持续增强和充分发挥。经济圈北翼地区、南翼地区、川渝毗邻地区的经济发展相对滞后。其中，北翼地区由于受到自然、地理、历史等因素的影响，内联外畅的基础设施建设不完善，产业集群支撑力度及经济发展动力等相对不足。南翼地区坐拥港口、丰富的自然资源和农业基础，但面临农村人口流失、劳动力短缺等挑战，资源潜力和发展活力的激发受到制约。川渝毗邻地区由于地理空间上的边缘性和行政区划上的交叉性，自身发展基础和发展条件受到了限制，其在基础设施互联互通、要素跨行政区流动、产业分工协作等方面仍面临较大困难。在重庆市，中心城区与周边区县的经济规模存在明显差异，一些川渝毗邻地区的区县和距离中心城区较远的区县经济规模相对较小（表 1-7）。这一系列问题共同造成了成渝地区双城经济圈内经济发展空间结构不均衡的现状，对成渝地区双城经济圈整体经济做大做强、建设具有全国影响力的重要经济中心造成了制约。

表 1-7　成渝地区双城经济圈地区生产总值差异　　单位：亿元

区域构成		2019 年	2022 年
重庆板块[29 个区（县）]	渝中区	1 301.35	1 560.91
	大渡口区	253.56	338.89
	江北区	1 240.07	1 602.76
	沙坪坝区	976.78	1 106.73
	九龙坡区	1 462.88	1 763.94
	南岸区	770.58	922.13
	北碚区	605.94	742.01
	渝北区	1 848.24	2 297.11
	巴南区	874.82	1 021.99
	万州区	920.91	1 118.43
	黔江区	229.44	281.67
	涪陵区	1 178.66	1 504.37
	长寿区	701.24	918.63
	江津区	1 036.74	1 330.02
	合川区	912.51	1 000.28
	永川区	952.69	1 202.84
	南川区	333.95	421.42
	綦江区	682.73	770.79
	大足区	645.83	817.21
	璧山区	681.02	920.95
	铜梁区	616.56	733.63
	潼南区	451.08	558.51

续表

区域构成		2019 年	2022 年
重庆板块［29 个区（县）］	荣昌区	652.54	817.30
	开州区	505.59	662.03
	梁平区	464.15	577.16
	丰都县	305.83	391.17
	垫江县	416.86	530.61
	忠县	396.94	508.10
	云阳县	431.25	557.69
四川板块（15 个地级及以上城市）	成都市	17 012.65	20 817.50
	自贡市	1 428.49	1 638.42
	泸州市	2 081.26	2 601.52
	德阳市	2 335.91	2 816.87
	绵阳市	2 856.20	3 626.94
	遂宁市	1 345.73	1 614.47
	内江市	1 433.30	1 656.95
	乐山市	1 863.31	2 308.81
	南充市	2 322.22	2 685.45
	眉山市	1 380.20	1 635.51
	宜宾市	2 601.89	3 427.84
	广安市	1 250.44	1 425.02
	达州市	2 041.49	2 502.72
	雅安市	723.79	902.51
	资阳市	777.80	948.16

资料来源：根据四川和重庆相应年份的统计年鉴整理得到

（二）城市间同质化竞争较严重

城市参与功能网络可以从中获得互补规模经济和合作协同效应（Capello，2000），但由于近邻城市间竞争效应的存在以及更小规模城市更容易经历“集聚阴影”，区域城市网络连接并不必然产生正的外部性（Meijers et al.，2016）。现实中，由于分工协作不足和行政分割等原因，一些成渝地区双城经济圈内的城市在招商引资、高端要素集聚等方面仍然存在比较激烈的竞争。加之经济圈内除成都市和重庆市之外的大多数城市在发展阶段、规模能级等方面比较接近，共同面临成长壮大的诉求与烦恼，为了追求在本地的经济利益和规模扩张，不惜与周边城市展开激烈竞争，甚至演化为恶性竞争。目前成渝地区双城经济圈内的同质化竞争主要表现在以下几个方面。

一是城市品牌竞争方面，部分城市为了提升城市形象和知名度，采取过度营销等手段展开竞争，不仅扰乱市场秩序，还消耗了大量资源，获得的实质性收益却不高。二是投资吸引竞争方面，为了吸引投资和产业，中小城市之间展开激烈竞争，通常采取过度优惠、恶性竞争或敌对对抗等手段，导致资源投入浪费和市场失灵。三是市场产品方面，中小城市间的产业结构相似，市场产品也比较接近，为了争夺有限的市场份额，往往采取降价及倾销等手段竞争。

保持适当的竞争并建立良好的竞争与合作关系有助于激发各地区发展潜能，但过度竞争则会适得其反，容易导致出现偏离区域比较优势和资源禀赋的主导产业同质化及重复建设问题。无序竞争的存在则会破坏成渝地区双城经济圈“一盘棋”“一体化”合理发展秩序，导致资源浪费、重复建设、市场分割等，使得经济圈城市之间难以形成强大合力，不利于区域比较优势的发挥，给经济圈一体化发展和实体经济整体做大做强带来了挑战。降低成渝地区双城经济圈内城市产业同质化程度、实现产业间的协调发展有助于促进成渝地区双城经济圈经济高质量发展。

（三）产业层次及发展差距明显

经济圈的基本动能是城市之间分工与合作，通过产业分工挖掘区域比较优势，增强市场竞争力和经济能级。目前，成都市、重庆中心城区的产业结构已实现“三二一”转型，而经济圈内其他城市及区县的产业结构大多仍停留在“二三一”结构，如泸州市、德阳市、遂宁市、宜宾市、涪陵区、江津区、永川区等（图 1-11）。整体而言，尽管成渝地区双城经济圈拥有广阔的市场和丰富的资源，但区域内产业分工、协作、互补程度不高，且产业层次和发展差距较大。

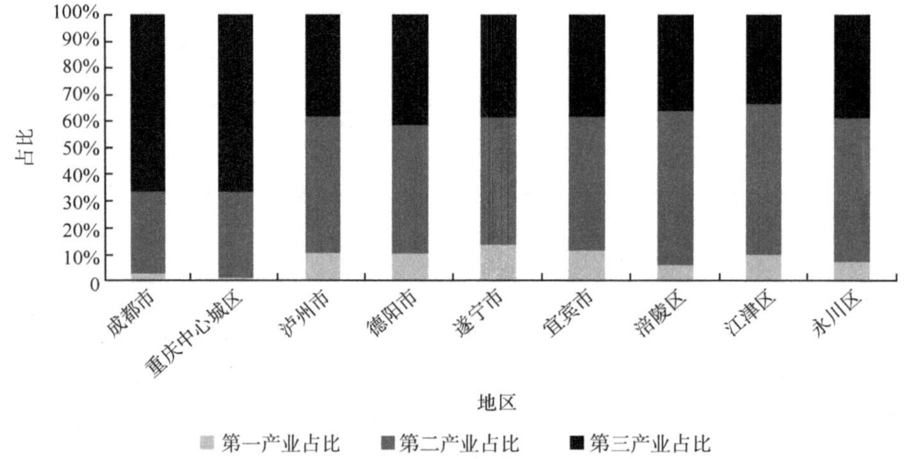

图 1-11　2022 年成渝地区双城经济圈部分地级及以上城市和区县产业结构

资料来源：根据《四川统计年鉴 2023》和《重庆统计年鉴 2023》整理计算得到

一方面，成都和重庆的产业结构相似度较高，支柱产业同构化、同质化问题仍较为突出。两个城市都有着相对较为发达的制造业和服务业，但是产业的重心都较为雷同，在联合打造特色优势产业集群和产业链创新链融合方面仍待加强。产业同构问题导致了资源浪费和恶性竞争，同时也限制了成渝地区双城经济圈整体的发展潜力（成都科技顾问团，2020；李优树和冯秀玲，2020）。另一方面，重庆主城和成都周边及中间地带尚未形成具有承接、连接功能和较强产业集聚力的次级枢纽城市，导致域内生产网络一体化程度不高。相比于成都和重庆（主城），成渝地区中间地带的城市发展相对滞后，这些城市的经济规模和产业基础较弱，竞争优势不明显，同时由于资源和人才向核心城市集聚，中间地带的城市发展受到限制。成渝地区中间地带的城市产业结构较为单一，主要以传统制造业和基础工业、农业或旅游业为主，缺乏多样化和高附加值的产业，且成渝地区中间地带的中小城市功能较为分散，城市间协同发展不够紧密，城市联动机制和实效性合作平台相对缺乏，限制了中间地带城市发挥比较优势的能力，不利于成渝地区双城经济圈地域功能的整合提升。

二、科技创新中心建设方面

（一）科技创新投入相对不足

加大科技创新投入是科技创新中心建设的重要内容和保障。R&D 经费投入及其强度不仅是执行创新驱动发展战略的基石，也是评估一个地区科技发展水平的关键标尺。根据《中国区域科技创新评价报告 2023》，作为长江上游的科技创新核心区域，重庆在综合科技创新能力上位列全国第八，四川位列第十二。尽管全国排名总体靠前或处于中上游位置，然而两地的综合科技创新水平指数均未达到全国平均水平（77.13 分），均归属于全国科技创新的第二方阵。《2022 年全国科技经费投入统计公报》显示，2022 年川渝两地 R&D 经费投入分别为 1215.0 亿元和 686.6 亿元，其投入强度相应为 2.14%和 2.36%。尽管四川较上一年度略有下滑，重庆实现了增长，但两地的 R&D 经费投入强度均未达到全国平均水平（表 1-8）。

表 1-8　2022 年各地区 R&D 经费投入情况

地区	R&D 经费投入/亿元	R&D 经费投入强度
全国	30 782.9	2.54%
北京	2 843.3	6.83%
天津	568.7	3.49%
河北	848.9	2.00%
山西	273.7	1.07%
内蒙古	209.5	0.90%
辽宁	620.9	2.14%
吉林	187.3	1.43%
黑龙江	217.8	1.37%

续表

地区	R&D 经费投入/亿元	R&D 经费投入强度
上海	1 981.6	4.44%
江苏	3 835.4	3.12%
浙江	2 416.8	3.11%
安徽	1 152.5	2.56%
福建	1 082.1	2.04%
江西	558.2	1.74%
山东	2 180.4	2.49%
河南	1 143.3	1.86%
湖北	1 254.7	2.33%
湖南	1 175.3	2.41%
广东	4 411.9	3.42%
广西	217.9	0.83%
海南	68.4	1.00%
重庆	686.6	2.36%
四川	1 215.0	2.14%
贵州	199.3	0.99%
云南	313.5	1.08%
西藏	7.0	0.33%
陕西	769.6	2.35%
甘肃	144.1	1.29%
青海	28.8	0.80%
宁夏	79.4	1.57%
新疆	91.0	0.51%

资料来源：《2022 年全国科技经费投入统计公报》

从科技创新成果看，尽管成渝地区双城经济圈科技创新成效不断提升，但与长三角、珠三角和京津冀等城市群相比，成渝地区双城经济圈创新成果总量及人均值还存在一定差距。根据《中国城市统计年鉴》整理相关数据发现，成渝地区双城经济圈专利授权数及每万人专利授权数与长三角、珠三角、京津冀等城市群相比，差距仍较大。因此，进一步增强投入力度，提升 R&D 经费的投入总量与投入强度，大力促进创新成果产出，缩小与京津冀、长三角、珠三角等先行地区的科技创新差距，是成渝地区双城经济圈建设具有全国影响力的重要科技创新中心必须直面的问题。

（二）协同创新能力亟待提升

成渝地区双城经济圈在协同创新能力方面面临多重挑战，亟待全面提升。从区域间协同能力角度来看，成渝地区双城经济圈与全国其他科技高地，如长三角、京津冀、粤港澳大湾区等的合作尚显不足，且经济圈内部科技资源分布不均，成都与重庆中心城区科技创新优势明显，但周边地级市基础薄弱，区域协同创新的引领力和整体性有待增强。与国内先进科创走廊相比，成渝地区双城经济圈在规划实施、功能定位及协同配合上还需加速推进，以形成更强的创新合力。

从区域内要素协同角度来看，成渝地区双城经济圈内的企业、高校、科研院所等创新主体间的协作机制尚不健全，产学研用融合深度不够，内生性合作动力不充足，导致协同效果不够理想。而且行政层级对城际联系的创新效应在成渝双城中具有不对称性（Luo et al.，2023）。加强区域间的空间联系、加快要素的跨区域流动和优化分工协作是促进城市协同发展的要义。成渝地区双城经济圈内创新资源要素分布不均衡，中小城市的创新发展能力较弱，因技术准入门槛高、研发获利难度大，企业参与创新的积极性受到一定限制，进而影响技术商业化与产业化的进程。同时，成渝地区双城经济圈科技创新价值链上的政产学研用合作尚未形成良性循环，前端基础研究与后端技术应用及产业实践互动的深度和广度不足，进一步限制了成渝地区双城经济圈城市间创新资源的开放共享、创新要素的有序流动和产业链创新链的融合。

企业在科技创新中的主体地位和协同创新中的主导地位不够突出，未能充分发挥其在市场需求把握、资源配置及成果转化中的关键作用。企业这一市场主体对以真实经济联系为基础的城市网络具有塑造作用，而置于网络中的企业反过来又能利用网络所产生的知识溢出效应，进一步推动其自身的发展（Wen et al.，2021）。除成都和重庆（中心城区）外，成渝地区双城经济圈内的大多数城市和地区在研发投入、研发机构设立及国际市场新产品开发等方面均低于全国平均水平，反映出企业创新动力不足，更多依赖外部引进而非自主创新。因此，充分发挥企业在科技创新中的主体地位和主导作用，更加有效提升成渝地区双城经济圈的协同创新能力，加快培育双核引领、双圈互动与两翼协同的开放型、网络型、融合型协同创新共同体和协同创新发展格局，对于成渝地区双城经济圈建设科技创新中心显得尤为重要和迫切。

（三）科技创新环境仍需优化

当前，成渝地区双城经济圈在科技创新环境优化上面临现实困难。首先，政府管理方面存在高度重合与协同不高效的问题，省级科技创新治理涉及多个部门，职责交叉、分工不明，导致政策出台多项但资源配置效率却不高，加之配套法律法规滞后，激励与评价机制不健全，科技创新潜力与活力的激发受到制约。其次，市场环境有待加快完善。尽管创新驱动发展战略强调科技与经济的紧密结合，但社会化和市场化创新环境尚不完善，抑制了域内企业的创新动力，为有效满足科技创新与市场竞争的多元化需求增加了难度。最后，经济圈内高质量科技创新服务平台供给不足。除少数高水平平台外，大多数平台发展缓慢或处于规划阶段，服务能力相对有限，资源分布不均衡（主要集中于成都市和重庆中心城区），这种不均衡会直接影响科技成果向生产力转化的效率以及辐射带动效果，制约专利的商业价值实现，延缓科技创新要素的有序流动与融合。成渝地区双城经济圈多元创新主体的创新积极性和创新活力有待通过创新环境优化和政策机制建立健全来持续激发。

此外，就作为科技创新重要支撑的教育资源而言，成渝地区双城经济圈与先行地区相比差距仍然不小。相比长三角、京津冀和长江中游等教育资源比较集中集聚的城市群，成渝地区双城经济圈的普通高等学校数量和普通高等学校在校学生数并不占优。表 1-9 呈现了 2022 年我国主要城市群普通高等教育基本情况，在普通高等学校数量方面，长三角城市群为 397 所，京津冀城市群为 297 所，珠三角城市群为 158 所，长江中游城市群为 311 所，而成渝地区双城经济圈为 196 所，数量明显低于长三角、京津冀等城市群。普通高等学校在校学生数也存在一定差距。从 2022 年我国主要城市群高水平高校资源情况（表 1-10）来看，成渝地区双城经济圈有 10 所“双一流”建设高校，与长三角城市群和京津冀城市群，在高水平教育资源集聚、产学研融合发展环境优化等方面存在差距。

表 1-9　2022 年我国主要城市群普通高等教育基本情况

城市群名称	普通高等学校在校学生数/人	普通高等学校数量/所
长三角城市群	5 161 031	397
京津冀城市群	2 971 247	297
珠三角城市群	2 470 686	158
长江中游城市群	4 261 366	311
成渝地区双城经济圈	3 071 098	196

资料来源：根据《中国城市统计年鉴 2023》整理计算

表 1-10　2022 年我国主要城市群高水平高校资源情况

城市群名称	“双一流”建设高校数量/所
长三角城市群	36
京津冀城市群	40
珠三角城市群	8
长江中游城市群	13
成渝地区双城经济圈	10

资料来源：根据国家公布的《第二轮“双一流”建设高校及建设学科名单》整理计算

三、改革开放新高地建设方面

（一）两区分离改革亟待攻坚克难

探索经济区与行政区适度分离改革是成渝地区双城经济圈建设的一项重要任务。成渝地区双城经济圈横跨四川和重庆两个省级行政单元以及多个地级、县级行政单元，在过往的发展中存在比较突出的行政区经济现象和问题，使得经济活动空间受制于行政区划范围，行政区边界存在屏蔽效应，跨行政区的生产要素流动受到严重阻碍。各行政区内所实施和提供的产业政策和公共服务的不同又导致生产要素集聚存在较大差异，最终影响到各地经济集聚程度和劳动生产效率，限制了行政区边界两端的区域一体化发展(孙久文和张翱，2020）。

尽管成渝地区经历了成渝经济区、成渝城市群等规划发展阶段，区域交通联系程度和人口、资源要素的流动规模及速度都有了很大的提升，但由于传统的行政区经济具有封闭性和稳定性，其消极影响在现阶段依然存在。其中，在行政区划限制方面，由于成渝地区双城经济圈覆盖不同的行政区划，因而其在政策与管理方面存在较大差异，川渝跨行政区城市间达成合作的难度和成本增加，且双城间行政级别与审批权限的不对等对此又产生了加剧作用；在行政审批和市场准入限制方面，成渝地区双城经济圈内企业发展需要通过一系列的行政审批和市场准入程序，然而不同省市的行政管理体系和流程存在差异，导致企业在扩大业务和拓展市场时面临更多的政策限制和时间成本；在政策落地方面，成渝地区双城经济圈内的政策体系相对复杂，政策的落地和执行面临不少困难，政策实施过程中，由于双城之间、川渝毗邻地区间合作机制和政策协调不够紧密，一些政策的执行效果并不十分理想。

川渝毗邻地区在管理体制、行政审批层级及权限、政策实施上存在差异，导致该区域的行政壁垒相较一般区域更为突出。这种行政分割现象直接引发了毗邻城市之间在市场构建、产业园区规划、服务设施布局以及创新平台发展等方面的重复建设与不协调现象，典型例证为“断头路”等基础设施的割裂，凸显了行政壁垒对两区分离改革的阻碍（盛毅和杜雪锋，2021）。尽管川渝毗邻地区过去几年在两区分离改革上进行了卓有成效的探索，但大多是问题驱动的，系统集成性不足，在经济区与行政区适度分离改革中对“适度”的把握仍然缺乏统一的尺度和标准，现阶段存在政策差异增大改革协调难度、管理权限掣肘资源调配、基础瓶颈制约综合配套等困难与问题。

（二）开放通道建设仍存瓶颈制约

成渝地区双城经济圈深嵌在我国内陆四川盆地及腹地，与东部沿海发达地区相比，缺乏直连全球核心市场的贸易大通道与开放平台，在沿海经济开放浪潮中处于相对不利的位置。尽管其在“一带一路”倡议及国家向西开放战略中的地位日益凸显，然而，高昂的物流成本与多式联运体系的局限，导致成渝地区大量国际物流活动仍依赖通道沿线的陆路运输和沿海地区的公路与水路运输。2021 年，成渝地区双城经济圈进出口贸易总额突破 1.7 万亿元，年增长率达 19.7%，但相较于广东的 8.3 万亿元和上海的 4.0 万亿元，其体量仍有显著差距。

开放通道建设的首要制约因素是成渝地区双城经济圈复杂的地形地貌与生态条件。重庆地形以山地为主，广泛覆盖着喀斯特地貌，低山、中高山区域占比高达 76%。成都则坐落于龙门山与龙泉山断裂带间的盆地，地震风险与盆地封闭性对其对外开放发展构成了一定限制。另外，成渝地区双城经济圈作为战略后方的交通枢纽，其功能尚待完善。尽管中欧班列、“丝绸之路经济带”等的建设已开始重塑内陆至全球的贸易路径，但成渝地区在整合开放经验、引领中西部地区探索国际陆上贸易新规则、标准与制度方面仍有不足，区域间无序竞争和联动不足制约了开放协同效应的发挥。同时，受南向通道建设相对滞后、三峡过坝通航能力存在瓶颈、航空资源集群整合尚显不足等的影响，加之两地高铁与普铁通道数量有限，成渝地区在多式联运效率、物流组织能力及营商环境方面尚显不足，难以形成巨大的规模效应与比较优势（刘治彦和邓兰燕，2021）。

（三）营商环境国际化水平待提高

营造市场化、法治化、国际化的一流营商环境，是推动成渝地区双城经济圈高水平开放高质量发展、打造中国经济新增长极的必由之路。《成渝地区双城经济圈营商环境报告（2022）》指出，成都市和重庆中心城区两地营商环境建设保持了较高水平，经济圈内其他城市仍需进一步改善营商环境。

首先，成渝地区双城经济圈尚未构建出完善且高效的外商投资政策与法律制度框架，加之对知识产权保护的整体力度不足，其与全面开放发展的国际趋势存在一定的脱节问题（丁郁和周海川，2020）。此外，与国内外发达地区相比，成渝地区双城经济圈在政府服务层面仍然存在短板，包括政务服务整合度较低、业务流程碎片化、处理效率不高、审批流程冗长复杂，以及政务信息系统间共享不畅、信息孤岛现象，阻碍了跨部门协同监管（王凤阁和陈霄，2020），这些因素均削弱了政务操作的便捷性，无形中增加了外资企业入驻及运营的额外成本，由此更加凸显了成渝地区进一步拓宽与深化“放管服”改革的紧迫性。其次，产业配套能力成为制约因素。本地龙头企业的规模相对有限，难以支撑起完善的产业链上下游服务体系，导致外资企业在成渝地区运营时需自行承担较高的成本，从而削弱了该地区吸引外资的能力和整体竞争力。最后，国际化、优质化的生活配套服务水平的相对不足也是吸引国际高端人才时亟须解决的问题。这些问题限制了成渝地区双城经济圈的营商环境建设与国际化发展，对改革开放新高地建设造成了一定的制约。

四、高品质生活宜居地建设方面

（一）居民收入与消费水平有待提升

近年来，成渝地区双城经济圈人均可支配收入不断增长，但与全国平均水平相比仍存在一定差距（表 1-11），这在一定程度上影响了成渝地区双城经济圈高质量发展和高品质生活宜居地建设进程。2018 年，四川省和重庆市的人均可支配收入分别为 22 461 元和 26 386 元，同年全国人均可支配收入为 28 228 元，分别比四川省和重庆市高 25.7%和 7.0%。2023 年，四川省和重庆市的人均可支配收入分别为 32 514 元和 37 595 元，同年全国人均可支配收入为 39 218 元，分别比四川省和重庆市高 20.6%和 4.3%。同时，四川省人均可支配收入与全国平均水平的差距逐渐加大，由 2018 年的 5767 元增大至 2023 年的 6704 元。民众的物质生活质量首要依赖于收入水平，因此在打造高品质生活宜居地的过程中，居民收入增长是核心关注点。未来，随着成渝地区双城经济圈的不断推进，预计人均可支配收入将持续稳健提升。然而，如何加速缩小该地区人均可支配收入水平与全国均水平之间的差距，仍是亟待解决的问题。

表 1-11　2018—2023 年四川省、重庆市与全国人均可支配收入情况　单位：元

年份	四川省	重庆市	全国
2018	22 461	26 386	28 228
2019	24 703	28 920	30 733
2020	26 522	30 824	32 189
2021	29 080	33 803	35 128
2022	30 679	35 666	36 883
2023	32 514	37 595	39 218

资料来源：根据国家统计局数据整理

此外，成渝地区双城经济圈人均消费水平有待持续提升。2018—2022 年，川渝两省市人均消费水平稳步提升（表 1-12），2020 年起重庆市人均消费水平超过全国平均水平，但四川省人均消费水平仍与全国平均水平存在一定差距。未来需进一步提升居民收入水平，促进消费升级。

表 1-12　2018—2022 年四川省、重庆市与全国人均消费情况　单位：元

年份	四川省	重庆市	全国
2018	17 664	19 248	19 853
2019	19 338	20 774	21 559
2020	19 783	21 678	21 210
2021	21 518	24 598	24 100
2022	22 302	25 371	24 538

资料来源：根据国家统计局数据整理

（二）基础设施通达均衡性仍然不足

成渝地区双城经济圈地区间基础设施互联互通状况明显改善，但是通达均衡性仍然不足，制约协同发展合力的形成。尽管近年来成渝地区交通路网密度在不断提升，但路

网覆盖程度仍然不足，主要表现为域内城际铁路和高铁网络建设相对滞后，成都、重庆之间的快速交通联系通道建设进度较为缓慢。成渝地区的铁路交通网络比较薄弱，重庆与成都之间的高速铁路线路较少，且运营速度相对较慢，限制了城市之间的要素流动效率。

目前，成渝地区双城经济圈内渝蓉高速全线贯通，高铁、高速公路、机场等互联互通网络和对外通道建设水平提升，重庆和成都双核之间已经实现了 1 小时通达，但“核心城市与次级中心城市1小时到达、城市群内所有次级中心间2小时到达”的目标还未实现，如重庆至黔江、宜宾，成都至宜宾、泸州都在 3 个小时以上；重庆中心城区、万州、四川宜宾等沿江港口城市未形成合理功能分工，以“五横三纵”为骨架的综合交通运输网络亟待完善。特别是川渝毗邻地区、离中心城市较远的外围地区的道路网络相对不完善，公路质量相对较低、通行能力有限，一些地区的道路容量不足，交通拥堵问题突出。同时铁路线路不够发达，覆盖面较窄，无法满足快速、大规模货物运输的需求，很大程度上制约了经济圈开放格局优化和经济增长。同时，双核、双都市圈和南北两翼地区缺乏有效的互联互通和区域一体化机制，使得各地区难以形成协同发展的合力，无法充分发挥各自的优势和潜力。而且交通、信息通信等基础设施通达均衡性不足，使得中小城市、外围地区城市居民获取和享受中心城市和中心城区优质公共服务的难度增大，从而制约了高品质生活宜居地的建设。

在成渝地区双城经济圈建设引领下，为实现双核、双都市圈、南北两翼以及大中小城市协同发展和全域高品质生活宜居地建设，势必需要进一步强化基础设施建设，特别是交通基础设施，注重传统基础设施与新型基础设施的搭配与衔接，以提高区域之间的畅联水平，促进资源的共享和优势的互补，推动共同富裕。

（三）优质公共服务供需矛盾较突出

优质的公共服务通常被视为一个地区吸引人口和资源集聚的关键因素，对于建设高品质生活宜居地具有极其重要的作用。提供优质公共服务并扩大覆盖面是成渝地区双城经济圈建设高品质生活宜居地的内在要求。目前，成渝地区双城经济圈各地区的公共服务供给水平整体上升，但由于城市间经济发展基础和发展水平的差异，成渝地区双城经济圈的教育、医疗等公共服务在城市间和城乡间供给不均衡，跨区域共享的协作机制不健全，城市间差距仍然较大。

一方面，教育、医疗等公共资源供给存在不均衡问题。重庆中心城区和成都都市圈拥有大量高质量教育及医疗等资源，其教育、卫生、文化等公共资源相对较丰富，公共服务设施相对完善，而重庆中心城区、成都都市圈以外地区的优质公共服务供给明显不足，不均衡分布情况突出，存在师资力量不足、教育设施陈旧、医疗机构及床位数不足等问题。与人民日益增长的美好生活需要之优质公共服务需要相比，仍然存在供给缺口。

另一方面，公共服务跨区域共享协作机制不健全。教育和医疗资源的共享协作机制不够完善，公共服务共享平台建设不足，使居民特别是外围地区居民难以快速、便捷享受到中心城市、中心城区的优质公共服务。此外，信息不对称和政策不协调等问题在跨区域协作中更加突出，降低了居民在不同地区之间，尤其是从成渝双核和双都市圈获取优质公共服务的便利性和效率。这些问题的存在，凸显了经济圈建设更加均衡和协调有力的公共服务共享机制与平台以助力高品质生活宜居地建设的紧迫性。

此外，成渝地区双城经济圈在优质生活性服务供给上也存在较大的缺口。从需求端看，成渝地区双城经济圈人口规模巨大且人口持续增加，市民日益增长的美好生活需要带来了巨大的生活性服务需求，尤其是在养老、育幼等领域。居民收入水平提升和消费理念的革新，使得消费需求正不断扩大并向个性化、多样化、品质化和高端化的服务需求转化。新一代科技发展和产业革命迅速深化，生活性服务业数字化、信息化、智能化步伐加快，与互联网、物联网、大数据等的融合程度不断加深，生活性服务业新业态、新模式加快催生。从供给端来看，经济圈内基本生活性服务供给能够满足广大居民的需求，但在高品质供给上仍存在缺口，在均衡化、品质化、智能化等方面还存在不足，与群众美好生活期盼仍存差距，亟待推动生活性服务业标准化和品牌化建设。虽然成渝地区双城经济圈生活性服务业迅猛发展，但具有重要影响力和带动效应的服务企业和服务品牌的数量相对较少、特色优势产业集群相对不足，与高品质生活宜居地要求仍有差距。

五、区域协调发展方面

（一）空间极化问题待破解

合理高效的经济空间结构是区域协调发展的重要支撑。成渝地区双城经济圈空间形态呈现为两个单中心都市圈的组合模式，现阶段双核极化现象仍比较突出、中间塌陷问题较为严峻，城市规模空间分布具有明显的不平衡性和不充分性。从 2022 年城区人口规模分布可以看出（表 1-13），现阶段成渝地区双城经济圈城市体系中，城区人口在 300 万—500 万人的Ⅰ型大城市严重缺乏，人口规模为 50 万—100 万人的中等城市数量最多（有 7 个），城市能级普遍较低，且规模差异较小，城市体系的层级结构有待优化。2023 年，成都市、重庆市年末常住人口均在2000万人以上，但其余14个地级及以上城市中，南充市的常住人口最多，为551.1万人，远低于成都市和重庆市，雅安市的常住人口最少，只有 142.9 万人[①]。集约高效、疏密有致的双核、多中心、网络化城市空间组织结构有待加快构筑。

表 1-13　2022 年成渝地区双城经济圈 16 个城市的城区人口规模及分类

城市规模分类	城市名称及 2022 年城区人口规模
超大城市	重庆市（1289.27 万人）
特大城市	成都市（842.61 万人）

① 资料来源：2023 年各城市国民经济和社会发展统计公报。

续表

城市规模分类		城市名称及 2022 年城区人口规模
大城市	Ⅰ型大城市	无
	Ⅱ型大城市	宜宾市（124.00 万人）、南充市（118.00 万人）、自贡市（114.44 万人）、绵阳市（109.03 万人）
中等城市		泸州市（81.71 万人）、达州市（81.19 万人）、内江市（60.90 万人）、德阳市（54.84 万人）、眉山市（54.08 万人）、乐山市（52.98 万人）、遂宁市（51.79 万人）
小城市	Ⅰ型小城市	广安市（43.53 万人）、资阳市（35.81 万人）、雅安市（23.60 万人）
	Ⅱ型小城市	无

资料来源：根据《中国城市建设统计年鉴 2022》整理

（二）产业协调难度仍较大

区域产业协调是区域协调发展的内核。目前，成渝地区双城经济圈的技术创新合作机制、市场开放机制、标准规范统一机制等仍然不够完善，在一定程度上制约了现代产业体系的合理构建和地域功能的整合提升。在技术创新合作方面，成都和重庆中心城区虽然在技术和人才方面各有优势，但仍然缺乏紧密的技术创新合作机制，限制了产业协同发展、创新链产业链深度融合。在市场开放机制方面，成都和重庆在联合招商引资、市场开放方面的协同程度有待提升，适应现代产业发展趋势的市场拓展方式不够丰富，产业同构程度较高，阻碍了联合打造特色优势产业集群的进程。在标准规范统一机制方面，成渝地区尚缺乏统一的产业布局标准和规范，阻碍了产业协同发展，政府层面推动市场一体化和“异地同标”工作机制加快形成，但市场主体特别是企业参与积极性还有待进一步激发。整体而言，在针对产业协调的政府协作和市场资源整合上，成渝地区双城经济圈仍缺乏配套完善的体制和机制。

从承接产业转移和发展配套产业角度来看，整个西部地区面临着物流成本较高、产业配套不完善等制约因素，处于西部地区和长江上游的成渝地区双城经济圈也受这些因素的影响。成渝地区双城经济圈深居内陆，离沿海港口较远，物流运输距离长，加之经济圈交通基础设施和物流基础设施建设整体相对滞后，导致物流成本较高，经济圈在与长江经济带中下游地区产业互动、承接东部地区产业转移方面存在一定挑战。经济圈内部，特别是比较优势相似、地理位置邻近、人口规模接近的城市，在承接东部产业转移方面还存在比较激烈的竞争，产业协调发展受到了影响。现阶段，成渝地区双城经济圈存在产业结构不合理、产业配套不足、产业链和产业规模大而不强、产业集群效应不凸显等多方面问题，尚未形成双核、双圈与南北两翼有机联结、大中小城市竞合有序、优势互补的现代产业体系，并阻碍了区域产业分工协作、协调发展和产业链的延伸拓展。

（三）行政瓶颈须突破

成渝地区双城经济圈属于典型的“双核型”跨行政区经济圈，以行政区为主的各地区的产业政策、公共服务政策存在分割和衔接不畅等问题，阻碍区域协调发展。以成都和重庆的产业政策为例，由于发展基础和条件的差异，两地的产业政策存在分割，如在新能源汽车发展上，成都的政策相对较为开放与优惠，而重庆的政策则相对保守，加之两城市间产业联动程度较低，产业布局较为分散，两地难以形成巨大的协同效应，产业链的延伸也受到一定的限制。在公共服务政策层面，主要存在公共服务体系不完善、政策衔接不紧密、信息不对称等问题。两大核心城市的医疗卫生、教育、社会保障等多个领域的政策和服务标准仍存在差异，并且受到地理距离的限制，公共服务资源共享难度较大，公共服务缺乏整体性的规划和建设。同时由于行政体制和政策制定机制的差异，跨行政区的政策衔接不紧密，公共服务信息流通不畅，制约资源共享。

成渝地区双城经济圈的资源要素跨区域、跨边界流动仍面临行政和政策壁垒。由于成渝地区双城经济圈横跨不同行政区，企业在进行跨行政区资源要素配置时需要符合各自行政区的规定，如在跨城市投资、人才引进、资源调配等方面需要遵守不同的政策和程序，这些行政壁垒增加了企业的交易成本，降低了企业跨区域投资和合作的意愿。此外，川渝不同行政区地方政府的财政资金、优惠政策、产业政策等存在差异，导致资源要素在不同区域未能有效分配，政策的不确定性和不公平性增大，这与《规划纲要》中提出的“促进产业、人口及各类生产要素合理流动和高效集聚”要求还存在一定差距。

（四）区域协调机制不健全

成渝地区双城经济圈区域协调机制是实现区域优势互补、相互促进、共同发展的重要途径与机制保障，目前仍存在市场机制、合作机制和互助机制不健全的问题。

第一，市场机制完善面临省域、市域行政壁垒的制约。现阶段成渝地区双城经济圈区域发展不平衡不充分是自然、地理、经济、社会、文化、行政等各种要素综合作用的结果。市场机制不完善成为制约区域资源高效配置的主要因素。省域、市域之间的行政壁垒特别是隐性壁垒的存在，阻碍了人才、资金、技术等关键生产要素的自由有序流动。这种分割不仅加剧了区域内部的发展不平衡状况，还限制了整体创新能力的提高和经济活力的释放。特别是中心城市与外围城市、川渝毗邻地区边界两端地区在要素价格、行政补贴等方面的差异，使得资源难以按照市场规律实现最优配置，影响了区域经济的可持续发展。

第二，合作机制尚不完善。尽管成渝地区双城经济圈各城市在地理区位、产业基础等方面具有一定的互补性，但由于缺乏明确的机制协同和差异化发展策略，同质化竞争比较严重。政策制定和执行过程中的地方保护主义倾向依然存在，进一步削弱了经济圈区域市场的整体竞争力。成本共担和利益共享的区域合作机制不完善，导致合作共建产业园区、合力推动重大项目的进展缓慢、成效不足。

第三，互助机制不完善。双核与外围、成渝主轴与南北两翼互助发展工作机制尚不完善，在鼓励中心城市、先行地区采取多种方式加大资金、项目、人才等援助力度帮扶欠发达地区提高内生增长能力等方面存在不足，仍待按照区域协调发展的基本目标要求（实现基本公共服务均等化、基础设施通达程度比较均衡、人民基本生活保障水平大体相当），加大对经济圈内欠发达地区的扶持和援助力度。

第三节 未来展望

2020—2024 年，成渝地区双城经济圈各级地方政府不断深化合作，各类企事业单位和社会主体广泛参与，成渝地区双城经济圈建设成势见效，经济实力、发展活力、国际影响力大幅提升，一体化发展水平明显提高，区域特色进一步彰显，支撑全国高质量发展的作用显著增强，《规划纲要》中提到的发展目标总体上已基本完成。站在成渝地区双城经济圈建设下一个五年的新起点并从中长期视角聚焦 2035 年的发展目标，将其置于区域协调和国家发展大局、中国式现代化进程和社会主义现代化强国建设的伟大征程上看，成渝地区双城经济圈建设和发展机遇无限，潜力巨大，前景广阔。2024 年 7 月，党的二十届三中全会科学谋划和部署了中国式现代化进一步全面深化改革的总体安排，审议通过了《中共中央关于进一步全面深化改革、推进中国式现代化的决定》，明确提出“推动成渝地区双城经济圈建设走深走实”。

展望未来，成渝地区双城经济圈应坚持按照中央顶层设计和国家规划部署要求，聚焦建设和发展目标不松动，持续凝聚“一盘棋”和“一体化”共识，汇聚各方力量，积极利用国家战略赋能与规划引导创造的新机遇与新优势，充分发挥区域比较优势，持续激发发展潜能与活力，推动“两中心两地”建设和区域协调发展走深走实。在持续发展壮大自身能级的同时，不断发挥并提升对西部乃至全国高质量发展的辐射带动作用，更好融入并服务中国式现代化和社会主义现代化强国建设。

一、重要经济中心建设方面

（一）提高资源配置能力

第一，完善市场规则体系，提高资源配置效率。强化顶层设计，进一步打破川渝行政区壁垒，激发市场活力，确保在统一的政策框架下，持续提升双核发展能级，不断提升成渝双核对区域、全国乃至全球高端要素的吸引集聚和优化配置能力，并为两大都市圈和整个经济圈所用，支撑带动经济高质量协同发展。着力完善区域合作机制，构建公平竞争的市场环境，协调解决资源配置过程中出现的矛盾和问题，保障市场的平稳运行和健康发展。

第二，坚持市场主导地位，促进商品要素有序流动。充分发挥市场在资源配置中的决定性作用，鼓励企业跨区域开展合作，强化经济圈内部大中小城市基于自身资源禀赋、比较优势和功能定位的经济合作，促进劳动力、资本、创新等要素的市场化配置和自由流通，推动产业链、供应链、创新链深度融合，推动成渝地区双城经济圈商品市场和要素市场一体化发展，在积极参与和融入全国统一大市场建设过程中不断提高资源配置能力，为实体经济做大做强提供要素保障和市场保障。

第三，提升金融信贷服务水平，加快构建现代金融服务体系。以共建西部金融中心为目标，以金融服务实体经济为主线，深化绿色金融、金融科技等创新工作，加大对成渝地区双城经济圈小微企业、重点项目和涉农项目的授信支持力度，探索消费金融、文旅金融、普惠金融、养老金融的特色金融模式，着力搭建“一带一路”金融对接平台，助力成渝地区双城经济圈金融一体化、国际化，不断提高金融支持和服务实体经济及其做大做强的能力。

（二）壮大成渝发展主轴

成渝发展主轴是成渝地区双城经济圈建设具有全国影响力的重要经济中心的重要支撑区域，也是未来经济圈发展的潜力所在。在做强做优极核、两大都市圈的过程中壮大成渝发展主轴，激发潜在的发展动能，关键在于从产业布局、创新引领和基础设施方面协同着力。

第一，优化产业布局是突破重点。根据成渝地区的资源禀赋和市场需求，依托交通通道和产业园区建设等，科学规划和完善成渝主轴的产业布局，推动产业向高端化、智能化、绿色化方向发展，加大对传统优势产业的数字化改造，加强成渝地区产业协作和资源共享，形成优势互补、分工协作、协同发展的良好局面。

第二，加强创新引领是重要手段。积极引进国内外先进的科技资源和创新团队，完成成渝发展主轴上的科创走廊建设，打造一批高水平的科技研发平台和孵化基地，推动科技创新成果转化应用。同时，鼓励企业加大研发投入，提升自主创新能力，培育更多具有核心竞争力的创新型企业。促进创新链产业链在成渝主轴上率先融合。

第三，完善基础设施是必要保障。深化能源保障体系建设，改造升级水利设施，合力打造高能级交通枢纽，重点推进成渝中线高铁、西渝高铁和成渝、渝遂等国家高速公路建设，加快构建现代化水陆空立体交通网络，串联成安渝发展轴、成遂渝发展轴、成内渝发展轴等主轴沿线的大中小城市（镇），强化对农业转移人口和要素的吸引力，带动成渝发展主轴充分发挥人口集聚效应，支撑优化经济圈空间结构。

（三）持续优化产业结构

聚焦协同建设现代产业体系的目标及任务，以全球新一轮科技革命和产业链重塑为契机，优化、稳定产业链供应链，加快构建高效分工、错位发展、有序竞争、相互融合的现代产业体系，持续优化经济圈产业结构，不断提升产业层次及发展水平。

第一，发展战略性新兴产业。依托已有的先进制造、信息技术等产业基础，聚焦新一代信息技术、高端装备制造、节能环保、数字创意等新兴产业，打造具有全国影响力乃至全球特色的高端产业集群。优化政策配套和资源配置，引导资金、人才等要素向新兴产业集聚，培育新的经济增长点。

第二，构建现代农业体系。深入推进《成渝现代高效特色农业带建设规划》，强化“一轴三带四区”[①]的空间格局，积极推广智能农业、精准农业技术、农村电商，做大做

① “一轴”，即成渝主轴；“三带”，即沿长江、沿嘉陵江、渝遂绵三个示范带；“四区”，即重庆主城都市区、成德眉资、渝东北川东北、川南渝西四个示范区。

强数字农业，以提升新质生产力赋能农业现代化的整体水平。打造具有地方特色的农产品品牌，实现一村一品、一镇一业，大力发展特色农业与乡村旅游业，推动农村一、二、三产业的深度融合发展，促进农村经济增长，缩小成渝地区城乡差距，促进城乡融合发展。

第三，强化科技创新与产业融合。建立科技产业协同创新体系，推动科技成果落地转化，特别是在高新技术产业如电子信息、生物医药、新材料、新能源汽车等领域。支持、引育一批创新企业入驻，出台相应的财政补贴、税收优惠等激励政策，提升区域产业核心竞争力。

（四）提升辐射带动水平

第一，做强做优极核，辐射更大范围。面向西部和全国，着力提升成渝双核的国际竞争力和综合能级，打造重要的经济增长极，引领并推动西部地区经济发展。立足重庆、成都的集聚优势和开发发展基础，提升成渝双核的城市规划、公共服务、社会治理水平，通过共享资源、互通有无，形成合力、共谋发展，支撑成渝地区并辐射带动西部乃至全国经济增长迈上新台阶。

第二，强化核轴联动，提升辐射能级。促进成渝双核与成渝主轴、沿江轴、成绵乐交通轴等既有轴带的联通，以大带小、以点带面、以城带乡，借助交通和通信网络，缩短成渝双核与周边城市的时空距离，构建紧密的产业链条和协作机制，促进区域内大中小城市（镇）的经济协同发展，构筑开放联动、优势互补、合作共赢的区域发展新格局。

第三，加强双城都市圈互动，优化空间结构。依托交通通道、产业链等促进重庆都市圈和成都都市圈的相向互动，引导非核心城市承接重庆中心城区、成都和东部沿海地区的产业转移，在核轴联动的基础上进一步提升功能分工协作水平，优化经济发展的空间结构。

二、科技创新中心建设方面

（一）加强创新要素引育

一方面，坚持创新驱动发展战略，构建开放、协同、高效的创新生态体系。聚焦关键核心技术和建设现代产业体系的科技创新需要，通过设立创新基金、提供税收优惠等激励措施，吸引国内外优秀人才和团队入驻，鼓励企业和科研机构加大研发投入力度，打造活跃的科技创新中心。加强与东部地区科技创新中心和创新策源高地的合作，促进创新资源、功能平台的开放共享。

另一方面，坚持开放合作，促进高水平科技创新平台建设，推动产学研用深度融合。政府加强与高校、科研院所、企业的紧密合作，建设一批与研究方向密切关联的重大科技基础设施、交叉前沿研究平台等产学研用一体化平台，推动科技成果快速转化和产业化。加快建设“一带一路”国际科技创新合作示范区和国际技术转移中心，提升成渝地区双城经济圈在全球创新体系中的话语权和影响力。

（二）增加科技研发投入

第一，深化科技创新制度改革。深入探索跨行政区域合作共建重大创新载体、联合资助重大科技项目的协同创新组织模式，支持成渝两地科研工作者跨省市申报基金项目，推动科研资金跨省市使用，提升财政资金使用效率。

第二，增加对基础研究的投入。借鉴长三角、珠三角、京津冀等先行地区的科技创新经验和做法，循序增加科技创新投入，努力为科研机构和高校提供稳定的经费支持和良好的研究环境，鼓励围绕物质科学、核科学等基础学科以及发展新质生产力的需要加强基础研究，深入探索科学原理，为技术创新提供坚实支撑。同时，建立健全科研评价机制，确保基础研究的质量和效益。

第三，突出企业科技创新的主体地位。明确企业是科技创新的重要主体，引导经济圈内企业加大科技研发投入力度，鼓励企业建立研发机构，开展研发合作，培养研发团队，提高区域自主创新能力。依托成都、绵阳、重庆等地集聚的科教资源和科研机构与平台，加强产学研合作，完善企业与高校产学研合作的育人机制、科技成果转化机制，推动科技成果的转化和应用，加快建设支撑创新发展的高能级科技创新基础设施与产教融合创新平台。

（三）优化人才培养机制

区域发展，人才优先。创新驱动，人才为本。人才是科技创新的核心要素，是成渝地区双城经济圈建设具有全国影响力的重要科技创新中心必须吸引和培育的资源。一方面，应加强人才培养体系建设，依托四川大学、电子科技大学、重庆大学等高校和科研机构，加强科技人才的培养和引进工作，提升本土人才的创新能力和竞争力。另一方面，提高人才待遇和福利水平，建立健全人才激励机制，支持地方政府开通人才引进绿色通道、人才绿卡，为人才提供全方位的支持和保障，吸引更多高层次人才安心扎根成渝。

（四）健全协同创新体系

一方面，健全成渝地区双城经济圈协同创新体系。支持建设西部科学城、川渝科技资源共享服务平台等高水平研发平台，培育新质生产力，不断推进科技研发和产业升级，着力打造以企业、科研院所等为主体的协同创新发展路径，形成以创新为核心竞争力的产业发展新格局。

另一方面，加快构建优势互补的区域协同创新格局。加快培育双核引领、双圈互动与两翼协同的开放型、网络型、融合型协同创新共同体，在大中小城市开放式网络互联互嵌中优化创新资源空间布局、加强区域科技创新合作、健全协同创新激励政策体系等，塑造竞合有序、优势互补、合作共赢的区域协同创新格局并支撑高质量发展。

三、改革开放新高地建设方面

（一）全面深化改革开放

一方面，坚持问题导向和系统集成的全面改革。当前成渝地区双城经济圈改革迈向“深水区”，需要啃“硬骨头”。要以成渝地区双城经济圈建设为总牵引，针对经济区与行政区适度分离、区域协调发展、城乡融合、城市治理等领域的改革中存在的难点和痛点，始终坚持问题导向和系统功能，探索改革路径，制定切实可行的解决方案。坚持有为政府、有效市场共同发力，通过经济区与行政区适度分离、深度优化营商环境、全面激发市场活力、坚决促进公平竞争等多种手段，共同确保市场竞争规范有序。依托跨省域都市圈和川渝毗邻地区功能平台建设破除行政壁垒和体制机制障碍，促进资源、人才、技术等要素跨行政区有序流动、高效集聚和优化配置，推动成渝地区双城经济圈深度融合与协同发展。

另一方面，推动形成对内对外全面开放的新格局。对内开放上，依托日渐完善的综合交通体系、富集的物流资源以及疏密有致的空间布局，特别是要充分依托中欧班列（国内段）、长江黄金水道、西部陆海新通道等，扩大成渝地区对长江上游和西部地区的物流集散优势，加强与京津冀、长三角、粤港澳大湾区等经济增长极和广袤的东部、中部地区的开放联动与产业协作，实现产业链互补，在高水平对内开放中提高产业体系的韧性和竞争力。对外开放上，合力建设西部陆海新通道、统筹完善亚欧通道、优化畅通东向开放通道，充分发挥多种贸促活动、跨境电商、数字平台等整合资源的优势，拓展销售渠道，提高对外开放的广度和深度，主动提升对外开放的质量和效益，推动形成全方位、多层次、宽领域的全面开放体系，加快实现“一带一路”、长江经济带、西部陆海新通道等的联动发展，参与全球资源配置，提升成渝地区双城经济圈在加快西部地区大开发、助力构建双循环新发展格局中的作用以及在全球价值链中的地位。

（二）拓展国际经贸合作

一方面，持续深化国际经贸合作。依托“一带一路”、长江经济带等重要经济通道和中国西部国际博览会、成渝地区装备制造业博览会、中国（成渝）美食工业博览会等对外推介渠道，推动成渝地区优势产能和装备“走出去”。进一步加强与日本、韩国以及欧美国家的经济合作，积极加强与中亚、南亚腹地的贸易往来，塑造陆海内外联动、东西双向互济的对外开放新格局，提升成渝地区双城经济圈开放型经济活力。

另一方面，注重创新引领和开放带动。以科技创新为引领，加大科技创新投入，吸引高层次人才落户，积极培育具有国际竞争力的产业集群，激发创新动能和高水平开放潜能，提高成渝地区双城经济圈出口产品的科技含量和附加值，扩大服务贸易，不断提升在全球产业链、供应链、创新链中的地位。通过促进成渝地区在高水平开放上的区域协同发展，加快构筑向西开放战略高地和参与国际竞争的新基地。

（三）持续优化营商环境

优化市场环境，主动激发市场活力。落实深化《成渝地区双城经济圈优化营商环境方案》，一方面，进一步转变政府职能，深化“放管服”改革，提高行政效率，推动成渝地区政务服务事项“同事同标”，加快实现成渝地区区域内重要事项“一网通办”，降低制度性交易成本，充分激发各类市场主体活跃度。另一方面，对标国内和国际前沿，进一步放宽市场准入限制，依法行政、强化监管，充分尊重企业的市场主体地位，为企业投资提供更加公平、透明、便利的营商环境。

四、高品质生活宜居地建设方面

（一）加强生态保护示范

第一，注重生态保护引领。坚定不移贯彻新发展理念，将保护环境、节约资源作为成渝地区双城经济圈建设发展的重要内容。壮大节能环保、清洁生产、清洁能源等绿色产业，探索生态产品的价值补偿机制，提高资源利用效率，推动产业发展模式向绿色化、循环化、低碳化方向转变，实现经济、社会、环境的协调发展。共建区域生态环境监测网络，加强生态环境监测、生态修复和环境治理，常态化开展针对水体污染、大气污染和土壤污染等环境污染的跨区域联合治理行动，对违反环境保护法律法规的行为进行严厉打击。

第二，加强生态保护示范。推动区域生态共建共保，进一步加强生态保护示范区建设，积极探索实现整体保护与局部开发平衡互促的发展新路径，重点打造一批生态保护示范样板，以点带面，推动全国范围内的生态环境质量整体提升。在加强生态保护的同时重视生态价值的转换，促进绿色低碳发展，培育更多的新质生产力。

第三，筑牢绿色生态屏障。遵循主体功能区规划和国土空间规划，完善大熊猫国家公园建设，推动成渝地区双城经济圈“六江”（长江、嘉陵江、乌江、岷江、沱江、涪江）生态廊道、三峡库区等区域的生态恢复。依托龙门山、华蓥山、大巴山、明月山等山脉，实施森林生态系统休养生息和矿区恢复的治理措施，加强对三峡库区小流域和坡耕地水土流失、岩溶地区石漠化等的综合治理，加强流域内的生态保护与修复，实现生态资源的有效整合与利用，共筑长江上游生态安全屏障。

第四，推动绿色低碳发展。推动川渝地区火电、钢铁、化工、建材等传统资源型工业和重化工业的绿色转型，降低能耗和排放。发展节能环保产业和清洁能源产业，提高清洁能源在能源消费中的比重。稳步推进区域碳达峰，通过技术革新和产业升级，降低碳排放强度。倡导绿色低碳生活方式，增强公众的环保意识，提高其参与度。

（二）提高居民生活水平

第一，提高居民收入水平。通过提振区域经济、拓宽就业渠道、提高工资水平，使居民的收入稳步增长。一方面，促进就业与创业、拓宽就业渠道。搭建成渝地区跨省就业信息共享平台，提供职业培训、就业指导、创业孵化等服务，实施税收减免、贷款贴息、创业补贴等政策，支持小微企业发展，增加就业机会。另一方面，提高劳动者技能、加强职业技能培训，开展多层次的职业教育和技能培训，提升劳动力的市场适应能力和薪资议价能力，进而提升成渝地区的经济活力和居民的生活质量。形成经济发展与居民收入增加的挂钩机制，通过不断扩大经济规模、创造更多就业岗位等促进发展成果共享，使广大居民收入提升。

第二，改善居民生活环境。一方面，根据人民日益增长的美好生活之吃、穿、住、行和医疗、教育、文化等需要，加大对城市基础设施建设和优质公共服务的投入力度，推动老旧小区改造，提高城市绿化覆盖率，治理大气污染、水体污染和土壤污染等环境问题，提升居民居住品质。另一方面，加强城市规划和管理，优化中心城市核心功能和疏解非核心功能，引导非核心功能向周边城市、区县转移，缓解“大城市病”。

第三，提升居民生活品质。消除外围城市与中心城市、城乡之间的行政壁垒与隐性制约，促进成渝地区居民在医疗、教育、养老等服务方面实现共享互通。依托四川大学华西临床医学院、重庆医科大学、西南医科大学和川北医学院等优质平台，深化合作，共建区域医疗中心和国家临床重点专科群。同时，鉴于成渝地区人口老龄化率高于全国水平，要重点围绕居家养老、社区养老、机构养老和医养融合等推进老年健康服务体系建设。重点提升区域教育水平，加强职业教育，鼓励异地办学、新建校区，促进中心城市优质教育资源外溢和普惠均衡。

（三）提供优质公共服务

重点完善公共服务体系与保障民生。始终坚持以人民为中心的发展思想，不断完善公共服务体系，提高民生保障水平。一方面，通过加强基础设施建设、优化公共服务供给、提高公共服务质量等措施，积极推动教育、医疗、养老等领域的改革，提高基础设施的通达均衡性以及公共服务的普及率和质量，保障经济圈内城乡居民能够享受到更加便捷、高效、优质的公共服务，增强人民群众的获得感、幸福感和安全感。另一方面，加强社会治理体系和治理能力现代化建设，继续优化政府职能，提高政府服务水平和效率，推动信息技术与社会治理深度融合，提高社会治理的智能化、精细化水平。应用数字技术、智能化手段等搭建成渝地区双城经济圈优质公共服务共享平台，提高广大城乡居民对中心城市（城区）优质公共服务的获得性，助力高品质生活宜居地建设。

五、区域协调发展方面

（一）优化区域发展格局

第一，推进双圈融合，双核协同发展。围绕“双核引领、双圈互动、两翼协同”的总体布局要求，以提升成渝双核能级及建设重庆都市圈、成都都市圈为抓手，建设成渝地区双城经济圈中心城市，引领都市圈发展，探索都市圈融合互动辐射带动经济圈发展的新模式，加快塑造“核心城市—都市圈—经济圈”有机联动的空间格局。

第二，培育次级中心，突围“中部塌陷”。加快培育万州、南充、达州、宜宾、泸州等系列次级区域中心城市，构建更为集约高效的城市网络。促进区域中心城市与核心城市的协同发展，实现资源共享，促进人流、物流、信息流在经济圈内更加平衡充分地流动，形成联结中心与外围、双都市圈与南北两翼以及疏密有致、集约高效的多中心网络化空间格局。

第三，加快互联互通，织密城市网络。加大对交通、能源、通信等基础设施建设的投入力度，提升互联互通水平，为其他节点城市和重要县域单元、重点小城镇依托资源禀赋和比较优势实现加快发展提供硬件支撑，构建高效的区域交通网络、信息网络、贸易网络等，为大中小城市和小城镇的协调发展提供有力支撑。

（二）深化区域产业协作

第一，明确区域产业分工协作的关键领域与空间布局策略。一方面，立足重点打造的装备制造、新能源汽车、电子信息、先进材料等万亿级产业集群，积极培育和发展高新技术产业、战略性新兴产业以及现代服务业，形成多元化、协同发展的现代产业体系。另一方面，遵循“协同发展、错位竞争”的空间布局原则，依托产业园区和区域功能平台，引导相关产业向具备发展优势的区域集聚，形成产业链上下游紧密衔接、配套协作的产业集群，实现错位竞争、协同发展。

第二，推动科技创新应用与产业协作深度融合。凭借成渝地区双城经济圈打造科技创新中心的创新资源、要素集聚优势，加快科技成果的产业化、产品化转化，推动产业链条向高端环节延伸。科技赋能培育形成合理的现代产业协作布局，打造一批高端化、绿色化、智能化的产业集群。

第三，探索共建产业园区形成有效协作的示范经验。加强川渝毗邻地区设施联通与产业协同，形成一批以产业园区合作、“飞地经济”共建等为核心内容的工作经验，推动区域产业协同和空间协同的融合互促。在具体实施上，一是在结合地区资源禀赋和整合已有产业园区资源的基础上，为入驻企业提供前期税收减免、资金扶持等优惠政策，为产业布局优化和产业发展提供必要的支持；二是加强产业园区之间的互联互通，降低物流成本，提高产业协作效率，培育一体化的产业生态圈；三是加大人才培育与科技创新力度，为园区建设和产业发展提供坚实的人才后盾与要素保障，进一步推动产业技术的现代化革新与升级，提高成渝地区双城经济圈产业的核心竞争力。

（三）完善区域合作机制

第一，建立区域合作协调机制。指定联合牵头领导机构，建立定期沟通机制，就成渝地区双城经济圈区域发展重大问题进行深入研讨，共同制定符合中央和国家要求、区域实际情况的政策措施。同时强化信息共享，确保政策在区域内有效执行。

第二，健全区域合作和互助机制。探索建立制度化、可持续的区域互惠合作机制，借鉴、推广万达开地区公开遴选公务员的经验，选派成渝地区中心城市的干部到外围城市挂职交流，逐步建立双核与外围、成渝主轴与南北两翼互助发展的工作机制。探索建立制度化、可持续的区域互惠合作机制，发挥成渝地区国有企业、重点合作园区、重大项目等的合作示范与带动作用，开展多主体、多层次、多形式、多领域的区域合作。

第三，完善共享收益和共担成本机制。探索根据城市地区生产总值占经济圈生产总值的比重由各地区政府按一定比例出资，并通过中央层面的适当补充设立协同发展基金的制度，以实现资源优化配置和效益最大化。在共享收益方面，尝试建立经济圈内的税收分享机制，将部分税收收入按照贡献程度分配给各参与城市，以激励各城市积极参与协同发展。在共担成本方面，明确各个城市都要按照其能力和比较优势合理承担相应的责任，通过政府出资、企业和社会资本参与等方式筹措资金，以支持各城市在协同发展中的基础设施建设、环境保护、人才培养等方面的投入。

（四）强化政策协同引导

第一，强化发展规划的指导约束作用。聚焦《规划纲要》中的重点任务，通过发挥《规划纲要》的指导约束作用，进一步凝聚协调发展共识，汇聚协调发展合力，加强区域合作与协同发展，深化与区域内部的产业协作，构建优势互补、互利共赢的区域经济格局。坚持“一盘棋”和“一体化”导向，协同推动和落实重要经济中心建设、科技创新中心建设、改革开放新高地建设等方面的工作任务。

第二，加强基础设施互联互通政策协同。针对成渝地区双城经济圈快速交通建设相对滞后、通道经济发展不充分和交通对区域空间结构优化指导作用不足的现实，川渝两省市应结合中长期经济社会发展和综合交通网络建设需要，进一步加强交通政策沟通，统筹和协同谋划推进一批基础设施互联互通重大项目。以重大交通项目为牵引，加强政策沟通与协作，加快建设联结成渝双城、主轴、南北两翼与辐射区域的立体交通网络和现代流通网络，打通“断头路”，消除“瓶颈路”，促进铁路交通干线、高速公路网络以及航运线等相互衔接和进一步升级，确保内通外畅，更好满足各地人员、货物和要素跨区域流动的需求。

第三，加强生态环境保护政策衔接协同。认真贯彻长江经济带“共抓大保护、不搞大开发”的方针，协同协力筑牢长江上游重要生态屏障。加快协商出台解决成渝地区双城经济圈重点区域、流域大气污染、水环境污染等突出环境问题的政策，鼓励开展跨行政区的污染防治和生态环保合作，促进环保基础设施、数据信息平台共建共享，推行全流域、跨区域、多部门联防联控和协同治理，共建共享绿色成渝地区双城经济圈。

第四，加强公共服务和公共政策协同。以标准化促进公共服务均等化和普惠共享为导向，补齐经济圈内中小城市、欠发达地区、县域公共服务的短板。加强经济圈省级、地级行政区在公共教育、就业创业、医疗卫生等重点领域的政策沟通与一体化对接，深入推进双城经济圈便捷生活行动，协同营造一流营商环境，逐步完善有利于人员和要素有序流动、高效集聚、区域协调发展的激励引导型政策及约束控制型政策，更好地服务成渝地区双城经济圈建设走深走实。

本章参考文献

成都科技顾问团. 2020. 关于成渝地区双城经济圈协同发展的几点建议. 决策咨询,（5）：20-22，37.

丁郊，周海川. 2020. 我国优化营商环境成效评估与建议. 宏观经济管理,（2）：59-65.

丁如曦，乔莹莹. 2024. 成渝地区双城经济圈空间功能分工及其对经济协同发展的影响. 中共南京市委党校学报,（2）：85-96.

李优树，冯秀玲. 2020. 成渝地区双城经济圈产业协同发展研究. 中国西部,（4）：35-45.

刘治彦，邓兰燕. 2021. 成渝地区双城经济圈建设难点与推进策略. 城市与环境研究，8（3）：24-35.

盛毅，杜雪锋. 2021. 基于经济区与行政区适度分离视角的成渝地区双城经济圈建设路径. 西华大学学报（哲学社会科学版），40（2）：87-94.

孙久文，张翱. 2020. 论区域协调发展视角下"行政区经济"的演变. 区域经济评论,（6）：25-29.

王凤阁，陈霄. 2020. 重庆市营商环境优化提升的路径研究. 重庆科技学院学报（社会科学版）,（3）：27-30.

王毅，巫金洪，储诚进，等. 2023. 中国生态安全屏障体系建设现状、主要问题及对策建议. 生态学报，43（1）：166-175.

Capello R. 2000. The city network paradigm：measuring urban network externalities. Urban Studies，37（11）：1925-1945.

Luo J，Wang Y H，Li G Q. 2023. The innovation effect of administrative hierarchy on intercity connection：the machine learning of twin cities. Journal of Innovation & Knowledge，8（1）：100293.

Meijers E J，Burger M J，Hoogerbrugge M M. 2016. Borrowing size in networks of cities：city size，network connectivity and metropolitan functions in Europe. Papers in Regional Science，95（1）：181-199.

Wen H，Zhang Q G，Zhu S J，et al. 2021. Inter-and intra-city networks：how networks are shaping China's film industry. Regional Studies，55（3）：533-545.

专　题　一

重要经济中心：设施与产业

共建具有全国影响力的重要经济中心是成渝地区双城经济圈建设的基础。《规划纲要》明确指出："尊重客观规律，发挥比较优势，把成渝地区双城经济圈建设成为具有全国影响力的重要经济中心、科技创新中心、改革开放新高地、高品质生活宜居地。"并提出建设具有全国影响力的重要经济中心要"依托综合交通枢纽和立体开放通道，提高参与全球资源配置能力和整体经济效率，培育竞争优势突出的现代产业体系，发展富有巴蜀特色的多元消费业态，打造西部金融中心、国际消费目的地，共建全国重要的先进制造业基地和现代服务业高地。"

基于此，本专题将系统论述成渝地区双城经济圈基础设施网络建设、产业发展、战略性新兴产业集群打造、现代服务业发展、现代高效特色农业带建设和汽车产业发展方面的成就、问题与展望等。

第二章　成渝地区双城经济圈基础设施网络建设的成就、问题与展望

基础设施建设与区域经济发展和竞争力提升密切相关。《规划纲要》提出“合力建设现代基础设施网络”，要求“以提升内联外通水平为导向，强化门户枢纽功能，加快完善传统和新型基础设施，构建互联互通、管理协同、安全高效的基础设施网络”，这为高水平建设成渝地区双城经济圈现代基础设施网络指明了方向。

2020 年以来，成渝地区双城经济圈在构建集约高效、经济惠民、智能绿色、安全可靠的现代基础设施体系方面取得了突出成绩（孔芳霞等，2023）。首先，成渝地区双城经济圈在交通运输体系建设方面取得了显著成效：一是航空枢纽建设初见成效；二是轨道交通建设有序推进；三是道路交通建设速度加快；四是航运枢纽建设取得进展；五是客货运输水平不断提升。其次，成渝地区双城经济圈在能源基础设施建设方面，打造了具有全国影响力的能源绿色高效利用示范区和重要清洁低碳能源生产基地；通过有序发展水电、优化火电结构、不断推进新能源项目、实施“疆电入渝”工程、完善川渝一体化电力辅助服务等措施不断提升区域电力供给水平；通过统筹油气资源开发，努力建设天然气产能基地，加强油气储运基础设施建设，提升了成渝地区双城经济圈能源保障水平。最后，成渝地区双城经济圈在水利基础设施建设方面也取得了新的进展：一是有序推进了水资源调配工程建设；二是提高了区域供水安全的保障能力；三是完善了防洪减灾机制和设施；四是推进了水资源共享和监管平台建设。

然而，成渝地区双城经济圈在交通运输设施、能源基础设施以及水利基础设施建设等方面仍存在需要加快建设的薄弱环节。一是综合交通设施体系化建设滞后，表现为航空运输发展相对滞后、轨道交通网络密度不足、道路交通设施亟须改造、水路航运运力明显不足。二是多元化能源供给体系不够牢靠，表现为电力供应保障的稳定性不足、新能源项目供电规模仍较小、多能互补能源基地建设缓慢、油气储运设施建设进程较慢、能源民生服务水平有待提高。三是水利基础设施建设整体性不足，表现为部分水利工程研究论证及建设较慢、水网体系建设缺乏协同性及整体性、一体化洪水蓄泄格局还未有效形成、人口分散区域缺乏标准化供水设施。

第一节　进展成就

一、交通运输体系建设成效显著

2020 年以来，成渝地区双城经济圈着力构建多种运输方式无缝衔接的综合立体交通网络，建设对外运输大通道、城际交通主骨架、都市圈通勤网，在航空、铁路、公路和航运等方面的建设齐头并进。

（一）航空枢纽建设初见成效

第一，成都天府国际机场建成通航。成都天府国际机场 2021 年 6 月正式通航。截至 2024 年 6 月底，该机场已开通国内航线 332 条，国际及地区航线 59 条。2023 年，该机场旅客吞吐量达 4478.6 万人次，位居中西部第一，同比增长 237.3%；货邮吞吐量达 24.6 万吨，同比增长 201.1%。2024 年上半年，该机场旅客吞吐量达 2660.2 万人次，同比增长 34.88%。

第二，成都双流国际机场扩能改造工程启动。成都双流国际机场提质改造工程已启动，包括改造 T1、T2 航站楼及公务机候机楼等，并新建信息中心大楼，预计 2025 年底完工。

第三，重庆江北国际机场改扩建稳步推进，新机场选址确定。重庆江北国际机场第四跑道已全线贯通，T3B 航站楼通电，预计 2025 年初建成投用。项目投用后，将显著增强重庆国际航空枢纽的功能和服务水平。重庆第二机场建设经历选址和规划设计阶段，最终确定璧山正兴为推荐场址，并布置后续建设任务，预计 2029 年建成。

第四，支线机场布局建设加快。成渝地区双城经济圈加快推进支线机场建设，优化区域航空网络。2021 年以来，遂宁安居机场和阆中民用机场先后建成投运；乐山机场顺利开工，预计 2024 年底完成建设；广安普安机场已获批立项。

第五，合力打造世界级机场群。成渝两地机场集团签署了战略合作协议，积极推进交叉持股，强化协同运营。截至 2024 年 5 月底，重庆国际客运航线已达 25 余条，每周超过 120 个班次。成都国际定期直飞航线恢复拓展至 70 条，其中客运航线 49 条、货运航线 21 条。

第六，空域结构得到优化。2021 年至 2024 年，成都天府国际机场的空域结构调整方案正式实施，涉及重大空域调整、飞行程序调整和航路航线走向调整等。川渝两地还积极构建低空空域协同管理联动机制，推动西南跨省低空目视航线首次演示飞行成功，并签署了川渝协作推进低空空域协同管理合作备忘录。

（二）轨道交通建设有序推进

第一，多层次轨道交通网络体系日渐完善。成渝中线高铁等干线铁路规划建设加速推进，部分干线铁路项目获批或完成可行性研究报告（以下简称可研报告）。绵泸高铁内自泸段、成自宜高铁、渝昆高铁川渝段等城际铁路正式开通运行，绵遂内铁路绵阳至遂宁段启动建设，初步设计已获四川省发展改革委批复，预计2024年12月前全线开工。市域（郊）铁路规划建设不断推进。成资S3线、成眉S5线和成德S11线已开工。重庆市郊铁路跳磴至江津线已开通运营，璧山至铜梁线实现无载客试运行，磨心坡至合川线项目一期工程即将建成。成都市、重庆市市内轨道交通里程分别突破600公里、500公里。具体项目建设进展详见表2-1。

表2-1　成渝地区双城经济圈部分轨道交通项目建设进展

项目	途经区域	进展	日期
成渝中线高铁	重庆中心城区、资阳、成都	开工建设	2022年11月
渝宜高铁宜昌至涪陵段	丰都、涪陵	施工图审核	2024年8月
渝贵高铁	重庆中心城区、綦江	项目获批	2024年5月
南充至广安城际铁路	南充、广安	可研报告编制完成	2024年5月
广安至涪陵铁路	广安、涪陵	可研报告初稿完成	2024年6月
绵泸高铁内自泸段	内江、自贡、泸州	开通运营	2021年6月
成自宜高铁	成都、资阳、内江、自贡、宜宾	开通运营	2023年12月
绵遂内铁路绵阳至遂宁段	绵阳、遂宁	项目获批	2024年2月
成都外环铁路	成都、德阳、眉山、资阳	可研报告编制完成	2021年11月
重庆至遂宁铁路	沙坪坝、璧山、铜梁、潼南、遂宁	启动可研	2022年6月
成资S3线	成都、资阳	开工建设	2020年11月
成眉S5线	成都、眉山	开工建设	2022年9月
成德S11线	成都、德阳	开工建设	2023年3月
重庆市郊铁路跳磴至江津线	江津、九龙坡、大渡口、高新区	开通运营	2022年8月
重庆市郊铁路璧山至铜梁线	璧山、铜梁	无载客试运行	2024年9月
重庆市郊铁路磨心坡至合川线	重庆中心城区、合川	土建施工	2024年7月
川青铁路青白江东至镇江关段	成都、德阳、绵阳	开通运营	2023年11月
成达万高铁	成都、遂宁、南充、达州、万州	开工建设	2022年9月
渝万高铁	南岸、巴南、涪陵、丰都、忠县、万州	开工建设	2020年11月
渝昆高铁川渝段	重庆中心城区、江津、永川、泸州、宜宾	开通运营	2024年9月
郑渝高铁	重庆中心城区、云阳、万州、梁平、垫江、长寿	开通运营	2022年6月
渝自雅高铁	重庆中心城区、永川、荣昌、内江、自贡、乐山、眉山、雅安	启动可研	2022年6月
川藏铁路雅林段	雅安	开工建设	2020年11月
叙毕铁路	泸州、宜宾	开通运营	2023年12月

续表

项目	途经区域	进展	日期
成都市内轨道交通	成都	运营里程为 601.7 公里	2023 年 12 月
重庆市内轨道交通	重庆	运营里程达到 538 公里	2023 年 12 月

注：途经区域仅列出属于成渝地区双城经济圈范围的地区

第二，成都段和重庆段其他铁路项目建设取得重要进展。川青铁路项目已全线开工并完成铺轨，成都东至青白江东段、海东西至西宁段、青白江东至镇江关段、镇江关至黄胜关段已开通运营，四川境内郎木寺至黄胜关段、海东西至黄胜关段、青海段已开工建设；成达万高铁全线动工，预计 2025 年通车。重庆段方面，渝万高铁开工建设；渝昆高铁川渝段主体工程基本完工；郑渝高铁全线贯通，襄阳东至万州北段正式通车；渝自雅高铁进入规划研究阶段。

第三，川藏铁路建设进展顺利。自 2020 年川藏铁路有限公司成立以来，川藏铁路建设进展迅速，取得多项突破。雅安至林芝段开工，启动了成都铁路枢纽天府至朝阳湖段建设。

第四，货运通道布局不断完善。川渝两地正分阶段分段落逐步恢复货运功能。叙毕铁路为国铁Ⅰ级单线电气化客货共线铁路，已于 2023 年 12 月通车运营。

（三）道路交通建设速度加快

第一，省际待贯通路段建设不断推进。开梁高速重庆段、四川段已经全线通车，南充至潼南、铜梁至资中、大竹至垫江、自贡至永川等通道正加速推进。两地共规划布局了 36 条省际高速公路通道，截至 2024 年 6 月，已建成 16 条省际高速公路通道，6 条在建。

第二，川藏公路 G318 线提质改造工程正稳步推进。

第三，国家高速公路部分繁忙路段扩能改造启动。成渝高速与渝遂高速扩容项目均于 2023 年开工建设，成渝高速资阳段与内江段全面开工，渝遂高速公路遂宁段已启动建设。

第四，城际快速路网不断优化。成渝地区双城经济圈持续推进城际高速公路互联互通。2020 年至 2024 年，成资渝高速、泸永高速、广安市过境高速公路东环线、大内高速和开梁高速相继通车。

第五，毗邻地区互联互通基本实现。成渝地区双城经济圈携手推进毗邻地区公路建设，显著改善路网连通性。泸永高速、开梁高速、铜安高速、大内高速重庆段和四川段已建成通车；南潼高速重庆段已通车，四川段已开工建设；渝赤叙高速重庆段已进入全面施工阶段。

（四）航运枢纽建设取得进展

第一，长江上游航道整治和梯级渠化建设速度加快。从 2020 年起，成渝地区双城经济圈启动了多项航道整治和航运枢纽工程，以提升长江及其支流的通航能力。整治项目包括渠江、嘉陵江、涪陵至丰都河段和乌江等地，预计至2025年陆续完工。

第二，航电枢纽建设项目不断推进。为改善区域航运条件和电力供应状况，成渝地区双城经济圈在“十四五”期间启动了多个航电枢纽工程。虎渡溪、涪江双江、白马、老木孔、渠江风洞子、龙溪口、尖子山等项目预计2025年前完工。

第三，港口分工协作不断强化。万州新田港一期工程实现开港运营，二期项目已接近完工，预计于2025年投用，重庆枢纽港产业园“一江两岸、三片联动”先行区正式启动建设。两地共建了首批国家综合货运枢纽补链强链城市（群），涉及宜宾港、泸州港和万州港等多个成渝港口合作项目。

第四，长江沿线、沿海、沿边物流枢纽合作取得突破。重庆与上海国际航运中心加强合作，联合研发推广江海直达船型。成渝两地共同构建了对外综合立体主通道和内陆转口物流体系，如推进西部陆海新通道建设，加快建设渝湘高铁重庆至黔江段、渝湘复线高速公路等项目。加快推动渝湘高铁黔江至吉首段可行性研究前期工作以及G0615线久治至马尔康、泸州经古蔺至金沙等北向南向进出川高速公路大通道建设。

（五）客货运输水平不断提升

第一，机场与轨道交通衔接不断完善。重庆已将轨道交通3号线和10号线引入江北国际机场，成都开通地铁10号线、18号线，缩短中心城区至成都双流国际机场和成都天府国际机场的通勤时间，并新建19号线二期工程衔接两机场，目前已开通运营。

第二，铁路专用线进重要枢纽型港区、大型工矿企业和物流园区项目成功启动。涪陵龙头港铁路专用线正式开通运营，打通物流断点，实现转运无缝衔接，缩短了企业的运输时间，降低了物流成本，扩大了龙头港的物流辐射面，提高了货物吞吐量，使其成为西南地区重要的物流枢纽（张毅晨等，2023）。

第三，空铁联程联运新模式取得重大进展。重庆江北国际机场率先上线空铁联运新模式，分别在重庆西站、重庆江北国际机场打造空铁联运城市候机楼和机场火车站专属候车室。成都着力打造空铁联运一体化样板服务，在成都天府国际机场和成都双流国际机场设置了空铁联运旅客优享值机柜台、优享安检通道。

第四，“铁水”联运、“公铁水”多式联运和“一单制”联运服务取得突出成果。涪陵龙头港铁路专用线开通，宜宾港站铁水联运班列启运，进一步完善了“公铁水”多式联运功能。重庆率先在西部陆海新通道推广铁海联运“一单制”，并在多个省份实现常态化签发。为促进“一单制”发展，重庆出台支持政策和指导意见，推动多式联运单证市场应用及金融服务功能创新，并通过“铁路多式联运提单数字化平台”开具了中欧班列（渝新欧）首张铁路电子提单，提升了物流透明度和效率。截至2023年7月，重庆累计签发铁海联运提单和国际铁路提单超9700票，货值约44.6亿元[①]。

① 重庆积极推广多式联运“一单制”应用 助推西部内陆开放，https://www.chinanews.com.cn/cj/2023/08-25/10067157.shtml，2023-08-25。

第五，高铁快运、电商快递班列、多式联运班列等新运输模式不断发展。2023 年以来，成渝地区双城经济圈通过成昆线和郑渝高铁等线路拓展高铁快运模式，利用中欧班列和长寿多式联运集结中心班列打通货物接驳的“最后一公里”。

第六，枢纽运营智能化水平得到有效提升。成渝两地启动建设全国一体化算力网络国家枢纽节点，优化数据中心和存算资源布局，引导数据中心集约化、规模化、绿色化发展，推动算力、算法、数据集约化和服务创新，重点推动起步区建设，形成一批“东数西算”典型示范场景和应用。

第七，一体化建设运营机制正在逐步实现。2020 年以来，成渝两地开发天府通 APP，实现两地公交、轨道“一码”通乘，签署“关银一 KEY 通”川渝一体化合作备忘录，在全国首次实现“电子口岸卡”业务跨关区通办。

二、能源基础设施建设速度加快

2020 年以来，成渝地区双城经济圈着力打造具有全国影响力的能源绿色高效利用示范区和重要清洁低碳能源生产基地。强化成渝地区双城经济圈能源保障的主要措施是优化区域电力供给以及统筹油气资源开发。

（一）电力供给不断提升和优化

第一，有序发展水电。“十四五”期间，四川省重点推进了金沙江、雅砻江、大渡河“三江”清洁水电基地建设。同时，通过建设川渝 1000 千伏特高压交流工程等途径，大力推动沿线白鹤滩等水电站留存部分电量在川渝电网就近消纳。雅安锅浪跷水电站 1 号机组已并网发电，总装机容量为 220 兆瓦。岷江犍为航电枢纽发电机组已全部投运，年发电量约达 22 亿千瓦时[①]。岷江航电龙溪口枢纽工程已于 2024 年 8 月进入机电设备安装的高峰期，首批机组预计于 2024 年底投运发电。重庆加快了抽水储能电站以及航电枢纽等清洁能源基地建设。装机容量为 120 万千瓦的綦江蟠龙抽水蓄能电站已全面投产发电，装机容量预计达到 140 万千瓦的丰都栗子湾抽水蓄能电站已正式开工建设。乌江白马航电枢纽已全面开工建设，双江航电枢纽于2024年实现首台机组发电，预计2025年全面建成投产。

第二，优化了火电结构。四川省在“十四五”期间不再新核准建设煤电项目，同时，积极推进煤电机组技术升级，降低火电煤耗，鼓励开展煤电灵活性改造。重庆市则完成了重庆电厂环保迁建项目，应用了高效的“超超临界发电技术”，并在全市范围内推行30万千瓦级和部分60万千瓦级燃煤机组灵活性改造。除了升级改造传统煤电技术，成渝地区双城经济圈也在负荷中心附近和气源地附近布局一批清洁燃气发电基地。华电内江白马 2×475 兆瓦燃气轮机创新发展示范项目集中控制楼已完成浇筑。川投集团资阳

① 岷江犍为航电枢纽发电机组全部投运！以电养航，形成新黄金水道，https://www.sc.chinanews.com.cn/zttp/2021-04-16/146725.html，2021-04-16。

燃气电站项目已正式投产，年发电量可以达到35亿千瓦时。华能彭州燃机项目、四川能投广元燃机发电工程项目等均已开始建设。重庆两江燃机二期项目正在建设当中，建成后年发电能力约为100亿千瓦时。永川港桥燃机热电联产项目于2023年8月正式建成投产，设计年发电量27亿千瓦时。

第三，不断推进新能源项目。成渝地区双城经济圈在"十四五"期间着力构建新能源占比逐渐提高的新型电力系统，推动分布式风、光等清洁能源发电基地大范围优化配置。泸州加快建设古蔺、叙永风电项目，规划建设"光伏+"发电项目。广元相继投运昭化白果二期、剑阁天台山三期、黄蛟山（一期）等多个风电项目，截至2024年1月，总装机已超过 100 万千瓦。达州万源市风电开发项目、巴中通江兴隆风电项目等也都在建设或筹备当中。成渝地区双城经济圈内，成都市金堂县、广元市旺苍县以及南充市嘉陵区入选国家屋顶分布式光伏开发试点。眉山市开展了光伏建筑一体化项目建设。2023 年 10 月底，重庆市风光新能源的装机规模达到了 320 万千瓦，比"十三五"末期增长 90%，预计2025年重庆市新能源装机将超过750万千瓦。在氢能建设方面，成都计划在2024—2026年推进重点项目46个，总投资超170亿元①。自贡积极开展氢能燃料电池等相关产业装备制造研发，力争到2027年氢能产值达到50亿元②。重庆自2021年起引进清能股份等多家氢燃料电池生产企业，着力打造完整覆盖氢燃料电池主要应用场景的生产研发基地。

第四，顺利实施了"疆电入渝"工程。重庆市继续深化疆渝两区市能源合作成果，完成"疆电入渝"配套电源工程建设。2023 年 8 月，哈密—重庆 ±800 千伏特高压直流输电工程正式开工，建成后每年可向重庆输送电量超 360 亿千瓦时。"疆电入渝"的实现能极大地缓解重庆的电力供需矛盾，推动能源结构调整，显著降低企业用电成本。

第五，不断完善川渝一体化电力辅助服务。2021 年，华中能源监管局、四川能源监管办印发《川渝一体化电力调峰辅助服务市场运营规则（试行）》，明确了川渝一体化电力调峰辅助服务市场的市场成员、省间调峰交易、日前市场组织流程等内容。2022年7月，川渝一体化电力调峰辅助服务市场启动仪式在重庆举行，当日通过日前市场成交 118 万千瓦时电量。2024 年，《川渝一体化电力调峰辅助服务市场交易规则（征求意见稿）》发布，进一步推动川渝电力市场建设，充分挖掘川渝地区调峰资源，实现调峰资源跨省互济。

（二）电力配送的能力不断提高

第一，不断推进特高压交流建设。川渝特高压交流目标网架建设是成渝地区双城经济圈"十四五"能源保障建设重点项目。甘孜—天府南—成都东、天府南—重庆铜梁 1000 千伏特高压交流输变电工程分别于2022年9月和2023年4月正式开工建设。阿坝—成都东1000千伏特高压交流输变电工程已于2024年7月开工建设，预计2026年底

① 万亿氢能赛道"开跑" 成都的雄心藏不住了，https://new.qq.com/rain/a/20240612A0329K00，2024-06-12。

② 发力氢能产业，自贡在下盘怎样的大棋？，https://new.qq.com/rain/a/20240104A02U9600，2024-01-04。

完工，未来将保障川西地区 2000 万千瓦新能源送出需求。同时，结合特高压交、直流布点全面推进成渝地区双城经济圈电网 500 千伏主网架优化。围绕环成都区域的四川电网“立体双环”7 个项目实现全面开工。重庆则提出要构建“双环两射”500 千伏主网架，提高电网应对严重故障的抗风险能力。2024 年 5 月，首条采用 500 千伏和 220 千伏混压同塔技术的输电线路，500 千伏明月山—金山线路成功带电投运。

第二，加速布局新型储能设施。“十四五”期间，成渝地区双城经济圈因地制宜布局建设新型储能设施，积极发展“新能源+储能”、源网荷储一体化和多能互补，支持分布式新能源合理配置储能系统，推进大容量和分布式储能技术示范工程。成都已在 500 千伏龙王站供电片区及 500 千伏桃乡站和广都站部分供电片区，合理布局独立储能电站。截至 2023 年底，重庆已投运合川双槐、永川松溉、两江龙盛等 6 个集中式新型储能项目，装机共计 84 万千瓦/168 万千瓦时①。

（三）油气开发与储运取得进展

第一，天然气产能基地建设取得成效。成渝地区双城经济圈努力推进天然气（以及页岩气）资源勘探开发，积极发挥长宁—威远、涪陵国家级页岩气示范区等项目的引领作用，已建成全国最大的现代化天然气（页岩气）生产基地（何晋越，2023）。在天然气产出方面，2024 年川中安岳气田日产气量突破 4000 万立方米，太和含气区项目勘探获日产 112.8 万立方米高产工业气流。川东北普光气田累产井口气突破 1200 亿立方米②，元坝气田也于 2023 年 5 月正式投产。重庆市全年天然气产量已达到 100 亿立方米左右。在页岩气产出方面，川南地区的长宁、威远区块已建成国内首个“万亿储量、百亿产量”页岩气田。重庆示范项目涪陵页岩气田累计产量已于 2024 年 7 月突破 650 亿立方米，南川、永川等地页岩气田产量稳步上升。

第二，油气储运基础设施建设不断推进。威远、泸州区块页岩气集输干线工程二期已完工交接，线路总长 211.3 公里，是中国石油目前管径最大、压力最高的在建长输管道。国家管网集团川气东送二线天然气管道工程已正式开工，建成后管道系统年输送能力将达到 350 亿立方米。元坝—德阳输气管道于 2024 年 4 月成功上载国家管网。在重庆区域，江津—南川天然气输气管道已竣工通气。奉节—巫溪天然气输气管道也已完工，年输气量达到 3180 万立方米。在存储设施建设方面，为提升天然气供应保障能力，西南油气田积极建设西南储气中心，已建成储气库 1 座（相国寺），在建储气库 4 座（铜锣峡、黄草峡、牟家坪、老翁场），前期评价储气库 2 座（万顺场、中坝）。

---

① 国网重庆电力：向“新”而行 向“质”探索，https://cqcb.com/yunongpengyouquan/yunongzixun/2024-04-26/5555987_pc.html，2024-04-26。

② 中国石化普光气田：“气壮”万里山河 “气动”经济发展，http://www.xinhuanet.com/energy/20240708/b435d107d0764e04b2ab83f131c20f40/c.html，2024-07-08。

三、水利基础设施建设有序推进

自 2020 年以来，成渝地区双城经济圈以“双圈、两翼、四屏、多廊”推动构建多源互补、引排得当的水网体系，各项重大水利工程的研究论证及建设取得了进展，水源地的建设及灌溉能力的提升保障了区域供水安全，应急联动机制的建成以及防洪能力的提升得以有效应对洪涝灾害的发生，同时水利资源共享、调配、监管不断实现一体化。

（一）有序推进了水资源调配工程建设

第一，跨区域重大水利工程建设取得重要进展。渝西水资源配置工程被纳入《中华人民共和国国民经济和社会发展第十四个五年规划和 2035 年远景目标纲要》，建成后将实现长江嘉陵江互联互通、现有水域内水库互调互济，2020 年国家发展改革委批复渝西水资源配置工程可研报告，同意并于 2020 年底全线开工建设，自开工以来其重要节点工程高效推进，渝西水资源配置工程永安隧洞已于 2024 年 4 月全线顺利贯通。

第二，引供水工程研究论证和开工建设持续推进。引大济岷工程、涪江右岸水资源配置工程、川渝东北一体化水资源配置工程、长征渠引水工程以及毗河供水二期工程先后纳入国家重大规划。引大济岷工程可研报告已于 2022 年底完成并于 2023 年 5 月送审。涪江右岸水资源配置工程已于 2022 年 9 月完成可行性研究阶段全部外业勘测工作。《川渝东北一体化水资源配置工程总体方案》已编制完成。《长征渠引水工程规划报告》已报送水利部审查，目前正在按水利部要求补充并复核专题研究报告。毗河供水二期工程已于 2022 年完成可研报告，目前正有序推进前期工作。

第三，大中型灌区续建配套和现代化改造启动。东风堰灌区已实施全线断流大修，渠道输水配水能力达到设计要求，增强了工程过水、防洪的稳定性；武引灌区完成了“智慧武引”调度平台的后期建设，制定灌区“三生”（生产、生活、生态）用水分配方案；坛罐窑灌区、五一灌区、红岩嘴灌区、青岩子灌区等大中型灌区进行了续建配套与节水配套改造，改造中型提灌站 4 座 11 处，整治改造小型提灌站 3 处，改造渠系 44.97 公里，新增灌溉 21.42 万亩良田①。部分灌区还推进标准化建设，如都江堰、玉溪河、长葫、武引等 4 个大型灌区顺利通过省级标准化灌区验收，都江堰灌区还成功创建为国家级标准化灌区②。

（二）提高了区域供水安全的保障能力

第一，以供水及灌溉为主的大中型水库建设取得新进展。目前，部分大中型水库建设工程已取得全局性进展，或完成主体工程。部分大中型水库建设工程取得了阶段性进

① 潼南 21 万亩良田为何不再“喊渴”，https://baijiahao.baidu.com/s?id=1797600487126782471&wfr=spider&for=pc，2024-04-28。

② 四川大型灌区全面开启高质量发展新征程，https://www.sc.gov.cn/10462/10464/10797/2024/1/17/9e1af2498e304920be8e22ed26ea2e11.shtml，2024-01-17。

展，正在加快施工，少数水库处于可研报告编写阶段。具体建设进展见表 2-2。

表 2-2　成渝地区双城经济圈内以供水及灌溉为主的部分大中型水库项目建设进展

项目	所在地区	进展	日期
千秋堰水库	璧山区	下闸蓄水	2024 年 4 月
三坝水库	成都市	全面开工	2023 年 3 月
跳蹬水库枢纽	开州区	全面开工	2024 年 4 月
双河口水库	达州市	全面完工	2024 年 6 月
桂林泵站	潼南区	主体工程完工	2023 年 12 月
龙象寺水库	梁平区	主体工程完工	2024 年 3 月
铜车坝水库	潼南区	大坝主体工程完工	2023 年 5 月
大石包水库	内江市	大坝主体工程完工	2024 年 5 月
碑口水库	渝北区	大坝主体工程完工	2023 年 12 月
福寿岩水库	江津区	召开可研报告审查会	2023 年 5 月
藻渡水库	重庆市	导流洞贯通	2023 年 8 月
大滩口水库	万州区	灌区渠道工程试通水成功	2024 年 1 月
向阳水库	云阳县	导流洞工程主体结构施工	2024 年 1 月
土溪口水库	达州市	大坝主体结构施工	2024 年 7 月

第二，水源地建设不断规范化。双圈内各区市积极探索水源地保护及建设。成都郫都区划定饮用水水源一级、二级保护区 36.08 平方公里，建设取水河道防护隔离设施 123 公里，建成饮用水水源保护数字化管理平台①。重庆璧山区全区 18 个重点饮用水源水库均安装了实时监控系统，实现水源在线监管。除此之外，重庆綦江区、资阳市、宜宾市以及南充市也投入了大量资金进行饮用水水源地保护及整治。

（三）完善了防洪减灾机制和设施

第一，共建防洪减灾应急联动机制。2020 年川渝签署《四川省气象局 重庆市气象局共同推动成渝地区双城经济圈建设合作协议》，实时共享雨情雨量等气象信息。次年，两地签署《成渝地区双城经济圈水旱灾害防御信息共享和通报制度备忘录》，共享 80 余个水文站点、140 个水库（水电站）实时调度、工情等信息。2020 年川渝两地水利部门签署《成渝地区双城经济圈水利合作备忘录》，将嘉陵江、沱江、涪江、渠江等大中型水库全部纳入跨省市洪水联合调度范围。

第二，加速建设防洪涝灾害基础设施。建设防洪水库及测雨雷达以有效应对汛情。青峪口水库、土溪口水库、跳蹬水库、藻渡水库、福寿岩水库等大型防洪水库建设正高

① 点赞！郫都区获第八届绿色发展论坛多项殊荣，https://baijiahao.baidu.com/s?id=1749965019140705316&wfr=spider&for=pc，2022-11-20。

速推进。雅安市芦山县、绵阳市北川羌族自治县等地先后建成 5 部测雨雷达，2024 年，四川省在乐山市金口河区等地开展 3 部测雨雷达组网建设试点。

第三，综合治理中小型河流重点流域以提升防洪能力。重庆黔江区诸佛江鹅池新华重点河段综合治理工程治理河道全长约 16.97 公里，新建堤防及护岸约 12.78 公里，共涉及 3 个乡镇①。成都郫都区完成柏条河唐昌三道堰段防洪治理工程、七大干渠水毁恢复重建等项目，治理河道超过 10 公里②。南充营山县流江河绿水镇防洪治理工程总长度为 4000 余米，新建堤防 2200 余米、箱涵 38 米，疏浚河道两段共 2800 余米③。

第四，建设中心城区防洪排涝设施以治理城市内涝。一是建设城区排水管网。重庆中心城区雨水管网密度达到 8.78 公里/公里^{2}④。巴中市在广电中心、山水大院片区建设了雨水主干管约 2100 米⑤。截至 2024 年 6 月，宜宾市南溪区近年来累计新改建市政排水管网 38 公里⑥。遂宁射洪市也新建雨水、污水管网、检查井、阀门井、沉泥井等排水防涝设施。二是建设海绵城市。截至 2021 年 5 月，成都市累计建成海绵城市面积 323.25 平方公里，在建海绵项目共计 858 个，建成项目 662 个⑦，“十三五”以来，德阳市建成海绵型公园 26 个、海绵型示范小区 18 个，中心城区新建住宅项目海绵设施配套率达到 100%⑧。

（四）推进了水资源共享和监管平台建设

第一，构建智慧水利平台。双圈内已有区市构建起智慧水利平台，2022 年初遂宁市船山区水利局打造智慧水利信息化综合管理系统。部分区市则积极探索智慧水利平台的创新构建，如都江堰灌区建成全国大型灌区中运算存储能力最大的云计算数据中心，重庆市生态环境局自主研发了“大渝治水”水环境管理大数据系统，垫江县建设完成 122 座水库的基础信息数字化、62 座重点水库的前端感知层、22 座直管水库的数字孪生模型以及 1 套智慧水利管理系统⑨。

---

① 重庆黔江：推进中小河流治理 提升防汛减灾能力，https://baijiahao.baidu.com/s?id=1798448953041462835&wfr=spider&for=pc，2024-05-08。

② 汛期已至，三个“关键词”看郫都力保平安度汛！，https://www.thepaper.cn/newsDetail_forward_27760300，2024-06-17。

③ 南充营山：三级河长守护一方碧水，https://slj.luzhou.gov.cn/rdzl/qmthhzz/tszs/content_998926，2023-09-27。

④ 重庆中心城区洪涝灾害防御与韧性提升路径，https://mp.weixin.qq.com/s?__biz=MjM5NDY3MTQ3Nw==&mid=2650507739&idx=1&sn=6346978275eea196481535b610e1be91&chksm=be8b17c189fc9ed7440f225ff8e645413774f726b6f69e549bc85ceedd583b90dbda27388ac4&scene=27，2023-08-14。

⑤ 关注 | 巴中：“新建+改造” 让城市更有弹性，https://www.sohu.com/a/681561479_121106884，2023-06-02。

⑥ 南溪区：标本兼治，全力助推城市污水治理工作提质增效，https://www.yibin.gov.cn/bsfw/fwzx/gysy/wsljcl/202406/t20240626_1998988.html，2024-07-29。

⑦ 四川省成都市水务局以问题为导向补齐治理短板全面提升城市排水防涝能力，http://mwr.gov.cn/xw/dfss/202105/t20210517_1518711.html，2021-05-17。

⑧ 50%以上建成区将“海绵化”！德阳全域推进海绵城市建设，https://m.163.com/dy/article/HTRRPNFQ05505BZ5.html，2023-02-24。

⑨ 垫江智慧水利建设初见成效，http://www.cqsdj.gov.cn/bmjz/bm/slj/zwxx_72237/dt_72239/202305/t20230509_11947323.html，2023-05-09。

第二，健全水资源监测体系。四川省于 2021 年 1 月开展省级水资源监测体系建设，2023 年 11 月，四川省水资源配置与监管基础要素调查评价项目通过验收；重庆市生态环境局 2023 年自主研发的“巴渝治水”整合了 22 个部门 690 余项数据，监测感知点达 1.1 万余个，构建起“空-天-地”一体化数字水生态智能感知网①。

第二节　存在的问题

一、综合交通设施体系化建设滞后

（一）航空运输发展相对滞后

第一，成渝机场群客货吞吐量虽增长明显，但对比国内其他主要机场群差距明显。从旅客吞吐量来看，2023 年，成渝机场群为 13 026.7 万人次，较上年增长 122.4%，长三角机场群为 24 070.5 万人次，较上年增长 152.7%。从货邮吞吐量来看，成渝机场群完成 118.5 万吨，较上年增长 13.5%；京津冀机场群完成 155.0 万吨，较上年增长 19.9%；长三角机场群完成 566.8 万吨，较上年增长 13.9%；粤港澳大湾区机场群珠三角九市完成 367.5 万吨，较上年增长 7.2%②。

第二，中小机场发展滞后，机场群层级结构有待完善。成渝地区双城经济圈机场群国际航空枢纽功能和竞争力较弱，整体发展不成熟，呈现高度集聚化。中小机场数量多但发展滞后，业务规模小、占比低，层级结构不合理，缺乏区域性枢纽，航线和航班频次少。

第三，机场建设同质化严重、机场群联动作用不强。一是核心机场航线网络同质化严重。成都双流国际机场、成都天府国际机场和重庆江北国际机场距离较近，国内国际航线布局雷同。二是中小机场内部竞争激烈。地面交通网络完善后，机场辐射范围扩大，腹地重叠，各机场发展定位不明确，缺乏分工协作，区域内竞争加剧。三是核心机场对中小机场的辐射带动能力弱。区域内干支结合、支支连通的航线网络尚未形成，核心机场与中小机场之间缺乏有效衔接。

第四，空域资源规划分配不合理。经济圈内军用机场与军民合用机场较多，民航可用空域比重低。由于地处西部繁忙航路密集区，航班频繁起降，各机场间飞行程序交织复杂，空域结构不合理导致航班流分布不均。例如，成都双流国际机场航线集中于东侧，重庆江北国际机场航线集中于西侧，宜宾机场空域与泸州机场重叠。

---

① “巴渝治水”｜重庆构建起“空-天-地”一体化数字水生态智能感知网，https://cq.cnr.cn/tp/20240412/t20240412_526661148.shtml，2024-04-12。

② 《2023 年全国民用运输机场生产统计公报》发布，http://www.caacnews.com.cn/1/1/202403/t20240322_1376804.html，2024-03-22。

（二）轨道交通网络密度不足

第一，互联互通水平与先进水平相比差距较大。成渝地区双城经济圈在积极推进“五个互联互通”的过程中，其高铁数量已从 1 条增至 4 条，但相较于长三角经济圈的 25 条高铁，成渝地区双城经济圈的通道密度仍存在较大差距。

第二，成渝地区双城经济圈同外界联通效率不佳。成渝地区双城经济圈已经实现东北向对接京津冀、东南向对接粤港澳、东向对接长三角的轨道交通格局，但受地形等因素限制，相关铁路速度均在 200 公里/时以下，难以有效支撑与三大城市群的良性互动。

第三，干线铁路网络尚未形成。尽管成渝地区双城经济圈在建的干线铁路项目数量较多，但受制于地形复杂和自然保护地较多等因素，建设进程缓慢且周期长，难以充分满足当前庞大的运输需求（徐莞徽等，2023）。

第四，“客货分线”的格局需要加快推动。货运列车与客运列车同线运行的情况仍然存在，这将额外增加运输时间，降低货运效率。

（三）道路交通设施亟须改造

第一，高速公路扩能改造进度较慢。随着成渝常住人口和私家车数量的迅速增长，原有公路交通量远超设计通行能力，部分路段拥堵严重。为解决这一问题，两地启动了高速扩能改造项目，但进展缓慢，如渝泸高速、渝邻高速及成自泸高速扩容方案的前期工作在 2020 年左右已经开展，而至 2024 年仍未能开工。尤其是繁忙路段承担更多客货量，封路施工较为不便，短期内难以完成。

第二，标准体系建设待进一步推进。截至 2024 年 5 月，成渝地区双城经济圈围绕智慧交通和大数据应用发布了 9 项区域协同地方标准。相比之下，京津冀发布了 86 项涉及交通、生态环境等多个领域的标准，长三角在数字政府和交通等领域制定了 36 项标准，粤港澳大湾区公布了 183 项“湾区标准”①。

（四）水路航运运力明显不足

第一，航道运力明显不足。成渝地区双城经济圈正面临航道运力不足的问题，长江上游航道通行存在堵点。以泸州段为例，航道最低维护水深仅为 2.9 米，由于险滩和浅滩较多，昼夜通行的船舶仅为 1000 吨级，枯水期 5000 吨级船舶需减载 53%才能通航，导致运输成本过高。

第二，船闸拥堵影响通行。三峡船闸拥堵制约了长江上游的航运能力。2022 年三峡过闸货运量达 1.6 亿吨，超出设计能力 60%，船舶平均待闸时间超 200 小时②。

---

① 推动成渝区域交通一体化进一步发展——有关部门负责人解读成渝综合交通标准体系，http://www.news.cn/fortune/20240517/659f0b71e5714f88aaaaf613fadbb490/c.html，2024-05-17。

② 瞄准长江上游航运堵点 “黄金水道”的“含金量”如何提升？ | 聚焦川渝联合建议，https://www.thecover.cn/news/vyYXU8QQWJWH90qSdq8Jkw==，2024-03-06。

二、多元化能源供给体系不够牢靠

（一）电力供应保障的稳定性不足

成渝地区双城经济圈内主要电力供应方式仍较为单一，使得电力供应不够稳定。水力发电在四川省占比超过 80%，但具有季及以上调节能力的水库电站装机不足水电总装机的 40%，调节能力不足。重庆市则以火电尤其是煤电为主，而煤电机组在长时间高负荷运行状态下，也暴露出了可靠性不足、调节性能及稳定性有待加强等问题。另外，受煤炭价格下行影响，发电侧出现了动力煤中长期合同履约意愿不强的情况。

（二）新能源项目供电规模仍较小

目前成渝地区双城经济圈内电力供应仍以火电和水电为主。四川省风、光等新能源发电设施主要布局在“三州一市”（阿坝藏族羌族自治州、甘孜藏族自治州、凉山彝族自治州、攀枝花市），多数不在成渝地区双城经济圈范围内，而重庆市内大部分风、光新能源发电项目仍处于规划或建设阶段。另外，目前成渝地区双城经济圈电力系统调节能力不足，尚不适应大规模高比例接入和消纳新能源。

（三）多能互补能源基地建设缓慢

目前，成渝地区双城经济圈水电、新能源、抽水蓄能、多元新型储能、煤电等尚未形成源网荷储一体化和多能互补发展格局。多能互补清洁能源基地建设大多处于研究阶段，正式立项或投产项目较少。

（四）油气储运设施建设进程较慢

目前，成渝地区双城经济圈天然气产量虽然较大，但储气调峰能力仍不足。地下储气库和专门用于储气调峰的地面大型液化天然气储备库很少，迎峰度冬天然气供应存在阶段性短缺。成品油储运设施建设缓慢，滇油入川干线管道、兰成渝成品油管道和江津—荣昌成品油管道、伏牛溪油库搬迁等项目均尚未启动。

（五）能源民生服务水平有待提高

成渝地区双城经济圈部分农村地区燃气配网建设相对滞后，供气可靠性有待进一步提高。农村天然气普及率与城市存在较大差距，农村燃气配网建设需进一步加强。

三、水利基础设施建设整体性不足

（一）部分水利工程研究论证及建设较慢

成渝地区双城经济圈部分水利工程较早纳入建设规划，但前期准备周期过长。例如，向家坝灌区二期工程已于 2022 年纳入《成渝地区双城经济圈水安全保障规划》，但截至 2024 年 7 月仍未研究形成可研报告。沱江发展轴团结水利枢纽工程研究论证也没有实质性进展。

（二）水网体系建设缺乏协同性及整体性

成渝地区双城经济圈在协同构建跨区域智慧水利平台方面较为滞后，并且还没有建立起跨区域水资源监控体系。而且，内江、乐山、眉山、广安以及荣昌、梁平、永川、南川等地对于供水设施以及防洪减灾设施等的建设较为缓慢，双圈内水利基础设施建设缺乏整体性。

（三）一体化洪水蓄泄格局还未有效形成

近年来，四川省和重庆市共建了防洪减灾联防机制，但对于防洪性水库的联合调度目前仅局限于涪江武都水库以及嘉陵江亭子口水库等，与成渝地区双城经济圈其他水库的联合调度不足，同时江河和中小河流防洪治理缺乏整体性。

（四）人口分散区域缺乏标准化供水设施

目前成渝地区双城经济圈供水设施的建设主要是在人口集中区域新建及现代化改造大型水源地，而人口分散区域的小型标准化供水设施建设严重不足。

第三节　未 来 展 望

一、构建综合交通运输体系，大力提升内联外通水平

（一）完善机场层级结构，提高空域资源配置水平

加大核心机场国际航线开辟与推广力度，增加航班频次，鼓励成渝两地航空公司采用交叉持股、建立联席会议制度等方式加强协同合作，扩大航线布局，形成以两核为中心的国际航线网络。加大政策供给，在财税、投资、补贴、价格等方面加大支持力度，优化政策组合，助力中小机场的基础设施建设，提高机场的吞吐能力和服务水平。明确功能定位，推动中小机场与核心机场分工合作，减少内部竞争。加强军民航协同规划，合理分配空域资源。改进空域结构设计，优化航线布局，提升航班流分布的均衡性。

（二）提高轨道交通互联互通水平，加快协同运营

加快成渝中线高铁等在建项目的建设进度，增大铁路覆盖密度、提高运行速度。加快建设成渝与京津冀、长三角、粤港澳大湾区的高速铁路通道，提升对外联通速度，缩短通行时间。推动“客货分线”建设。加快推进干线铁路建设，尽快形成完善的干线铁路网络。合理分离客货运铁路，专门建设货运铁路，提高效率，减少相互干扰（何玉玲，

2024）。进一步推广“一卡通”“一票式”“一码畅行”，推动开展干线和城际铁路与城市轨道交通安检互信试点工作，提高一体化服务水平与协同运营效率。

（三）加快道路交通扩能改造，强化标准体系建设

加大对繁忙路段的资源投入力度，推动项目快速实施。采取分段施工等灵活施工方式，减小扩能改造对经济运行的影响。借鉴国内主要经济圈的经验，加快制定交通运输标准体系，提升区域协同水平（喻文娅等，2023）。推动智慧交通和大数据应用等领域实现标准化，提高交通管理和服务水平。

（四）提升江河航道通行能力，缓解三峡船闸拥堵

加大对长江上游航道的疏浚和维护力度，提升航道通行能力和安全水平。提高重庆港、泸州港、宜宾港等关键港口的运力，提升港口服务能力和效率。按照“一江一策”思路，积极推动内河航运扩能工程。通过优化三峡过闸和升船机运行方案、引导过闸船型标准化发展等方式，进一步挖掘现有船闸通航潜力；加快推进三峡水运新通道建设。

二、加快能源基础设施建设，提高能源安全保障能力

（一）加快电力基础设施建设，满足高峰用电需求

进一步完善电力基础设施建设，特别是应急调峰和备用电源的建设。加快建设川渝特高压交流骨干网络，实施一批 500 千伏输变电加强工程，尽快建成重庆“双环两射”和四川“立体双环”500 千伏主网架。加快论证和建设西藏、西北和华中等地区特高压直流电入川通道。

（二）进一步优化电力结构，大力发展新能源发电

需进一步加快风光储能等资源开发，在有条件的地方大力发展分布式光伏等就地分散电源。进一步发展抽水蓄能、新型储能等设施，增加系统灵活性资源。利用双城经济圈附近的凉山州风电基地、“三州一市”光伏基地的电力资源，增加电源送出通道，尽快建成甘孜—天府南—成都东、阿坝—成都东等 1000 千伏特高压交流输变电工程。坚持系统观念，推动源网荷储一体化和多能互补发展，尤其是多能互补运行控制和调度（赵恒等，2022）。

（三）加快油气储运设施建设，完善油气配送体系

按照适度超前的原则，加快双城经济圈内油气输送管网建设（王莅等，2023）。推进川气东送四川段和重庆段的建设，形成“一纵三横多支线”跨省管网格局。进一步完善达州、雅安、乐山、泸州、巴中及渝东南、渝东北地区等末端区域供气管网，启动管网互联互通工程。加快成品油储运设施的布局，尽快启动滇油入川干线管道、兰成渝成品

油管道和江津—荣昌成品油管道、伏牛溪油库搬迁等项目，新建大量成品油仓储设施。

（四）优化乡村能源基础设施，提升民生用能水平

统筹推进城乡燃气网智能化、安全性改造，在乡村振兴重点帮扶县、革命老区、偏远地区、脱贫巩固重点地区和历史遗留问题较多的地区实施农村输气网建设工程。按照"宜管则管""宜罐则罐"原则，积极稳妥推进燃气下乡，建设安全可靠的乡村储气罐站和微管网供气系统。

三、加强水利基础设施建设，提升跨区域一体化配置

（一）加快重点工程的开工建设

加快推进川渝东北一体化水资源配置工程、长征渠引水工程、向家坝灌区二期工程以及沱江发展轴团结水利枢纽工程等的研究论证，争取使这些重大引水供水工程尽快落地开工建设，以增强双圈水资源调配能力。

（二）构建跨区域水利设施体系

加快构建起跨区域智慧水利平台，建立起高效协同一体化的水资源监控体系，同时双圈内基础设施建设迟缓的区市应当借鉴其他区市的创新探索工作，加快水源地建设以及防洪减灾设施建设，并争取早日实现水资源共享、调配、监管一体化（彭光敏等，2023）。

（三）构建一体化洪水蓄泄格局

以重庆中心城区、合川区，四川乐山市、泸州市、宜宾市、成都市金堂县、达州市渠县等江河交汇城市为关键防护对象，优化洪水出路，全局性谋划、战略性布局防洪控制性水库，因地制宜实施分洪工程，整体性推进长江干流综合整治和支流防洪体系建设。

（四）加快建设标准化供水设施

加快推进城乡供水一体化和人口分散区域重点小型标准化供水设施建设，推进饮用水水源地规范化建设，以此来保障区域供水安全。

本章参考文献

何晋越. 2023. 川渝地区天然气发展现状与"十四五"展望. 南宁：第 33 届全国天然气学术年会.

何玉玲. 2024. 关于深化成渝地区双城经济圈多层次轨道交通体系建设的思考. 铁路采购与物流，19（1）：26-28.

孔芳霞，刘新智，周韩梅，等. 2023. 中国新型基础设施建设的绿色发展效应及其收敛性. 中国人口·资

源与环境，33（5）：160-171.
彭光敏，赵琴，姚畅，等. 2023. 支持成渝地区中部崛起的水利设施建设问题及对策研究. 四川水利，44（2）：43-46.
王莅，李孜孜，张晓明，等. 2023. 川渝天然气市场发展环境分析与市场开发建议. 南宁：第 33 届全国天然气学术年会.
徐菀徽，林美，胡奉淋，等. 2023. 成渝双城经济圈交通运输一体化发展机制研究. 运输经理世界，（10）：73-75.
喻文娅，王剑波，钟媚. 2023. 成渝双城经济圈公路货运发展对策研究. 西部交通科技，（11）：205-207.
张毅晨，杨竹节，李雨晨. 2023. 现代物流交通运输对成渝地区双城经济圈经济增长的影响及机制分析. 现代商业，（10）：144-148.
赵恒，曹开江，张桐. 2022. 电力产业助推成渝双城经济圈发展研究. 中国电力企业管理，（13）：68-70.

第三章　成渝地区双城经济圈产业发展的成就、困难与建议

产业发展关系着国家经济基础和国际竞争力，尤其是现代产业体系的发展状况，决定着我国在新一轮科技革命和产业变革中能否赢得战略主动。成渝地区双城经济圈是我国四大经济圈中唯一地处内陆的经济圈，其产业发展对于推动经济社会高质量发展、引领中国式现代化具有重要的战略意义。成渝地区双城经济圈产业发展优势明显，其位于“一带一路”和长江经济带交会处，可辐射带动中亚、南亚和东南亚的要素市场，拥有铁路、公路、航空和水运等多种现代化、立体化的运输方式，交通便捷，土地、矿产、水热等自然资源丰富，巴蜀文化、三国蜀汉文化、巴山蜀水等旅游资源丰富多样，人口密集，人才兴旺，具有丰富的产业发展资源禀赋，潜力巨大。党中央、国务院高度重视成渝地区双城经济圈的发展，对其产业建设做出重大前瞻性部署，得益于2011年印发的《成渝经济区区域规划》以及2016年印发的《成渝城市群发展规划》，成渝地区双城经济圈的产业实现快速发展，其特色农产品享誉全国，工业门类齐全，服务业发展迅速，这为当前《规划纲要》的落实奠定了产业基础。《规划纲要》明确提出要“培育竞争优势突出的现代产业体系……共建全国重要的先进制造业基地和现代服务业高地”，旨在推动成渝地区双城经济圈实现更高质量、更可持续的发展，在《规划纲要》的指引下，成渝地区双城经济圈的产业发展取得了瞩目成就，但同时在发展过程中也存在些许困难与挑战。本章将紧紧围绕《规划纲要》对现代产业体系建设的目标，从先进制造业、产业数字化、现代服务业、现代高效特色农业四个方面，总结成渝地区双城经济圈的产业发展成就，分析产业发展存在的现实困难（问题），并根据发展问题，结合成渝地区双城经济圈的产业发展资源禀赋，对成渝地区双城经济圈现代产业体系建设提出切实可行的建议。

第一节　发展成就

一、先进制造业高质量发展

先进制造业是构建现代产业体系、培育发展新动能、助推经济高质量发展的重要手段，是城市能级和核心竞争力的重要体现。成渝地区双城经济圈立足区域制造业现实基础和增长潜力，瞄准汽车、电子信息等重点优势行业，推动两地创新链、产业链、资金

链、价值链深度耦合，培育先进制造业集群，取得了显著的产业发展成就。第一，成渝地区双城经济圈先进制造业对工业发展的贡献逐步提升，根据《2022 年成渝地区双城经济圈发展指数报告》，2022 年，成渝地区双城经济圈战略性新兴制造业增加值占工业增加值比重指数为109.37，较上年提高5.84，增速为5.6%[①]。第二，成渝地区双城经济圈的先进制造业集群逐步达到国家级水平，2022 年，成渝地区电子信息先进制造集群获批国家先进制造业集群，是全国首个入选的跨省域国家先进制造业集群，规模达 1.68 万亿元，占全国比重达到 10.9%，是中国第三、全球前十的电子信息制造业聚集地，2023 年，川渝两地启动“成渝地区电子信息先进制造集群培育提升三年行动”，目标是到 2025 年川渝两地实现电子信息先进制造集群规模突破 2.2 万亿元。第三，先进制造业城市的建设成就显著，赛迪顾问先进制造业研究中心发布的《2023 先进制造业百强市》报告显示，成渝地区双城经济圈的成都市、德阳市、绵阳市和宜宾市入选先进制造业百强市榜单，其中成都市排名全国第九，显示了成渝地区双城经济圈的城市在创新能力、融合发展、经济带动、品牌质量和绿色集约等方面对先进制造业发展的强大承载作用。

成渝地区双城经济圈“两极”（成都市和重庆市）在先进制造业发展中的带动作用明显。2023 年，成都市五大先进制造业增加值增长速度达到 4.0%，其中医药健康产业和装备制造产业增长速度分别达到 10.1%和 8.1%；电气机械和器材制造业、汽车制造业、医药制造业是成都市推动经济发展的重点行业，增加值分别同比增长 14.9%、8.6%和 10.3%；新能源汽车、锂离子电池和太阳能电池等新兴产品产量分别同比增长 94.2%、35.5%和 21.9%（姚树洁和房景，2024）。

重庆市在先进制造业发展上的成就同样显著，2023 年，重庆市新能源汽车产量增长 30.3%，智能手表产量增长 44.6%，工业机器人产量增长 25.7%，服务机器人产量增长 59.1%，液晶显示屏产量增长 13.6%，光伏电池产量增长 27.6%，太阳能工业用超白玻璃产量增长 5.6 倍（姚树洁和房景，2024）。

重庆市还通过承接产业转移，抢占制造业高质量发展“制高点”。据统计，2020—2022 年，全市累计承接工业投资项目 4670 个，到位资金 6425 亿元。重庆市巴南区生物医药产业的高质量发展，正是重庆市承接产业转移，培育特色优势产业集群的生动诠释。巴南区引入上海博唯生物科技有限公司、上海智睿生物科技有限公司等龙头企业后，产业链上下游许多企业随之从东部转移来渝，助力巴南向千亿级生物医药产业集群迈进。截至2023年底，包括荣昌高新区、合川高新区等在内的17个区县产业园区被认定为重庆市承接产业转移示范园区，它们通过不断做强产业配套、改善园区环境，围绕不同产业方向，有力、有序、有效承接了国内外先进制造业转移和市内产业梯度转移[②]。

---

① 2022 年成渝地区双城经济圈发展指数报告，https://tjj.cq.gov.cn/zwgk_233/fdzdgknr/tjxx/sjjd_55469/202403/t20240307_13012487.html，2024-03-07。

② 承接产业转移助力重庆抢占“制高点” 2020 至 2022 年，全市累计承接工业投资项目 4670 个，https://www.cq.gov.cn/ywdt/jrcq/202311/t20231120_12577715.html，2023-11-20。

二、产业数字化不断加深

《规划纲要》指出成渝地区双城经济圈需要大力发展数字经济，推动数字产业化、产业数字化。数字技术是数字经济的关键，数字技术应用业作为数字经济核心产业之一，已成为成渝地区双城经济圈助推产业数字化发展的主要驱动力（巫景飞和汪晓月，2022）。截至2023年，数字技术应用企业已遍及成渝双圈，成都以2513家位居第一，重庆则以1515家位居第二，分别占总量的58%和35%（王浩力等，2024）。当前，成渝双圈正紧抓数字经济新优势，合力打造数字产业新高地。2022 年川渝两地数字经济核心产业增加值超6500亿元，比2020年增长27.5%。2022年成渝地区电子信息先进制造集群、成都市软件和信息服务集群以及成都市、德阳市高端能源装备集群等 3 个集群列入世界级集群重点培育名单。四川省也在积极推动数字生态建设，为成渝地区双城经济圈数字经济高质量发展提供算力支撑。成都市 2023 年人工智能产业规模达 780 亿元，2021—2023 年复合增长率超 40%；集聚人工智能与机器人企业超 875 家，8 家单位入围中华人民共和国工业和信息化部（以下简称工信部）人工智能产业创新任务揭榜挂帅名单，数量居全国第三；4 家企业上榜国家智能制造系统解决方案供应商①。

“东数西算”工程与数字化变革为成渝地区双城经济圈建设提供了新力量。2022 年成渝地区双城经济圈启动建设全国一体化算力网络国家枢纽节点，成渝枢纽成为“东数西算”工程八大算力枢纽之一，两省（市）已建、在建数据中心机架总量超36万个②。重庆市培育内生增长动能，数字重庆建设取得了重要的发展成就，截至2022年底，重庆市数字经济核心产业增加值达到 2240.6 亿元；每万人拥有 5G 基站数达到 19.04 个，位列全国第七，光纤入户端口数达到 2587.4 万个，工业互联网标识解析国家顶级节点（重庆）已经连接西部地区十大省市38个二级节点，接入2万余家企业，累计标识注册量达到149.6亿条，累计解析量超过 89.9 亿条；“星火·链网”区块链基础设施已经接入超过 650 家企业，总标识注册量达到 1.1 亿条；中新（重庆）国际互联网数据专用通道已经服务包括重庆两江数字经济产业园在内的 8 个产业园区，成渝数据中心集群直联网络互联带宽达到 4000G；重庆已实施 1407 个智能化改造项目，认定 22 个智能工厂，智能工厂普及率达 43%③。

三、现代服务业培育发展良好

培养发展现代服务业是构建成渝地区双城经济圈现代产业体系必不可少的一环，根据《规划纲要》，成渝地区双城经济圈根据自身特色培育发展现代服务业，产业发展成就瞩目。第一，服务业已经成为成渝地区双城经济圈产业发展的主要动力，现代服务业对经济发展的贡献率逐年上升，2023 年，成都市和重庆市的服务业增加值分别为 15 109 亿

① 瞄准人工智能千亿产业规模 成都力争到 2026 年打造 50 个“人工智能+生产”场景，https://www.chengdu.gov.cn/cdsrmzf/c168223/2024-06/11/content_9c09b7afacda46f79c3ba05773f4b6bd.shtml，2024-06-10。

② 资料来源：《成渝地区双城经济圈建设年鉴（2022）》。

③ 资料来源：《重庆市互联网发展报告 2022》。

元、16 371.97亿元，占地区生产总值的比重分别为68.4%和54.3%，成都市服务业对经济增长的贡献率高达 82.9%。其中，现代服务业的贡献率不断提升，成都市信息传输、软件和信息技术服务业增加值增长 6.2%，金融业增加值增长 6.0%，交通运输、仓储和邮政业增加值增长 15.1%，住宿和餐饮业增加值增长 17.8%①；重庆市金融业增加值增长 5.2%，交通运输、仓储和邮政业增加值增长 9.8%，住宿和餐饮业增加值增长 10.6%，信息传输、软件和信息技术服务业，租赁和商务服务业以及科学研究和技术服务业等其他服务业增加值增长 5.6%②。

第二，商贸物流水平不断提升。川渝地区成立川渝农批市场联盟，推进川南渝西综合物流园和川东渝北物流中心建设，2023 年，川南渝西综合物流园货物吞吐量达 177.87 万吨，同比增长近 50%。重庆市积极推进邮政快递业“两进一出”（进村、进厂、出海）工程，2021 年印发《重庆市推进邮政快递业“两进一出”工程全国试点工作实施方案》，大幅提升邮政快递在服务农村经济发展、工业制造业升级、跨境商贸流通等方面的能力。2023 年，重庆市打造快递业与制造业融合发展项目 33 个，寄递业务量 1.09 亿件，业务收入 3.82 亿元，支撑制造业产值 440.14 亿元③。2024 年，重庆市成为西南地区唯一下放国际快递业务经营许可审批事项的省市，印发《重庆市加快建设西部国际邮政快递枢纽行动方案》，目标是到 2027 年实现全球主要城市寄递 5 日内运抵④。

第三，西部金融中心建设脚步加快。2021 年，《成渝共建西部金融中心规划》印发，指引成渝地区双城经济圈共建西部金融中心，推动西部金融中心建设进入新阶段。四川省加速推进川渝自贸试验区金融先行先试，推动搭建政银协作机制，推进建设西部金融创新中心项目，首创乡村振兴金融创新示范区。重庆市跨境金融服务水平显著提高，截至 2024 年 5 月末，重庆市金融机构已累计便利企业实现贸易结算 758 亿美元，跨境金融服务平台已累计便利企业融资结算 520.7 亿美元⑤；上线全国唯一的“西部陆海新通道物流融资结算”应用场景，以该应用场景为基础的案例“打造境内运费外币支付结算功能助推西部陆海新通道建设”获评为 2023 年区块链创新应用全国十大优秀案例。

四、现代高效特色农业带初具规模

为贯彻落实《规划纲要》，推动农业高质量发展，加快推进农业农村现代化，2021

---

① 2023 年成都经济恢复向好 发展质效稳步提升，https://cdstats.chengdu.gov.cn/cdstjj/c154784/2024-01/26/content_640f0f39e759406cacaae099435d297c.shtml，2024-01-26。

② 2023 年重庆市国民经济和社会发展统计公报，https://admin.cq.gov.cn/zjcq/sjfb_120853/tjgb/202403/t20240329_13093195.html，2024-03-29。

③ 快递业制造业融合 重庆去年寄递业务量 1.09 亿件，http://www.zgkdxh.org.cn/content/details_10_24749.html，2024-01-11。

④ 到 2027 年 重庆邮件快件力争实现全球主要城市寄递 5 日内运抵，https://www.cq.gov.cn/zwgk/zfxxgkml/zcjd_120614/mtsj/202405/t20240531_13255101.html，2024-05-31。

⑤ 重庆跨境金融服务平台累计便利企业融资结算超 520 亿美元，http://cq.people.com.cn/n2/2024/0801/c367643-40931293.html，2024-08-01。

年，四川省人民政府办公厅、重庆市人民政府办公厅联合印发《成渝现代高效特色农业带建设规划》，在其指引下，成渝现代高效特色农业带初具规模。第一，现代农业产业园区建设成果显著。成渝地区双城经济圈的安岳县现代农业产业园、资中县现代农业产业园、隆昌市现代农业产业园、三台县现代农业产业园等成功获批创建国家现代化农业产业园，持续打造成渝现代高效特色农业带“双昌”（重庆荣昌与四川内江隆昌）合作园、大安区-威远县成渝现代高效特色农业带合作园区和成德眉资都市现代高效特色农业示范区等具有地方特色的产业园区，承载现代高效特色农业发展。

第二，农业科技支撑不断强化。成渝地区双城经济圈积极开发并应用农业科技，产生多项农业信息化技术成果，截至2023年，成都国家现代农业产业科技创新中心已入驻阿里巴巴、新希望、中国中化、中交、易瑞生物、新兴粮油、中环易达等农业高新技术企业86家，入驻主体项目94个，完成投资152亿元；引进国内一流科技创新团队93支，组织实施协同创新重点项目111个，吸引了11只共200多亿元基金参与投资农业科技成果转化和产业孵化，建成涵盖全市主导产业的农业物联网示范基地 82 个；研发应用了5G视距通信网络、“1链3e”数字化共享平台、猪脸识别技术等信息化技术成果9项。2023年，重庆市市级发布农业主推技术40项，带动各区县发布主推技术383项，农业主推技术到位率达到100%；根据农时季节发布技术指导要点36个，实施农业重大技术协同推广项目20个，建设农业科技示范基地91个，推动一大批新品种、新技术落地应用①。

第三，农业功能价值逐步拓展。2022年，成都组织36场乡村旅游节庆活动，接待人次超1.32亿、同比增长11.48%，乡村旅游总收入达到489.17亿元，同比增长24.2%②；农产品品牌效应不断增强，郫县豆瓣、涪陵榨菜、四川泡菜、安岳柠檬、奉节脐橙等农产品区域品牌价值居全国前列；农产品加工业发展迅速，2023年，重庆农产品加工业产值 3421.45 亿元，同比增长 1.5%，农产品加工业集群发展初显成效，粮食、植物油、中药材等7条产业链更加完备，柑橘、柠檬、榨菜等6条产业链基本实现一、二、三产业全覆盖③。

第二节　现 实 困 难

一、产业同质化

由于四川、重庆两地地理位置毗邻，资源禀赋相似，两者在全国具有比较优势的行业存在大量重叠，如表3-1所示，对比2022年四川与重庆规模以上工业企业主营业务收

① 重庆农业科技进步贡献率何以连年增长，https://www.cq.gov.cn/ywdt/jrcq/202404/t20240422_13146573.html，2024-04-22。

② 科技赋能，打造新时代更高水平“天府粮仓”成都片区，https://cdagri.chengdu.gov.cn/nyxx/c109513/2023-07/25/content_d8c979aa67354141bf21c779f61e524a.shtml，2023-07-25。

③ 奉节脐橙、涪陵榨菜、荣昌猪……我市多个农产品品牌价值分列相应品类全国第一，https://www.cqrd.gov.cn/web/article/1245350036864978944/web/content_1245350036864978944.html，2024-05-29。

入，可以发现，四川和重庆的工业体系均以电子信息和装备制造为主导，在主营业务收入占比前 10 的行业中，有 8 个行业重叠，在占比前 20 的行业中，有 17 个行业重叠，两地的制造业结构趋同，在细分领域中，集成电路、新型显示、智能终端、新一代信息技术、汽车制造等行业均存在同质化竞争和资源错配现象。同质化竞争主要集中在成都和重庆两城之间，成渝地区双城经济圈跨区域产业联动协同发展模式尚未成熟，经济一体化程度不足，是造成产业同质化的重要原因，产业同质化会使不同区域在招商引资、资源错配等方面产生恶性竞争，导致出现资源利用效率低、重复建设、资源浪费等问题，不利于推动成渝地区双城经济圈制造业高质量发展。

表 3-1　2022 年四川与重庆规模以上工业企业主营业务收入排名与占比

序号	四川	主营业务收入/亿元	占比	重庆	主营业务收入/亿元	占比
1	计算机、通信和其他电子设备制造业	8278.70	0.166	计算机、通信和其他电子设备制造业	6050.35	0.223
2	非金属矿物制品业	4111.22	0.082	汽车制造业	4935.31	0.182
3	化学原料和化学制品制造业	3668.69	0.073	有色金属冶炼和压延加工业	1716.01	0.063
4	酒、饮料和精制茶制造业	3357.39	0.067	电气机械和器材制造业	1617.01	0.060
5	电力、热力生产和供应业	3126.34	0.063	非金属矿物制品业	1297.49	0.048
6	电气机械和器材制造业	3110.41	0.062	电力、热力生产和供应业	1169.44	0.043
7	黑色金属冶炼和压延加工业	2569.52	0.051	黑色金属冶炼和压延加工业	1140.99	0.042
8	汽车制造业	2415.38	0.048	化学原料和化学制品制造业	1105.53	0.041
9	农副食品加工业	2041.36	0.041	农副食品加工业	970.09	0.036
10	金属制品业	1540.65	0.031	铁路、船舶、航空航天和其他运输设备制造业	860.35	0.032
11	通用设备制造业	1324.07	0.026	通用设备制造业	847.06	0.031
12	有色金属冶炼和压延加工业	1313.10	0.026	金属制品业	665.93	0.025
13	铁路、船舶、航空航天和其他运输设备制造业	1277.40	0.026	专用设备制造业	614.54	0.023
14	医药制造业	1210.95	0.024	医药制造业	568.34	0.021
15	石油、煤炭及其他燃料加工业	1080.39	0.022	橡胶和塑料制品业	484.72	0.018
16	专用设备制造业	1058.37	0.021	造纸和纸制品业	416.24	0.015
17	石油和天然气开采业	980.35	0.020	燃气生产和供应业	362.31	0.013
18	食品制造业	968.99	0.019	食品制造业	325.84	0.012
19	橡胶和塑料制品业	733.38	0.015	烟草制品业	235.00	0.009
20	燃气生产和供应业	653.27	0.013	仪器仪表制造业	226.66	0.008

资料来源：《四川统计年鉴 2023》和《重庆统计年鉴 2023》

二、产业空间结构不优

成渝地区双城经济圈的产业发展以成都市和重庆中心城区为双核，这两个地区在产业分布上表现出高度的集中性，在装备制造业、高新技术产业和现代服务业等领域均有较为完善的产业链和产业集群，是成渝地区双城经济圈产业发展的核心引擎。但是，成渝地区双城经济圈外围区域的产业普遍发育不足，产业基础薄弱，存在明显的“中部塌陷”问题，中部地区产业结构相对单一，缺乏有力的产业支撑和带动，难以形成具有竞争力的产业集群。正如图 3-1 所示，2023 年成都市和重庆中心城区的地区生产总值为 22 100.00 亿元和 12 049.98 亿元，总计占成渝地区双城经济圈生产总值的 40%以上，显示出高度的产业集中性，而其他地区的地区生产总值难以望其项背，出现了明显的断层现象。

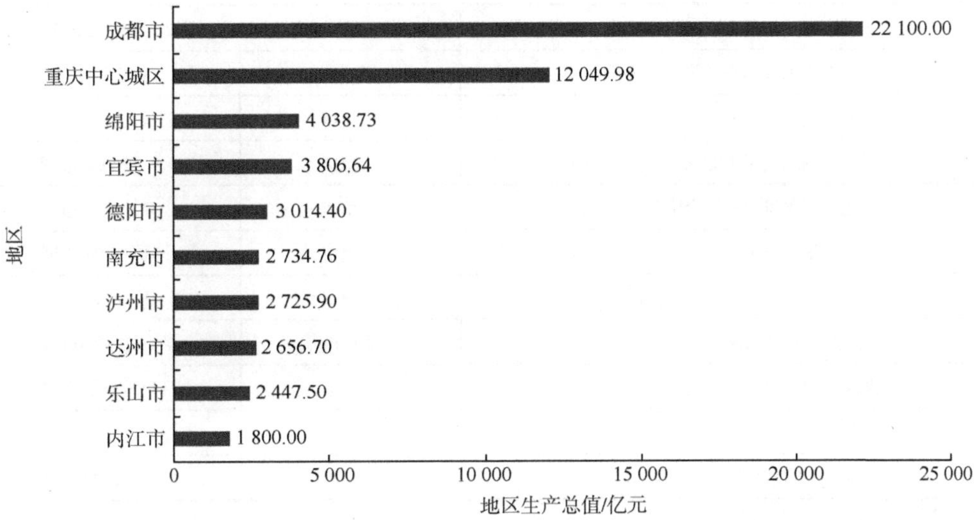

图 3-1 2023 年成渝地区双城经济圈市、区地区生产总值统计图（排名前 10）

资料来源：根据各市、区政府工作报告手工整理获得

由于数据原因，绵阳市和达州市的数据为全市数据，不影响统计效果

这种“中部塌陷”的产业空间结构，导致资源过度集中于双核城市，外围地区难以获得足够的发展机会和资源支持，对成渝地区双城经济圈经济一体化发展造成严重阻碍。不同于北京在京津冀、上海在长三角处于区域最高级，其他关联城市处于次级、再次级的产业空间结构，“中部塌陷”的结构无法直接形成自然的产业分工，成渝地区双城经济圈的双核城市难以通过中间城市串联起来，产业发展链条难以形成，这也是双核城市独立发展，进而造成产业同质化的重要原因，不利于发挥产业链优势，阻碍了产业协同发展和优势产业提升。

三、数字经济发展缺乏龙头企业

虽然在近年来，成渝地区双城经济圈在《规划纲要》的指引下，数字经济飞速发展，但相较于京津冀、长三角、珠三角地区，成渝地区双城经济圈互联网产业起步较晚，尚未发展成熟，互联网产业的规模和影响力仍处于快速发展但尚未形成龙头企业的阶段。如表 3-2 所示，我国主要的互联网大厂均分布在京津冀、长三角、珠三角地区，成渝地区双城经济圈缺乏真正意义上的互联网领军企业，缺乏龙头企业的带动，这减弱了成渝地区双城经济圈互联网产业的集聚效应和协同效应，削弱了区域内数字化的研发实力和创新能力，将抑制市场规模的扩大和投资吸引力的提高，延缓产业数字化和数字产业化的进程，影响数字经济的快速发展。

表 3-2　中国主要互联网公司及其地理位置分布（排名不分先后）

企业名称	总部所在城市	所在城市群
深圳市腾讯计算机系统有限公司	深圳市	珠三角城市群
阿里巴巴集团控股有限公司	杭州市	长三角城市群
百度在线网络技术（北京）有限公司	北京市	京津冀城市群
北京京东世纪贸易有限公司	北京市	京津冀城市群
华为技术有限公司	深圳市	珠三角城市群
广州网易计算机系统有限公司	广州市	珠三角城市群
小米科技有限责任公司	北京市	京津冀城市群
北京三快科技有限公司（美团）	北京市	京津冀城市群
上海寻梦信息技术有限公司（拼多多）	上海市	长三角城市群
北京抖音信息服务有限公司	北京市	京津冀城市群

资料来源：作者手工整理获得

四、农业科技化和数字化相对滞后

相比于其他城市群，川渝地区农业科技化和数字化相对滞后，主要表现在三个方面。一是农民整体的数字化素养不高，成渝地区双城经济圈农业农村领域存在大量年长的农民，他们不善于使用信息技术，缺乏使用数字化设备改造生产和销售过程的意识，这不利于现代农业科技的传播和农村电商的高质量发展。二是农村信息化基础设施不健全，数字农业建设发展水平较低，农业农村信息数字管理平台建设不完善，农村互联网基础设施普及率还未实现全覆盖，这同样影响了现代农业科技的使用以及农产品电商的发展。三是农业产业链数字化水平不高，目前成渝地区双城经济圈的农产品主要采用半机械化的方式进行生产和销售，产业链相关环节的数字化程度不高，这导致农产品质量监控和溯源难以实现，对打造川渝特色农产品品牌产生不利影响。

五、产业创新能力有待提高

近年来，成渝地区双城经济圈不断加大创新力度，在技术创新上有所成就，但相对于东部沿海地区的其他三大城市群而言，成渝地区双城经济圈在产业创新方面仍存在一些问题，如 R&D 经费投入不足、高层次人才短缺和核心技术欠缺等。如表 3-3 所示，2022 年成渝地区双城经济圈所在省市投入的 R&D 经费为 1901.6 亿元，仅为长三角城市群的 20.3%，四川省和重庆市的 R&D 经费投入强度均未超过 2.5%，远低于北京市、上海市和广东省的 6.83%、4.44%和 3.42%，存在明显差距，R&D 经费投入相对不足将会限制成渝地区双城经济圈在关键技术领域的突破和创新能力的提升，严重影响产业高质量发展。

表 3-3　2022 年中国四大城市群所在省市 R&D 经费投入情况

城市群	省市	R&D 经费投入/亿元	R&D 经费投入强度
京津冀城市群	北京市	2843.3	6.83%
	天津市	568.7	3.49%
	河北省	848.9	2.00%
长三角城市群	上海市	1981.6	4.44%
	江苏省	3835.4	3.12%
	浙江省	2416.8	3.11%
	安徽省	1152.5	2.56%
珠三角城市群	广东省	4411.9	3.42%
成渝地区双城经济圈	四川省	1215.0	2.14%
	重庆市	686.6	2.36%

资料来源：《2022 年全国科技经费投入统计公报》

先进制造业、现代服务业和现代农业的发展均需要大量的高端人才，数字经济发展与西部金融中心的打造同样对高端人才产生巨大的需求，然而，成渝地区双城经济圈的两院院士、博士点数量与其他三大城市群存在较大差距，成渝地区双城经济圈高端人才供给无法满足相应的需求，人才缺口限制了成渝地区双城经济圈现代产业体系的构建。R&D 经费投入不足、高端人才短缺以及科技龙头企业缺乏，导致成渝地区双城经济圈缺乏相关的核心技术，尤其是大数据、人工智能等领域，对现代产业数字化发展的速度和深度产生了不利影响。

第三节　发展建议

成渝地区双城经济圈是我国西部地区重要的经济增长极，其产业发展为我国区域协调发展提供了澎湃动力。以科技创新为引领的现代化产业集群与发展新质生产力的目标要求完全契合，为通过新质生产力赋能成渝地区双城经济圈产业发展，不断壮大成渝地区双城经济圈现代产业体系，本节针对上述成渝地区产业发展的现实困难（问题）提出如下建议。

一、优化产业分工协作

为应对成渝地区双城经济圈产业同质化竞争的问题，成渝地区双城经济圈应立足各区域的特色资源和产业基础，优化成渝地区双城经济圈整体产业分工协作，推动产业差异化、规模化、集群化发展，打破产业同质化竞争难题，因地制宜地错位发展成渝地区双城经济圈各区域的优势产业。四川着力打造电子信息、装备制造、食品饮料、先进材料和能源化工等产业。重庆推动汽车产业、摩托车产业、消费品产业、生物医药产业、材料产业、装备产业、能源产业等迭代升级，深入推进智能制造，壮大“芯屏器核网”全产业链，建设“云联数算用”要素集群，推动先进制造业和现代服务业融合发展。

虽然从产业分类上看，成都、重庆两地产业有重合部分，但在同一产业中，产业的发展侧重点存在差异，对于两地共同的优势产业，成渝地区双城经济圈应根据各区域特色，加强产业链各环节的协同配套互补，深耕细分领域，以取代同质化竞争，逐步形成高效分工、有序竞争和相互融合的现代产业体系。以电子信息大类产业为例，其细分产业较多，成都侧重于发展人工智能、移动通信、高端软件等领域，重庆侧重于发展智能装备与智能制造、大数据、新型显示等领域，两地整合协作，优势互补，可形成更强的集聚效应，有利于增强电子信息产业的市场竞争力，扩大市场份额。

二、推进区域一体化发展

为优化“两核发力，中部塌陷”的产业空间结构，成渝地区双城经济圈应加快区域一体化步伐。首先，完善高铁建设，共建1小时交通圈，使1小时交通圈覆盖半径从高速公路时代的100公里扩大到高铁时代的300公里，同时，以5G商用为切入点提高通信产品生产和智能化制造水平，探索在新基建领域的一体化推动机制。其次，完善数字化供需对接平台，对电子信息、装备制造、生物医药、新材料等优势产业链进行供需信息对接，连接生产、仓储、运输、销售等要素，实现成渝地区双城经济圈最大限度的产业链资源配置。最后，加快建立统一开放的市场体系，探索经济区与行政区适度分离，构建统一开放的人力资源、资本、技术、土地、产权交易等各类要素市场，使人力、物流、资金流、信息流跨区域有序自由流动，实现成渝地区双城经济圈要素优化组合一体化。

以现代基础设施建设为基础，以数字化对接平台为纽带，以统一开放的市场体系为依托，在成渝双城之间规划建设一体化发展走廊，促进双城中间带“隆起”，探索融“基础设施、产业发展与城市生活”为一体的新区域合作模式，促进成都、重庆两地高端制造业、现代服务业的发展，中间新兴城市带承接两地产业链配套产业，提高成渝各区域产业相互依存度，逐步形成区域一体化产业集群。

三、引进和培育互联网龙头企业

缺乏互联网龙头领军企业，使得成渝地区双城经济圈数字经济的集聚效应和协同效应难以完全发挥出来，为解决这一问题，成渝地区双城经济圈应积极引进和培育互联网龙头企业。对于引进龙头企业，以京东成渝双城经济圈电商产业基地为例，该基地不仅集聚了数字经济、人工智能等领域的优质企业，还构建了集智能产教融合、泛电商直播、创新创业孵化于一体的综合平台，同样能够提升数字经济发展的集聚效应和协同效应。成渝地区双城经济圈应利用其区位优势和产业基础，进一步优化营商环境，出台更具吸引力的政策，吸引更多像京东这样的互联网龙头企业入驻，为成渝地区双城经济圈数字经济的发展不断注入新动力，共同打造世界级数字经济高地。

对于培育互联网龙头企业，成渝地区双城经济圈应出台一系列针对互联网企业的专项扶持政策，包括税收减免、财政补贴、融资支持等，以降低企业运营成本，提高企业发展动力；同时，创新平台整合各方资源，孵化前沿技术项目，推动区域内企业、高校、科研机构之间开展合作，形成优势互补、资源共享的互联网产业生态，助推成渝地区双城经济圈互联网企业的发展，打造引领新质生产力的领军企业。

四、提升农业数字科技水平

建设现代高效特色农业带，成渝地区双城经济圈应逐步提升农业数字科技水平。首先，加强农民数字化教育与培训，提升农民整体数字化素养。通过举办数字农业培训班、建立在线学习平台等方式，引导农民掌握信息技术，推动现代农业科技的普及和农村电商的发展。其次，加大农村信息化基础设施建设投入力度，完善农业农村信息数字管理平台，确保互联网基础设施在农村地区实现全覆盖，为数字农业的发展提供坚实支撑。最后，加强农业农村数据资源的整合与共享，推动成渝地区双城经济圈高标准农田数字化建设、信息化建设，建设成渝高标准农田大数据平台，实现农业数据生成、采集、存储、加工、分析、服务一体化，加强农业生产、储备、市场、贸易、消费、科技全产业链建设，构建并推广“1+3+N”体系，即一个数据指挥总中心、三个分平台（耕地质量监测分平台、智能节水灌溉分平台、农业气象服务分平台）和多个应用场景，以数字科技赋能现代农业，促进新质生产力在农业生产中的高效产出和广泛应用。

五、提升产业科技创新能力

提升产业科技创新能力，增强成渝地区双城经济圈现代产业体系核心实力。首先，加大政府引导与财政支持，设立专项研发基金，鼓励企业增加研发投入，形成政府、企业、社会多元化投入机制，同时，优化税收政策，对研发活动给予更多税收减免，激发企业创新活力。其次，共享现有创新资源，充分整合汇交两地现有的科技创新资源，线上实现数据开放共享，线下相互开放国家级和省级科技创新基地、科研仪器设备、科技文献，形成科技资源共享服务体系。再次，强化人才引育机制，构建更具吸引力的人才发展环境，通过设立高层次人才引进计划，提供优厚待遇、科研平台及生活配套服务，吸引国内外顶尖人才落户，同时，加强本地高校与科研机构的合作，培养符合产业发展需求的高素质人才，打造多层次人才梯队。最后，构建科技创新资源协同新机制，围绕制造业“卡脖子”技术领域，通过联合申报国家科技计划、国家科技基金等方式，在两地科技计划中推出联合专项，构建成渝两地企业和高校、科研院所联合攻关机制，争取获得国家支持，在联合共建中国科学城的过程中，强化重大科学基础设施、国家实验室等高端科研平台之间的合作，夯实新质生产力的产业技术支撑平台。

本章参考文献

刘文，周薪薪，梅冬. 2023. 成渝地区双城经济圈农业协同发展困境与突破思路. 西部经济管理论坛，34（4）：1-7，49.

王浩力，向静，黄庆华. 2024. 成渝地区双城经济圈数字技术应用业时空演化特征及驱动因素. 世界地理研究，33（3）：131-146.

巫景飞，汪晓月. 2022. 基于最新统计分类标准的数字经济发展水平测度. 统计与决策，38（3）：16-21.

姚树洁，房景. 2024. 发展新质生产力推进成渝地区双城经济圈国家战略腹地建设. 重庆大学学报（社会科学版），30（4）：1-20.

第四章　成渝地区双城经济圈战略性新兴产业集群打造的成就、困难与展望

战略性新兴产业集群是指通过政府引导，以战略性新兴产业[①]为核心，上中下游相关企业、高等院校、科研院所及辅助机构等在地理空间上集聚并形成协同竞合关系的创新网络，包含战略性新兴技术研发和新兴技术产业化整个过程，具有政府引导性、创新驱动性、发展传导性和高不确定性等特征。《规划纲要》提出，要求成渝地区双城经济圈“深入推进国家战略性新兴产业集群发展工程”，“培育具有国际竞争力的先进制造业集群”。这为成渝地区双城经济圈战略性新兴产业集群发展带来重大战略机遇，有利于推动区域加快构建相对自主可控、安全稳定的产业链供应链，推动战略性新兴产业迈向价值链中高端。2024 年，成渝地区双城经济圈建设进入第五个年头，迎来了相互赋能、深度融合、量质齐升的新阶段。在战略性新兴产业集群发展方面，成渝地区双城经济圈效益与速度趋于同步，总量不断扩张、结构不断优化，有效缓解了区域经济发展压力，在促增长、调结构和稳就业等方面发挥了巨大的作用，但不可忽略的是同时也存在一些现实困境亟待突破。

第一节　发展成就

2023 年，四川和重庆全年规模以上战略性新兴产业增加值占规模以上工业增加值的比重分别为 28%和 32.2%，战略性新兴产业发展态势稳定，效益较好。其中，成渝地区电子信息先进制造集群作为国内首个跨省域国家级先进制造业集群，产值占全国的 1/7；在新型显示面板领域，四川出货量居全国第三，全球约有五分之一的柔性显示屏产自四川（曹雅丽，2023）；四川和重庆在新能源汽车领域，也取得了突破性进展，如四川时代与重庆长安汽车联合成立的企业时代长安，为重庆制造的汽车提供了大量四川制造的动力电池。近年来，成渝地区双城经济圈紧扣产业集群发展形势，截至 2023 年底，已共同培育形成 3 个国家先进制造业集群、4 个国家战略性新兴产业集群，分别认定 23 个省级

---

① 根据《战略性新兴产业分类（2018）》，战略性新兴产业是以重大技术突破和重大发展需求为基础，对经济社会全局和长远发展具有重大引领带动作用，知识技术密集、物质资源消耗少、成长潜力大、综合效益好的产业，包括：新一代信息技术产业、高端装备制造产业、新材料产业、生物产业、新能源汽车产业、新能源产业、节能环保产业、数字创意产业、相关服务业等九大领域。

战略性新兴产业集群和 8 个市级战略性新兴产业集群（表 4-1），产业集群发展初具规模，集群效应逐步凸显，已形成集群快速发展的态势。

表 4-1　成渝地区双城经济圈战略性新兴产业集群

序号	类别	所在地	名称
1	国家先进制造业集群	四川	成都市软件和信息服务集群
2		四川	成都市、德阳市高端能源装备集群
3		四川、重庆	成渝地区电子信息先进制造集群
4	国家战略性新兴产业集群	四川	成都市生物医药产业集群
5		四川	成都市轨道交通装备产业集群
6		重庆	重庆巴南区生物医药产业集群
7		四川	自贡市节能环保产业集群
8	省级战略性新兴产业集群	四川	成都市集成电路产业集群
9			成都市新型显示产业集群
10			成都市网络信息安全产品和服务产业集群
11			成都市人工智能产业集群
12			成都市航空产业集群
13			成都市无人机产业集群
14			成都市北斗卫星应用产业集群
15			成都市氢能产业集群
16			成都市动力电池产业集群
17			成都市新能源汽车与智能汽车产业集群
18			成都市节能环保产业集群
19			成都市核技术应用产业集群
20			自贡市无人机产业集群
21			攀枝花市钒钛新材料产业集群
22			德阳市清洁能源装备产业集群
23			绵阳市新型显示产业集群
24			绵阳市无人机产业集群
25			绵阳市核技术应用产业集群
26			遂宁市锂电材料产业集群
27			乐山市晶硅光伏产业集群
28			乐山市核技术应用产业集群
29			南充市新能源汽车与智能汽车产业集群
30			宜宾市动力电池产业集群

续表

序号	类别	所在地	名称
31	市级战略性新兴产业集群	重庆	两江新区新型显示产业集群
32			西部科学城重庆高新区集成电路产业集群
33			两江新区新能源汽车产业集群
34			璧山区新能源汽车产业集群
35			长寿区先进结构材料产业集群
36			涪陵区高性能复合材料产业集群
37			大渡口区生物医学工程产业集群
38			重庆经济技术开发区智能制造装备产业集群

资料来源：工信部、国家发展改革委、四川省发展改革委、重庆市发展改革委

一、四个国家战略性新兴产业集群快速发展

（一）成都市生物医药产业集群

成都市生物医药产业集群，作为中国西部地区生物医药产业发展的重要增长极，近年来在产业规模、企业集聚、研发创新、人才优势、投资吸引力、产业竞争力、资本市场活跃度、政策支持力度以及产业生态构建等方面均展现出了显著的竞争力和创新活力。2023年，成都医药健康产业总规模达3500亿元。成都高新区作为核心区域，已成功集聚3000余家医药企业，包括多家世界500强企业，并孕育了10家上市及过会企业。在研发创新方面，成都高新区拥有150余个在研及上市的1类新药，构建了159个全生命周期功能平台，市场化程度超过 80%，彰显了其在生物医药研发和产业化方面的深厚实力。此外，超过 100 个国家级人才团队在此汇聚，为产业集群发展提供了坚实的智力支撑和创新动力。在资本市场方面，成都市生物医药产业集群在 2021 年 6 月至 2023 年 7 月共入驻了13家上市医药企业，总市值超过2000亿元，彰显了资本市场对其发展潜力的高度认可。同时，《2023 中国生物医药产业园区竞争力评价及分析报告》显示，成都高新区的综合竞争力位列全国第一方阵，与中关村国家自主创新示范区、苏州工业园区和上海张江高新技术产业开发区齐名，成为全国生物医药产业发展新高地。在政策层面，成都高新区出台了一系列鼓励创新的政策，并设立了近 600 亿元的产业基金，专门用于支持生物医药产业的发展，目前正在加快构建“5+N”产业生态体系，通过明确行动方案，持续提升医药健康产业规模能级，推动产业链协同创新发展。

（二）成都市轨道交通装备产业集群

近年来，成渝地区双城经济圈轨道交通产业迅猛发展，2023 年全产业链生产总值突破 4000 亿元。目前，成都市已形成以中车成都、新筑股份等企业为龙头，成都康尼轨道、海康威视等企业配套，产业链上下游企业 400 余家的轨道交通装备产业集群，是全

国轨道交通产业链条最齐备的城市之一，是全国第五大轨道交通零部件配套基地，也是轨道交通领域唯一一个进入国家未来产业园试点的城市。该产业集群以科技创新为核心驱动力，依托西南交通大学等高等教育机构和国家重点实验室的科研优势，形成了集科技研发、装备制造、运维服务于一体的全产业链布局。目前，成都市轨道交通产业发展形成了“一总部三基地”的空间发展格局，即以金牛坝科技服务产业功能区为研发服务总部，以新都现代交通产业功能区、天府智能制造产业园及中德（蒲江）产业新城为制造基地，产业集聚效应显著。此外，成都市轨道交通企业积极参与“一带一路”共建国家轨道交通项目，拓展海外市场，显著提升了产业的国际竞争力和影响力。同时，成都市积极布局车辆智慧检修、下一代智慧列控系统、自主化电气牵引系统等产业关键设备及系统，提升研造修能力，促进形成“成都车、成都研、成都造、成都修、成都配套”的产业新格局。

（三）重庆巴南区生物医药产业集群

重庆巴南区生物医药产业集群以重庆国际生物城为战略核心，依托区域在生物医药领域的雄厚科研基础和产业优势，已初步形成了集科技研发、生产制造、销售服务于一体的全产业链布局。在科技创新体系建设方面，重庆巴南区生物医药产业集群通过建立“1 院 5 中心 10 平台”[①]的科研架构，成功汇聚了一批包括中国工程院院士在内的高端人才和创新团队，形成了西部地区领先的生物医药创新体系。截至 2024 年 5 月，该集群在研创新药物达 57 个，其中 23 个已进入临床阶段，9 个进入三期临床阶段，2 个进入 NDA（new drug application，新药申报上市）阶段，在新药研发及成果转化方面实现全市领跑。重庆巴南区生物医药产业集群具有强大的人才支撑，通过创办高水平专业论坛、建立行业商会和统战服务分站等平台，已聚集海内外人才 3000 余名，其中博士研究生近 200 名，培育项目团队 50 余个，与 20 余名两院院士开展产业咨询和科研合作，为产业发展提供了坚实的智力支撑。截至 2024 年 7 月，重庆国际生物城已聚集项目 130 余个，产能规模超 1000 亿元，形成了以智翔金泰、博唯生物、宸安生物为代表的生物制药集群，以科瑞制药、兴泰濠制药为代表的化学制药集群，以植恩现代中药、伍舒芳为代表的现代中药集群，以全干医科、复星杏脉为代表的医疗器械集群，为重庆市生物医药产业集群向高端化、集群化发展提供了有力支撑[②]。自 2018 年以来，重庆国际生物城规上工业产值持续保持 30%以上的高质量增长速度。未来，巴南区将继续以重庆国际生物城为依托，聚焦大健康产业，加快推动产业深度融合、加速发展，培育壮大“健康+”产业体系，努力打造成为大健康产业高质量发展的新高地。

---

① 1 院指的是重庆国际免疫研究院，由吴玉章院士领衔，是国内首个免疫学领域的高端研究院；5 中心包括疫苗研发中心、抗体药物研发中心、胰岛素研发中心、动物试验平台等核心研发机构；10 平台涵盖了从基础研究到成果转化的全链条服务体系，包括但不限于研发孵化平台、技术转化平台、临床研究平台等，为生物医药产业提供全方位的技术支撑和服务。

② 生物医药产业迈入快车道 3 组关键词解密“巴南造”，https://wap.cq.gov.cn/zwgk/zfxxgkzl/fdzdgknr/zdmsxx/yl/yl_ssqk/202407/t20240703_13345702.html，2024-07-03。

（四）自贡市节能环保产业集群

作为国家战略性新兴产业的示范，自贡市节能环保产业集群已成为推动地区经济绿色转型和可持续发展的关键力量。该产业集群以技术创新为驱动，依托东方锅炉、华西能源等领军企业，30 余户配套协作中小企业加速集聚，形成了从节能环保锅炉到运输机械、压缩机及其成套设备的综合性产业链。在国家级、省级和市级创新平台的共同支撑下，实施产业链供应链风险监测制度，有效应对了原材料成本波动和电力供应紧张等系统性风险，确保了节能环保产业的稳定增长，全市节能环保装备产业规上企业超 100 家，产值已连续四年实现两位数增长，展现了强劲的产业活力和市场潜力。此外，截至 2023 年 2 月，自贡市已建成节能环保领域国家级创新平台 2 个、省级创新平台 17 个、市级创新平台 20 个；2022 年，自贡市 24 套节能环保装备纳入四川省首台套目录；2022 年，产业集群核心承载区高新区创成首批省级节水标杆园区、省级绿色低碳优势产业重点园区，进一步促进了产业集群的绿色发展[①]。面向“十四五”规划末期，自贡市致力于实现节能环保装备制造产业产值翻番，实现 600 亿元的目标，通过优化产业结构、强化创新能力、完善产业生态，构建起布局合理、技术先进、竞争力强的产业体系，为推动区域经济的绿色增长和生态文明建设提供强有力的支撑。

二、战略性新兴产业集群发展态势凸显

（一）电子信息产业

电子信息产业是指以电子技术和信息技术为基础，从事电子信息产品、设备的研发、生产、销售以及相关服务的产业。它是现代经济体系中的重要组成部分，对推动经济增长、促进社会信息化和提高生产效率具有重要作用，具有综合性、多元性和智能性等特点，其产业链涵盖计算机、通信设备、消费电子、集成电路、新型显示等多个行业，涉及智能手机、虚拟现实、超高清视频、智能家居、汽车电子等多个领域。

2022 年 11 月，工信部公布了 45 个国家先进制造业集群的名单，成渝地区电子信息先进制造集群确定入选，上升为国家级的先进制造业集群。近年来，为充分发挥先进制造业的引擎作用，稳固电子信息产业的支柱性地位，成渝地区双城经济圈协力谋划，多次召开联席会议、开展产业链协同发展合作交流会、签署多个战略合作协议，联合编制川渝“十四五”的发展规划、绘制电子信息产业链全景图，已出台《成渝地区双城经济圈电子信息产业高质量协同发展实施方案》等相关产业政策文件一百余项。区域内电子信息产业覆盖了产业的 5 个大类和 21 个中小产品全类别，2023 年产业规模已经突破了两万亿元，约占全国的 14%，成渝地区双城经济圈成为中国第三、全球前十的电子信息制造业聚集地（杨富和蔡宇，2023）。在智能终端领域，成渝地区双城经济圈已经是全球生产规

① 培育“绿色”新动能 自贡大力推进节能环保装备产业集群发展，https://www.sc.gov.cn/10462/10464/10465/10595/2023/2/24/1a6fe9803c96478d928e448773e6b671.shtml，2023-02-24。

模最大的智能终端生产基地、计算机整机生产基地和第三大智能手机生产基地，全球 2/3 的 iPad、超过半数的笔记本电脑，还有 10%的智能手机都是“成渝造”。另外，成渝地区双城经济圈生产的智能投影设备在全球市场份额中的占比超过 15%，其零部件本地配套率达到 70%，在集成电路、新型显示和军工电子等电子领域，成渝地区双城经济圈也有不少“代表作”（卢梦琪，2023）。

目前，电子信息产业在成渝地区双城经济圈已形成了以芯片设计和制造、智能终端制造、软件开发与服务、电子元器件制造等为核心的完整产业链，成都和重庆作为成渝地区双城经济圈电子信息产业的主战场，保持良好的发展态势，产业规模不断扩大，产业链条不断延伸，产业结构也日益优化。当前成都已形成以半导体集成电路、软件开发、电子元器件、智能终端设备为主的电子信息产业集群，是我国重要的集成电路生产基地和高新技术产业基地、软件产业园，区内拥有富士康、戴尔、SAP（思爱普）、英特尔等国际知名企业。重庆电子信息产业集群则主要涉足计算机制造、电子元器件、通信设备、数字娱乐等领域，是全国知名的智能终端、计算机整机生产基地和手机制造基地，现已集聚了华硕、惠普等知名品牌和富士康、和硕、英业达等具有市场影响力的主机生产商，并拥有西部地区首家通过国家发展改革委审核的微电子产业园区——重庆西永微电子产业园区，产值达千亿元，占全市外贸额的三分之一，成为带动重庆电子信息产业发展的发动机（戴娟，2023）。

（二）生物医药产业

生物医药产业是指利用生物技术、生物工程技术、药物化学、分子生物学等现代生物学手段，开发研制新药、生物制品、诊断试剂、医疗器械等生物医学产品的产业，具有高科技含量、高附加值和高市场份额等特点，它包括但不限于各种药物、疫苗、生物制剂、医疗器械等。在我国，生物医药产业链的上游主要包括基础研究、原材料供应和研发服务，中游涉及生物药品、化学药品、中药以及医疗器械的研发、生产和制造，下游主要是医疗服务与医药流通。

目前，成渝地区双城经济圈已成为我国生物医药产业集群的重要部位之一，与环渤海、长三角、珠三角、中部地区并列为中国五大医药产业城市群，现已形成创新药、医药研发、器械制造、医药服务等完备且具有特色的生物医药子产业链（徐希雅，2022）。2019 年 10 月，成都市生物医药产业集群入选首批国家战略性新兴产业集群。截至 2024 年 6 月，成都医学城已入驻各类企业 3000 余家，2023 年医药健康产业实现营收 400 亿元，重庆国际生物城集聚项目超 120 个、产业规模超 1000 亿元，两地频频携手互动，推动成渝地区双城经济圈的生物医药产业向世界级、万亿级的产业体系迈进。此外，区域内还拥有多家生物医药龙头企业，既有四川科伦药业、成都康弘药业、重庆智飞生物、福安药业等传统医药企业，也有成都先导、苑东生物等在科创板上市的创新研发型企业。在 2023 年度中国医药工业百强企业榜单中，区域内多家医药制造企业入围。四川科伦药业入围“2023 年度中国化药企业 TOP100 排行榜”前十，位列第七；重庆博腾股份在“2023 年度中国 CXO 企业 TOP20 排行榜”中位列第七；重庆智飞生物在“2023 年度中国生物医药（含血液制品、疫苗、胰岛素等）企业 TOP20 排行榜”中位列第二[①]。成渝地区双城经济圈生物医药行业的龙头企业实力强劲，在全国占据重要地位，整体综合实力在行业内不断提升。

（三）新材料产业

新材料也称为先进材料，是指新出现的具有优异性能和特殊功能的材料，以及在成分、工艺改进后性能明显提高或具有新功能的材料。我国新材料产业链的上游环节主要为基础原材料的采集和初加工，如钢铁材料、有色金属材料、化学纤维等；中游环节为新型材料的研发制造领域，主要分为先进基础材料、关键战略材料和前沿新材料三种；下游环节主要为应用领域，可应用于电子信息、新能源汽车、医疗器械、航空航天等多个领域。

近年来，成渝地区双城经济圈新材料产业迅速发展，已逐渐成为我国重要的新材料生产基地，区域内现已形成完善的供应链体系，涵盖了从材料研发、生产、加工到应用的全过程。从产业链上游环节来看，成渝地区双城经济圈具有独有的资源禀赋优势，钢铁材料、化工材料等原材料供应充足。从中游环节来看，成渝地区双城经济圈新材料产业发展态势良好，重点先进基础材料如精细化工、先进金属材料等，关键战略材料与前沿新材料都在不断发展。绵阳市作为示范城市，近年来一直致力于推动新型膜材料、光学材料、高品质特殊钢等前沿新材料产业的发展。随着总投资达 280 亿元的巨星稀土永磁新材料产业园在绵阳市落户，新材料产业已成为绵阳市的主导产业。从下游环节来看，成渝地区双城经济圈作为国家重点推进建设的战略基地及经济中心，战略性新兴产业发展迅速，2022 年川渝两地电子信息、汽车、装备制造等新兴产业产值规模分别达到 2.2 万亿元、7500 亿元、1 万亿元。

相比于京津冀、长三角、珠三角地区，成渝地区双城经济圈新材料产业发展还有提升空间，目前仍处于第二梯队，但区域内已聚集了一批在新材料领域具有核心竞争力的企业，涵盖了金属材料、复合材料、功能性材料等多个领域。此外，成渝地区双城经济圈还注重营造新材料产业创新生态，积极引导企业加强技术研发、提高创新能力。四川天府新区、重庆两江新区等地区建设了一批国家级新材料产业基地，为企业提供低成本、高效率的生产和研发基础设施创造了便利条件，推动了新材料产业的发展。数据表明，2023 年成都市新材料规上工业企业达到了 819 家，实现营业收入 2224.3 亿元，产业规模位居全国中上游。同年，重庆市新材料产业增加值比上年增长 17.2%，全市从事新材料生产的企业数量超过 200 家，占规上材料企业的五分之一，产业发展态势良好，预计到 2025 年全市新材料产业产值将达到 2000 亿元左右。

---

① 重磅丨2023 年中国医药工业百强榜单发布，https://www.sohu.com/a/788590663_121123913，2024-06-26。

（四）装备制造产业

装备制造业是指生产各种机械设备、机械产品及其配件的行业，是工业的核心部分，承担着为国民经济各部门提供工作母机、带动相关产业发展的重任。具体包括金属制品业，通用设备制造业，专用设备制造业，汽车制造业，铁路、船舶、航空航天和其他运输设备制造业，电气机械和器材制造业，计算机、通信和其他电子设备制造业，仪器仪表制造业等 8 个行业大类中的重工业。装备制造业的产业链是一个复杂、多层次的结构，它涵盖了从原材料供应、零部件制造到最终产品组装销售的全过程。

成渝地区双城经济圈装备制造业基础良好，关联程度较高、互补性较强，具备高质量一体化协同发展的基础条件（李大东，2022）。在四川，成都的航空装备、轨道交通、智能制造、节能环保等高端装备研发制造水平全国一流；德阳是全国三大动力设备制造基地之一，拥有一批龙头企业和创新平台；眉山是全球最大的传动件生产基地、全国最大的小型压缩机和木工机床生产基地；资阳是全国最大的出口内燃机车研制基地、新能源机车和调车机车研制基地。在重庆，渝北的汽车、现代交通设备、智能装备制造等产业加速壮大；江北拥有汽车研发制造完整产业链；江津的齿轮箱、减速器、内燃机等产品在行业内领先；永川是全国最大的中高端皮卡生产基地。由此可见，成渝地区双城经济圈在装备制造产业链中主要承担的是中游的装备组装及制造环节。

2020 年以来，川渝两省市聚焦智能装备、航空航天、轨道交通、发电设备、节能环保等领域，打造德阳国家经济技术开发区、重庆空港工业园区、重庆江津工业园区、四川隆昌经济技术开发区、四川宜宾三江新区等多个成渝地区双城经济圈产业合作示范园区。其中，德阳国家经济技术开发区是工信部授予的全国首批“国家新型工业化（装备制造业）示范基地”、联合国“清洁技术与新能源装备制造业国际示范城市”挂牌园区，被四川省商务厅认定为“综合实力名列四川省开发区第一位”，是德阳打造“重装之都”的核心产业载体。目前，成渝地区双城经济圈装备制造产业已基本全部覆盖国民经济装备领域的 7 个大类 42 个中类 185 个小类，已形成能源装备、动力装备、智能装备、交通装备、电气装备、节能环保装备等多个特色鲜明的装备制造产业集群，部分领域在全国乃至国际上都处于领先地位（夏元和赵鹏，2023）。数据显示，2022 年，川渝两地装备制造业合计实现营业收入 14 023.7 亿元，其中四川 8815.5 亿元，重庆 5208.2 亿元，成渝地区双城经济圈装备制造业总体呈现良好发展态势①。

（五）新能源汽车产业

新能源汽车产业主要是指研究发展新能源车辆生产技术与应用的行业。我国新能源汽车产业链上游主要生产电池、电机、电控、底盘、车身及附件等材料，中游主要生产乘用车、商用车、专用车等各种用途的整车产品，下游延伸到充电设备、换电设备、电池回收、汽车金融、汽车维修等产业。

---

① 2023 年成渝地区双城经济圈数据未公布，此处提供川渝两地 2022 年数据以供参考。

汽车制造业是成渝地区双城经济圈打造我国第四增长极的重要支柱产业，也是成渝地区双城经济圈旨在实现世界级先进制造业集群目标而规划的四大万亿级产业计划之一（白麟，2022）。作为中国汽车制造业的核心地区，成渝地区双城经济圈汽车制造业规模占全国的 30%以上，已成为区域经济发展的重要动力（寇敏芳，2024）。据统计，2023 年川渝两地汽车年产量已超 300 万辆，产业整体规模达 7500 亿元，在当年四个万亿级制造业中，汽车制造业是唯一一个规模尚未突破万亿元的产业。在新能源汽车市场，成都和重庆的产量都实现了显著增长。对于成都而言，2023 年新能源汽车产量达到了 8 万辆，同比增长 105.4%，高于全国增速 70 个百分点；重庆方面，新能源汽车产业经过几年的沉淀，再次崛起，2023 年新能源汽车产量突破了 50 万辆，同比增长 30%，两地新能源汽车产量占汽车总产量的比重分别为 9.6%和 21.9%，占比虽有提升但均较低。同时，两地新能源汽车占全国市场份额的比重不大，2023 年成都仅占 1.14%，重庆占 7.14%，与西安、上海等新能源汽车产量近百万的城市相比，还存在较大差距。由此可见，成都和重庆要想在新能源汽车市场抢占一席之地，任重而道远。

当前，新能源汽车产业链上中下游各环节在成渝地区双城经济圈内均有分布。具体来看，重庆目前实现了产业链的完整覆盖，产业链各环节均有企业布局。其中，上游的新能源汽车电池企业数量较多，产业发展实力强劲，但在电控、车身及附件等环节比较落后，企业分布数量较少，供应链安全受到威胁；在中游的新能源整车制造环节，乘用车的生产力不足，仅有少数几家企业生产，专用车生产得较多；下游的充电及后市场服务产业链环节相对成都不够发达，汽车金融等配套环节发展程度较低。成都新能源汽车产业链上中下游各环节也均有企业布局。其中，上游环节中电池生产商已有上千家，但电控、车身及附件生产商仅有几家，上游供应链还不稳定；中游新能源汽车制造环节中生产乘用车的企业数量较少；下游生产充电设备的企业布局量最多，其他市场服务的产业链也不断延长，拥有大量企业。

（六）航空航天产业

航空航天产业是一个技术水平高、资本密集、产品附加值高、产业辐射带动能力强的军民结合高科技产业，是国家战略性新兴产业和优先发展的高技术产业。其中，航空产业是与航空器研发、制造、维修、运营等活动直接相关的、具有不同分工的、由各个关联行业所组成的业态总称；航天产业总体涉及空间技术、空间应用、空间科学三大领域，是综合设计、生产、测试与应用等环节于一体的高技术产业，主要涉及利用火箭发动机推进的跨大气层和在太空飞行的飞行器及其所载设备、武器系统和各种地面设备的制造，以及各种飞行器的发射服务与应用。在我国，航空航天产业链的上游主要涉及原材料供应，中游主要涉及航天器制造、发射服务和地面设备制造，下游主要是卫星运营商到终端用户的应用市场。

近年来，成渝地区双城经济圈航空航天产业逐渐崛起，大量相关企业落户川渝。截至 2023 年 3 月，四川有 300 余家以中国航空工业成都飞机设计研究所、成飞和中国航发成发等行业龙头单位为代表的航空装备产业相关科研院所、高等院校和规模以上工业企业，28 家诸如中航无人机、腾盾等重点整机企业，不少企业已和国内外许多知名企业建立了紧密的合作关系。目前，成渝地区双城经济圈在航空发动机及相关部件的研制和生产、航空电子设备的研发、飞机及相关部件的研发和生产、航空空间科学技术的研究和应用等重要产业链环节承担着重要角色，产业规模和技术已达国内领先水平，在航空发动机、飞机制造、航空电子设备等领域有着较大的技术和市场优势。

成渝地区双城经济圈的航空航天产业以成都和重庆为核心。近年来，成都一直致力于发展航空航天产业，依托成飞、成发、中国民航二所、中航（成都）无人机、沃飞长空、腾盾等链主企业，截至 2023 年，成都已集聚 500 家上下游企业，产业规模突破 1500 亿元，综合实力处于全国第一梯队。在航空方面，成都主要涉及客机和军机研制。成飞是成都最大的航空企业，具有 C919、AC312E 等多款民用和军用飞机的研发生产能力。在航天方面，成都涉足卫星、火箭等领域。四川航天技术研究院是成都重要的航天研发机构之一，主要从事国防装备生产、火箭弹研制，并以航天技术应用为重点，航天制造优势突出。此外，成都还有多家企业从事卫星制造、火箭发射等方面的工作。同时，重庆航空航天产业也取得了不错的成绩，截至 2023 年末，重庆市两江新区累计引进航空航天产业链企业共计 139 家，产业规模达 35 亿元。其中包括中国航空发动机集团有限公司、中国航天科技集团有限公司等一批重要企业。在航空方面，重庆主要涉足飞机零部件和维修领域。中国航空发动机集团有限公司拥有多家在重庆的分支机构，重庆光成机电科技有限公司是目前国内规模最大的“五金”类航空零部件生产企业之一。重庆还有多家企业从事航空维修和保障业务，如重庆空港飞机维修有限公司、瑞航（重庆）航空发动机维修有限公司等。在航天方面，重庆涉足火箭和卫星领域。零壹空间科技（集团）股份有限公司是重庆航天产业的重要企业之一，专注于智能小型运载火箭的研制。此外，重庆还有多家企业从事卫星制造和相关服务的工作。

第二节　现 实 困 难

一、集群整体竞争力不强

近年来，成渝地区双城经济圈战略性新兴产业快速发展，2022 年，区域内战略性新兴制造业增加值占工业增加值比重指数达到 109.37，较上年提高了 5.84，增速为 5.6%[①]。这表明成渝地区双城经济圈在战略性新兴产业领域的发展势头强劲，产业结构持续优化。但相关数据表明，战略性新兴产业集群整体竞争力仍然不强，在市场竞争中优势不明显。

首先，产业规模体量仍相对较小。2023 年四川和重庆全年规上工业战略性新兴产业增加值占规上工业增加值的比重分别为 28.0%和 32.2%，比重虽有提升但规模体量仍然较

① 资料来源于《2022 年成渝地区双城经济圈发展指数报告》，2024 年 3 月 7 日由四川省统计学会和重庆市统计学会联合发布，故此数据只能显示到 2022 年。

小，对区域经济发展的支撑引领作用有待进一步提高。

其次，产业主体实力相对较弱。近年来，成渝地区双城经济圈战略性新兴产业集群发展态势已经形成，产业集群化程度不断提高，规上企业也逐渐增加，但与东部地区相比，龙头企业数量依然不足，产业发展带动能力仍然较弱，在部分战略性新兴产业集群内产业主体缺乏品牌建设意识，对品牌建设的重视程度不足，尚未培育出如腾讯、华为、阿里云等级别的行业龙头企业，具有世界级影响力的领军企业仍相对较少（王启万和王兴元，2013）。

最后，产业能级相对偏低。目前，区域内多数企业提供的产品缺乏核心技术，处于产业链中低端环节，高端产品和服务有效供给不足，导致产业整体发展潜力不足，难以有效引领区域经济发展。在新材料产业领域，产业发展主要还是依靠资源禀赋优势，内含科技水平不高，且一些新材料的培育研发主要利用、借鉴国外或东南沿海发达地区的技术和方法，关键核心技术依赖性较强，自主研发能力较弱，还未培育出自己的核心技术与核心产品，核心竞争力不够强。再来看电子信息产业，成渝地区双城经济圈电子信息产业规模庞大、产量也高，但缺乏自主研发制造的核心零部件，主要作为全国、全球的电子信息产业的代工厂而存在。

二、产业空间布局有待优化

产业集群形成的物理基础是企业在一定地理区域的集聚（李佳洺等，2023；王欢芳和李密，2016）。成渝地区双城经济圈推动战略性新兴产业集群发展的意愿强烈，截至2023年底，川渝两地已分别认定23个省级和8个市级战略性新兴产业集群，但由于资源禀赋、区位条件、前期发展缺乏一体化意识等综合原因，两地战略新兴产业集群发展出现了产业同构与分散化并存、产业链不完整、产业集群集而不群等问题（肖金成等，2019）。

首先，产业同构与分散化并存。川渝两地产业基础较为类似，发展战略和发展规划中选取的重点产业也比较相似，均已形成以电子信息、装备制造为主导的工业体系。在集成电路、新型显示、智能终端、新一代信息技术、汽车制造等细分领域，两地也存在明显的同质化竞争和资源错配现象，尚未形成跨区域产业联动协同发展模式。例如，在高科技产业方面，成都在医药制造业，铁路、船舶、航空航天和其他运输设备制造业，计算机、通信和其他电子设备制造业，仪器仪表制造业等 4 个行业具有优势，而重庆相应的具有优势的 3 个行业都与成都重合。严重的产业同质化会导致产能过剩，不利于区域间资源的有效配置和区域核心竞争力的形成，更不利于成渝地区双城经济圈协同高质量发展。此外，成渝地区双城经济圈还存在产业分散化问题，双核产业高度集聚，虹吸效应明显，其他地区产业发展的“中部塌陷”问题突出，区域产业发展的层次性不高。

其次，产业链不完整。产业链是产业集群的核心优势，但目前成渝地区双城经济圈仍有部分产业集群未搭建起完整的产业链条，且已有的产业链以横向产业链即制造环节为主，纵向产业链即非制造环节的生产性服务产业较为薄弱，未能充分发挥产业集群的以合作分工实现优劣互补的集体优势。例如，在装备制造产业链中，成渝地区双城经济圈主要承担的就是中游的装备组装及制造环节。目前，区域内的产业合作多集中在要素和项目层面，缺乏对产业链上下游的深度整合和对供应链的优化，这种局限性导致区域内的合作未能形成有效的跨区域产业链供应链体系，限制了产业集群的整体竞争力。

最后，产业集群集而不群。“集而不群”意味着产业只是在地理空间上集中，产业主体即企业间并无紧密的合作联系，融合集聚效应未得到充分释放（徐承红，2010）。同时，由于产业高端环节招引难度较大，低端过剩环节的盲目招引还导致产业集群内企业同质化严重，且由于缺乏配套管理措施，集群内企业各自为战，发展方向混乱，产业集群效应未能充分发挥。

三、科技创新资源相对薄弱

战略性新兴产业作为国家重点发展产业，应具有高质量的科技水准。截至 2024 年 3 月底，川渝两地共拥有全国重点实验室 27 个，重大科技平台 319 个，新建国家科技创新基地 22 个，建成国家级创新平台 316 个，西部科学城上万台套大型仪器设备已经实现开放共享，川渝联合实施的核心技术攻关项目超过 160 项，攻克了一批难题，与北京、广东的差距逐渐缩小；但两地高新技术企业数量、独角兽企业数量不足“北上广”地区的 1/4，可见，目前成渝地区双城经济圈的科技创新资源仍相对缺乏（杨锓瑶，2023）。

一是创新强度水平较低。《中国城市科技创新发展报告（2023）》显示，2023 年成都和重庆的城市科技创新发展指数值分别为 0.3236、0.3003，位居全国城市排行榜第 14 名和第 23 名，与北京（0.7309；第 1 名）、深圳（0.6572；第 2 名）、上海（0.6099；第 3 名）等发达地区差距显著。

二是 R&D 经费投入不足[①]。2022 年，四川省共投入 R&D 经费 1215.0 亿元，比上年增加 0.5 亿元，总量排全国第 8 位。其中，基础研究经费 71.8 亿元，比上年增长 23.6%；应用研究经费 195.3 亿元，下降 7.7%；试验发展经费 947.9 亿元，增长 0.3%。同年，重庆市共投入 R&D 经费 686.6 亿元，比上年增加 82.8 亿元，增长 13.7%。其中，基础研究经费 35.1 亿元，比上年增长 18%；应用研究经费 84.1 亿元，增长 12.2%；试验发展经费 567.5 亿元，增长 13.7%。可见，成渝地区双城经济圈的创新能力根基不牢，R&D 经费投入不足，难以拉动经济高效发展。

三是高技能水平人才流失严重。作为中国西部的重要经济和教育中心，成渝地区双城经济圈每年培养出大量具有专业特色和高技能水平的人才。然而，这些人才选择流向北京、上海、广州、深圳、杭州和天津等一线城市和新一线城市。根本原因在于本地企业在人才培育和岗位提供方面存在不足，特别是在金融和计算机等关键领域，产业基础和就业机会与一线城市具有明显差距。据调查，西南财经大学的金融专业毕业生和电子科技大学的计算机专业毕业生选择留在川渝地区的比例仅为 50%左右，其余毕业生则主

① 鉴于此书定稿时，四川省和重庆市 2023 年科技经费投入统计公报尚未发布，故仅提供 2022 年数据以供参考。

要流向京津冀、长三角和珠三角等经济相对发达地区。

四是创新成果产业化进程滞后。只有及时把科技创新成果应用到具体产业和产业链上，才能更快更好地推动战略性新兴产业集群发展。2023 年，成都专利授权 7.05 万件，其中发明专利授权 2.56 万件，实用新型专利授权 3.59 万件，年末高新技术企业突破 1.3 万家，比上年末增长 13.3%；重庆专利授权 5.41 万件，其中，发明专利授权 1.36 万件，有效发明专利授权 6.42 万件，另外有高新技术企业 7565 家。成渝地区双城经济圈专利发明数量可观，但专利技术仍存在质量不高、转化率较低等问题。在生物医药产业方面，成渝地区双城经济圈的医学研发成果产业化程度明显不足。

四、区域联动协作较为滞后

在区域经济发展的语境下，政府的角色至关重要，尤其是在推动产业集群的形成与发展方面。成渝地区双城经济圈由于行政分割问题，以及一些地方政府对于战略性新兴产业集群的认识尚显不足（钟华林和刘畅，2024），过分强调产业集群的数量扩张而忽视了质量的提升，未能充分发挥政府在产业引导和规划制定中的关键作用。这种片面的发展策略，未能深入挖掘和利用当地新兴产业集群的阶段性特征，导致产业集群发展受阻，难以实现健康和快速增长。

第一，区域内集群发展规划不明晰。产业集群是多个不同生产主体以降低生产成本为目标而自发形成的，规范性差，需统一规划。但是目前区域内产业集群的发展并没有清晰的规划和统一的管理，尽管成渝地区双城经济圈在政策上一直强调产业集群的重要性，但基层政府在特色产业集群方面的探索能力有限，缺乏足够的引导力和影响力，导致产业集群的发展空间受限，各群体对产业集群建设的信心不足。

第二，公共服务平台建设投入不足。公共服务平台是支撑产业集群发展的关键基础设施，能够为企业提供信息交流、技术研发、市场开拓等多方面的服务。但目前成渝地区双城经济圈对公共服务平台的建设和投入不足，导致公共信息服务平台缺失，企业在获取市场信息、技术研发支持等方面面临障碍。这种情况迫使企业自行投入资金建设生产设施，不仅增加了企业的生产成本，而且降低了其市场竞争力。

第三，风险防范机制尚未形成。产业集群的发展面临着来自自然环境和市场变化的多重风险。目前成渝地区双城经济圈尚未建立起有效的风险防范机制，保险覆盖率低，缺乏针对产业集群特有风险的保险产品，使得集群内的企业在面对风险时缺乏必要的保障。这种情况限制了企业的生产和创新活动，影响了产业集群的稳定性和可持续发展能力。

第三节　未来展望

一、提能级：培育战略性新兴产业集群

产业集群作为一种创新的生产组织模式，对于提升区域经济的竞争力具有决定性作

用。与长三角、珠三角、京津冀等沿海经济圈相比，成渝地区双城经济圈作为中国唯一的内陆型经济区域，其产业集群的建设与产业链的精细化分工，以及合作机制的深化发展，显得尤为关键（刘晨等，2024）。首先，应以跨区域产业生态圈和产业功能区的高质量发展为核心，依托成绵乐发展带、成南（遂）渝发展带、成内渝发展带、渝广达发展带、沿长江发展带等五大发展带，构建以西部（成都）科学城、重庆两江协同创新区、西部（重庆）科学城、中国（绵阳）科技城为先行启动区的创新网络。通过“一城多园”模式，协同构建一系列创新关联、利益共享的微型产业生态圈，结合各地区的比较优势，共同搭建产业合作共建园区、产业合作示范区、发展试验区，促进形成产业集聚发展态势。其次，梳理产业优势环节，锻造产业链的长板，提升产业的发展能级和核心竞争力。成立工作专班和专项小组，依据产业链图谱，整合重点产业和特色产业的优势资源，编制重点项目清单和发展纲要，明确发展重点方向，实施补链、延链、强链项目，梯次培育产业链重点企业。最后，精准的供需对接是激发产业集群创新活力的关键。应提高产业配套能力，构建以成都、重庆为中心的产业跨区域配套体系，搭建零部件、关键技术、中间产品供需对接平台，发布链主企业产品需求清单和配套企业能力清单，建设成渝地区双城经济圈产业协作配套基地，强化产业关联。同时，围绕绿色技术、智能技术相关领域，整合成渝地区双城经济圈创新资源，培育建设一批国家产业创新中心、国家工程研究中心、国家技术创新中心等国家级创新平台。此外，加大对产教融合示范基地、国家级双创示范基地和孵化园区的布局力度，构建“科教产城人”融合发展体系，加快新技术、新场景、新产品的落地转化。

二、优结构：促进产业发展空间协同

《规划纲要》明确提出了“双城引领”“双圈互动”“两翼协同”的协同发展新思路。“双核、双圈、两翼”要以政策为指引，以产业优化、效率提升、协同发展和可持续发展为出发点，通过建设新产业聚集区、优化传统产业布局、加强跨区域合作和推动可持续发展等多方面的措施，提升战略性新兴产业集群发展效应。首先，“双核”须主动以资源优势互补为方向，寻求合理的差异化分工，既实现不同产业的错位发展，又形成产业内分工和上下游紧密一体的产业链式集群。成都市应致力于培育电子信息、装备制造等先进制造业集群，补齐产业链短板，巩固在国际竞争中的优势地位；同时，提高在战略性新兴领域的技术链掌控力和产业链拓展能力，推动企业采用新技术、新工艺，以壮大战略性新兴产业集群，抢占行业发展的先机，构建未来产业增长的新引擎。重庆市则应推动先进制造业与现代服务业深度融合，利用传统产业的规模优势，推动新兴产业的发展，培育支柱性和先导性产业，打造战略性新兴产业发展的新动力。其次，重庆都市圈和成都都市圈“双圈”要对内建好“都市圈”，对外加强互动，推动传统产业转型升级，发展高端装备制造、新材料、新能源等新兴产业，提高整个产业链的竞争力和附加值，强化集聚效应。最后，立足区位条件、资源禀赋，构建南北“两翼”产业发展规划、联动、利益共享的体制机制，实现川南、渝西地区产业融合发展，推动渝东北、川东北经济区一体化发展，进而优化区域内产业链布局，提升经济发展能级和水平，促进成渝地区双城经济圈经济高质量发展。

三、强主体：加强产业链领航企业培育

在推动成渝地区双城经济圈的产业升级和经济高质量发展进程中，强化旗舰企业的引领作用、创新企业培育模式和优化营商环境是三个关键策略。首先，强化旗舰企业的引领作用是通过实施大企业大集团培育战略来实现的。这一战略聚焦于成渝地区双城经济圈的主导产业，遵循“一链一企”的原则，旨在培育具有行业引领能力的骨干企业。同时，结合“外引”策略，吸引国内外知名企业入驻，基于总部政策支持和落户奖励，签订战略合作框架协议，促进龙头企业集群式发展。其次，创新企业培育模式是通过实施企业梯度培育计划来实现的。这一计划注重产业链企业的空间布局，特别是在数字经济、生物经济、新能源、新材料等重点产业领域，以及分子诊断、光芯片等未来产业领域。政策聚焦于优化产业生态圈和提升本地配套率，推进企业入园集群集聚发展，引导中小企业融入头部企业的生产链、供应链和创新链。鼓励优势产业龙头搭建产业链、供应链对接平台和创新创业平台，积极引导中小配套企业加入集群产业体系，与龙头企业建立产业分工合作关系，形成合理的产业架构。最后，优化营商环境以激发市场主体活力，通过完善人力资源、金融信贷服务机制，加强市场法治体系建设，优化公共服务体系。推进区域政务“川渝通办”，简化跨区域项目审批流程，完善跨区域政企沟通机制。协同推进成渝地区双城经济圈“放管服”改革，实现市场准入和市场监管一体化，保障各类市场主体公平参与市场活动，为成渝地区双城经济圈的高质量发展提供坚实的支撑。

四、壮实力：科技创新赋能产业集群发展

科技创新是推动战略性新兴产业集群发展的关键驱动力，它通过引入前沿技术和突破性解决方案，加速产业结构的优化和产业链的高端化，增强区域经济的核心竞争力和可持续发展能力（任继球等，2024）。首先，优化区域科技机制。考虑成渝特色和产业优势，制定明确的跨区域科技创新发展规划。例如，建立包括财政资金支持政策、税收优惠政策、科研项目的申报和评审机制在内的科技创新支持政策；建立科技创新合作机制和联盟，利用产学研合作项目，促进不同机构之间的合作与交流，以及科技成果的协同创新（张敬文等，2016）；建立完善的知识产权保护机制和法律体系，提供知识产权服务和维权支持，增强企业的创新保护意识。其次，推进创新平台建设。西部科学城的建设应成为科技基础设施和教育资源整合的重点，以此为基础打造一系列交叉学科研究和科技创新平台。通过加速科技创新基地的建设，以及推动校院地协同创新平台的发展，不断完善教育和研究设施。最后，持续攻关关键核心技术。针对战略性新兴产业的前沿基础研究，推进共性关键技术的攻关，提升技术供给能力；支持在原始创新和核心技术方面实现突破，鼓励企业家、创新人才及社会资源参与技术攻关和新业态培育（张洪潮和雒

国彧，2013）；针对影响长远发展的关键技术问题，依托重大创新平台，加强基础研究的前瞻性布局，促进多学科和跨学科的联合攻关，推动具有原创性、前沿性、颠覆性和引领性的技术创新，实现重大突破（张敬文等，2017）。

五、增保障：完善集群发展保障机制

在产业集群发展进程中，作为制度保障的提供者，政府不仅能解决市场失灵问题，更重要的是能促进市场有效运行，使产业集群专业化程度提高。因此，在战略性新兴产业发展进程中，要不断完善相关规章制度，为产业集群发展、集聚效应的充分释放提供有效的制度保障。首先，成渝地区双城经济圈受限于行政区划，两地新兴产业的协同发展需要中央政府作为更大的管理者进行统一调配，因此，要解决制度的协同问题，需要中央政府、地方政府和市场三方互动探索有效方案。在治理过程中，要以成渝地区双城经济圈发展大局为重，充分尊重市场的主导地位，贯彻落实可持续发展理念，并坚持创新驱动引领。其次，加强法治建设与产业环境优化是促进产业集群发展的关键。完善市场运行的相关法律法规，推动法律服务的一体化建设，建立完备的区域市场法治实施体系，探索一体化多元纠纷和诉讼服务体系，优化法治化营商环境，满足各市场主体的司法需求，加强市场一体化的法律保障。最后，遵循“市场主导、政府引导”的方针，依托社会资本，将其作为投资的主体力量，以激发社会投资的活力，确保市场在资源配置中的决定性作用得到有效发挥，并以此推动供给侧结构性改革的深化。同时，加速构建一个与战略性新兴产业发展相适应、促进金融与产业及科技深度整合的投融资体系，以培育经济的新增长点，促进经济高质量发展。

本章参考文献

白麟. 2022-12-30. 川渝打造万亿级汽车产业集群. 重庆日报，（5）.

曹雅丽. 2023-08-29. 四川持续打造新型显示产业重要集聚区. 中国工业报，（2）.

戴娟. 2023-03-07. 支持重庆积极创建集成电路、新型显示和先进结构材料三大产业集群. 重庆日报，（3）.

寇敏芳. 2024-06-21. 川渝汽车产业驶向“智高点”. 四川日报，（6）.

李大东. 2022. 成渝地区双城经济圈装备制造业全要素生产率测度及影响因素研究. 成都：四川省社会科学院.

李佳洺，张培媛，孙家慧，等. 2023. 中国战略性新兴产业的空间集聚、产业网络及其相互作用. 热带地理，43（4）：646-656.

刘晨，温达涯，霍卓群. 2024. 四大城市群产业链创新链融合发展比较研究. 中国国情国力，（2）：37-44.

卢梦琪. 2023-08-25. 四川聚焦“1 个地区”　突出“4 个重点”发展显示产业. 中国电子报，（4）.

卢阳春. 2015. 战略性新兴产业集群发展的资金资源整合机制研究：以四川省高端装备制造业为例. 西南民族大学学报（人文社会科学版），36（3）：144-150.

任继球，盛朝迅，魏丽，等. 2024. 战略性新兴产业集群化发展：进展、问题与推进策略. 天津社会科学，(2)：89-98，175.
孙国民，陈东. 2018. 战略性新兴产业集群：形成机理及发展动向. 中国科技论坛，(11)：44-52.
王斌来，姜峰，吴丹. 2023-12-22. 成渝地区双城经济圈建设迈出新步伐（高质量发展调研行）. 人民日报，(1).
王欢芳，李密. 2016. 促进战略性新兴产业集群协同发展. 宏观经济管理，(7)：65-67.
王启万，王兴元. 2013. 战略性新兴产业集群品牌生态系统研究. 科研管理，34(10)：153-160.
夏元，赵鹏. 2023-06-14. 川渝合力共建世界级装备制造产业集群. 重庆日报，(3).
肖金成，汪阳红，张燕. 2019. 成渝城市群空间布局与产业发展研究. 全球化，(8)：30-48，134.
徐承红. 2010. 聚集经济理论研究新进展. 经济学动态，(6)：109-114.
徐希雅. 2022. 成渝双城经济圈医药制造业产业集聚及其影响因素研究. 成都：西华大学.
杨富，蔡宇. 2023-08-17. 成渝电子信息产业规模超两万亿元. 成都日报，(1).
杨鹏岳. 2023-09-24. 川渝构建具有国际竞争力显示产业集群. 中国电子报，(7).
杨锓瑶. 2023. 成渝城市群产业协同发展问题剖析与对策研究. 成都：西南财经大学.
张洪潮，雒国彧. 2013. 战略性新兴产业集群人才磁场效应研究. 科技管理研究，33(22)：181-184，189.
张敬文，李晓园，徐莉. 2016. 战略性新兴产业集群协同创新发生机理及提升策略研究. 宏观经济研究，(11)：106-113.
张敬文，吴丽金，喻林，等. 2017. 战略性新兴产业集群知识协同行为及促进策略研究. 宏观经济研究，(10)：74-82，168.
张守帅，兰楠，朱丹红，等. 2023-03-09. 培育世界级先进制造业集群　川渝之间不仅仅有电子信息产业. 四川日报，(4).
钟华林，刘畅. 2024-01-25. 下好协同发展这盘棋：成渝地区双城经济圈建设迈出新步伐. 经济日报，(8).

第五章　成渝地区双城经济圈现代服务业发展的成就、问题与建议

《规划纲要》指出要培育发展现代服务业，推动先进制造业和服务业融合发展，提升商贸物流发展水平，共建西部金融中心。近年来，面对复杂多变的宏观经济环境，成渝两地紧密携手，以高度的政治站位和强烈的使命担当，深入贯彻党中央、国务院的战略部署，依照《规划纲要》的宏伟蓝图与战略导向，深化区域协同，强化产业联动，成渝两地现代服务业发展取得了显著成就。

2023 年，成渝地区双城经济圈在总量上实现了新的突破，地区生产总值达到 81 986.7 亿元，增速达到 6.1%，高于全国平均水平，彰显出区域经济的强大韧性与增长潜力（丁娟，2024），其中第三产业增加值为 45 157.6 亿元，占地区生产总值的比重高达 55.1%。现代服务业已成为驱动成渝地区双城经济圈经济增长的关键引擎（石青川，2024），不仅为区域创造了大量就业机会，更激发了消费市场的无限活力。

然而，成渝地区双城经济圈现代服务业的发展之路仍旧面临诸多问题与挑战。面对全球经济复杂多变和区域竞争日益激烈的现状，成渝地区双城经济圈仍需不断破解发展难题，应对新的挑战，展望未来。具体而言，《规划纲要》明确了培育发展现代服务业的三大关键路径：一是推动先进制造业和服务业融合发展，二是提升商贸物流发展水平，三是共建西部金融中心。基于此，本章围绕“推动先进制造业和服务业融合发展”、“提升商贸物流发展水平”和“共建西部金融中心”三个核心，全面审视成渝地区双城经济圈现代服务业的发展历程，深入剖析成渝地区双城经济圈在现代服务业领域取得的辉煌成就、面临的挑战（问题），并在此基础上提出切实可行的前瞻性发展建议，以期为成渝地区双城经济圈现代服务业的高质量发展提供有力支持。

第一节　发 展 成 就

一、两业融合：构建服务平台，推动价值链升级

（一）产业链融合发展推动价值链升级

近年来，成渝地区双城经济圈通过推动制造业与服务业深度融合，实现了产业链上下游的紧密协作与价值链的全面升级，为区域经济的高质量发展奠定了坚实基础。通过

搭建产业协作平台、促进信息共享和资源共享，两地企业之间的合作日益紧密。例如，在汽车产业领域，重庆的整车制造环节与四川的电池原材料、动力电池等供应链环节形成了良好的互补关系，共同构建了完整的汽车产业生态链。2023 年，川渝两地合计生产汽车 329.3 万辆，同比增长 3.9%，占全国汽车总产量的 10.9%。这种深度融合不仅提高了产业链的韧性和稳定性，还促进了技术创新和产品升级。

随着产业链的深度融合，成渝地区双城经济圈制造业与服务业的价值链也实现了转型升级，制造业企业通过向服务化转型，提供产品全生命周期服务、定制化解决方案等增值服务，大幅提升了产品的附加值和市场竞争力。同时，生产性服务业也逐渐向专业化方向发展，并向价值链高端延伸，图 5-1 展示了 2023 年四川省和重庆市生产性服务业增加值增长率，2023 年，成渝地区双城经济圈生产性服务业带来的经济增加值占服务业增加值的比重达到 30%左右，显示出强劲的增长动力。

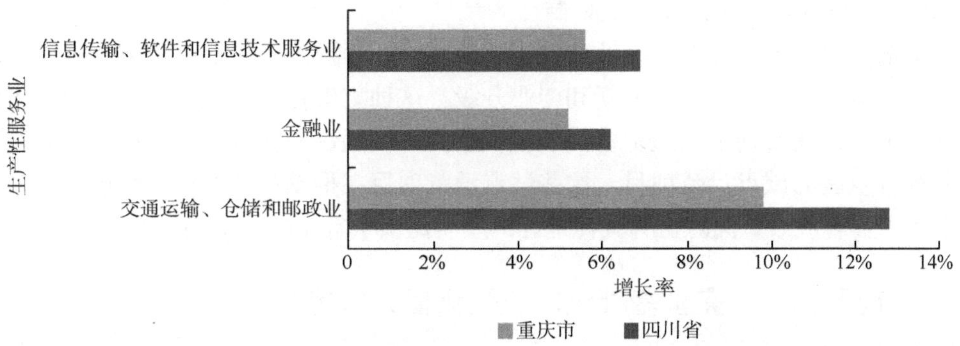

图 5-1　2023 年四川省和重庆市生产性服务业增加值增长率

资料来源：四川省统计局、重庆市统计局

（二）多样化服务平台引领创新生态构建

成渝地区双城经济圈积极打造各类服务平台，包括研发设计平台、科技服务平台、商务咨询平台、人力资源服务平台等，为区域产业发展提供了全方位、多层次的服务支持。这些平台不仅降低了企业的运营成本，还提高了服务效率和质量。例如，2023 年起成渝地区双城经济圈掀起了科技成果转化中试服务平台建设的浪潮。中试服务平台实际起到的是整合作用，其整合成果转化所需的各个环节，大大节约科学家团队的沟通成本、时间成本，从而提升转化效率和成功率。眼下成都已经建成备案中试平台和概念验证中心共 40 家，分布在 13 个区（市）县，覆盖 8 个产业生态圈。此外，这类服务平台通过智能化、数字化手段，实现了资源的优化配置与高效利用。例如，成渝地区双城经济圈综合科技服务平台通过“科技淘宝”“科技威客”等模式，让科技服务像网购一样便捷。企业可以在平台上发布需求，系统自动匹配相应的服务提供商，大大提高了服务效率和质量。

多样化服务平台的构建，不仅为企业提供了强有力的外部支撑，还激发了区域内的创新活力。成渝地区双城经济圈依托丰富的科研资源与坚实的产业基础，成功构建了产学研用深度融合的创新生态体系。高校与科研院所的科研成果在这里快速转化为生产力，企业的实际需求则成为推动科研方向调整的重要导向。政府通过制定一系列优惠政策与激励措施，为中小企业和初创企业提供肥沃的创新土壤，这种创新生态的构建不仅提升了区域产业的竞争力，还吸引了大量的人才和资本流入。

（三）集聚区建设与示范效应

成渝地区双城经济圈通过建设特色集聚区和开展试点示范项目，推动了制造业与服务业的集聚化、规模化发展，形成了良好的示范效应。截至 2023 年底，四川省形成了 3 个万亿级产业集群、3 个国家先进制造业集群、3 个国家战略性新兴产业集群、9 个国家中小企业特色产业集群、23 个省级战略性新兴产业集群；拥有 4 家本土世界 500 强企业、14 家中国 500 强企业、423 家国家级专精特新“小巨人”企业。同时，重庆已集聚长安汽车、赛力斯等 10 多家新能源整车企业，形成了较为完整的现代产业体系，正加快建成万亿级智能网联新能源汽车产业集群。

在集聚区内，企业可以共享基础设施、公共服务等资源，降低运营成本；同时，还可以通过交流合作，促进技术创新和产业升级。这种集聚化的发展模式不仅提高了区域产业的竞争力，还带动了周边地区的经济发展。成渝地区双城经济圈积极开展制造业与服务业融合发展的试点示范项目，这些试点示范项目在推动产业升级、促进经济发展等方面取得了显著成效，同时也为其他地区的发展提供了有益的借鉴和参考。

二、商贸物流：完善基础设施、强化枢纽作用

（一）外贸进出口总值持续增长

据统计，2023 年，川渝两地外贸进出口总值达到 16 712.3 亿元。图 5-2 展示了 2020—2023 年川渝地区外贸进出口情况，自 2021 年新冠疫情状况趋于稳定后，川渝两地的外贸进出口总值迅速增长，近年来呈现较为稳定的趋势。2024 年前 2 个月，川渝两地的外贸进出口总值达到了 2591.3 亿元，这一数字较 2023 年同期增长了 6.2%，实现了令人振奋

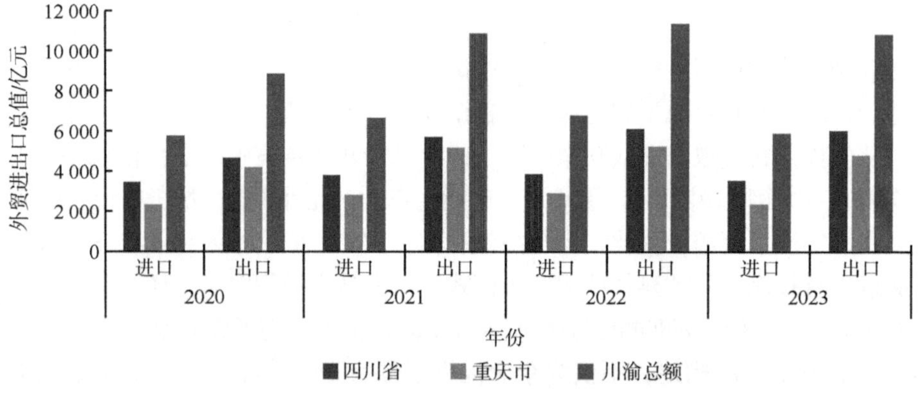

图 5-2　2020—2023 年川渝地区外贸进出口情况

资料来源：重庆海关、成都海关

的“开门红”。这表明，成渝地区双城经济圈的外贸活动非常活跃，商贸物流业在支撑外贸进出口方面发挥了重要作用。

中欧班列（成渝）作为成渝地区双城经济圈外贸的重要通道，其货运规模持续增长。2023 年全年，中欧班列（成渝）开行超 5300 列，运输箱量超 43 万标箱，两项数据均位居全国第一。这表明中欧班列（成渝）在促进成渝地区双城经济圈与欧洲及其他地区的经贸合作方面发挥了重要作用。

（二）物流基础设施不断完善

近年来，成渝双城构建了一体化的交通网络，表 5-1 展示了截至 2024 年 6 月成渝双城交通网络构建在高铁、高速公路、水路和机场方面的成就。物流基础设施的不断完善加速了区域内外的便捷连接。特别是成渝高铁的开通，使得重庆和成都之间的交通时间大幅缩短，促进了两地之间的经济往来和人员流动。

表 5-1　成渝双城交通网络构建的成就

交通类型	项目	成果
高铁	成渝中线高铁、西渝高铁、成达万高铁	川渝联合开工，建设中
	渝昆高铁	在建，总体形象进度 92%
	渝湘高铁重庆至黔江段	在建，总体形象进度 80%
	成渝高铁	完成提质改造，时速达到 350 公里，重庆至成都间迈入“1 小时交通圈”
高速公路	川渝省际通道	规划 39 条，截至 2024 年 6 月，已建成及在建 22 条
	双核间直联大通道	成渝、渝蓉、渝遂、合川至安岳等 5 条
	在建高速公路	渝赤叙、万开达等
水路	嘉陵江利泽航运枢纽工程	建成投用
	万州新田港二期	川渝合资共建，加快推进
	三级及以上航道	突破 1100 公里
	港口货物吞吐能力	突破 2 亿吨
机场	重庆江北国际机场 T3B 航站楼	钢结构主体工程完工
	万州机场、黔江机场	改扩建工程完工
	重庆新机场	选址获批，拉开“市内双枢纽协同、成渝四大机场联动”格局

资料来源：根据四川省人民政府、重庆市人民政府报道整理

此外，成渝地区双城经济圈也在加速物流园区、信息平台及交通运输平台建设，提升物流效率，促进商贸物流业集聚。例如，内江经开区物流园区采用现代智能管理手段，建设电商、冷链等设施，增强服务能力。渭沱物流园作为区域交通物流中心，整合“公铁水”资源，打造多式联运物流中心。同时，成渝地区双城经济圈推动智慧物流标

准创新，提升高速公路智能化水平，促进物流数字化转型。这些努力为商贸物流业发展奠定坚实基础，未来物流体系将更加高效便捷，助力区域经济快速增长。

（三）物流枢纽作用显著增强

成渝地区双城经济圈在物流领域的飞速发展令人瞩目，其物流枢纽作用显著增强。尤其是物流通道建设取得显著成效，不仅重塑了区域物流格局，也为成渝地区双城经济圈乃至整个西南地区的经济发展注入了强劲动力。

2022 年，重庆市人民政府办公厅和四川省人民政府办公厅共同印发了《共建成渝地区双城经济圈口岸物流体系实施方案》，成渝地区双城经济圈积极把握“一带一路”倡议带来的历史机遇，努力构建多元化的国际物流通道，目前成渝地区双城经济圈的物流发展战略是做大“三大通道”：中欧班列（成渝）、西部陆海新通道和长江班列。如表 5-2 所示，“三大通道”的建设，极大地促进了区域内的商品流通和资源配置，为成渝地区双城经济圈的外向型经济发展提供了有力支撑。

表 5-2　“三大通道”建设现有成果和影响

物流通道	现有成果	影响
中欧班列（成渝）	截至 2023 年底，累计开行超 1.5 万列，累计运输货物近 130 万标箱。2024 年前 8 个月，累计开行近 4000 列，运输货物近 33 万标箱，同比增长 5%	为成渝地区双城经济圈开辟了亚欧大陆陆路运输新通道，克服了内陆不沿海不沿边的劣势；成为推动双城经济圈经济高质量发展的重要增长极和动力源
西部陆海新通道	截至 2024 年 5 月，班列线路辐射中国 18 个省区市 72 个城市 152 个站点，实现西部 12 个省份全覆盖，通达全球 125 个国家和地区的 538 个港口	促进了四川与国际市场特别是东盟地区的交流合作，提升了四川在国际贸易中的地位
长江班列	2024 年前 5 个月，开行 769 列，运输货物 38 422 标箱、102 万吨	初步构建了一条新的东向出川物流大通道
	与抵川中欧班列实现有效衔接	助力特色产品出川、生产原料进川，促进长江经济带的物流效率和区域经济的协同发展

资料来源：根据四川省人民政府、重庆市人民政府报道整理

同时，成渝地区双城经济圈还加强了与周边地区的物流合作，共同打造区域物流枢纽。通过区域间的协同发展和资源共享，成渝地区双城经济圈不仅提升了自身的物流服务水平，还带动了周边地区的物流产业发展。例如，内江市在成渝地区双城经济圈建设中，充分发挥自身优势，积极融入“一带一路”和西部陆海新通道建设。这一举措不仅提升了内江的物流枢纽地位，也为整个成渝地区双城经济圈的物流产业发展注入了新的活力。

三、金融建设：集聚金融资源、推进业务创新

（一）金融资源集聚力持续提升

近年来，成渝地区双城经济圈在金融资源方面取得了显著进展，金融机构规模持续扩大，本外币存款余额、贷款余额及金融业增加值均达到了一定规模，接近或超过部分发达地区的一定比例。如表 5-3 和图 5-3 所示，2023 年，四川省全省金融业实现增加值 3997.4 亿元，占地区生产总值的比重为 6.6%，重庆市金融业增加值达 2591 亿元，占全市地区生产总值的比重达 8.6%。成渝地区双城经济圈本外币存贷款余额总计 32.93 万亿元，达到京津冀城市群的 64%左右，粤港澳大湾区城市群（不含香港、澳门）的 46%左右，长三角城市群的 32%左右。

表 5-3　2023 年成渝地区双城经济圈金融业发展基本情况

指标	四川省	重庆市
金融业增加值/亿元	3997.4	2591.0
金融业增加值占全省（市）地区生产总值的比重	6.6%	8.6%
本外币存款余额/万亿元	10.6	5.36
本外币贷款余额/万亿元	11.3	5.67

资料来源：中国人民银行四川省分行、中国人民银行重庆市分行

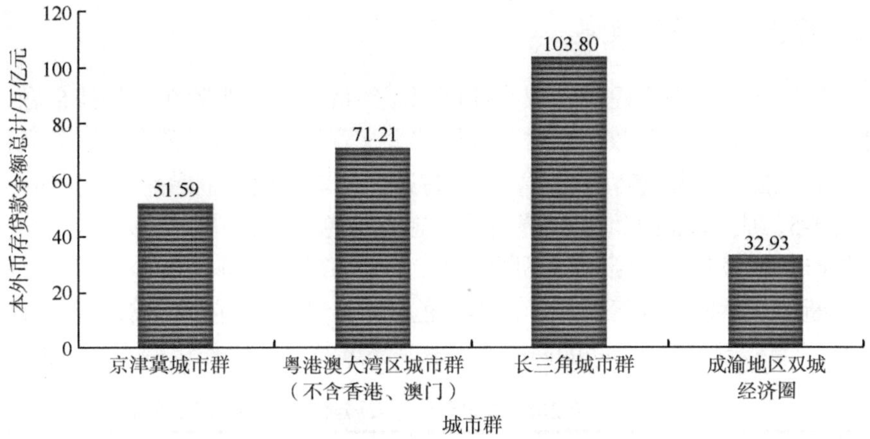

图 5-3　2023 年四大城市群本外币存贷款余额总计

资料来源：中国人民银行

（二）金融机构实力持续增强

成渝地区双城经济圈金融机构种类日渐齐全、数量逐年增加，这些变化为区域金融市场的发展提供了坚实的基础。表 5-4 是截至 2023 年的成渝地区双城经济圈主要金融机构数量概览。这些金融机构的快速发展，不仅丰富了成渝地区双城经济圈金融市场产品和服务的种类，还提升了市场的竞争力和活力。它们通过提供多样化的金融产品和服

务，满足了企业和居民个人日益增长的金融需求。

表 5-4　成渝地区双城经济圈主要金融机构数量概览

金融机构类型	数量/家
证券公司（含分公司、营业部）	740
基金公司（含分公司、子公司）	22
期货公司（含分公司、营业部）	98
私募基金管理人	553
证券投资咨询公司（含分公司）	5

资料来源：四川省地方金融管理局、重庆市地方金融管理局

同时，成渝地区双城经济圈金融机构实力增强。重庆在金融机构体系建设方面取得显著成效，截至2024年8月，金融机构数量达1860家，实现银行、证券、保险和消费金融等20余类金融机构牌照全覆盖。重庆拥有全国资产规模最大的农商行——重庆农村商业银行，以及3家消费金融公司，整体业务规模全国第一。此外，重庆金融租赁企业数量、保险法人机构数量均居西部省份第一。成都作为四川省的省会城市，同样在金融机构集聚方面表现出色。成都拥有各类金融机构2800余家，其中不乏银行、保险、证券等金融行业头部机构。成都银行、华西证券等地方法人金融机构实力不断增强，为成渝地区双城经济圈建设提供了有力支持。

（三）特色金融持续发展

为了推进西部金融中心建设，成渝地区双城经济圈金融业紧扣“科技金融、绿色金融、普惠金融、养老金融、数字金融”五篇“大文章”，着力提升金融服务现代产业体系的质效及金融服务重大战略的能力，努力打造西部地区现代金融高质量发展标杆。

根据表5-5，成渝地区双城经济圈科技金融、绿色金融、普惠金融、养老金融、数字金融等特色产品和服务的创新水平不断提升，与地方特色产业发展金融需求之间的耦合匹配程度不断加强。成渝地区双城经济圈特色金融产业链条逐步形成，特色金融服务体系不断完善，特色金融机构之间的协同发展水平不断提高，合作机制不断完善。

表 5-5　截至2023年成渝地区双城经济圈特色金融成就

领域	发展状况	
	四川省	重庆市
科技金融	科技金融“星辰计划”“天府科创贷”“科易融”等	科技型企业贷款余额4914.9亿元，同比增长28.8%
绿色金融	绿色贷款余额达到1.27万亿元，同比增长41.68%，高于各项贷款增速27.39个百分点	绿色贷款余额近6300亿元，新增绿色贷款在新增各项贷款中的占比达32%
普惠金融	普惠小微贷款余额同比增长25.9%，增幅连续5年保持在20%以上	普惠小微贷款余额5478亿元，同比增长18.6%
养老金融	养老行业贷款余额同比增长10%	持续完善养老服务场景建设，探索养老产业全方位金融支持方案

续表

领域	发展状况	
	四川省	重庆市
数字金融	开发"数字贷""智改数转贷"等创新金融产品；聚焦金融科技赋能，大力推广天府信用通、天府融通融资对接系统	"长江渝融通"平台"扫码申贷"；助力将科技型企业的数据价值转化为信用价值；适农数字技术创新

资料来源：四川省地方金融管理局、重庆市地方金融管理局

第二节　发展问题

一、两业融合：融合深度不足、地区差异显著

（一）两业融合水平不高

尽管近年来成渝地区双城经济圈在打造制造业强省和服务业强省的道路上取得了显著成就，但两业融合的整体水平仍然处于相对较低的状态，未能达到高度融合的理想状态。这主要是由于先进制造业的数量和质量尚不足以激发对高端服务如研发、管理、融资等的强烈需求，部分制造企业对于服务化转型的重要性和紧迫性认识不足，这些企业往往仍停留在传统的产品生产和销售模式上，对于如何通过服务延伸产品价值链、提升产品附加值缺乏深入理解和有效实践，导致制造业内部服务活动的增值空间受限，两业之间的内在联系不够紧密。

另外，现代服务业对先进制造业缺乏推动力。现代服务业未能充分发挥其在产业升级、技术创新和市场拓展等方面的优势，导致制造业服务链条的延伸不够深入，如售后服务、技术支持、定制化服务等环节尚未形成完整的体系（Yang et al.，2018），从而限制了整体融合水平的提升。

融合深度不足会限制企业创新能力的提升和市场竞争力的增强，使得企业在面对市场和客户需求变化时难以及时做出调整和优化。此外，这也可能导致资源浪费和效率低下，影响区域经济的整体发展。

（二）地区差异性显著

地区差异性显著是成渝地区双城经济圈两业融合面临的又一重要挑战。成渝地区双城经济圈各地区之间的经济社会发展水平不均衡，这种不均衡不仅体现在经济总量和发展速度上，更深刻地反映在发展的质效和后续动力上。

如图 5-4 所示，2023 年，重庆和成都的地区生产总值分别达到 30 145.79 亿元和 22 074.70 亿元，以突破两万亿元的成绩遥遥领先，占成渝地区双城经济圈地区生产总值的 61%。达州、绵阳、宜宾、德阳的地区生产总值均突破三千亿元，南充、泸州、乐山的地区生产总值则均突破两千亿元，而内江、自贡、眉山、遂宁、广安、资阳和雅安等

地的地区生产总值还处于低于一千亿元的水平。各地区之间，不仅在经济体量和发展速度上不均衡，而且在发展的质效和后续动力方面呈现出较大落差，这直接造成了制造业和服务业两业融合的巨大差异性。

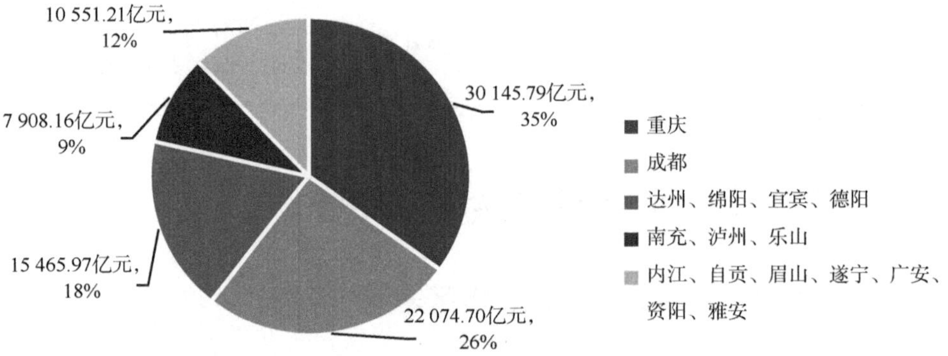

图 5-4　2023 年成渝地区双城经济圈各城市地区生产总值及占比

资料来源：四川省统计局、重庆市统计局

重庆和成都这些中心城市凭借强大的经济实力和资源优势，在两业融合方面取得了较为显著的成效，而一些经济发展缓慢和相对落后的地区则面临着较大的融合难度。这种地区差异性导致了地方政府与企业对两业融合的理解和认识存在差异，缺乏有效的对接机制和协同合作，难以形成规模效应并获得专业化效益。此外，经济相对落后地区的两业融合多以低端服务行业与制造业的融合为主，生产惯性和路径依赖使得制造业企业缺乏自主发展现代服务业的动力，进一步固化了低端的融合模式，阻碍了区域经济整体水平的提升。

（三）融合嵌入环节不合理

融合嵌入环节不合理是成渝地区双城经济圈制造业与服务业融合进程中亟待解决的关键难题。先进制造业的核心竞争力往往依托于高技术生产环节，这些环节大多集中在产品制造的中间阶段，是技术创新与工艺升级的关键所在。然而，当前成渝地区双城经济圈的生产性服务业在融入制造业体系时，却更多地聚焦于制造业的上游环节，如原材料采购、初步设计等，未能充分渗透到中间及下游的高技术生产和服务提供阶段。

这种资源配置的错位，直接导致生产性服务业对先进制造业的支撑力度不足。上游环节对生产性服务业资源的过度占用，不仅增大了中游高技术生产环节获取必要服务的难度、增加了成本，还无形中构建了一道资源使用的壁垒，阻碍了制造业向更高价值链环节攀升。长此以往，不仅会限制先进制造业的转型升级和效率提升，还会使生产性服务业自身的发展空间受限，创新能力难以充分释放。

因此，优化融合嵌入环节，推动生产性服务业向制造业的中间环节和下游环节延伸，是实现两业深度融合和高质量发展的关键所在。

二、商贸物流：区域发展失衡、货源竞争激烈

（一）区域物流发展不平衡

成渝地区双城经济圈地域辽阔，不同地区的物流基础设施建设和发展水平存在显著差异。重庆和成都作为核心城市，物流设施相对完善，物流活动频繁，物流发展水平远高于其他城市。一些偏远地区或经济欠发达地区则相对滞后，物流基础设施不足，物流效率低下（向鹏成和游昀艳，2024；王曾宸，2024）。图 5-5 为 2023 年成渝地区双城经济圈 16 座城市的公路货运周转量，这一数据可以大致体现各城市的物流发展水平和物流效率。地理位置和经济发展水平的差距导致成渝地区双城经济圈的物流发展十分不平衡，经济欠发达地区往往面临仓储能力不足、运输网络不完善、物流信息化水平低等问题，导致物流效率低下，难以满足当地经济发展的需求。

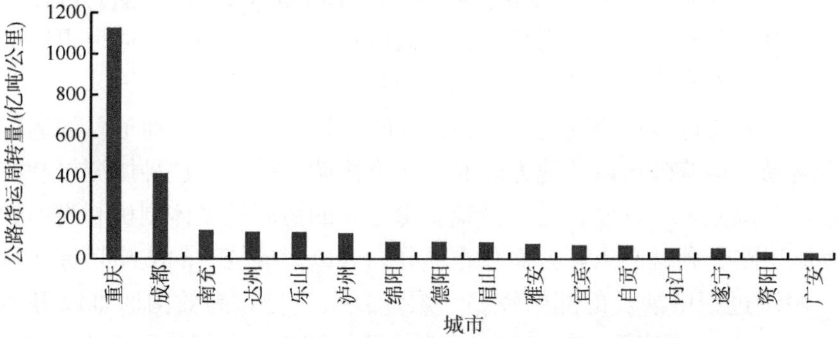

图 5-5　2023 年成渝地区双城经济圈 16 座城市的公路货运周转量

资料来源：2023 年各市国民经济和社会发展统计公报

除了地理位置和经济水平外，政府政策在物流发展中也起着重要的作用。当前，成渝地区双城经济圈一些城市的物流定位尚不明确，政策导向和资源配置的差异导致不同地区在物流发展过程中获得的政策支持和资源投入不同。

（二）物流信息化水平有待提高

一方面，成渝地区双城经济圈在物流信息平台建设上相较于东部沿海发达地区相对滞后。调研数据显示，成渝地区双城经济圈仅有约 40%的物流企业建立了较为完善的信息化系统，能够实现订单处理、货物追踪、库存管理等基本功能的集成。剩余 60%的企业中，大部分仍依赖传统的手工记录方式或简单的信息系统。物流信息平台建设的滞后，直接影响了物流信息的实时性、准确性和透明度（Cichosz et al.，2020）。同时，信息流通不畅也限制了物流行业向智能化、网络化方向发展。

另一方面，成渝地区双城经济圈的物流信息标准化程度低。物流信息的标准化是实现物流信息化和高效化的关键。然而，成渝地区双城经济圈在物流信息标准化方面进展缓慢。据统计，成渝地区双城经济圈内仅有约 35%的物流企业采用了符合国家或

行业标准的物流信息编码和交换协议。这意味着在大多数情况下，不同企业之间的物流信息交换仍需要通过非标准化的方式进行，如电子邮件、传真等，这不仅效率低下，还容易出现信息失真问题或产生误解。同时，非标准化的物流信息也限制了物流行业的创新和发展，使得新技术、新模式的推广和应用面临重重困难。因此，提高物流信息标准化程度是成渝地区双城经济圈提升物流信息化水平、推动物流业高质量发展的重要途径之一。

（三）"三大通道"货源竞争与治理挑战

首先，各通道的货物来源存在多头竞争，这会使通道货源组织压力较大。例如，西部陆海新通道的货源是重庆、成都等腹地区域，在国际贸易中拥有多元化的选择。这些区域在依托特定通道开展贸易的同时，也可以灵活选择其他通道进行货物运输，如东向可通过长江经济带连接沿海港口，西向则可通过中欧班列（渝新欧）直达欧洲。这种多头竞争的局面使得单个通道的货源组织面临较大压力，特别是当其他通道提供更具吸引力的运输条件或优惠政策时，特定通道的货源可能会流失。

其次，"三大通道"在协调机制上存在局限。目前，"三大通道"的运营和治理主要依赖于铁路局、运营公司以及地方政府等多方协调。然而，这种协调机制在实际操作中往往面临诸多挑战。一方面，通道沿线省份之间的协同发展体制机制尚不健全，各地区在产业发展思路、利益诉求等方面存在差异，难以形成统一的战略目标和行动方案；另一方面，协调过程中涉及的部门较多、层级复杂，导致高效沟通难以得到长期保证（Wei and Lee，2021；谭庆红，2022）。由于协调机制不畅，部分通道项目在推进过程中会出现进度滞后、资源浪费等问题。

最后，除了协调机制的挑战外，运营管理的稳定性也受到多种因素的影响。包括但不限于政策变动、自然灾害、国际形势变化等外部因素，以及内部管理不善、技术故障等内部因素。这些因素都可能对通道的运营管理造成冲击，影响其稳定性和可持续性。为了突破这些局限，需要进一步加强区域合作、加快协调机制建设，推动沿线省份形成共识、共享资源、共谋发展；同时，还需要推动运营管理水平的提升，确保通道的稳定运行和高效服务。

三、金融建设：政策有待完善、体系尚不健全

（一）政策协调与统筹机制不完善

成渝地区双城经济圈虽已成立共建西部金融中心的领导小组，但在实际操作中，仍面临政策协调与统筹机制不够健全的问题。

一方面，金融领域的改革与发展往往涉及多个部门和层级，需要高效的跨部门协作机制来推动。然而，目前的统筹机制在力度和深度上仍有待加强，特别是在争取国家层面的政策支持和突破时，往往力不从心。

另一方面，地方金融政策与中央政策的衔接不够顺畅，地方在推动金融创新时可能会受到一定限制，影响金融改革的进程和效果。

（二）国际竞争力与影响力不足

作为西部地区的金融中心，成渝地区双城经济圈在国际竞争力和影响力上仍有待提升。首先，尽管两地金融机构数量较多，但缺乏具有全国乃至全球影响力的金融机构总部或区域总部。这使得成渝地区双城经济圈在金融市场上的话语权相对较弱，难以吸引和配置更多的金融资源。其次，成渝地区双城经济圈的跨境资本配置能力还有待提升，与国际金融市场的接轨程度不够高，限制了其在全球金融版图中的地位（黄庆华和王馨可，2023）。最后，地方法人银行等金融机构不能跨省市展业经营，也制约了金融资源的自由流动和优化配置。

同时，成渝双圈金融机构协同开展跨区域金融业务的力度较小。传统的金融监管政策导向限制了跨区域经营，缺乏金融统计、监管、风险及市场主体信用信息的共享机制，阻碍了金融机构服务一体化和金融资源跨区域流动。此外，存在跨境融资业务办理流程复杂、仍需逐笔签约和提款登记，融资周期较长，外债业务办理便利化水平有待提高等问题，跨境融资效率低，无法全面向企业提供异地办理外债结汇和支付等便利化服务。

（三）金融服务体系尚不健全

目前，成渝双圈的金融机构数量不断增加，金融支持力度也持续加大，但金融机构服务机制建设不完善、金融服务信息化建设不足等问题依然存在。

首先，金融机构服务机制建设不完善。成渝地区双城经济圈金融机构数量不断增加，但主要以分支机构为主，缺乏覆盖全国业务范围的总部金融机构。例如，广发银行重庆分行和成都分行，对区域经济、实体企业和城乡居民的服务力度不足，对制造业、新基建、交通、水利、能源和粮食等行业的金融服务供给不够。

其次，金融服务信息化建设不足。目前，成渝地区双城经济圈金融服务信息化平台数量较少（黄庆华和王馨可，2023；吴叶琪，2024），成渝双圈的金融机构仍按照传统供应链金融模式运作，中小型企业融资依赖核心企业的商业信用，难以为供应链上下游的中小企业提供适当的金融服务。当前仅依靠“蜀链云”和“智企云链”两个平台，无法全面摆脱企业融资难困境。同时，成渝双圈缺乏功能完备的金融大数据平台，金融数据治理体系不完善，金融中心建设缺乏软硬件支撑，导致金融数据的有效使用受阻，金融治理困难。

第三节　发展建议

一、两业融合：深化创新发展，促进产业升级

（一）加快区域协同，优化产业布局

为了进一步推动成渝地区双城经济圈的服务业协同发展，成渝地区双城经济圈应积极探索并实践多种举措，以促进区域经济的转型升级和高质量发展。

首先，定期举办消费节、新能源汽车及绿色智能家电促销活动，可以有效提升区域市场的活跃度与消费潜力。这些活动不仅能够激发市民的消费热情，还能促进相关产业的协同发展，为制造业与服务业的融合创造更多机会。

其次，支持成都、重庆这两个服务业核心城市的建设至关重要。成都和重庆作为成渝地区双城经济圈的经济中心，其服务业的发展对于整个区域的服务业协同发展具有引领作用。促进成德眉资服务业的同城化发展，可以打破地域壁垒，实现资源的优化配置和共享。同时，推动成渝地区双城经济圈服务业一体化发展，有助于形成更加紧密的服务业协同发展网络。

在优化产业布局方面，成渝地区双城经济圈应合理引导制造业向城市周边集聚，形成规模效应。大力推动电子信息、装备制造、食品轻纺、先进材料、能源化工、医药健康六大优势产业继续快速发展，梯次培育先进制造业集群，落实成渝地区双城经济圈建设国家战略，培育一批具有全国影响力和竞争力的千亿级先进制造业特色产业集群。同时，鼓励生产性服务业围绕制造业设立服务业园区，这样不仅可以提高制造业的生产效率和服务水平，还能促进服务业的专业化和精细化发展。通过形成集群效应，进一步增强区域的辐射功能，带动周边地区的经济发展。

（二）强化信息化、数字化转型

加快信息化、数字化转型是推动成渝地区双城经济圈制造业与服务业深度融合的关键路径。

以信息通信基础设施建设为重点，打造坚实的物质基础和载体。成渝地区双城经济圈应加大投入力度，提升信息高速公路的建设速度，确保数据传输的流畅与高效。同时，广泛应用数字化、网络化技术，为两业融合提供坚实的技术支撑。

在此基础上，推动互联网全面融入制造企业的各个环节，从研发、设计到生产、流通、管理和售后，实现全流程的数字化改造。通过推动数字化设计、网络协同研发、现代化供应链管理、个性化定制等创新服务功能的实现，提升制造业的智能化水平和市场竞争力。

同时，鼓励物联网、大数据、云计算、人工智能等先进技术在成渝地区双城经济圈的规模化应用，形成技术创新与产业发展的良性互动。建立以核心企业为龙头、配套企业为基础、平台企业为驱动的战略联盟，促进产业链上下游企业紧密合作，推动深度融

合，提升整体发展质量。

此外，成渝地区双城经济圈还应积极培育千亿级规模的数字化生活服务平台，满足人民日益增长的美好生活需要。通过提升服务业数字经济渗透率，推动数字经济与实体经济深度融合，为成渝地区双城经济圈的经济社会发展注入新的强劲动力。

（三）优化现代服务业发展市场环境

政府应积极营造两业融合的和谐生态，全面排查并消除阻碍两业融合的各类障碍，包括不合理的行业管理政策等。同时，应加快制定两业融合的法律法规、政策标准，以及市场准入标准、服务标准等行业技术标准，确保两业融合在法律框架内有序进行。这些法规标准的出台，将为两业融合提供明确的指导和规范，促进市场的公平竞争和健康发展。

针对垄断行业的改革也是不可或缺的一环。政府应加快改革步伐，打破垄断壁垒，引入市场竞争机制，推动产业升级和转型。激发市场竞争，将促使企业不断创新服务模式，提升服务质量，从而推动整个现代服务业的发展。同时，建立高效的市场监管机制，加强对市场的监管和调控，确保市场秩序的稳定。

在制度建设方面，政府应加快建设促进两业融合发展的相关制度，为两业融合提供坚实的制度保障。这包括制定详细的实施方案、政策措施以及搭建配套的支持体系等，确保两业融合在制度层面得到全面支持。此外，还应加快与国际接轨，借鉴国际先进经验，不断优化两业融合的制度环境。

二、商贸物流：强化区域联动，推进转型升级

（一）优化物流网络

为了解决成渝地区双城经济圈区域间物流发展水平不均衡的问题，必须构建及时可靠、流转顺畅、经济高效的成渝地区双城经济圈物流网络，具体建议如下。

第一，明确节点定位，完善服务功能。要明确各城市物流定位，优化产业布局，强化重庆、成都的物流枢纽作用，同时提升乐山、德阳等节点城市的物流服务水平，形成互联互通的城市群格局。特别是乐山，应完善综合交通服务功能，带动区域旅游产业发展。

第二，整合物流资源，打破行政壁垒。利用地理位置优势，加强城市群间的物流联系，推动物流资源融合。川渝两地应消除行政壁垒，促进物流基础设施共建共享，打造物流核心枢纽。通过产业互补合作，推动区域经济一体化。

第三，强化顶层设计与深度融合。加强物流产业顶层设计，推进实施标准化战略，统一物流政策、基础设施、设备和服务标准，促进跨地区物流畅通。同时，协调物流产业结构性调整，强化区域物流系统功能，通过政府支持和政策倾斜，平衡物流资源分布，提升整体物流效率。

（二）推动物流信息化与智能化转型

首先，成渝地区双城经济圈应当建设综合性的物流信息平台，作为物流信息的核心枢纽，实现区域内物流数据的共享与交换，促进物流资源的高效配置（王曾宸，2024）。通过整合仓储、运输、配送等各环节的数据，平台将提供实时、准确的物流信息查询服务，支持多方用户在线协作，共同提升物流运作的透明度和效率。同时，利用大数据分析和人工智能技术，为企业提供智能决策支持，助力企业实现精细化管理，降低运营成本。

其次，成渝地区双城经济圈应积极推广物联网、自动化、人工智能等先进技术。物联网技术的应用将实现货物的全程可视化监控和追溯，提高货物的安全性和透明度。自动化仓储系统和智能机器人的引入将大幅提升仓储作业的效率和准确性，降低人力成本。此外，无人机、无人车等新型配送方式的探索也将为特定场景下的快速、灵活配送提供了可能。这些技术的应用不仅将提升物流效率，还将推动物流行业的转型升级。

最后，为了保障物流信息化与智能化转型的顺利推进，成渝地区双城经济圈还需加强技术创新与人才培养。企业应加大研发投入力度，与高校、科研机构等建立紧密的合作关系，共同推动物流技术的创新与应用。

（三）加强区域合作与协同发展

为推动成渝地区双城经济圈的物流网络优化和经济一体化，突破当前“三大通道”治理中面临的瓶颈，应当加强商贸物流业的区域合作和协同发展（蒙小军等，2023）。构造强有力的高层协调与合作框架，推动规划与政策深度协同，完善“三大通道”协同治理体系。

构造强有力的高层协调与合作框架。建立两地政府高层领导定期对话机制，形成强有力的决策与协调平台。通过这一机制，可以就物流网络布局、基础设施建设、政策制定等关键议题进行深入探讨，达成共识并推动实施。同时，设立专项工作组，负责日常协调、项目推进和政策对接工作，确保合作事项的顺利进行。

推动规划与政策深度协同。共同编制并实施成渝地区双城经济圈物流一体化发展规划，明确各物流节点的功能定位、发展目标和空间布局。在规划过程中，注重与区域经济发展战略、城市总体规划等相衔接，确保物流网络的科学性和前瞻性。同时，推动两地在税收、土地使用、金融支持等方面出台协同政策，降低物流企业运营成本，促进物流资源的优化配置。

完善“三大通道”协同治理体系（谭庆红，2022；李其炫，2024）。针对运营和治理机制上的局限，应推动成立跨区域的“三大通道”协同治理机构，负责通道的整体规划、政策制定、运营协调等工作。该机构应吸纳沿线省份的政府、铁路局、运营公司等多方代表参与，形成合力，共同推动通道的高效运营。同时，建立健全沟通协商机制，确保各方利益诉求得到充分考虑，提高沟通效率和运营管理的稳定性。

三、金融建设：优化金融环境、培育特色金融

（一）加强金融环境建设

第一，完善法治建设（孙建欣，2024）。完善地方金融监管法规制度，健全金融审判体系，建立与国际接轨的跨境金融法律服务体系，以及跨地区金融纠纷非诉调解机制。

第二，优化市场环境。发展会计审计、法律咨询、资产评估等中介服务机构，推动移动支付在成渝地区双城经济圈公共服务领域的互联互通，优化区域多层次资本市场服务，推进信用体系一体化市场化建设。

第三，营造创新环境。推动科创金融产品和服务创新，打造中国西部金融科技发展高地，推进绿色金融、供应链金融等特色金融服务的创新发展。

第四，优化政策环境。推动金融市场一体化，促进境内外金融市场互联互通，落实好新时代西部大开发相关财税金融产业用地等政策，探索建立完善的风险补偿基金政策和跨区域的创业投资风险补偿机制。

（二）加快金融主体的培育发展

首先，支持本地金融机构发展。培育和发展本地金融机构，提升本地金融机构影响力（魏良益，2023；吴叶琪，2024）。通过政策扶持、资金引导和市场机制等多种方式，积极培育和发展本地法人银行、券商、保险机构、公募基金、私募基金等金融机构。鼓励这些机构在业务创新、风险管理、客户服务等方面不断提升自身实力，增强市场竞争力。同时，鼓励本地金融机构积极参与国际竞争，提升在国际金融市场上的地位和影响力。

其次，引进境内外金融机构。制定优惠政策，鼓励、吸引国内外知名金融机构在成渝地区双城经济圈设立子公司、分公司等分支机构。通过提供税收减免、办公用房补贴等实质性支持，降低金融机构的运营成本，增强其入驻意愿。加强与国内外金融机构的沟通与联系，推动双方在产品开发、风险管理、人才培训等方面展开深度合作。举办金融论坛、研讨会等活动，促进信息交流与资源共享，提升成渝地区双城经济圈金融业的整体水平。

最后，加快现代企业培育。帮助专精特新“小巨人”企业、隐形冠军企业进入资本市场，打通资本市场直接融资渠道，推动世界级产业集群的形成和发展。

（三）推进特色金融服务创新发展

推进特色金融服务创新发展是成渝构建西部金融中心的重要战略之一。可以通过聚焦绿色金融与金融科技等领域的创新实践，提升区域金融服务的竞争力与影响力，为成渝地区双城经济圈的经济发展注入新的活力与动能。

首先，应聚焦绿色金融领域的创新实践。成渝地区双城经济圈作为西部地区的经济引擎，应积极响应国家绿色发展战略，推动绿色金融产品的多样化与定制化（Lv et al.，2021）。通过设立绿色信贷专项基金、发行绿色债券、推广环境责任险等创新金融产品，

引导社会资本向绿色低碳项目倾斜，助力区域经济实现可持续发展。同时，加强与环保部门、科研机构及企业的合作，共同构建绿色项目评价体系与激励机制，确保绿色金融资金的有效利用与风险防控。

其次，金融科技的应用也是推动特色金融服务创新发展的关键（黄庆华和王馨可，2023；龚勤林和宋明蔚，2024）。特别是区块链技术，其独特的去中心化、透明性与不可篡改性为金融服务的革新提供了广阔空间。在成渝地区双城经济圈建设基于区块链技术的知识产权融资服务平台，通过科技手段简化融资流程、降低融资成本、提高融资效率，为区域内的科技型中小企业提供更加便捷、高效的融资服务。这不仅能够促进科技成果的转化与应用，还能进一步激发区域创新活力，为西部金融中心的建设增添新动力。

本章参考文献

丁娟. 2024. 破“8”万亿：2023 年成渝地区双城经济圈经济发展监测报告. 四川省情，(3)：31-32.

龚勤林，宋明蔚. 2024. 成渝地区双城经济圈国家战略腹地建设的内在逻辑、现实基础与路径选择. 重庆大学学报（社会科学版），30（4）：21-36.

黄庆华，王馨可. 2023. 金融支持打造成渝科创走廊：现实瓶颈与作用机制. 当代金融研究，6(12)：12-28.

李其炫. 2024. 中欧班列开行城市协同运营联盟治理机制研究：以中欧班列（成渝）号为例. 经济研究导刊，(6)：31-34.

蒙小军，蒋强，卢根旺. 2023. 关于巴蜀文化旅游走廊建设情况专题调研报告. 民主法制建设，(2)：32-35.

石青川. 2024. 成渝城市群：共谋经济增长“第四极”. 中国经济周刊，(S1)：40-42.

四川省人民政府. 2022. 四川省人民政府办公厅关于印发《四川省加强成渝地区双城经济圈交通基础设施建设规划》的通知. https://www.sc.gov.cn/10462/zfwjts/2022/7/1/8a46bce04f2b4e029a0ec6ddfd7a 6935.shtml[2024-08-13].

孙建欣. 2024. 成渝地区双城经济圈高质量发展的经验、不足与未来路向. 新西部，(2)：85-89.

谭庆红. 2022. 西部陆海新通道建设的机遇、问题及路径. 社会科学家，(8)：88-95，103.

王曾宸. 2024. 农村物流发展的困境与路径选择：以成渝地区为例. 当代农村财经，(4)：31-34.

魏良益. 2023. 持续推进成渝共建西部金融中心. 中国金融，(23)：82-83.

吴叶琪. 2024-03-06. 推动金融数字化转型 赋能成渝地区双城经济圈高质量发展：专访全国人大代表，重庆农商行党委书记、董事长谢文辉. 中国农村信用合作报，(1).

向鹏成，游昀艳. 2024. 基于复杂网络的成渝地区双城经济圈区域铁路网络时空演化研究. 铁道运输与经济，46（6）：135-142，197.

中央人民政府. 2021. 中共中央 国务院印发《成渝地区双城经济圈建设规划纲要》. https://www.gov.cn/zhengce/2021-10/21/ content_5643875.htm[2024-08-14].

Cichosz M，Wallenburg C M，Knemeyer A M. 2020. Digital transformation at logistics service providers：barriers，success factors and leading practices. The International Journal of Logistics Management，31(2)：209-238.

Lv C C，Shao C H，Lee C C. 2021. Green technology innovation and financial development：do environmental regulation and innovation output matter？. Energy Economics，98：105237.

Wei H R，Lee P T W. 2021. Designing a coordinated horizontal alliance system for China's inland ports with China railway express platforms along the Silk Road Economic Belt. Transportation Research Part E：Logistics and Transportation Review，147：102238.

Yang F F，Yeh A G O，Wang J J. 2018. Regional effects of producer services on manufacturing productivity in China. Applied Geography，97：263-274.

第六章　成渝地区双城经济圈现代高效特色农业带建设的成就、困难与建议

农业是立国之本，强国之基，“十四五”规划将增强农业综合生产能力、深化农业结构调整和丰富乡村经济业态作为坚持农业农村优先发展、全面推进乡村振兴的重要内容。为响应这一号召，川渝两省市立足新发展阶段、贯彻新发展理念、融入新发展格局，联合印发了《成渝现代高效特色农业带建设规划》，旨在推动农业高质量发展，加快推进农业农村现代化。《成渝现代高效特色农业带建设规划》明确指出成渝现代高效特色农业带的战略定位以及发展目标，提出“统一谋划、一体部署、相互协作、共同实施”的总体要求，充分发挥成渝地区双城经济圈农业资源禀赋的内在优势，强化农业科技支撑作用，深化农业农村改革，进一步提升成都与重庆双核带动引领作用。为有效延伸现代农业发展新空间、加速现代农业产业协同发展，最终使成渝地区双城经济圈的农业实现高质量发展。成渝现代高效特色农业带的建设能够辐射川渝两省市全域现代农业高质量发展，加强对秦巴山区、武陵山区、乌蒙山区、涉藏州县、大小凉山等周边欠发达地区农业的引导，切实巩固提升脱贫攻坚成果，接续推进乡村振兴，聚力打造农业农村现代化的“成渝样板”，为成渝地区双城经济圈建设提供坚实基础。在此基础上，《成渝现代高效特色农业带建设规划》提出了到2025年“实现第一产业增加值7100亿元以上”等在内的短期目标，以及到2035年，率先在西部地区基本实现农业农村现代化。为了实现这些目标，成渝现代高效特色农业带建设以“一轴三带四区”为基本空间格局，加速推进全国现代农业高质量发展示范区、全国城乡产业协同发展先行区、全国农业农村改革开放先行区、西部农业科技创新示范区建设。本章将紧紧围绕农业质量效益和竞争力显著提升的目标定位，全面总结成渝现代高效特色农业带建设的进展与发展成就，分析成渝现代高效特色农业带面临的多重挑战与现实困难，并对成渝现代高效特色农业带的未来发展提出切实可行的发展建议。

第一节　发展成就

一、农业产业结构不断优化

农业高质量发展是实现农业强国的题中之义，是全面推进乡村振兴的重要内容。为使

我国实现从“农业大国”到“农业强国”的历史性跨越，必须紧紧围绕优化农业产业结构，保障农林牧渔业优质农产品供给，实现我国农业提质增效，增强我国农业的综合竞争力（曹菲和聂颖，2021；夏显力等，2019；刘宇鹏和赵慧峰，2016）。《成渝现代高效特色农业带建设规划》的落地使成渝地区双城经济圈内的农业产业结构调整取得了显著成效，粮油等重要农产品供给得到稳定保障，因地制宜地推动了成渝地区双城经济圈农业特色产业发展，为成渝地区双城经济圈实现农业繁荣、农村富裕、农民幸福奠定了坚实的基础。

（一）成渝地区双城经济圈粮油及重要农产品概况

成渝地区双城经济圈覆盖了我国西部粮食主产区的绝大部分区域，坐拥土壤肥沃的成都平原，肩负着保障西部粮食安全的重大战略任务，被赋予了打造更高水平“天府粮仓”的时代重任。成渝地区双城经济圈多举措并举提高粮食单产，保障在有限的耕地中产出更多的粮食，从而实现产需平衡。同时，在大食物观的指引下，在保障粮食安全的前提下，以市场需求为导向，大力发展农林牧渔产业。此外，在丘陵或山地区域则以发展现代农业为目标，大力推动立体农业发展，丰富农产品种类，为农业现代化发展开辟新道路。如表6-1所示，虽然2021—2022年成渝地区双城经济圈粮食产量出现了小幅下滑的现象，但油料、蔬菜、水果等重要农产品产量提升明显，表明成渝现代高效特色农业带搭建以来，该地区农业生产以市场需求为导向，大力调整产业结构，朝农林牧渔业全面发展方向转变。

表6-1　2021—2022年成渝地区双城经济圈粮油及重要农产品产量　单位：万吨

类别	地区			
	四川		重庆	
	2021	2022	2021	2022
粮食	3069.5	3006.0	1092.8	1072.8
油料	360.5	376.1	68.4	70.9
蔬菜	3988.1	4119.1	2184.3	2272.4
水果	928.9	994.3	553.2	593.3
茶叶	34.5	36.2	5.1	5.3
禽蛋	152.7	158.3	47.9	50.5
猪肉	366.0	379.9	142.0	150.0
水产品	149.8	155.0	54.5	56.6

资料来源：根据《四川统计年鉴2022》《四川统计年鉴2023》《重庆统计年鉴2022》《重庆统计年鉴2023》整理得到

注：囿于数据可得性，本表涵盖重庆全部38个区县

（二）成渝地区双城经济圈特色农业发展现状

成渝地区双城经济圈作为我国西部重要的农业生产基地，凭借得天独厚的气候条件和独特的地形条件，培育出了包括柑橘、中药材、柠檬、蚕桑、泡（榨）菜、茶叶等在内的多个特色农业产业集群。具体来看，成渝地区双城经济圈拥有甜橙、血橙、脐橙在内

的多个柑橘产业生产基地；在安岳、安居、潼南等地，柠檬产业蓬勃发展，成为当地经济的支柱产业之一；蒙顶山茶与峨眉山茶推动了成渝地区双城经济圈名优茶产业带的形成，为推动茶旅融合发展创造了契机；涪陵榨菜、大足冬菜、宜宾芽菜以及四川泡菜等菜类加工业的发展，有望助力打造成渝地区双城经济圈火锅加工产业集群。

二、农业科技与基础设施不断发展

农业科技支持为农业经济快速发展提供了强大的推动力（刘赛红等，2021；Baldos et al.，2019；黄红光等，2018），而农业基础设施则在农业发展中处于基础性、支撑性地位（张亦弛和代瑞熙，2018；朱晶和晋乐，2016），二者共同为农业农村现代化发展积蓄力量。成渝地区双城经济圈在农业科技创新与基础设施建设方面取得了重大突破，加速了传统农业向现代农业转型升级的步伐，为现代高效特色农业的长远发展奠定了基础。

近年来，川渝两省市的农业科技进步贡献率发展势头良好，重庆市农业科技进步贡献率从 2020 年的从 60.2%稳步上升至 2023 年的 63%，四川省农业科技进步贡献率也维持在 60%左右，在一定程度上也反映出了成渝地区双城经济圈农业科技发展的潜力。自成渝地区双城经济圈搭建现代高效特色农业带以来，由四川省农业科学院和重庆市农业科学院联合发起成立的农业科技创新联盟[①]，截至 2023 年已在多个领域达成超 100 项合作项目，在保障粮食安全和加速农业绿色发展方面取得重大成果。

在农业基础设施方面，川渝两省市坚决落实“藏粮于地”战略，大力推动高标准农田建设，截至 2022 年，川渝两省市分别累计建成高标准农田 5476 万亩、1696 万亩[②]，而成渝地区双城经济圈是川渝两省市高标准农田建设的主力军，其高标准农田的建设有效提高了农业综合生产能力，提升了粮食作物亩均产值，为保障粮食安全做出了突出贡献。此外，成渝地区双城经济圈在乡村道路、农村电网、智慧农业发展等农业基础设施建设方面也取得了一定进展。

三、农产品市场竞争力加强

提高农产品市场竞争力不仅有助于实现农业经济繁荣，而且对推动农业可持续发展具有重要意义（王文龙，2016；乔娟和张宏升，2004）。习近平总书记在 2022 年中央农村工作会议上强调，产业振兴是乡村振兴的重中之重，要落实产业帮扶政策，做好“土特产”文章[③]。此外，农产品物流作为农产品供应链的重要环节，可以降低农产品运输成本、减少农产品损耗，对于提高农产品市场竞争力同样具有重要意义（刘聪和代逸卿，

---

① 成渝地区双城经济圈农业科技创新联盟 2022 年度工作报告发布，http://www.chinawestagr.com/homepage/showcontent.asp?id=53077，2024-08-21。

② 资料来源：四川发布官网、《重庆日报》。

③ 深挖“土”资源 放大“特”优势 昆明做好“土特产”文章，http://www.moa.gov.cn/xw/qg/202306/t20230615_6430272.htm，2024-10-01。

2024；李义华等，2024；Perdana et al.，2023）。2024 年中央一号文件[①]明确指出，要优化农产品冷链物流体系建设，加快建设骨干冷链物流基地，布局建设县域产地公共冷链物流设施，指明了我国农产品物流未来发展的方向。自现代高效特色农业带构建以来，成渝地区双城经济圈通过搭建农产品质量溯源体系、打造农产品品牌、构建农业现代物流体系、扩展国内外农业合作市场，极大提升了成渝地区双城经济圈农产品市场竞争力。

（一）搭建农产品质量溯源体系

农产品质量溯源体系建设就是对农产品从农田到餐桌进行全过程监控，进一步确保农产品质量安全，保障消费者权益不受侵犯。近些年来，成渝地区双城经济圈共同搭建食品溯源信息公共服务平台，提高经济圈内市场监管部门协同调度频率，探索区域农产品质量溯源新模式。成渝地区双城经济圈农产品质量溯源以数字赋能为保障，将二维码附于农产品标签上，通过“扫一扫”的方式即可获得农产品质量追溯码，消费者可根据追溯码获取农产品的企业信息、产品信息、产品溯源信息等内容，使消费者权益得到了极大的保障。

（二）成渝地区双城经济圈农产品品牌建设

品牌建设是农产品提质升级的关键（Sun et al.，2022）。产品品牌建设能够有力整合区域内农业资源，加速区域农业产业化、规模化的步伐，为促进乡村产业振兴提供有力保障。成渝地区双城经济圈以农产品品牌建设为抓手，大力打造成渝现代高效特色农业带金名片。2024 年，中国绿色食品发展中心发布了首批《中国农产品品牌索引名录》[②]，成渝地区双城经济圈共有 97 个农产品品牌入选，其中包括江津花椒、忠橙、安岳柠檬、宜宾芽菜、蒙顶山茶、沐川魔芋等知名农产品品牌，而京津冀、长三角、粤港澳大湾区三个城市群总计仅有 28 个农产品品牌入选（图 6-1）。

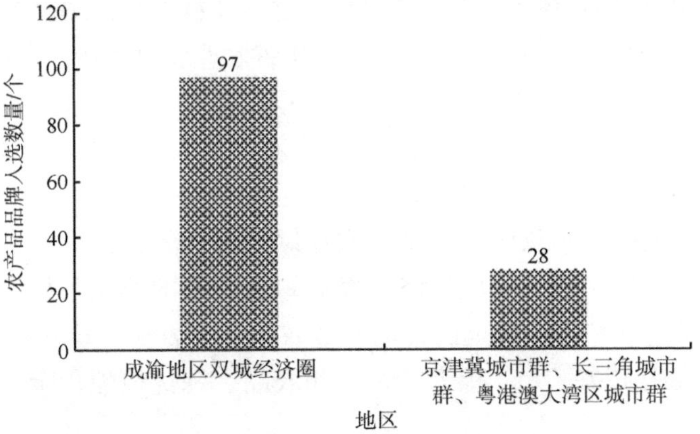

图 6-1　农产品品牌入选数量比较

资料来源：《中国农产品品牌索引名录》

① 即《中共中央 国务院关于学习运用“千村示范、万村整治”工程经验有力有效推进乡村全面振兴的意见》。

② 国家级农产品品牌名录首次公布！哪些省份榜上有名？，https://baijiahao.baidu.com/s?id=1804168199157650832&wfr=spider&for=pc，2024-08-21。

（三）构建农业现代物流体系

农业现代物流体系的搭建对降低农产品物流成本、实现农产品保值、加速农业现代化发展至关重要（Han et al.，2021）。在农业现代物流方面，成渝地区双城经济圈搭建并完善农产品冷链物流体系，在成都、达州、自贡、绵阳、沙坪坝、巴南、潼南等地建设农产品冷链物流基地，紧扣“产—运—销”关键环节，努力实现成渝地区双城经济圈农产品冷链物流基地联动发展，加快成渝地区双城经济圈以及周边地区重要农产品流通速度，打造“成都重庆双城总部+全国市场”的农产品销售模式。

（四）扩展国内外农业合作市场

农业合作可以加速资源互流互通，实现优势互补，对于推动农业转型升级具有重要意义。成渝地区双城经济圈依托中欧班列、西部陆海新通道等贸易通道，搭建农业对外合作平台，将优质农产品运送至海外。同时，成渝地区双城经济圈还积极举办各类农产品交流论坛，如三峡柑橘产业发展论坛、生猪健康养殖与食品安全论坛、中国·四川（彭州）蔬菜博览会等，旨在加强成渝地区双城经济圈与其他地区在农业方面的交流与合作。

四、绿色农业发展稳步推进

党的二十大报告指出要坚持绿水青山就是金山银山的理念[①]，全面加强山水林田湖草沙系统性治理，推动经济社会向绿色发展转型，构建绿色生态新画卷。农业的底色是绿色，生态是农业的底盘，绿色农业是践行农业可持续发展的关键。我国农业绿色发展不只局限于改善生态环境，同时在提高农业生产效率、保障农产品质量基础上推动农业绿色转型，实现绿色低碳发展。绿色农业发展不仅是我国摆脱传统粗放型经济发展方式的必由之路，也是实现中国特色农业现代化的应有之义（杜志雄，2021）。

2023 年 4 月，重庆市农业农村委员会、四川省农业农村厅在四川成都签署了《共同推进川渝地区农业生态环境与资源保护战略合作框架协议》，通过建立联席会议、信息共享、技术交流和宣传培训四大机制，对秸秆综合利用、农用地土壤污染防治、外来入侵物种防控等农业生态环境与资源保护问题展开联合攻关，旨在推动成渝地区双城经济圈绿色农业的发展。重庆市开州区作为国家农业绿色发展先行区，在农业生产中践行全面绿色发展战略，是成渝地区双城经济圈发展绿色农业的典型案例，开州区 2023 年累计落地 298 项绿色技术，全域全链推动农业农村绿色发展，绿色经营主体突破 1000 家，绿色品牌价值达 127 亿元，擦亮了“开州农品、绿优纯甄”金字招牌，不断激活农业农村发展活力[②]。

---

① 高举中国特色社会主义伟大旗帜 为全面建设社会主义现代化国家而团结奋斗——在中国共产党第二十次全国代表大会上的报告，https://www.gov.cn/gongbao/content/2022/content_5722378.htm，2024-8-21。

② 重庆开州成功创建国家农业绿色发展先行区，http://www.moa.gov.cn/xw/qg/202401/t20240118_6446126.htm，2024-08-21。

五、农业功能价值逐步拓展

以共同富裕为目标指导的乡村旅游资源开发，具有提升资源价值和推进乡村振兴的双重意义（孙九霞等，2023；黄细嘉等，2023；李彬彬等，2020），是推动乡村经济社会实现高质量发展的重要产业载体与关键产业路径，是实现乡村生产功能转型、农业功能价值拓展的关键力量（陈劼绮和陆林，2024），也是全面推动农村繁荣和共同富裕的有效路径（王彩彩等，2023；郭远智和刘彦随，2021）。自成渝现代高效特色农业带构建以来，成渝地区双城经济圈内各市、县、区通力协作，努力实现经济圈内乡村文旅资源优势互补，共绘和美乡村发展新蓝图。

成渝地区双城经济圈乡村文旅产业正蓬勃发展。成渝地区双城经济圈以“田园变公园、乡村变景区、农房变客房、劳作变体验”的方式成功将传统农业资源转化为了乡村文旅资产，并通过举办美丽乡村休闲消费节来互推乡村休闲旅游路线，共商成渝地区双城经济圈乡村旅游发展大计，重庆市巴南区是成渝地区双城经济圈乡村文旅发展的典型代表，巴南区通过党建统领方式，举全区之力破除乡村要素瓶颈制约，紧紧围绕“古镇、温泉、巴县老院子、美丽乡村”四张名片，推动“农文旅康”深度融合，激发乡村发展内生动力，截至 2024 年 4 月，巴南区已培育市级休闲农业和乡村旅游示范镇街 7 个、示范村 11 个、示范点 21 个。2023 年，重庆市巴南区全年共接待乡村旅游游客约 1388 万人次，带动乡村旅游经济超 60 亿元[①]。

第二节　现实困难

在“十四五”规划背景下，成渝现代高效特色农业带建设通过强化重庆、成都双核引领作用，充分发挥区域农业资源禀赋优势，以优化农业产业结构、提高农业科技与基础设施建设水平、加速农产品现代物流发展以及拓展农业功能价值的方式来推动传统农业向现代农业转型升级。然而，成渝现代高效特色农业带建设依然面临诸多问题与挑战，区域农业高质量协同发展仍有较大提升空间。

一、政治地位不匹配，协同发展内生激励不足

自《成渝现代高效特色农业带建设规划》印发以来，川渝两省市农业农村局多次召开座谈会，对成渝现代高效特色农业带建设工作要点、重大项目、交流互访、推进机制等进行探讨磋商，达成了关于农业科技攻关、示范基地搭建、产业体系协同、农业人才培养在内的多项合作协议。尽管如此，成渝地区双城经济圈在现代高效特色农业带协同发展方面依然面临诸多问题。一方面，自 1997 年重庆市升级成为直辖市以来，川渝两省市即隶属于

① 农村经济“活”起来 乡村旅游“火”起来——推进乡村全面振兴蹲点调查·巴南篇，https://baijiahao.baidu.com/s?id=1796997136383924445&wfr=spider&for=pc，2024-08-21。

不同行政区划范围，拥有不同的发展任务和战略重点，川渝两省市对农业政策顶层设计的侧重点是不同的。四川省作为我国13个重要的粮食主产区之一，相较重庆市要承担更为艰巨的粮食生产任务；重庆市相较于四川省则更加注重农业科技进步贡献率的提升以及数字乡村建设等方面的发展。所以，两地政府在考虑制定政策与发展规划时，各自着重攻关的农业问题与难点是有差异的。虽然，近些年来，成渝地区双城经济圈在农业科技合作、示范基地搭建等方面取得了一定成效，但在实际项目执行的过程中，由于在农业政策导向上存在差异，成渝地区双城经济圈在部分农业项目中难以形成合力，存在项目执行进程缓慢、执行效果不佳等问题，使得项目合作难以走深走实。另一方面，成渝地区双城经济圈特殊的地理区位也限制了其农业协同发展的步伐，成都、重庆双核间的直线距离达到 360 公里左右，远远大于我国其他三极（京津冀、长三角和粤港澳大湾区）核心城市间的直线距离，并且两地连接之处山地丘陵地形占到了绝大多数，这在一定程度上增大了成都和重庆两个核心城市之间交流的难度。从城市经济结构来看，成渝地区双城经济圈相较于京津冀、长三角、粤港澳大湾区三大城市群来说是最不平衡的，圈内仅有成都和重庆两座城市的地区生产总值突破了万亿元大关，经济发展的不平衡增大了农业协同发展的难度。

二、农业科技依旧滞后，基础设施亟待完善

自发展现代高效农业、特色农业以来，成渝地区双城经济圈在农业科技领域搭建了牢固的农业科技创新联盟，围绕“四新”[①]科技攻关，成渝地区双城经济圈内的农业科研单位、高校与农业企业开展科技合作，截至 2023 年，成渝地区双城经济圈已在农业科技领域达成超过 100 项合作项目，取得了一定进展。虽然成渝地区双城经济圈的农业科技水平在西部地区已然处于领头羊的地位，但相较东部省份，依然处于落后地位。成渝地区双城经济圈的农业科技进步贡献率整体仅有六成出头，相较于京津冀、长三角和粤港澳大湾区仍有一定差距，农业科技进步对农业总产值增长率的贡献份额有待提升。同时，支持农业科技发展的基础设施也有待进一步完善。截至 2024 年 4 月，四川仅有国省共建实验室 1 个、部省共建实验室 3 个，涉农省部重点实验室约 21 个，缺乏全国重点实验室和省实验室，多元化科技投入体系尚未形成[②]，而重庆区域的农业科技创新也不够突出，种业等关键农业技术攻关力度有待加强，适宜复杂地形的农机装备短板尚未补齐，具有成渝地域标识、在西部甚至在全国具有影响力的农业科技创新成果相对匮乏，成渝现代高效特色农业带建设在农业科技方面仍有较大进步空间。

三、农业劳动力流失，农业科技人才短缺

农村人力资本是推动传统农业向现代农业转型的关键力量，农业科技人才在农业科

① “四新”指的是新材料、新工艺、新能源、新制造。

② 关于推进四川农业科技现代化的对策建议，http://www.chinawestagr.com/homepage/showcontent.asp?id=56487，2024-08-21。

技研究、农业科技推广、农业技术培训中发挥着至关重要的作用，而农业劳动力是农业生产的唯一能动要素，农业劳动力在接受农业技术培训并将农业科技运用到农业生产后，才能使农业生产效率得到大幅提升。科技人才与优质劳动力是推进乡村振兴、促进共同富裕的重要基石。农业劳动力流失与农业科技人才短缺是制约成渝地区双城经济圈农业现代化的重要因素。

由于城乡经济以及地区经济发展的不平衡，从事农业生产活动的收入水平要远远低于外出务工的收入水平，成渝地区双城经济圈内大量农业劳动力选择前往成都、重庆核心城市或东部沿海发达城市寻找就业机会。2022 年，川渝两省市常年外出务工人员分别达到 2039.8 万人和 786.5 万人，比从事第一产业的劳动力人数分别多 498.6 万人和 342.9 万人[①]，外出务工的人员大多是农村青壮年群体，青壮年群体的流失导致成渝地区双城经济圈农业生产逐步趋于老龄化，这在一定程度上限制了农业生产的发展。农业科技人才不足也是限制成渝地区双城经济圈现代农业发展的一个重要因素，成渝地区双城经济圈对人才的吸引力度相较于京津冀、长三角和粤港澳大湾区这三个经济增长极来说要小一些，农业科技人才在农业科技创新中的带动作用尚未得到有效发挥。

四、受地形条件限制，适度规模经营受限

地形会通过坡度、坡向、海拔等因素来影响农业作业方式，坡度大的地形土壤侵蚀和土壤流失问题较为严重，使得农田保持肥力的难度增大，坡度大的地形也限制了农业机械的使用，导致农业生产效率和农作物产量受到严重影响。同时，高海拔地区温度低、霜冻期长，使得农作物的生长周期较长，也会对农作物种源选择产生一定影响。成渝地区双城经济圈的农业发展受地形条件影响明显，区域内主要有山地、丘陵、平原和高原四种地貌类型，复杂多变的地形使得土地细碎化程度严重，农业机械难以在山地和丘陵地形应用，农业适度规模经营受到影响，对农业生产效率提升产生较大限制。复杂的地形条件也加大了大规模土地平整的难度，使得农业生产资料运输变得复杂，增加了农业生产的成本。同时，多山地、丘陵的地形也易产生泥石流、山火等自然灾害，这会对农业生产造成毁灭性打击。

五、产业同质化严重，成渝区域品牌尚未成熟

品牌化是提升农产品市场竞争力、提高农产品价值的必由之路。随着收入水平的不断提高，居民的消费观念和消费方式发生了巨大的变化。从追求“吃得饱”向追求“吃得好”“吃得营养”“吃得健康”转型，这对农产品市场也提出了更高的要求。

成渝地区双城经济圈在农产品品牌建设方面已经取得了一定成就，打造出了一批具有地理标识的农产品特色品牌，如安岳柠檬、井研柑橘、金堂脐橙、郫县豆瓣、忠县柑橘、开县锦橙、潼南柠檬等，成渝地区双城经济圈的农产品品牌知名度逐渐提高。然

---

① 资料来源：《中国农村政策与改革统计年报（2022 年）》。

而，成渝地区双城经济圈的农产品品牌目前还处于各自发展的阶段，还没有建立起能够代表成渝地区双城经济圈特色的农产品公共品牌。此外，农产品同质化也是阻碍成渝地区双城经济圈的农产品进一步发展的重要因素。成渝地区双城经济圈的柠檬、柑橘、花椒等农产品品种具有相似的种植结构，产品同质化会加剧品牌间的恶性竞争，无法形成有效的分工与合作机制，最终导致出现“多输”局面。

第三节　发展建议

现代高效特色农业带的建设对推动成渝地区双城经济圈农业高质量发展、推进农业农村现代化做出了重大贡献，对助力成渝地区双城经济圈成为中国经济高质量发展“第四极”具有重要意义。目前，成渝现代高效特色农业带建设面临协同发展动力不足、农业科技发展落后、农业人力资源短缺、适度规模经营受限和区域品牌尚未成熟等问题，本章提出如下几点政策建议，以期对成渝现代高效特色农业带的未来建设提供借鉴与参考。

一、强化区域规划统筹，提升协同发展动力

加大成渝地区双城经济圈规划统筹力度，进一步提升农业协同发展的能力，是成渝现代高效特色农业带建设的关键环节。一是要优化政策顶层设计，强化国家层面统一协调机制，制定具有共性但不完全统一的农业发展目标与战略任务，从而增强成渝地区双城经济圈农业发展的合力，共同推进现代高效特色农业带建设。二是要加强成都、重庆双核联动，利用大数据手段，建立农业协同发展信息平台，实现农业信息共享与决策协同，从而提高农业政策的执行效率与农业资源的配置效率，该信息平台应包括国家、各城市群、各省市的农业政策动态、农业市场动态、农业技术动态、农村发展动态等，帮助成渝地区双城经济圈农业决策者与农业从业者及时了解当前农业动态信息，从而对农业全过程决策做出更准确的判断，有效减少决策失误，使成渝现代高效特色农业带建设具备良好的发展前景。三是要进一步推动农业重点项目合作，成渝地区双城经济圈要设立专项资金来支持搭建更多的农业合作项目，共同破解区域农业发展难题，鼓励农业科研单位、农业企业和涉农高校协同推进农业重大科研项目。同时成渝地区双城经济圈要共同推进农业示范基地的建设，以农业示范基地为农业发展的典型样本，从而更好推动成都、重庆双核周边县市的农业发展。

二、加大农业科技投入，提高科技创新能力

加大成渝地区双城经济圈农业科技投入，提高农业科技创新能力，是成渝现代高效特色农业带建设的重要举措。一是要增加农业科技领域的财政投入，建立稳定的农业科技资金支持体系，重点支持成渝地区双城经济圈农业科技的研发任务，为农业科技创新提

供坚实保障。同时，农业科研经费应帮助成渝地区双城经济圈搭建农业实验室网络，增设国家级和省级重点实验室以及农业科技创新中心等科研平台，从而改善农业科研硬件设施环境，为农业科研创新提供坚实物质基础。二是要构建完善的农业科技推广体系，建立农业科技推广示范基地，通过示范基地将农业科研成果转化为适应当地生产条件的农业技术。农业科技推广示范基地要与当地农业合作社、农业企业构建紧密合作关系，形成产学研一体化的农业科技推广模式，从而扩大农业科技成果的覆盖面。三是要促进农业科技省域、国际交流合作，积极参与国内、国际农业科技论坛，引进国内、国际先进农业科技成果，达到拓宽农业发展视野、提升农业科技水平的目的。

三、优化农业人力资本，缓解劳动力流失状况

优化农业人力资本结构，缓解成渝地区双城经济圈农业劳动力流失状况，是推动成渝现代高效特色农业带建设的重要任务。一是要改善农业生产从业环境，完善农业生产保险体系，降低农业生产的风险，通过财政补贴、税收减免等措施来提高农民收入，增强农民职业的稳定性与安全性，增大从事农业工作的吸引力，使更多劳动者投入农业生产中。二是要加强农业职业教育与技能培训，通过政府、高校、农业企业多方合作，为农民提供涵盖现代农业技术应用、农业经营管理以及农产品市场营销等内容的农业职业培训项目，培养一批懂农业、会经营、善管理的新型职业农民，达到提升农民综合能力，增加农业生产经济效益的目的。此外，要提供政策与资金支持，积极鼓励农业从业者开展创新创业活动，发展农业新模式、新业态，从而提升农业附加值和农产品市场竞争力。三是要积极培养和吸引农业科技人才，成渝地区政府通过政策引导与资金扶持手段，为农业科技人才提供科研启动资金、项目经费补助、住房补贴、子女教育保障等，并以此来吸引国内外顶尖农业科技人才扎根成渝地区。同时，要加大对本地农业科研院所和涉农高等院校的资金投入力度，培养一批本土高素质农业科技人才。

四、因地制宜发展农业，推动适度规模经营

根据地形条件因地制宜地发展农业，推动农业适度规模经营，是成渝现代高效特色农业带建设的重要方向。一是要根据成渝地区双城经济圈不同地形特征，实施差异化的农业发展规划，根据不同地形选择适宜的农业发展模式，尽可能地提升农业生产效率。二是要加大对农业基础设施的投入力度，改善农业生产条件，推动农业适度规模经营，在山地与丘陵地区实施小流域综合治理策略，从而达到改善土壤肥力、提高水资源利用效率的目的，还应该加大对适宜复杂地形的农业机械设备的研发和推广力度，提高山地、丘陵地区农业机械化水平，从而从机械角度提升农业生产效率。三是要发展多种形式的农业经营主体，成渝地区政府应进一步鼓励农户将手中零散土地流转给农业合作社、家庭农场、农业企业等多种形式的农业经营主体，以加快土地适度规模经营的步伐，提升土地利用效率与农业生产效益。

五、推动区域品牌建设，提高农产品竞争力

推动成渝地区双城经济圈的区域公共农产品品牌建设，提升农产品竞争力，是成渝现代高效特色农业带建设的重要环节。一是要推动区域公共农产品品牌建设，使成渝地区双城经济圈的农产品品牌形成发展合力。为此，成渝地区政府以及企业应当加强合作，努力打造更多具有成渝特色的区域公共农产品品牌。二是要加大区域公共农产品品牌营销力度，努力提升品牌知名度。正确的营销手段和营销策略是区域公共农产品品牌提升市场知名度的关键，要正确利用现代营销手段，线上通过抖音、微博、小红书等自媒体平台来提升品牌曝光率，线下通过农产品博览会、展销会等活动展示农产品品牌，通过线上线下两种模式，提升区域公共农产品品牌市场知名度和消费者忠诚度。三是要加强政策支持与资金引导，成渝地区政府通过财政补贴与税收优惠的方式，鼓励企业打造区域公共农产品品牌，并通过设立品牌发展基金，进一步支持区域公共农产品品牌的推广与宣传活动。

本章参考文献

曹菲，聂颖. 2021. 产业融合、农业产业结构升级与农民收入增长：基于海南省县域面板数据的经验分析. 农业经济问题，42（8）：28-41.

陈劼绮，陆林. 2024. 乡村旅游创新的理论框架与研究展望. 地理学报，79（4）：1027-1044.

杜志雄. 2021. 农业农村现代化:内涵辨析、问题挑战与实现路径. 南京农业大学学报（社会科学版），21（5）：1-10.

郭远智，刘彦随. 2021. 中国乡村发展进程与乡村振兴路径. 地理学报，76（6）：1408-1421.

黄红光，白彩全，易行. 2018. 金融排斥、农业科技投入与农业经济发展. 管理世界，34（9）：67-78.

黄细嘉，张科，王红建，等. 2023. 乡村旅游发展能否缩小城乡收入差距？——来自“全国休闲农业与乡村旅游示范县”的经验证据. 旅游学刊，38（2）：16-29.

李彬彬，米增渝，张正河. 2020. 休闲农业对农村经济发展贡献及影响机制：以全国休闲农业与乡村旅游示范县为例. 经济地理，40（2）：154-162.

李义华，王思颖，杨芳. 2024. 数字乡村背景下农产品冷链物流模式重构及其对供应链韧性的影响. 中南林业科技大学学报：1-8.

刘聪，代逸卿. 2024. 城市农产品物流面临问题及发展建议. 农业经济问题，（3）：2.

刘赛红，罗美方，朱建，等. 2021. 农村金融发展、农业科技进步与城乡经济融合研究. 农业技术经济，（11）：31-45.

刘宇鹏，赵慧峰. 2016. 农业产业化机制创新提高农民收入的实证分析：以坝上地区为例. 中国农业资源与区划，37（1）：73-79.

乔娟，张宏升. 2004. 论农业产业带建设与提升农产品竞争力. 农业经济问题，25（12）：35-38.

孙九霞，张凌媛，罗意林. 2023. 共同富裕目标下中国乡村旅游资源开发：现状、问题与发展路径. 自然资源学报，38（2）：318-334.

王彩彩，袭威，徐虹，等. 2023. 乡村旅游开发促进共同富裕的机制与路径：基于共生视角的分析. 自然资源学报，38（2）：335-356.

王文龙. 2016. 中国地理标志农产品品牌竞争力提升研究. 财经问题研究，（8）：80-86.

夏显力，陈哲，张慧利，等. 2019. 农业高质量发展：数字赋能与实现路径. 中国农村经济，（12）：2-15.

张亦弛，代瑞熙. 2018. 农村基础设施对农业经济增长的影响：基于全国省级面板数据的实证分析. 农业技术经济，（3）：90-99.

朱晶，晋乐. 2016. 农业基础设施与粮食生产成本的关联度. 改革，（11）：74-84.

Baldos U L C，Viens F G，Hertel T W，et al. 2019. R&D spending，knowledge capital，and agricultural productivity growth：a Bayesian approach. American Journal of Agricultural Economics，101（1）：291-310.

Han J W，Zuo M，Zhu W Y，et al. 2021. A comprehensive review of cold chain logistics for fresh agricultural products：current status，challenges，and future trends. Trends in Food Science & Technology，109：536-551.

Perdana T，Tjahjono B，Kusnandar K，et al. 2023. Fresh agricultural product logistics network governance：insights from small-holder farms in a developing country. International Journal of Logistics Research and Applications，26（12）：1761-1784.

Sun Y L，Huang Y F，Fang X，et al. 2022. The purchase intention for agricultural products of regional public brands：examining the influences of awareness，perceived quality，and brand trust. Mathematical Problems in Engineering，（4）：1-10.

第七章　成渝地区双城经济圈汽车产业发展的成就、困难与展望

习近平总书记强调，西部地区在全国改革发展稳定大局中举足轻重①。成渝地区双城经济圈作为“一带一路”与长江经济带的交会点，是辐射西南腹地的核心区域和内陆改革开放高地，也是新时代推进西部大开发政策的战略重地。“十三五”以来，在党中央的高度重视下，成渝地区双城经济圈的发展驶入快车道，城市群辐射带动作用持续提升，产业体系日渐完善，内需空间不断拓展，已形成双核相向发展、联动引领高质量发展的良好态势，成为西部地区发展的重要引擎。汽车是成渝地区双城经济圈重要的支柱型产业，建设成渝地区双城经济圈万亿级别汽车产业集群，不仅是对西部大开发战略、长江经济带发展战略、共建“一带一路”倡议的贯彻延续，还是提升成渝地区双城经济圈产业链分工协同程度、科技支撑能力以及综合竞争力的重要举措。成渝地区双城经济圈依托本地显著的人口红利和良好的产业基础，逐渐在汽车工业领域建立起雄厚的产业基础，建成了我国六大汽车产业集群之一，并培育了长安汽车等老牌车企，引进了比亚迪、宁德时代等汽车行业龙头企业，朝着打造万亿级别汽车产业集群目标进军。此外，成渝地区双城经济圈正以新能源汽车为新的“造血点”，在推进绿色化和智能化方面不断取得突出成绩。然而，在追赶新能源汽车产业发展的浪潮中，成渝地区双城经济圈缺乏先发优势和关键技术，市场反应滞后；基础设施不完善，消费潜力尚未完全激活；过度依赖财政补贴，缺乏内生动力。上述问题亟待解决。

第一节　发展成就

汽车是成渝地区双城经济圈完善产业链、供应链和推进产业发展协同协作的标杆领域之一。《规划纲要》明确提出“以智能网联和新能源为主攻方向，共建高水平汽车产业研发生产制造基地”。数据显示，成渝地区已建成我国第三大汽车产业集群，拥有45家整车企业和1600多家配套商，全域自主配套率超过80%，汽车产量占全国11%②，在打造世界级汽车产业集群方面具有良好的工业基础。依托本土汽车工业基础，释放政策红

---

①《习近平主持召开新时代推动西部大开发座谈会强调 进一步形成大保护大开放高质量发展新格局 奋力谱写西部大开发新篇章》，https://www.ccps.gov.cn/xtt/202404/t20240423_162432.shtml，2024-04-23。

② 川渝汽车产业驶向“智高点”，http://www.sc.xinhuanet.com/20240621/2848875e381c45acb7c77e0c662ba93e/c.html，2024-06-21。

利，成渝地区双城经济圈吸引了大量新能源龙头企业入驻并开展深度合作，新能源汽车产业链也得以延伸和强化。现阶段，新能源汽车正成为成渝地区双城经济圈汽车产业发展的新“造血点”，汽车产业的发展已取得显著成就。截至2023年底，川渝两地汽车产量已超过300万辆，其中新能源汽车产量超过40万辆，产业规模达到7500亿元，朝着打造万亿级别汽车产业集群方向进军。

一、依托高发展潜力，本土汽车品牌的培育取得显著成效

（一）人口红利巨大

成渝地区双城经济圈拥有高人口红利，具备庞大的消费潜力，庞大的消费市场是汽车产业发展的前提与基础。2019年至2022年，成渝地区双城经济圈常住人口由9600万人增加到9874.5万人。2023年成渝地区双城经济圈经济总量达81 986.67亿元，占全国、西部地区经济总量的比重分别为6.5%、30.4%，分别比上年提高0.1个百分点、0.3个百分点，区域位势能级稳步提升。如图7-1所示，凭借人口红利，川渝两省市的私人汽车保有量呈上涨趋势。2022年末，私人汽车总保有量达到1799.69万辆。从2004年的90.26万辆到2022年的1799.69万辆，川渝两省市私人汽车保有量年均增速达到18.1%。截至2023年9月底，成都市和重庆市的汽车保有量均超过600万辆，成都市更是以639.5万辆的汽车保有量超过北京市（638.4万辆）成为全国第一。在人均汽车保有量方面，截至2021年，成渝地区双城经济圈每千人汽车保有量为197辆，但与全国平均每千人220辆相比，人均汽车保有量仍有增长空间。同时，四川省和重庆市的新能源汽车市场渗透率分别为31.87%和38.84%。据相关机构测算，在未来5年，两地新能源汽车市场渗透率有望达到55%以上，届时成渝地区双城经济圈潜在年均新能源汽车市场需求将达50万辆以上，潜在市场需求近7000亿元[①]，打造万亿级别的汽车产业集群不再只是空想。

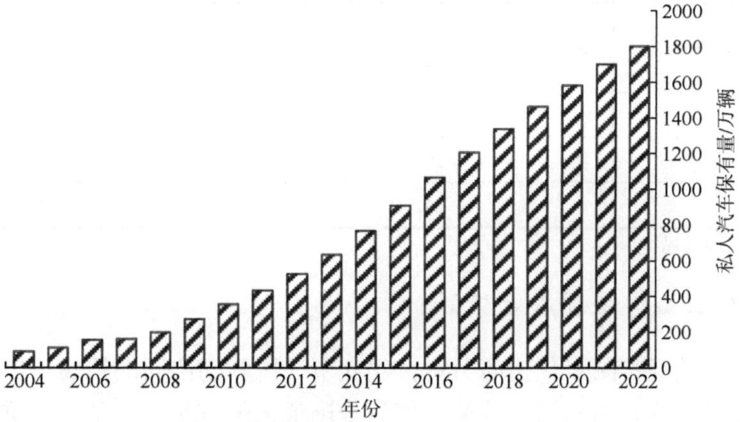

图7-1　川渝私人汽车保有量
资料来源：国家统计局

① 汽车产业迎来大洗牌！渐行渐远的成渝，如何破局突围？，https://new.qq.com/rain/a/20230316A02J5S00，2023-03-16。

（二）产业基础良好

在打造世界级万亿汽车产业集群方面，成渝地区双城经济圈拥有良好的产业基础。自20世纪90年代以来，成渝地区双城经济圈逐步形成了以汽车产业为支撑的工业体系。2023年，成渝地区双城经济圈汽车产量超过320万辆①，总量位居全国第二，其中，重庆市汽车产量达到231.79万辆。2023年至2024年，成渝两地分别凭借高汽车保有量和高汽车产量相继夺得“中国汽车第一城”的称号，地区经济发展充满活力。如表 7-1 所示，2014 年至 2016 年，重庆市汽车产量逐年上升，但自 2017 年起重庆市汽车发展开始失速，汽车产量断崖式下滑，2018年直接跌破200万辆。但到了2019年，汽车产量一度跌至 137.46 万辆的低谷。随着中国汽车市场迈入电动化、智能化、网联化、共享化发展的新阶段，重庆市传统的燃油汽车生产已不具优势。随后，重庆市积极求变，调整产业结构，开始朝新能源汽车方向发力。相比于重庆市，四川省在汽车产业方面起步较晚，一直处于“追赶者”的位置。根据表7-1，四川省汽车产量在2014年至2017年逐年上升，但在2018年至2021年有所回落，2022年四川省汽车产量有所回弹，到2023年四川省汽车产量已激增至97.50万辆。整体而言，得益于本土车企在新能源汽车领域的崛起和广阔的消费市场，成渝地区双城经济圈正逐渐走出低谷。

表 7-1　川渝两省市的汽车产量

年份	重庆市汽车产量/万辆	四川省汽车产量/万辆
2014	231.35	32.40
2015	260.93	42.30
2016	266.34	53.03
2017	251.59	83.24
2018	172.64	74.71
2019	137.46	64.23
2020	158.00	71.34
2021	199.80	69.87
2022	203.77	72.48
2023	231.80	97.50

资料来源：国家统计局

（三）本土品牌培育成效显著

成渝地区双城经济圈强化招商引资，建立市、区联动协同的招商工作机制，统筹重大招商项目布局，优化招商引资政策。作为全国最大的汽车生产基地，重庆本土整车品牌多，包括长安、长安福特、赛力斯、力帆科技等 20 余家整车生产企业。重庆充分整合

① 资料来源：国家统计局。

长安、赛力斯、长城等整车企业资源，围绕重点领域和环节，实施精准招商。重庆实施集群发展，全面梳理各链条上下游产品和企业发展情况，“以整车找总成，以总成找部件”，层层递进，努力实现全链条的纵向整合。重庆大力推动长安、赛力斯、长城等整车企业提升数字化能力、加大产品研发投放力度。凭借一流的营商环境，成都在前期吸引到了大量的企业落户。为带动本土企业更好发展，成都深化政策研究、精准提供政策服务，给予企业真正的实惠和帮扶，千方百计加大力度优化营商环境，切实为企业排忧解难，支持企业扩产增产、做大做强，助力企业高质量发展。四川持续加快汽车产业中高端产品导入，整车企业包括一汽-大众、一汽丰田、神龙、沃尔沃、吉利等，零部件企业涵盖了动力传动系统、底盘悬架系统、电子电器系统、车身及内外饰等产业链各个环节。此外，成都大力实施汽车产业建圈强链行动。通过重点布局，成渝地区双城经济圈积极培育本土企业，将拥有的市场优势转化为产业优势，进一步延伸本土汽车产业链。

二、以政策利好为前提，新能源汽车和自动驾驶取得长足进展

（一）政策利好显著

发展新能源汽车是我国从汽车大国迈向汽车强国的必由之路。因此，为激发新能源汽车市场的消费活力，政府推出了一系列激励政策。在《汽车产业中长期发展规划》和《新能源汽车产业发展规划（2021—2035年）》的基础上，工信部等部门陆续推出70多项支持政策。2023年，工信部等七部门联合印发《汽车行业稳增长工作方案（2023—2024年）》，支持扩大新能源汽车消费。为稳定市场预期、促进汽车产业高质量发展，我国新能源汽车车辆购置税减免政策延长至2027年底，减免力度分年度阶梯性退坡；新能源乘用车车辆购置税从全部免征优化为限额免征；享受减免车辆购置税的新能源汽车产品技术要求进一步更新。2024年政府工作报告明确强调，要巩固扩大智能网联新能源汽车等产业领先优势，提振智能网联新能源汽车、电子产品等大宗消费[①]，推动全产业链加快突破核心技术卡点，不断铸就全球领先的竞争力。重庆市人民政府办公厅印发《重庆市新能源汽车便捷超充行动计划（2024—2025年）》，该规划提出到2025年底，全市建成超充站2000座以上，建成超充桩4000个以上。成都市基础设施服务能力也大幅提升，截至2023年，省级充电基础设施监管平台建成投运，汇集充电运营商934个、充电站5793座、充电桩71 096台[②]。

（二）新能源汽车转型积极

面对新能源汽车与动力电池发展的双重机遇，成渝地区双城经济圈积极引进主流汽车品牌，培育本土企业，将区域拥有的市场优势转化为产业优势，进一步延伸本土汽车产业链，迎来汽车产业“第二春”。作为西南地区的老牌整车及零部件专业生产基地，

① 政府工作报告，https://www.gov.cn/yaowen/liebiao/202403/content_6939153.htm，2024-03-12。
② 资料来源：《四川省充电基础设施发展规划（2024—2030年）》。

成渝地区双城经济圈正在努力追赶新能源汽车发展的趋势，使汽车产业朝着新能源、绿色化、智能化、高端化方向转型，朝着打造万亿级智能网联新能源汽车产业集群目标迈进。重庆汽车产量在 2019 年触底后，选择“换道超车”，咬定智能网联新能源汽车路线不放松，积极支持各类本土企业向新能源汽车转型。长安汽车作为重庆的整车企业之一，陆续推出了长安启源、阿维塔、深蓝等多个新能源产品序列和品牌。2023 年前三季度，长安汽车自主品牌新能源车销量达30.6万辆，同比增长96%①。同时，重庆还支持庆玲、上汽红岩等企业发展新能源商用车，助推瑞驰、华晨鑫源、睿蓝等企业持续巩固在新能源汽车细分市场的领先优势。成都也在新能源汽车产业的发展上积极探索，走在前列。2023年，成都汽车产业营收超2000亿元，实现汽车产量84.3万辆，新能源汽车产量同比增长 105.4%；就整车制造来说，不少车企已经具备了国内一流条件和规模，尤其是在动力电池、智能座舱等生产制造材料、关键零部件方面优势凸显，其中不乏“全国首位”选手。

（三）自动驾驶发展快速

成渝地区双城经济圈还在自动驾驶及车联网创新应用上发力，加快人工智能与汽车产业深度融合，在全国范围内打造有影响力的智能网联新能源汽车品牌。在未来的汽车产业发展中，新能源汽车是关键一招，完善产业业态和搭建应用场景是推动新能源汽车产业发展的核心环节，提高人们对新能源汽车的认可度和接受度，完善产业链条，提升产品质量，是促进传统汽车产业转型升级、打造万亿级汽车产业集群的重要路径。因此，成渝地区双城经济圈正依托本土整车制造工艺和市场潜力，迎接新时代带来的发展机遇，重塑成渝地区双城经济圈汽车产业活力。重庆已在高新区、两江新区、永川区、大足区等多地启动智能网联汽车的测试示范基地以及相应的道路建设。两江新区出台《两江新区打造智能网联新能源汽车产业集群龙头引领行动计划（2022—2025 年）》，预计到2025年智能网联新能源整车产量突破100万辆，产业规模突破3000亿元。璧山区加快新能源汽车千亿产业集群建设，南川区打造智能网联新能源汽车特色产业园区、示范配套基地，永川区加速建设西部智能网联新能源汽车城。截至 2023 年，成都已经累计建设5G基站超8万个，完成8000余柱智慧多功能杆建设，启动全省首条自动驾驶商业化运营示范线，测试道路里程达 480 公里。

三、借助资源整合，万亿级汽车产业集群加速打造

（一）区位优势互补强化

成渝地区双城经济圈在新能源汽车产业方面具有互补性，这种互补性有助于整合资源，推动产业升级和技术创新。重庆整车品牌较多，且整车制造业基础实力雄厚，拥有

① 高质量发展调研行 | 重庆：汽车产业持续“换挡” 新赛道加速“奔跑”，https://www.gov.cn/lianbo/difang/202310/content_6908781.htm，2023-10-12。

包括发动机、变速器等在内的完整供应链体系，不过在电池材料、电池包等新兴领域，重庆本土企业体量较小。四川凭借丰富的自然资源和广阔的消费市场吸引了一大批新兴企业，建立起新材料、动力电池、电子信息和软件等产业体系，并在智能网联汽车检验检测平台搭建等技术领域发展迅猛。双方可利用平台优势开展多方面的合作，提升产业链韧性。例如，时代长安宜宾工厂每天生产的电池被运往重庆，进入长安汽车两江工厂的总装车间，在重庆完成整车的装配。以长安深蓝 SL03 为例，整车的生产使用了来自宜宾的电池、雅安的悬架后轴、绵阳的连接系统和成都的减震器。各地发挥区位协同优势，共同参与到整车的生产制造过程中。重庆同样也有多家企业与四川进行配套。

（二）产业分工合作深化

成渝地区双城经济圈围绕“共建全国重要的先进制造业基地”这一目标，以智能网联和新能源为主攻方向，深化成渝地区双城经济圈汽车产业合作，携手打造汽车产业发展高地。例如，长安汽车在成都龙泉驿区建设起三条产线，专用于电芯的供应。2022 年至 2023 年，长安新能源汽车在成渝地区双城经济圈的配套率大幅增长，与此同步增长的是采购金额。随着成渝地区双城经济圈的汽车产业供应链实力的进一步增强，赛力斯已经将动力电池的供应地从东部沿海地区转移到位于宜宾的电池工厂。2022 年初，赛力斯还在成都持续发力，成立了软件中心，主攻人工智能、大数据分析处理等方面，利用成都在电子信息及互联网技术方面的突出优势，结合重庆在整车制造方面的技术和能力，巩固赛力斯“新能源技术自持者”的定位，建设品牌形象，提升品牌知名度和产品竞争力。成渝地区双城经济圈汽车产业唇齿相依，成渝一体化进程加速推进。

（三）融合平台建设加强

成渝地区双城经济圈汽车产业的进一步融合离不开平台建设。近年来，两地不断完善汽车产业链供需信息对接平台，为整车及零部件企业提供精准的供需对接服务，累计配套金额已超过 400 亿元。两地政府部门还搭建合作平台，提供政策法规宣传、行业信息动态推送等精准服务，助力两地整车及零部件企业、高校和科研院所不断深化产业合作。两地还聚焦“氢、电池、智行”三大汽车产业前沿领域，建设智能网联新能源汽车产业发展的重要平台，在此基础上成渝两地加快省际高速公路服务区充电桩建设，保障两地电动汽车跨省出行充电需求，缓解电动汽车车主里程焦虑。同时以重庆中心城区、成都市区两地高速公路等为重点，加速换电站布局，优先在出租车、网约车等公共领域试点运营换电技术，并逐步向私人领域推广，提升消费者出行效率。聚焦“成渝智行走廊”建设，成渝地区双城经济圈以提升两地的道路通行能力并确保车用通信网络的安全性为核心，进行自动驾驶及车路协同道路测试和示范应用，促进智能网联汽车和车联网产业集群发展。

第二节　现实困难

成渝地区双城经济圈在新能源汽车领域起步较晚，因此错失第一波发展红利。大量的存量市场已被国际新能源汽车品牌以及国内龙头企业抢占。成渝地区市场反应相对滞后，本土品牌应对速度较迟缓，关键技术发展速度较慢。成渝地区双城经济圈新能源汽车的发展过度依赖于政府财政补贴，车辆购置成本较高，从油车到电车的转换速度较慢。政府对于换电站、充电桩等基础设施的建设力度不够，消费者的购买行为受到多方因素阻碍，成渝地区双城经济圈正处于新能源汽车市场发展过程的追赶阶段。

一、缺乏先发优势和关键技术，市场反应滞后

（一）起步较晚，先发优势缺乏

相对于东部沿海地区，成渝地区双城经济圈新能源汽车产业起步较晚，缺乏先发优势。2013 年 11 月，财政部、科学技术部（以下简称科技部）、工信部、国家发展改革委等四部委共同确定了 28 个中国第一批新能源汽车推广应用城市或区域名单，包含 23 个城市和 5 个城市群。其中，大部分推广应用城市集中在中东部地区，西部地区相对较少。成渝地区双城经济圈在新能源汽车赛道上起步较晚，缺乏先发优势和关键技术，本土品牌的国际影响力有限。2014 年至 2016 年，作为全国最大的汽车生产基地，重庆取得了瞩目的成绩，汽车年产量最高曾超过 260 万辆。但由于市场调整、产品更迭等方面的原因，重庆汽车产业发展也经历了一段时期的低谷，2019 年产量降到 137.46 万辆，2023 年缓升至 231.80 万辆，其中新能源汽车产量达 50 万辆。成都既缺乏本土大型整车企业，又无外来大型新能源整车生产基地，在新能源汽车产业飞速发展的进程中，面临着“边缘化”风险。2023 年，成都市汽车产量达 83.6 万辆，新能源汽车产量达 8 万辆。成渝地区双城经济圈在新能源汽车赛道仍处于赶超阶段。

（二）关键技术欠缺，核心竞争力不足

缺乏关键技术是成渝地区双城经济圈在新能源汽车领域落后于其他城市的一个重要因素。2023 年中国新能源汽车产量为 958.7 万辆，销量达到 949.5 万辆，同比分别增长 35.8%和 37.9%[①]。川渝两省市同期新能源汽车产量仅超过 90 万辆，市场表现乏力折射出产品力的缺乏。在传统汽车时代，成渝地区双城经济圈在技术软件研发和车规芯片生产等方面存在短板。这些问题在新能源汽车时代变得更加明显，特别是在自动驾驶和电池研发等关键技术的竞争中，成渝地区双城经济圈明显落后于上海、深圳、杭州等东部发达城市。虽然成渝地区双城经济圈拥有一定的制造基础和市场规模，但大多数汽车零部件企业仍停留在传统制造业阶段，缺乏产品研发和创新能力。关键零部件技术，特别是

① 资料来源：中国汽车工业协会。

车规级芯片等核心技术，依然受到国外企业的垄断，导致生产成本增加和产业链自主性受限。此外，成渝地区在电池技术、自动驾驶技术和车联网技术等方面的研发投入不足，使得本地企业在这些高技术领域难以与东部城市的企业竞争。

（三）市场反应滞后，产品结构调整缓慢

随着新能源汽车市场渗透率和认可度的不断提升，中国造车新势力的格局逐渐形成，新能源汽车行业进入了“强者愈强”的马太效应阶段。与此同时，成渝地区双城经济圈的传统油车销量下滑，新能源汽车市场正处于高速发展期。特斯拉凭借技术和成本优势率先抢占市场，沪、粤、浙、苏、皖五地纷纷出招，大力引进造车新势力，孵化本土车企，力图打造区域新能源汽车生产中心，如广州的小鹏、深圳的比亚迪、合肥的蔚来。传统车企比亚迪、五菱等推陈出新，研发出油电混合车型，打起价格战，新能源汽车市场的竞争已然是一片红海。其中，比亚迪凭借价格优势成为国产新能源汽车的龙头，2023 年新能源汽车销量达 302.14 万辆。虽然成渝地区双城经济圈已出台了不少新能源汽车发展政策，但主动性和力度都远不及上海、广州、合肥等城市，在换电站、充电桩等基础设施的建设上也稍显迟缓。

二、基础设施不完善，消费潜力尚未完全激活

（一）充换电基础设施建设不完善

成渝地区双城经济圈充电基础设施布局不够完善、结构不够合理、服务不够均衡。充电桩和换电站的数量及分布尚不能满足市场需求，这会导致消费者在使用新能源汽车时体验不佳。充电、换电主体国家电网、中石油、中石化、车企、电池企业在换电设施的建设、运营和维护上存在分歧，且各方在利益分配上未能达成一致，导致车企运营积极性不高，阻碍了充电、换电设施的进一步建设。2023 年，全国充电桩总量已达到 859.6 万台①，同期川渝两省市的充电桩总数仅达到 54 万台②。新能源汽车产业发展初期，充电设施的建设在很大程度上受到财政补贴的影响（岳为众等，2020）。车主、车企、国家电网三方的利益难以协调，充电、换电设施建设进程缓慢。充电基础设施产业仍然处于发展的初期，公共充电桩的建设有待进一步推进。

（二）区域交通基础设施有待完善

成渝地区双城经济圈基础设施密度、连通度和效率不高，交通一体化和智能化尚未实现。成渝地区双城经济圈交通基础设施瓶颈依然明显，综合交通运输发展质量和效益还有较大提升空间，如对外运输通道不畅、互联互通仍有短板、枢纽辐射带动力不强。新兴的智能网联汽车对城市的道路交通设施提出了更高的要求。当前，成渝地区双城经

① 资料来源：国家能源局。
② 资料来源：重庆市能源局与《四川省充电基础设施发展规划（2024—2030 年）》。

济圈的新型道路基础设施的建设相对滞后，存在智能化路侧基础设施覆盖度不足、路侧基础设施感知灵敏度不高等问题。发展智能汽车离不开数字化、网络化、智能化、协同化的新型道路基础设施的支持。没有完善的智能道路基础设施体系，智能化汽车的发展就会受到限制。成渝地区双城经济圈亟须大力推进智能化道路基础设施建设、车用无线通信网络建设，完善路侧基础设施感知系统，以应对智能化汽车的迅速发展。

（三）消费潜力未完全激活

受当前不成熟的基础设施的影响，成渝地区双城经济圈消费者对新能源汽车的认知度和认可度不高。面对不完善的充电桩、换电站等基础设施，考虑到电池续航和电车保险等车辆购置成本方面的问题，消费者对于是否购车持观望态度。以长安汽车旗下的深蓝 S7i 为例，该车型在汽车之家官网最高售价为 19.49 万元，而同平台二手车保值率仅为 46.91%，较低的保值率会影响潜在消费者的决策行为，并且目前市面上主流的新能源汽车续航都在 1000 公里以内，但考虑到天气、路况等因素，实际续航约为其 70%，因此大多数新能源汽车车主将续航里程以及生活半径内单位充电桩数量纳入购车决策中。由此可见，消费者的购买行为与基础设施建设的完善程度有着密切的联系。

三、过度依赖财政补贴，缺乏内生动力

（一）对财政补贴过度依赖

成渝地区双城经济圈新能源汽车的发展过度依赖政府财政补贴，汽车产业面临市场风险。财政补贴一方面会造成市场扭曲，导致帕累托无效率现象产生；另一方面会破坏市场的竞争规则，增加市场运作的交易费用，研究发现部分厂商为了获得来自政府的补贴，将企业活动的重心放在寻求政府支持上，寻租行为由此发生（周燕和潘遥，2019）。此外，新能源汽车补贴面广，包括整车车企、零部件供应商及充换电设施运营平台等，并且金额较大，如成都市对整车企业研发或导入新能源车型并投产上市实现销售的，综合考虑车辆信息与市场表现，给予单个车型最高 5000 万元的产销奖励①。可能会滋生不法行为，扰乱市场公平竞争秩序。同时由于信息不对称，政府会倾向于选择取得一定成就或达到一定规模的企业进行扶持，然而这可能会损害资源的优化配置，进而导致市场结构恶化。

（二）内生研发动力不足

财政补贴行为降低了汽车企业的研发动力，汽车产业难以走出创新性不足的现状。财政补贴会使得一些企业放松对新技术的研发，汽车产业发展的内生动力由此减弱。一旦政府取消补贴，这些企业的生产和研发积极性更会大大减退，甚至可能出现在失去政

① 资料来源：成都市经济和信息化局。

府的补贴后企业难以为继的状况。目前国家补贴政策正逐步退坡，对于技术指标的控制也严格化，补贴额度逐年递减（徐小晶和徐小林，2021）。当前，成渝地区双城经济圈的大部分汽车企业仍处于发展阶段，成渝地区双城经济圈的汽车企业始终存在同质化严重、创新性不足的问题。要推动两地整体汽车产业振兴一定要从提升企业自身的产能和技术上入手，政府的财政补贴并不能从根本上使当前成渝地区双城经济圈的汽车产业摆脱困境。

（三）自主创新能力较弱

此外，成渝地区双城经济圈的市场结构和企业文化也在一定程度上影响了企业的自主创新能力。相比沿海发达地区，成渝地区的市场环境相对封闭，企业之间的技术交流和合作较少，导致创新资源的整合效率不高。行政壁垒的存在削弱了整体配置的效率（张学良和林永然，2019）。成渝地区双城经济圈的企业普遍具有规模较小、研发实力较弱的特点，面对市场竞争时更倾向于依赖政府支持，而不是通过自身创新提升竞争力。相较于比亚迪 2024 年上半年 160.7 万辆的销量，长安汽车的销量在同期仅为 133.4 万辆①，市场认可度亟须提高。销量表现的背后折射出研发投入的差距。2023 年比亚迪的研发支出达到 395.75 亿元，而长安汽车的研发支出仅为 90 亿元②。在成渝地区双城经济圈，汽车企业的市场主体大多是地方性中小企业，这些企业在市场中缺乏足够的竞争力和话语权，容易陷入路径依赖，难以摆脱对政府补贴的依赖。在短期内，企业在政府扶持下可以显著扩大产业规模，但从长期来看，却可能导致市场机制失灵，价格信息无法真实地反映供需状况，企业的自主创新能力无法得到有效提升。

第三节　未来展望

在全球低碳转型和“双碳”目标的推动下，新能源产业成为增长最迅速、前景最广阔的新兴领域之一。随着政策支持和市场需求的增长，新能源汽车的市场份额持续扩大。尽管成渝地区双城经济圈在争夺增量市场的过程中起步较晚，本土企业的国际影响力有限，技术优势尚未形成，但其拥有坚实的产业基础和广阔的消费市场。当前，全球新能源汽车行业尚处于起步阶段，行业壁垒尚未完全形成，国家政策不断更新，竞争格局尚未完全固化，这为成渝地区双城经济圈实现“后来者居上”提供了重要机遇。预计未来几年内，成渝地区双城经济圈的新能源汽车市场占有率将显著提升，特别是在公共交通和私人乘用车领域。然而，成渝地区双城经济圈在继续发展新能源汽车产业方面仍面临挑战。传统车企如丰田、大众等正在转型，推出纯电车型，凭借雄厚的资金实力和成熟的产业基础对国内新能源汽车市场构成了严峻的挑战，加剧了市场竞争。此外，部分发达国家对中国生产的新能源汽车实施高关税等贸易限制措施，限制了我国新能源产

① 资料来源：比亚迪汽车官网、长安汽车官网。

② 资料来源：《比亚迪股份有限公司 2023 年年度报告》《重庆长安汽车股份有限公司 2023 年年度报告》。

业在国际市场上的增长。供应链安全、技术创新能力和核心材料的自主可控性等问题也是市场扩展的瓶颈。面对这些挑战，我们提出以下优化路径的建议。

一、打造技术护城河，建立核心竞争力

新能源化和智能化是成渝地区双城经济圈汽车产业的两个核心发展方向。成渝地区双城经济圈需要进一步提升在新能源汽车、智能网联汽车等领域的研发和创新能力，以应对不断变化的市场需求和技术变革。加大对新能源汽车核心零部件的研发和生产支持力度，建设完善的产业配套体系，提升本地化生产能力。依托市场优势和产业基础，围绕“共建全国重要的先进制造业基地”这一目标，不断深化经济圈内的汽车产业合作，牢固树立一体化发展理念，构建成渝双城命运共同体，同时还应该建立涵盖整车制造、充电设施、电池回收等环节的新能源汽车生态圈，不断完善汽车全产业链条。此外，可以建立产学研合作机制，推动高校、科研院所与企业合作，促进技术转移和成果转化。

二、加强基础设施建设，激活消费潜力

成渝地区双城经济圈应当深植庞大的消费市场，在吸纳外来资本的同时，依托作为锂矿大省和“绿电”大省的四川的资源禀赋以及作为老牌汽车生产基地的重庆的工业基础，打造全国动力电池和氢燃料动力系统领先地区。成渝地区双城经济圈要加强充电基础设施统一规划、协同建设，推动两地之间实现充电服务数据交换共享，加快充电网络智慧化升级改造。为加速构建并完善智能网联新能源汽车产业平台，成渝地区要加速“成渝智行走廊”建设，对两地具备车用通信网络功能的高速公路、城市道路等设施进行改造升级，推动自动驾驶及车路协同道路测试和示范应用，促进智能网联汽车和车联网产业集群发展。未来成渝地区新能源汽车产业发展的重心应是寻求新的需求点，根据市场反馈推出新型优质产品，根据消费者需求打造产品矩阵，为消费者提供更优质的服务和体验。

三、精细化分档补贴政策，优化市场环境和产业环境

通过扶优扶强型政策强化激励效果，鼓励长安汽车、比亚迪等头部车企自主创新，减轻对财政补贴的过度依赖。因此，政府应当以税收减免为主鼓励本土车企研发更多智能车型，运用资金支持电机驱动技术、整车车控和动力电池（王震坡等，2020）等核心部件关键技术，突破“卡脖子”短板，通过加强专利保护、提高创新激励水平等方式增加创新成功的收益，并通过国家力量实现先进科技成果的运用。建立市场监督机制，维护公平竞争环境，打击垄断和不正当竞争行为。继续为新能源汽车发放免费专用牌照，规范研发专用性补助资金的使用并建立严格的资金监管制度（李国栋等，2019）。应当稳定地方产业政策，发挥其通过促进市场竞争和降低企业融资约束来促进企业创新的作用（王海和尹俊雅，2021）。

本章参考文献

李国栋，罗瑞琦，谷永芬. 2019. 政府推广政策与新能源汽车需求：来自上海的证据. 中国工业经济，(4)：42-61.

王海，尹俊雅. 2021. 地方产业政策与行业创新发展：来自新能源汽车产业政策文本的经验证据. 财经研究，47(5)：64-78.

王震坡，黎小慧，孙逢春. 2020. 产业融合背景下的新能源汽车技术发展趋势. 北京理工大学学报，40(1)：1-10.

徐小晶，徐小林. 2021. 财政补贴对企业商业信用融资的影响研究：基于新能源汽车补贴退坡政策的实证分析. 南开管理评论，24(3)：213-226.

岳为众，刘颖琦，童宇，等. 2020. 政府补贴在新能源汽车充电桩产业中的作用：三方博弈视角. 中国人口·资源与环境，30(11)：119-126.

张学良，林永然. 2019. 都市圈建设：新时代区域协调发展的战略选择. 改革，(2)：46-55.

周燕，潘遥. 2019. 财政补贴与税收减免：交易费用视角下的新能源汽车产业政策分析. 管理世界，35(10)：133-149.

专　题　二

科技创新中心：科教与人才

共建具有全国影响力的科技创新中心是成渝地区双城经济圈建设的支撑。《规划纲要》明确指出："尊重客观规律，发挥比较优势，把成渝地区双城经济圈建设成为具有全国影响力的重要经济中心、科技创新中心、改革开放新高地、高品质生活宜居地。"并提出共建具有全国影响力的科技创新中心要"紧抓新一轮科技革命机遇，发挥科教人才和特色产业优势，推动创新环境优化，加强创新开放合作，促进创新资源集成，激发各类创新主体活力，大力推进科技和经济发展深度融合，打造全国重要的科技创新和协同创新示范区。"

基于此，本专题将系统论述成渝地区双城经济圈新质生产力发展、科技创新空间布局、技术转移支撑协同创新和大学青年金融科技人才发展方面的成就、问题及展望等。

第八章　成渝地区双城经济圈新质生产力发展的成就、困难与展望

中共中央、国务院印发的《规划纲要》明确指出，把成渝地区双城经济圈建设成为具有全国影响力的重要经济中心、科技创新中心、改革开放新高地、高品质生活宜居地。《规划纲要》提出，共建具有全国影响力的科技创新中心。紧抓新一轮科技革命机遇，瞄准突破共性关键技术，尤其是“卡脖子”技术，强化战略科技力量，建设成渝综合性科学中心，优化创新空间布局，提升协同创新能力，营造鼓励创新的政策环境，合力打造科技创新高地，为构建现代产业体系提供科技支撑。

2023 年 7 月以来，习近平总书记在四川、黑龙江、浙江、广西等地考察调研时，提出要整合科技创新资源，引领发展战略性新兴产业和未来产业，加快形成新质生产力（习近平，2024）。2023 年 12 月，在中央经济工作会议上，习近平总书记提出要以科技创新推动产业创新，特别是以颠覆性技术和前沿技术催生新产业、新模式、新动能，发展新质生产力（习近平，2024）。2024 年 1 月，中共中央政治局就扎实推进高质量发展进行第十一次集体学习，习近平总书记在主持学习时系统深刻阐释了新质生产力，新质生产力是创新起主导作用，摆脱传统经济增长方式、生产力发展路径，具有高科技、高效能、高质量特征，符合新发展理念的先进生产力质态[①]。2024 年 3 月，习近平总书记在参加十四届全国人大二次会议江苏代表团审议时强调，要牢牢把握高质量发展这个首要任务，因地制宜发展新质生产力[②]。2024 年政府工作报告明确提出，大力推进现代化产业体系建设，加快发展新质生产力。充分发挥创新主导作用，以科技创新推动产业创新，加快推进新型工业化，提高全要素生产率，不断塑造发展新动能新优势，促进社会生产力实现新的跃升[③]。

成渝地区双城经济圈要建设成为具有全国影响力的重要经济中心、科技创新中心，打造带动全国高质量发展的重要增长极和新的动力源。要加快发展新质生产力，实现高水平科技自立自强，打好关键核心技术攻坚战，以科技创新为引领，改造提升传统产

---

① 习近平在中共中央政治局第十一次集体学习时强调：加快发展新质生产力 扎实推进高质量发展，https://www.gov.cn/yaowen/liebiao/202402/content_6929446.htm，2024-02-01。

② 习近平在参加江苏代表团审议时强调：因地制宜发展新质生产力，https://www.gov.cn/yaowen/liebiao/202403/content_6936752.htm?menuid=104，2024-03-05。

③ 政府工作报告，https://www.gov.cn/yaowen/liebiao/202403/content_6939153.htm，2024-03-12。

业，培育壮大新兴产业，布局建设未来产业，构建现代产业体系。要围绕新质生产力布局产业链，提升产业链、供应链的质量、韧性和安全水平。加快发展方式绿色转型，大力发展数字经济。

第一节　进展成就

一、新质生产力已具良好基础

本章采用文献研究法，基于现有的 9 篇关于新质生产力测度的文献展开研究（表 8-1）。这 9 篇文献测度新质生产力的指标体系各有千秋，但测算方法基本相同，测出的结果量纲较为接近，各文献测出的 2021 年或 2022 年的新质生产力指数的省市平均值从 0.1336 到 0.3903 不等，叶振宇和徐鹏程（2024）测度的量纲与上述 9 篇文献相差很大，因此并未纳入。

表 8-1　现有的关于新质生产力测度的文献

作者	年份	文献名称	省市平均值（2021 年或 2022 年）
孙丽伟，郭俊华	2024	新质生产力评价指标体系构建与实证测度	0.2729（2021 年）
祝志勇，杨凤梅，李维莉	2024	新质生产力三维创新生态系统及水平测度分析	0.1805（2021 年）
施雄天，余正勇	2024	我国区域新质生产力水平测度、结构分解及空间收敛性分析	0.1336（2022 年）
吴继飞，万晓榆	2024	中国新质生产力发展水平测度、区域差距及动态规律	0.3903（2021 年）
李阳，陈海龙，田茂再	2024	新质生产力水平的统计测度与时空演变特征研究	0.2297（2021 年）
张哲，李季刚，汤努尔·哈力克	2024	中国新质生产力发展水平测度与时空演进	0.2346（2022 年）
雷学	2024	中国新质生产力水平测度、区域差异分解及动态演进	0.3076（2022 年）
王珂，郭晓曦	2024	中国新质生产力水平、区域差异与时空演进特征	0.2536（2021 年）
周佳卉	2024	高质量发展要素投入视角的新质生产力的统计测度、空间相依和影响机制研究	0.1706（2022 年）

因此，本章按 9 篇文献对某年份某省市测度的新质生产力指数值进行算术平均，得到该省市该年份的新质生产力指数值。这种做法的合理性来自弗朗西斯·高尔顿 1907 年在《自然》杂志发表的《民意》一文（杰克逊，2019）。如果没有称重器，要测度一头牛的重量，可以邀请很多朋友各自对牛的重量做出估计，然后取中位数或平均值作为结果，这种方法能得到惊人的准确结论。人们在测算时，存在多样化的观点，个体的差错能够在很大程度上被加总抵消。

根据测算结果，2022 年，四川省的新质生产力水平居全国第 10 位，重庆市居全国第 18 位，排位靠前的省市依次是广东、江苏、北京、浙江、上海、山东、湖北、安徽、福建、四川。

京津冀城市群包括北京、天津、河北三省市，长三角城市群包括上海、江苏、浙江、安徽四省市，将广东视为粤港澳大湾区城市群的代表，成渝地区双城经济圈包括重庆和四川两省市，四大城市群的新质生产力水平如图 8-1 所示，可以看出，粤港澳大湾区城市群的新质生产力水平发展更快，成渝地区双城经济圈的新质生产力水平落后于京津冀城市群、长三角城市群、粤港澳大湾区城市群。2022 年，四大城市群的新质生产力水平从高到低依次是粤港澳大湾区城市群、长三角城市群、京津冀城市群、成渝地区双城经济圈。

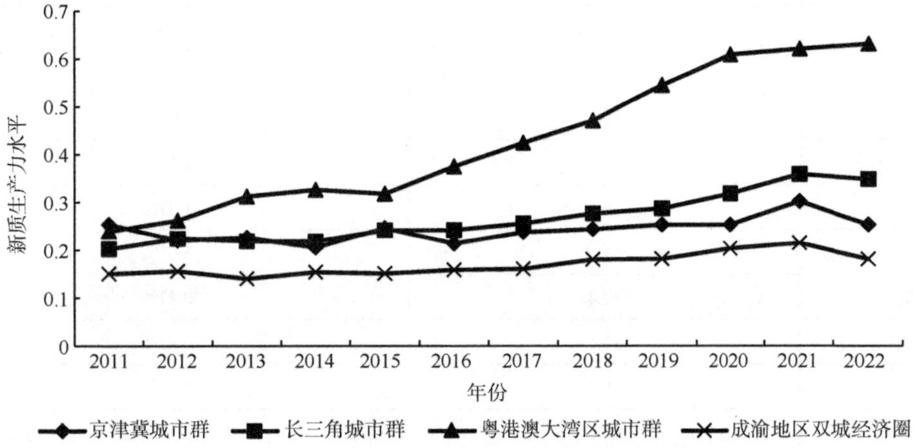

图 8-1　四大城市群的新质生产力水平

资料来源：根据现有的 9 篇关于新质生产力测度的文献计算得出

二、科技创新取得长足进步

新质生产力是“创新+高质量”的先进生产力。2024 年 6 月，《求是》杂志发表习近平总书记的重要文章《发展新质生产力是推动高质量发展的内在要求和重要着力点》，文章强调新质生产力的显著特点是创新，既包括技术和业态模式层面的创新，也包括管理和制度层面的创新。必须继续做好创新这篇大文章，推动新质生产力加快发展。大力推进科技创新、以科技创新推动产业创新、着力推进发展方式创新、扎实推进体制机制创新、深化人才工作机制创新。本章从制度创新、科技创新、产业创新三个维度理解新质生产力，制度创新促进科技创新，科技创新促进产业创新。制度创新是前提，主要来自政府深化改革；科技创新是核心，主要来自科学家精神；产业创新是落脚点，主要来自企业家精神。

根据《中国区域科技创新评价报告 2023》，重庆的综合科技创新水平指数居全国第 8 位，四川居全国第 12 位。综合科技创新水平指数排名靠前的省市是上海、北京、广东、天津、江苏、浙江、湖北、重庆、安徽、陕西、山东、四川。

科技创新可从科技投入和科技产出角度来加以把握。R&D 经费投入占 GDP 的比例是衡量科技支出的重要指标，反映国家或地区的科技投入强度。据《中国区域科技创新评价报告 2023》，四川省的 R&D 经费投入占其地区生产总值的比例（R&D 经费投入强度）居全国第 11 位，重庆市居全国第 14 位。2022 年，四川省共投入 R&D 经费 1215.0 亿元，总量排全国第 8 位，R&D 经费投入强度为 2.14%，排全国第 13 位，与全国平均水平相差 0.4 个百分点①。四川省全省及纳入《规划纲要》的地区的 R&D 经费投入情况见表 8-2。

表 8-2　2022 年四川省 R&D 经费投入情况

地区	R&D 经费投入/亿元	R&D 经费投入强度
全省	1215.0	2.14%
成都	733.3	3.52%
自贡	15.7	0.96%
泸州	29.6	1.14%
德阳	50.9	1.81%
绵阳	204.1	5.63%
遂宁	12.4	0.77%
内江	13.6	0.82%
乐山	16.5	0.71%
南充	20.0	0.74%
眉山	22.2	1.36%
宜宾	42.5	1.24%
广安	5.6	0.39%
达州	10.5	0.42%
雅安	8.6	0.95%
资阳	2.8	0.30%

资料来源：《2022 年四川省科技经费投入统计公报》

2022 年，重庆市共投入 R&D 经费 6 866 481 万元，比上年增加 82.8 亿元，增长 13.7%；R&D 经费投入强度为 2.36%②。重庆市全市及纳入《规划纲要》的各区县的 R&D 经费投入情况见表 8-3。

表 8-3　2022 年重庆市 R&D 经费投入情况

地区	R&D 经费投入/万元	R&D 经费投入强度
全市	6 866 481	2.36%
万州	107 629	0.96%

① 资料来源：《2022 年四川省科技经费投入统计公报》。

② 资料来源：《2022 年重庆市科技经费投入统计公报》。

续表

地区	R&D 经费投入/万元	R&D 经费投入强度
黔江	12 716	0.45%
涪陵	347 222	2.31%
渝中	107 450	0.69%
大渡口	122 858	3.63%
江北	770 030	4.80%
沙坪坝	530 081	4.79%
九龙坡	470 353	2.67%
南岸	269 232	2.92%
北碚	374 618	5.05%
渝北	1 207 680	5.26%
巴南	350 318	3.43%
长寿	229 553	2.50%
江津	280 267	2.11%
合川	58 553	0.59%
永川	245 681	2.04%
南川	71 541	1.70%
綦江	145 248	1.88%
大足	198 242	2.43%
璧山	259 965	2.82%
铜梁	175 094	2.39%
潼南	84 039	1.50%
荣昌	178 874	2.19%
开州	30 957	0.47%
梁平	47 394	0.82%
垫江	26 462	0.50%
忠县	38 344	0.75%
云阳	26 234	0.47%

资料来源：《2022 年重庆市科技经费投入统计公报》

科技产出可采用发明专利指标来衡量。《中国区域创新能力评价报告 2023》提供了发明专利授权数以件为单位的数据，可以用来衡量一个地区高校和科研院所的技术研发水平。四川的发明专利授权数在全国排在第 9 位，重庆排在全国第 15 位。排名靠前的省市依次是广东、北京、江苏、浙江、山东、上海、安徽、湖北、四川、湖南。

三、产业创新加速推进

产业创新可从技术转化、企业创新、高技术产业发展或新产品开发等角度来把握。企业是技术创新的主要主体，企业家将科技成果转化为生产或服务。技术市场交易反映了科技成果实现技术转化的关键过程。《中国区域创新能力评价报告 2023》提供了按流向统计的技术市场交易金额数据，四川在全国排在第10位，重庆排在全国第20位。排名靠前的省市依次是广东、北京、江苏、山东、浙江、安徽、湖北、上海、陕西、四川。

根据《中国区域创新能力评价报告 2023》，四川的区域创新能力居全国第 10 位，重庆的区域创新能力居全国第 12 位。区域创新能力排名靠前的省市是广东、北京、江苏、浙江、上海、山东、安徽、湖北、湖南、四川、陕西、重庆。中国区域创新能力评价中有一个一级指标——企业创新，包括企业研究开发投入、技术改造、提升能力、新产品销售收入等。在企业创新指标方面，四川在全国居第16位，重庆在全国居第10位，企业创新指标在全国排名靠前的省市依次是广东、江苏、浙江、北京、山东、安徽、湖北、湖南、上海、重庆。《中国区域创新能力评价报告 2023》提供了高技术企业数的具体数据，四川有 1766 家，排在全国第 8 位，重庆有 866 家，排在全国第 14 位。高技术企业数在全国排名靠前的省份依次是广东、江苏、浙江、江西、安徽、山东、湖南、四川、湖北、河南。《中国区域创新能力评价报告 2023》提供了高技术产业新产品销售收入数据，四川排在全国第 10 位，重庆排在全国第 13 位，在全国排名靠前的省市依次是广东、江苏、浙江、北京、山东、安徽、福建、河南、江西、四川。

四、新旧动能转换推动高质量发展

新质生产力具有高科技、高效能、高质量特征，以全要素生产率大幅提升为核心标志。新质生产力助力发展方式创新，一方面加快发展方式绿色转型，另一方面，助力数字化转型，大力发展数字经济。据《中国区域科技创新评价报告 2023》，以劳动生产率反映就业人员的劳动效率，用地区生产总值与就业人员之比表示，重庆的劳动生产率居全国第 10 位，四川的劳动生产率排名靠后，居全国第 26 位。劳动生产率在全国排名靠前的省区市依次是天津、上海、北京、内蒙古、江苏、福建、广东、浙江、山东、重庆。

科技创新是实现新旧动能转换，促进经济发展方式转型的重要途径。《中国区域科技创新评价报告 2023》通过劳动生产率、资本生产率、综合能耗产出率、装备制造区位熵构建经济发展方式转变指标，重庆在全国居第 4 位，四川居第 12 位，在全国排名靠前的省市依次是广东、上海、北京、重庆、江苏、浙江、吉林、天津、湖北、江西。

新质生产力一定是绿色发展的生产力。高污染、高能耗、高资源消耗的发展方式不符合高质量发展的要求。《中国创新能力评价报告 2023》提供了“万元地区生产总值能耗”数据，重庆是 0.59 吨标准煤，居全国第 18 位，四川是 0.61 吨标准煤，居全国第 19 位。万元地区生产总值能耗最低的十个省市依次是北京、江苏、上海、广东、天津、江西、浙江、福建、安徽、吉林。《中国区域创新能力评价报告2023》提供了“每亿元GDP废气中主要污染物排放量”数据，四川是42.61吨，在全国排第10位，重庆是75.16吨，在全国排第20位，每亿元地区生产总值废气中主要污染物排放量最低的十个省市依次是北京、福建、江苏、广东、浙江、天津、河南、海南、云南、四川。

新质生产力一定是数字化的生产力，我国进入数字时代，数字化决定我们的生存，数字化是影响科技创新、产业创新的重要工具。《中国区域科技创新评价报告 2023》提供了“信息传输、软件和信息技术服务业增加值占GDP比重”指标数据。四川居全国第8位，重庆居全国第11位。“信息传输、软件和信息技术服务业增加值占GDP比重”指标居全国前十的省区市依次是北京、上海、浙江、广东、吉林、天津、湖北、四川、宁夏、陕西。《中国区域科技创新评价报告2023》也提供了“电子商务销售额与GDP比值”指标，重庆在全国居第5位，四川在全国居第14位，“电子商务销售额与GDP比值”指标在全国居前十的省市依次是北京、上海、天津、广东、重庆、山东、浙江、青海、海南、安徽。

中国数字金融取得了长足发展，在全球都产生了很大影响力。数字金融使得金融服务更直接，客户覆盖面更广泛。数字金融服务创新降低了客户准入门槛，普惠性非常明显，金融服务平民化趋势显著，数字金融可以满足那些通常难以享受到金融服务的中小微企业和低收入群体的需求。北京大学数字金融研究中心和蚂蚁集团研究院的研究团队自2016年开始，利用蚂蚁集团关于数字普惠金融的海量数据，编制了一套“北京大学数字普惠金融指数”，据2020年的数字普惠金融指数数据，重庆居全国第11位，四川居全国第16位，该指标在全国居前十的省市依次是上海、北京、浙江、江苏、福建、广东、天津、湖北、安徽、山东。

第二节　现实困难

一、新质生产力发展水平与其地位不符

重庆、四川的新质生产力发展较为滞后。四川的新质生产力水平居全国第10位，与它地区生产总值的地位不符，四川的地区生产总值2022年居全国第6位，2023年升到第5位。重庆的新质生产力居全国第18位，与其直辖市的地位不符，北京、上海、天津的新质生产力发展水平排名分别是第3位、第5位、第13位。新质生产力是“创新+高质量”的先进生产力。新质生产力主要来自科技创新、产业创新，科技创新产生高水平科技成果，产业创新将科技成果转化为生产力。新质生产力发展不充分与科技创新、产业创新不足有关。当前，由于产业成本上升，产业（特别是劳动密集型产业）转型升级的压力增大。要么降低产业成本，要么提高创新能力，通过技术含量更高、品牌价值更高的产品获得更高的价格。

二、科技成果（发明专利）产出有待提高

科技创新是新质生产力的核心要素。《中国科技统计年鉴》提供的发明专利授权数可衡量一个地区高校和科研院所的技术研发水平。四川的发明专利授权数在全国排在第 9 位，重庆排在全国第 15 位。说明，川渝本地的科技产出也与其地位不符。科技要素也可以通过技术交易来实现，然而，据《中国科技统计年鉴》提供的技术市场交易金额数据，四川在全国排在第10位，重庆排在全国第20位，说明技术交易没有明显地弥补科技产出的不足。科技成果来自大学、科研机构的科学家和研发人员，要弘扬科学家精神。成渝地区双城经济圈的科教资源与发达地区存在一定差距，要推动教育、科技、人才一体发展。同时，也要弘扬企业家精神，在创新驱动发展战略下，通过技术交易弥补本地科技产出的不足。

三、创新能力有待提升

据《中国区域创新能力评价报告 2023》，四川的区域创新能力居全国第 10 位，重庆的区域创新能力居全国第12位。其中的企业创新指标，四川居全国第16位，重庆居全国第 10 位，均与其地位不符。企业创新代表企业家精神将科技成果转化为生产力。表现在高技术企业数、高技术产业新产品销售收入与广东、江苏、浙江存在相当大的差距。经济学大师熊彼特认为，创新是经济发展的源泉。创新是指把一种新的生产要素和生产条件的“新组合”引入生产体系，主要包括五种情况，即引入一种新产品、引入一种新的生产方法或新工艺、开辟一个新的市场、获得原材料或半成品的一种新的供应来源、采取新的组织形式。林恩（G. Lynn）认为创新是始于对技术的商业潜力的认识而将其转化为商业化产品的整个行为过程。熊彼特认为创新活动来自企业家精神。除了获利动机之外，企业家精神还包括建立私人商业王国、对胜利的热情、创造的喜悦、坚强的意志、冒险之精神等，这些精神是优秀企业家的动力源泉，企业家是市场经济最稀缺的资源，是全社会的宝贵财富。成渝地区双城经济圈的创新创业文化不及京津冀、粤港澳、长三角等地区，应激发和保护企业家精神，增强成渝地区双城经济圈的创新能力和活力。

四、发展质量有待提高

高质量发展要求推动效率变革、质量变革、动力变革。效率变革要以尽可能少的资源投入获得尽可能大的效益，提高劳动生产率、投资回报率和全要素生产率。对于用地区生产总值与就业人员之比表示的劳动生产率，重庆居全国第 10 位，四川居全国第 26 位。高质量发展要注重经济发展质量变革，既要重视量的发展，更要树立质量第一的发展意识。新质生产力是绿色的生产力。对于以每万元地区生产总值能耗数据表示的绿色发展质量，重庆居全国第18位，四川居全国第19位。对于每亿元地区生产总值废气中主要污染物排放量，四川在全国排第10位，重庆在全国排第20位。在数字时代，新质生产力的重要表现是数字化生产力。对于电子商务销售额占地区生产总值的比重，四川在全

国居第14位，对于2020年的数字普惠金融指数，重庆居全国第11位，四川居全国第16位，与经济大省或直辖市的地位不符。高质量发展是全面建设社会主义现代化国家的首要任务，加快发展新质生产力，贯彻新发展理念，促进高质量发展，提升产业现代化水平，以科技创新为引领，积极促进产业高端化、智能化、绿色化。

第三节　未来展望

新质生产力是创新的、高质量的先进生产力，加快发展新质生产力需要通过制度创新促进科技创新，以科技创新促进产业创新，实现高科技、高效能、高质量等特征。党的二十届三中全会指出，健全推动经济高质量发展体制机制，健全因地制宜发展新质生产力体制机制[①]。推动技术革命性突破、生产要素创新性配置、产业深度转型升级，催生新产业、新模式、新动能，发展以高科技、高效能、高质量为特征的生产力。构建支持全面创新的体制机制，深入实施科教兴国战略、人才强国战略、创新驱动发展战略，统筹推进教育科技人才体制机制一体改革，提升国家创新体系整体效能。川渝地区地处西部内陆腹地，需要有效破解区位劣势，强化制度创新，充分依靠新质劳动者、劳动资料、劳动对象，促进新质生产力加快发展。

一、有效破解川渝的区位劣势

东部沿海地区的创新活动比较活跃，这与沿海区位优势有关。沿海地区的水运有较低的交易成本，因而有利于专业化分工和创新创业。亚当·斯密断言，全世界最先发达起来的国家或地区都是沿海沿江地区。重庆拥有长江黄金水道，四川宜宾、泸州处于长江上游，这些地方的码头文化稍强，但仍然与沿海地区不可同日而语。川渝地区最梦寐以求的是通江达海，沿长江从东部达海，这是远远不够的。中欧班列虽然可以向西开放，但运输成本与海运不可同日而语。西部陆海新通道的建设可以在一定程度上破解川渝的区位劣势，通过南向通道建设，从广西北部湾钦州港入海。西部陆海新通道是川渝融入21世纪海上丝绸之路的关键。通过交易成本的大幅度降低，有效激活新质生产力发展动能。

二、构建新质生产关系

生产力决定生产关系，生产关系反作用于生产力。生产关系必须与生产力发展要求相适应，发展新质生产力，必须进一步全面深化改革，形成与之相适应的新型生产关系。制度创新是科技创新、产业创新的先手棋。要完善科技进步的体制机制，加大科技投入、组织重大科技攻关，构建政产学研协同科研机制，充分发挥企业科技创新主体地

① 资料来源：《中国共产党第二十届中央委员会第三次全体会议公报》。

位作用及科研潜力，为科技人员营造良好环境，弘扬科学家精神；要构建有利于科研成果转化为生产力的体制机制，健全要素参与分配的机制，激发知识、技术、管理、数据等生产要素的活力，更好实现知识、技术、人才的市场价值。激发和保护企业家精神，营造鼓励创新、宽容失败的良好氛围，弘扬创新文化和企业家精神。要深化经济体制改革，建立高标准市场体系，促进生产要素向新质生产力顺畅流动；要建立健全加快产业转型升级的政策体系，促进传统产业转型升级，战略性新兴产业加快发展，未来产业加快培育。扩大高水平开放，发挥外贸需求、国际竞争对科技创新的激发作用，中学为体，西学为用，学习一切对人类有益的文明成果。政府要着力优化营商环境，持续打造市场化、法治化、国际化的营商环境。

三、培育新质劳动者

马克思认为生产力包括劳动者、劳动资料、劳动对象三个要素。通过新质劳动者、劳动资料、劳动对象及其创新组合实现新质生产力的发展。新质生产力靠科技，科技靠人才，人才靠教育，要畅通教育、科技、人才的良性循环。坚持科技是第一生产力、人才是第一资源、创新是第一动力。发展新质生产力的关键是培养人才，创新驱动发展，关键要靠人。要根据科技发展、产业发展、消费升级新趋势，优化高等学校学科设置和人才培养模式，为发展新质生产力、推动高质量发展培养急需人才。要着力培养造就战略科学家、科技领军人才和创新团队，着力培养造就卓越工程师、大国工匠，加强劳动者技能培训，不断提高各类人才素质，建设与现代科技进步、现代产业发展相适应的高素质劳动者队伍。激发和保护企业家精神，加快科技成果转化，激活全社会创新创业潜能。川渝要注重招才引智、招贤聚能。构建人才链、科技链、产业链一体发展的格局。

四、提升劳动资料现代化水平

马克思认为，劳动生产力是由多种情况决定的，其中包括工人的平均熟练程度，科学的发展水平和它在工艺上应用的程度，生产过程的社会结合，生产资料的规模和效能，以及自然条件。马克思在《资本论》中指出：“各种经济时代的区别，不在于生产什么，而在于怎样生产，用什么劳动资料生产。”自然科学和生产技术在社会生产中的作用日益增强，科学技术日益渗透到劳动力、劳动资料和劳动对象之中。科学技术不断改进劳动资料、拓展劳动对象，特别是促进生产工具的变革。马克思指出，“手推磨产生的是封建主的社会，蒸汽磨产生的是工业资本家的社会”，生产工具不仅决定生产力效果，还决定社会关系。手推磨的生产能力及生产组织方式与蒸汽磨不可同日而语，自动化、智能化的数字磨生产能力又要强于蒸汽磨，生产组织方式也发生了显著的变化。马克思认为扩大再生产有外延式扩大再生产和内涵式扩大再生产两种类型。外延式扩大再生产指单纯依靠增加生产要素的数量，如依靠增加劳动力、资金、设备及扩大生产场所来扩大生产规模。内涵式扩大再生产指主要依靠技术进步、提高生产资料质量、提高劳动和生产资料的效率来扩大生产规模。新质生产力是内涵式扩大再生产的生产力。着力提升劳动资料现代化水平，在生产中使用具有更高科技含量的劳动资料，使用更智能、更高效、更低碳、更安全的新型生产工具，从而提高新质生产力。

五、借力科学技术扩展劳动对象范围

马克思将劳动对象分为两类：一类是未经人类劳动加工的天然存在物，如捕获的鱼、砍伐的树木、开采的矿石等；另一类是经由人类劳动加工而成的物质，如合成的新材料。人类借助科技创新，不断扩展劳动对象范围。劳动对象的范围和领域在科学技术推动下不断扩展，大至天体宇宙，小至基因量子，上可入天，下可入地下海，都成为劳动对象，新材料、新能源、数据要素广泛运用，并释放出巨大的生产力。对现代科技和产业前沿领域的探索极大地丰富了劳动对象的种类和形态，拓展了生产边界。科技创新特别是颠覆性技术和前沿技术催生新产业、新模式、新业态，培育壮大战略性新兴产业和未来产业，开辟生产活动的新领域、新赛道。数字技术的广泛使用可扩展劳动对象，数字产业化和产业数据化使劳动对象更加丰富。在数字社会，劳动对象空间配置的范畴更广，时间约束也得到很大程度的放松。在经济发展方式上，由主要依靠第二产业带动向依靠第一、二、三产业协同带动转变，由主要依靠增加物质资源消耗向主要依靠科技进步、劳动者素质提高、管理创新转变。

总之，发展新质生产力是推动高质量发展的内在要求和重要着力点。中国共产党重庆市第六届委员会第五次全体会议强调，加快打造全国高质量发展的重要增长极和新的动力源，要因地制宜发展新质生产力，加快建设国家重要先进制造业中心，大力发展现代生产性服务业，持续推进科技创新和产业创新深度融合，加快构建以先进制造业为骨干的现代化产业体系。中国共产党四川省第十二届委员会第五次全体会议强调，扎实推进高质量发展，大力推进成渝地区双城经济圈建设，深入实施"四化同步、城乡融合、五区共兴"发展战略，以发展新质生产力为重要着力点，加快发展方式、发展动力、发展领域、发展质量变革，努力实现质的有效提升和量的合理增长。在党的二十届三中全会精神、习近平经济思想指导下，在成渝地区双城经济圈建设国家战略的支持下，川渝两地要紧扣中国式现代化这一目标及高质量发展这一主线，坚持制度创新、科技创新、产业创新有机协同，加快建成西部陆海新通道，有效破解川渝的区位劣势；深化改革，构建新质生产关系、推动新质生产力发展。着力提升科教水平，培育新质劳动者，提升劳动资料现代化水平，借助科学技术扩展劳动对象范围，定会实现川渝地区新质生产力的加快发展。

本章参考文献

杰克逊 M O. 2019. 人类网络：社会位置决定命运. 余江，译. 北京：中信出版集团.

雷学. 2024. 中国新质生产力水平测度、区域差异分解及动态演进. 工业技术经济，43（6）：30-39.

李阳，陈海龙，田茂再. 2024. 新质生产力水平的统计测度与时空演变特征研究. 统计与决策，40（9）：11-17.

施雄天，余正勇. 2024. 我国区域新质生产力水平测度、结构分解及空间收敛性分析. 工业技术经济，43（5）：90-99.

孙丽伟，郭俊华. 2024. 新质生产力评价指标体系构建与实证测度. 统计与决策，40（9）：5-11.

王珂，郭晓曦. 2024. 中国新质生产力水平、区域差异与时空演进特征. 统计与决策，40（9）：30-36.

吴继飞，万晓榆. 2024. 中国新质生产力发展水平测度、区域差距及动态规律. 技术经济，43（4）：1-14.

习近平. 2024. 发展新质生产力是推动高质量发展的内在要求和重要着力点. 求是，11：4-8.

叶振宇，徐鹏程. 2024. 中国新质生产力指数：理论依据与评价分析. 兰州大学学报（社会科学版），52（3）：23-35.

张哲，李季刚，汤努尔·哈力克. 2024. 中国新质生产力发展水平测度与时空演进. 统计与决策，40（9）：18-23.

中国科技发展战略研究小组，中国科学院大学中国创新创业管理研究中心. 2023. 中国区域创新能力评价报告 2023. 北京：科学技术文献出版社.

中国科学技术发展战略研究院. 2023. 中国区域科技创新评价报告 2023. 北京：科学技术文献出版社.

周佳卉. 2024. 高质量发展要素投入视角的新质生产力的统计测度、空间相依和影响机制研究. 统计与管理，39（1）：6-16.

祝志勇，杨凤梅，李维莉. 2024. 新质生产力三维创新生态系统及水平测度分析. 云南财经大学学报，40（6）：1-14.

第九章　成渝地区双城经济圈科技创新空间布局的成就、挑战与展望

当今世界正经历百年未有之大变局，随着新一轮科技革命与产业变革的迅猛发展，科技创新已经成为其中的关键变量之一。2020 年，中央财经委员会第六次会议召开，做出推动成渝地区双城经济圈建设、打造高质量发展重要增长极的重大决策部署，提出要使成渝地区成为具有全国影响力的重要经济中心、科技创新中心、改革开放新高地、高品质生活宜居地，即“两中心两地”。2021 年印发的《规划纲要》进一步提出了实现这一重大战略的具体路线，其中在第六章“共建具有全国影响力的科技创新中心”中明确提出要优化创新空间布局。“统筹天府国际生物城、未来科技城和成都高新区等资源，建设西部（成都）科学城。瞄准新兴产业设立开放式、国际化高端研发机构，建设重庆两江协同创新区。依托重庆大学城、重庆高新区等，夯实智能产业、生物医学发展基础，建设西部（重庆）科学城。高水平建设中国（绵阳）科技城，鼓励大院大所发展孵化器、产业园。以‘一城多园’模式合作共建西部科学城。推动中国科学院等在双城经济圈布局科研平台。”[①]此后，成渝两地加快推进“一廊一带”区域协同创新布局，相继制定《成渝中线科创大走廊建设方案》《川渝毗邻地区融合创新发展带三年行动计划》等政策，高水平建设西部科学城，联合争取一批国家技术创新中心等重大创新平台落地。

“一极两中心两地”，是党中央赋予成渝地区双城经济圈的目标定位，即在西部形成高质量发展的重要增长极，建设具有全国影响力的重要经济中心、科技创新中心，建设改革开放新高地、高品质生活宜居地。作为成渝地区双城经济圈建设“一极两中心两地”战略任务的重中之重，成渝科技创新中心建设对实现成渝地区双城经济圈建设目标起着战略性引领和支撑作用，而其中优化科技创新空间布局又极具战略意义，良好的科技创新空间布局有利于优化产业结构，培育重要增长极，促进成渝地区双城经济圈新质生产力发展，从而更好地应对新一轮科技革命和产业变革加速演进的新态势。鉴于此，系统分析近年来成渝地区双城经济圈科技创新空间布局的发展变化，聚焦其成就及问题，并结合未来成渝科技创新发展的战略重点，提出进一步优化科技创新空间布局的现实路径，以期为成渝地区双城经济圈建成具有全国影响力的科技创新中心提供发展方向和对策建议。

---

① 中共中央 国务院印发《成渝地区双城经济圈建设规划纲要》，https://www.gov.cn/gongbao/content/2021/content_5649727.htm，2021-10-20。

第一节 进展成就

“科技创新走廊”是围绕城际交通主轴形成的科创要素集聚和流动、空间形态上呈廊带状的科技创新经济带。纵观国际科技创新的发展经验，全球创新要素呈现向经济条件、产业基础、人居环境较好的特定区域集聚发展的趋势，且依托交通要道呈“廊道”形状分布。例如，美国加州 101 公路科创走廊、美国波士顿 128 公路科创走廊、英国 M4 科创走廊、日本筑波—东京—横滨创新带等全球知名科创走廊以及长三角 G60 科创走廊、广深科技创新走廊等国内科创走廊，均是所在国家和区域经济活力和科技创新实力的象征，也是全球创新网络的重要组成部分。近年来，为打造科技创新中心，成渝地区双城经济圈正不断聚集创新要素，共建“一廊四核多点”科技创新空间布局。其中“一廊”是指沿成渝高速公路复线或成渝中线高铁线路打造的“成渝科技创新走廊”；“四核”是指依托西部（重庆）科学城、重庆两江协同创新区、西部（成都）科学城、中国（绵阳）科技城打造的具有全国影响力的科学创新中心、技术创新中心、产业创新中心、人才创新中心，形成科技创新中心的核心引擎；“多点”是指依托成渝两地 10 余个国家级高新区，打造一批科技创新卫星城市和区域（陈涛等，2021）。成渝地区双城经济圈以此为核心架构，在科技创新空间布局上取得了一系列的进展成就。

一、主要科创要素布局总量增长明显

在诸多科创要素的总量上实现不断增长，是优化科技创新空间布局的重要基础。专利授权和技术市场情况，可以在一定程度上反映出科创产出要素的水平。R&D 内部经费和人员的投入水平可以反映科创投入要素的水平。高新技术企业则是前沿性新兴重要领域的活动主体。从以上要素的绝对量看，成渝地区双城经济圈的科创要素布局总量保持良好的增长态势，多个指标实现多年连续增长，其增长趋势在《规划纲要》出台之后更为明显（表 9-1 和表 9-2）。

表 9-1 2018—2023 年重庆市主要科创要素布局总量的情况

年份	专利授权数/件	技术市场成交额/亿元	技术市场合同数/项	R&D 人员全时当量/人	R&D 内部经费支出/亿元	高新技术企业数量/家
2018	45 688	188.353	2 952	91 973	410.209	2 504
2019	43 870	56.652	3 822	97 602	469.571	3 141
2020	55 377	117.787	3 592	105 712	526.794	4 222
2021	76 206	184.518	7 266	123 446	603.841	5 108
2022	66 467	559.469	6 919	128 878	686.648	6 348
2023	54 100	865.100	11 281	—	—	7 565

资料来源：根据《中国科技统计年鉴》以及重庆市各年度国民经济和社会发展统计公报的有关数据整理而来

表 9-2　2018—2023 年四川省主要科创要素布局总量的情况

年份	专利授权数/件	技术市场成交额/亿元	技术市场合同数/项	R&D 人员全时当量/人	R&D 内部经费支出/亿元	高新技术企业数量/家
2018	87 372	996.701	15 192	158 847	737.081	4 200
2019	82 066	1 211.954	13 232	170 777	870.952	5 669
2020	108 386	1 244.593	20 465	189 829	1 055.285	8 154
2021	146 937	1 388.695	18 497	197 143	1 214.521	10 210
2022	135 507	1 643.530	23 620	227 141	1 215.014	14 582
2023	113 073	1 951.600	28 409	—	—	16 898

资料来源：根据《中国科技统计年鉴》以及四川省各年度国民经济和社会发展统计公报的有关数据整理而来

具体而言，在投入要素上，四川省和重庆市 R&D 人员全时当量和 R&D 内部经费支出两项指标均各自保持连续增长；2018—2022 年，四川省、重庆市的 R&D 人员全时当量年均增加 1.7 万人、0.9 万人，R&D 内部经费支出年均增加 119.5 亿元、69.1 亿元①。从技术市场情况看，2023 年四川省和重庆市合计的技术市场成交额增至 2018 年的 2.4 倍左右，技术市场合同数达到 2.2 倍左右，高新技术企业数量达到 3.6 倍以上，呈现较强发展势头和活力。

二、区域性集聚发展优势逐步形成，要素投入结构及其空间布局不断优化

《中共四川省委关于深入贯彻习近平总书记重要讲话精神 加快推动成渝地区双城经济圈建设的决定》明确要“做强成都极核和主干功能”，“培育壮大区域中心城市”，点名绵阳、德阳、乐山、宜宾、泸州、南充、达州等为全省区域中心城市。依托成都、重庆及上述七大区域中心城市（以下简称“中心九市”）形成集聚发展优势，是打造全国重要科技创新中心之关键。从科创要素投入情况看，成渝地区双城经济圈创新发展的集聚优势正不断强化，表现为“中心九市”R&D 经费投入及 R&D 经费投入强度不断提高，R&D 经费投入占全国总投入的比重从 2018 年的 5.49%提升至 2022 年的 5.83%（表 9-3）。

表 9-3　2018—2022 年成渝地区双城经济圈“中心九市”R&D 经费投入情况

年份	R&D 经费投入/亿元	R&D 经费投入占全国总投入的比重	R&D 经费投入强度
2018	1081.0548	5.49%	2.08%
2019	1260.9881	5.69%	2.22%
2020	1480.9585	6.07%	2.48%
2021	1695.2429	6.06%	2.54%
2022	1793.9852	5.83%	2.57%

资料来源：根据《中国城市统计年鉴》有关数据整理而来

由于 2023 年 R&D 经费投入相关数据尚未公布，因此该表数据仅更新至 2022 年

① 未进行特别说明的情况下，四川省或重庆市口径下与 R&D 活动相关的各项数据，均取自《中国科技统计年鉴》，后文不再标注。

面向 2025 年，《规划纲要》明确提出“研发投入强度达到 2.5%左右”和“科技创新中心核心功能基本形成”的建设目标。2022 年，“中心九市”R&D 经费投入强度已超过 2.5%，提前实现《规划纲要》提出的目标，体现出中心城市的发展引领作用；R&D 经费投入占全国总投入的比重明显提高，一度达到 6%以上。此外，四川省 2022 年 R&D 经费投入超过 20 亿元的市有 7 个，分别为成都市、绵阳市、德阳市、宜宾市、泸州市、眉山市、南充市，上述城市除眉山市以外均为中心城市。可见，科技创新中心的核心功能建设初具成效，要素空间布局不断优化，创新吸引力、向心力不断提升，在全国范围内的发展地位进一步提高。

基础研究投入及占比可以反映地区原始创新能力。成为具有全国重要影响力的科技创新中心，需以较强的基础研究实力为支撑，应具备成为创新策源地的潜力。2022 年四川省全省基础研究经费为 71.8 亿元，比上年增长 23.6%，基础研究支出占总 R&D 经费投入的比重为 5.9%，比上年提升 1.1 个百分点；重庆市基础研究经费为 35.1 亿元，比上年增长 18.0%，基础研究支出占 R&D 经费投入的比重为 5.1%。成渝地区双城经济圈的基础研究投入规模和占比提升明显，原始创新能力逐渐增强。

三、创新平台建设成效卓著，以人工智能为代表的新兴领域快速发展

“十四五”时期成渝地区双城经济圈基于“一城多园”“一廊多点”发展格局，高能级科创力量逐渐呈现“重大科技基础设施+国家实验室+国家级科技创新平台+前沿交叉平台”的全体系化布局，有力支撑着前沿创新的发展。在国家高能级创新力量的部署方面，成渝区域集聚着超 200 所高校及发达产业基础等创新资源，布局集中在生物医药（1 个大科学装置+1 个国家实验室+1 个前沿交叉平台+1 个国家产业创新中心）、空间天文（1 个大科学装置+3 个前沿交叉平台）、空天动力（1 个国家实验室）、深地科学（1 个大科学装置+1 个前沿交叉平台）、先进核能（1 个大科学装置）等领域。成渝地区双城经济圈大科学装置布局数量在国内位于前列，2023 年四川省人民政府工作报告明确指出四川的国家大科学装置已达到 10 个，居全国第 3 位。仅成都而言已建成的大科学装置有 3 个，分别是中国环流器二号 M 装置、高海拔宇宙线观测站、转化医学国家重大科技基础设施（四川），在规划建设的有 3 个。截至 2024 年 5 月，11 个国家大科学装置、5 个国家产业创新中心、西部第一个国家实验室在川渝落地建设，有的已经产出具有全球影响力的科技成果；川渝首批 3 个共建重点实验室正式认定，17 家全国重点实验室完成优化重组，在先进核能、生物医药、空气动力等多个领域形成原始创新集群（胡旭，2024）。重庆目前虽然暂时没有纳入国家规划的大科学装置，但已自主谋划布局 6 个。西部（重庆）科学城在 2023 年 8 月已集聚院士 23 名，国家级人才超 300 名，研发人员 2.5 万人，引进重大科创平台 44 个。西部（成都）科学城，有着“一核四区”[①]布局，“四区”

① “一核”即成都科学城，“四区”即新经济活力区、成都天府国际生物城、东部新区未来科技城和新一代信息技术创新基地。

中的成都天府国际生物城累计落户重要产业项目逾300个，总投资超1200亿元；由高新区主导开发建设的成都未来科技城，2022年引进重大项目18个，总投资近1100亿元。

党的二十大报告指出："推动战略性新兴产业融合集群发展，构建新一代信息技术、人工智能……一批新的增长引擎。"①在人工智能的赛道上，成渝地区双城经济圈已跑在全国前列。自2021年以来，成都先后获批建设国家新一代人工智能创新发展试验区和国家人工智能创新应用先导区，大力推进产业建圈强链，经过三年培育，已基本实现基础层、技术层和应用层产业链全覆盖，奠定了良好的发展基础。2023年，成都人工智能产业规模达780亿元，2021—2023年的复合增长率达40%，拥有企业近900家，产业竞争力稳居中西部第一。在数字经济方面，四川2023年数字经济核心产业增加值为4899.07亿元，占地区生产总值的比重提升至8.1%；重庆2022年数字经济核心产业增加值为2240.6亿元，占地区生产总值的比重为7.7%，相比于2020年提升0.4个百分点。这些数据表明，以人工智能为代表的前沿新兴领域在成渝地区双城经济圈得到快速发展，展现出了较为强劲的发展势头及巨大的经济潜力。

第二节　问题与挑战

实施创新驱动发展战略必须以推进教育、科技、人才"三位一体"统筹发展为前提。当前，成渝地区双城经济圈的科技创新发展及其空间布局还面临诸多挑战，既包括科创投入、科创产业及企业、科创平台等内部要素布局不够合理的问题，也包括高等教育、高层次人才及体制机制等协同创新要素供给相对不足、布局不够同步的问题。

一、原始创新集群建设亟待加强，优质高等教育资源布局不足

高等教育是实现知识创新、推动技术进步、培养创新人才的主阵地，是教育、科技、人才"三位一体"系统的核心连接点（张会庆，2023）。各高校通过有组织科研和有组织人才培养，支撑引领科技和人才子系统之间的协同发展，推动社会系统的整体发展。高质量的高等教育体系能为社会经济的快速发展提供有力的人才支持和科技创新动力，奠定国家在全球创新网络中的基本地位（王思懿，2024）。在高等教育系统中，高水平研究型大学是从事原始创新的主力，是原始创新集群中最为核心的主体。在我国，"双一流"建设高校处于高等教育金字塔顶端，通常拥有充足的经费资源、一流的师资队伍和优秀的生源，是我国高水平研究型大学的代表。A类学科数量能较好地代表高校办学质量和学科实力。如果一个学科在学科评估中被评为A类学科，那么就说明这所大学的这个学科在国内处于前10%的水平，是对学科实力的官方认证。从第二轮"双一流"建设高校及建设学科名单和第四轮高校学科评估结果看，成渝地区双城经济圈拥有

① 高举中国特色社会主义伟大旗帜 为全面建设社会主义现代化国家而团结奋斗——在中国共产党第二十次全国代表大会上的报告，https://www.gov.cn/gongbao/content/2022/content_5722378.htm，2024-08-21。

“双一流”建设高校 10 所，A 类学科 34 个，这两项指标均处于全国各大城市群后两位。从占比上看，A 类学科数量占 A、B、C 类学科总数的 10.30%，为在列城市群最低；A 类学科数量占比和“双一流”建设高校数量占比均明显低于全国水平（李立国和田浩然，2024），详见表 9-4。从该角度而言，成渝地区双城经济圈优质高等教育资源的布局水平，并不能很好地适应《规划纲要》提出的“打造学科内涵关联、空间分布集聚的原始创新集群”（袁野等，2024）的需求，基础研究和原始创新尚难发挥引领作用。

表 9-4　我国五大城市群优质高等教育资源布局情况

城市群	A 类学科		“双一流”建设高校	
	数量/个	占比	数量/所	占比
珠三角城市群	31	12.35%	7	4.32%
长三角城市群	227	20.20%	34	8.95%
京津冀城市群	220	25.26%	36	13.00%
长江中游城市群	81	13.82%	11	3.50%
成渝地区双城经济圈	34	10.30%	10	5.00%
全国	710	14.04%	148	11.95%

资料来源：根据教育部公开数据整理而来

由于成渝地区双城经济圈总体上具有较为明显的高等教育规模优势，“双一流”建设高校数量在西南地区排名靠前，成渝地区双城经济圈集聚了大量年轻的大学生群体，其大学在校生规模不仅在西南地区靠前，在全国范围内也呈现一定的数量优势。根据智联招聘联合泽平宏观推出的《中国城市 95 后人才吸引力排名：2023》，在地处内陆的新一线城市中，成都对 95 后人才的吸引力和人才集聚程度排名第一，人才净流入占比高出总体 0.3 个百分点。2022 年，成渝地区双城经济圈的本专科、硕士和博士在校生规模分别为 307.11 万人、23.40 万人、3.07 万人，普通高校数达 196 所，专任教师规模达到 15.46 万人[①]。但从层次结构看，硕士在校生规模占比为 7.01%，博士在校生规模占比为 0.92%。无论是相比于同等经济收入条件下的国际平均水平，还是相比于全国水平，相关比例均明显偏低（李立国等，2022）。这从层次上进一步反映出加强原始创新能力建设，以及优质高等教育资源布局的必要性和迫切性。

二、对高层次创新人才的吸引力有待提升

人才是第一资源，是创新活动中最积极、最主动、最活跃的要素之一。作为教育活动和科技进步的主体性支撑，人才集聚优势的形成有助于进一步寻求科技创新优势。没有人才力量的注入，科学创新和技术攻关将难以开展。常住人口数量的增长是观察城市

① 根据 2023 年的《中国城市统计年鉴》数据整理得出本专科在校生规模、普通高校数和专任教师规模，以 2022 年的《中国教育统计年鉴》中四川省和重庆市合计的硕士、博士在校生规模为成渝地区双城经济圈研究生教育规模的代理变量，这是一个比实际值偏高的保守估测。

发展的重要数据，折射出一座城市的经济水平、发展潜力、城市吸引力。根据 2021 年 5 月国家统计局公布的第七次全国人口普查数据，成都首次以 2094 万常住人口进入我国超大城市行列。成为超大城市，意味着更强的城市吸引力，也意味着更强的辐射带动能力。成都和重庆同时跻身全国超大城市之列，充分体现了成渝地区双城经济圈的人口优势和潜力。自成渝地区双城经济圈建设正式启动以来，川渝两省市携手搭建人才集聚载体、推动区域人才高效聚集，已经取得明显的阶段性发展成效。目前，重庆和四川的人才资源总量已经超过 1700 万人，占到全国人才资源总量的 7.7%左右；2022 年，两地 R&D 人员数达 55.8 万人以上，R&D 人员全时当量超过 35.6 万人，大约分别占到全国总数的 5.95%和 5.79%。这为成渝地区双城经济圈的高质量发展提供了坚实的人才数量支撑。从支撑科技创新中心建设的角度看，成渝地区双城经济圈在人才总量方面已不再有明显短板，但是对高层次创新人才的吸引力相对不足的问题却愈发突出。

区域科技创新的发展既依赖于科技系统内部从事研发活动的人才，也依赖于从事科技创新应用、转化、承接、咨询服务、销售、反馈等工作的外部人才，即地区劳动力。从内部人才角度看，2021 年四川省和重庆市的 R&D 人员全时当量为 32.06 万人，其中博士毕业生数、硕士毕业生数和本科毕业生数的占比依次为 12.62%、23.25%和 68.50%，而全国水平对应数值为 12.84%、22.02%和 59.23%，川渝两省市 R&D 人员队伍中博士人才的占比仍低于全国水平。从外部人才角度看，2022 年四川省的就业总人口中的大学专科、大学本科、研究生三类受教育程度人口的占比依次为 9.8%、7.6%和 0.8%，重庆市对应数值为 12.6%、11.0%和 1.1%[①]，仅重庆市大学专科占比 1 个指标高于全国水平。通过以上同全国水平的比较可以发现，成渝地区双城经济圈的科创人才结构还并未在全国范围拥有创新优势，与重要人才中心、科技创新中心的定位也还依然有较大差距，尤其体现为以研究生人才为代表的高层次创新人才相对不足。

三、中心辐射带动作用发挥不足，集聚溢出效应有待进一步释放

区域要素分布的非均衡程度，如城市首位度、空间基尼系数等指标，常用以表征中心地区对于周边地区的辐射带动作用。在形成创新集聚优势的基础上，中心地区科技创新的进一步发展将会向周边地区延伸创新链条，进而分散化布局创新要素，表现为中心地区和周边地区之间要素分布体量差距的相对缩小。

表 9-5 显示，成都市和重庆市作为经济圈建设发展的最核心城市，2022 年的科创要素投入量（R&D 经费投入）和产出量（专利授权数）均占到川渝两地总量的 74%以上，相比于 2020 年，分别提高 0.53 个百分点和 6.52 个百分点，呈现出一定的“极化”发展态势，即占比在已经处于高位时进一步走高。从占“中心九市”总量的比重看，成都市和重庆市的科创要素产出量长期保持在其余 7 市总量的 4 倍以上，投入量在 2.5 倍以上。其他区域性中心城市的科创要素体量占比至今仍无明显提升，并不符合其协同创新中心的发展定位。

① 数据源自《中国劳动统计年鉴》。

表 9-5　2019—2022 年成都市和重庆市科创要素体量的占比情况

年份	专利授权数占川渝两地总量的比重	R&D 经费投入占川渝两地总投入的比重	专利授权数占“中心九市”总量的比重	R&D 经费投入占“中心九市”总投入的比重
2019	75.15%	68.79%	85.11%	74.23%
2020	73.78%	68.15%	83.50%	73.13%
2021	73.77%	67.96%	82.83%	72.80%
2022	74.31%	74.67%	81.22%	79.15%

一般而言，当城市群内部城市之间的1/2首位度即最大城市与次大城市的规模之比超过 2 时，便认为存在结构失衡、过度集聚的趋势。成渝地区双城经济圈明显已经超出这一标准。此外，有学者基于微观的专利数据得出具有高度一致性的结论：成渝地区双城经济圈发明专利合作网络的度数中心势为46.22%，中间中心势为30.25%，反映出重庆市中心城区与成都市在科技创新合作方面具有极核特征，而其他次级城市缺乏影响力和竞争力，使得成渝地区的科技创新呈现出“双核独大、中部塌陷、尾部聚集”的空间分布格局（刘鑫等，2022）。整体来看，成渝周边城市及次中心城市的发展尚不充分，科创要素城际空间布局所应发挥及体现的“集聚-溢出”效应尚不明显，同建成区域协同创新体系的目标之间还存在较为明显的差距。

第三节　未来展望

一、通过加强优质高等教育资源布局促进原始创新集群建设

对于成渝地区双城经济圈建设成为具有全国影响力的科技创新中心，提升原始创新能力及优化高等教育资源布局是实现这一目标的关键。其一，应出台综合性政策，通过财政拨款、科研补贴等诸多方式，支持成渝地区双城经济圈内高校和科研机构的创新项目，推动区域内高等教育资源与原始创新协同发展。例如，电子科技大学实施“创新驱动发展”战略，近年来获得政府和企业的大量资助，建成多个电子信息领域顶尖学科和科研平台。同时，优化科技创新空间布局，需要调动高水平研究大学之力，来共同建设科技创新园区和创新走廊，使创新资源更加集中、高效地运作，同时促进跨学科、跨领域的科研合作。其二，优化高等教育资源布局，对具有较大潜力的院校加大支持力度，提升其办学质量和科研实力。成渝两地高校应根据地方特色及需求，着力优化研究方向，加强特色学科建设，培养本地化高层次创新人才。例如，重庆大学与重庆市政府合作，共同推进“智慧城市”项目，建立了智慧城市研究院，汇集了大量科技资源和人才，推动了智能交通、智能制造等领域的创新发展。成渝地区双城经济圈应进一步整合成渝两地创新资源，建设具有国际影响力的一流大学高地。其三，推动科研成果向产业转化，建立高校、科研机构与企业之间的紧密合作机制。设立产学研联合实验室和创新

中心，鼓励成渝两地高校与企业共同申报科研项目。例如，重庆医科大学与四川大学华西医院达成战略合作联合开展医学研究。为更好地促进科研成果转化，应在科技创新空间布局方面，设立技术转移平台和知识产权交易中心，集中提供技术服务和商业化支持，以提高成果转化效率，为区域创新链和产业链的形成与发展添注活力。

扩大研究生教育规模，提高其在高等教育总规模中的占比，是以优化高等教育资源布局推进教育、科技、人才“三位一体”统筹发展，深化创新驱动发展战略的重要举措。相比于我国其他主要城市群，成渝地区双城经济圈在顶尖大学和学科的布局上相对滞后，高等教育发展的层次重心还偏低。为此，成渝地区双城经济圈高校应大力发展研究生教育，提升高层次人才的自主培养水平和质量，形成研究创新与科技应用并重的培养模式。例如，四川大学设立“研究生科研创新基金”，支持研究生开展自主科技创新项目，并涌现出一批具有国际影响力的成果。扩大研究生教育规模不仅能增加高层次人才的供给，还能通过高水平科研项目的开展推动原始创新。成渝地区双城经济圈高校应效仿以四川大学、电子科技大学等为代表的高校的成功做法，设立与原始创新相关的优势学科，形成特色鲜明、竞争力强的学科集聚，通过学科交叉与融合助力原始创新。此外，通过合理的科技创新空间布局，成渝地区双城经济圈可以集中各高校的研究力量，在融通高层次人才培养活动的基础之上，探索共建研究生创新园区，提供更为完善的研究基础设施和政策资源组合，进而提高整个知识圈的发展活力和科研水平。另外，应持续提高基础研究经费占科研经费总投入的比例，鼓励多渠道增加基础研究资金来源。成渝地区双城经济圈高校和科研机构应加强基础研究能力建设，设立专项资金支持前沿探索。例如，西南交通大学通过设立“前沿科学研究院”“轨道交通技术研发中心”等机构，从组织及保障层面专门支持基础研究。

二、通过吸引和集聚高层次创新人才坚实区域创新格局的发展根基

成渝地区双城经济圈作为中国尤其是西部地区经济发展的新引擎，具备独特的地理位置和经济基础，有望成为创新人才的集聚地。然而，要实现这一目标，需要系统化的策略和政策的支持，以营造吸引高层次创新人才的环境。

首先，应大力完善科研基础设施、改善科研环境。政府应加大对科技园区、实验室和研究机构的投资，打造一流的科研平台，提供先进的科研设备和充足的科研资金。同时，应建立健全创新创业孵化体系，为初创企业提供从创意到市场的全链条支持，涵盖办公场地、技术指导、市场推广等方面。尤其重要的是，应提高R&D人才队伍中博士人才的比重，吸引更多扎根成渝、全职入驻的高层次博士人才。为此，政府和企业应联合设立专项引才基金，提供有竞争力的薪酬、科研启动资金和优厚的生活待遇，以确保高层次人才的顺利引进和稳定。此外，政府还应鼓励高校和科研机构与企业合作，促进科技成果转化，形成产学研结合的创新生态。这种环境不仅能吸引高层次人才，还能激发本地人才的创新活力，形成良性循环。

其次，应着力优化成渝地区双城经济圈的人才政策。政府应制定具有竞争力的引才

政策，包括在科研经费、住房补贴、子女教育、医疗保障等多方面提供丰厚的福利待遇。同时，应简化人才引进和居住的行政手续，建立一站式服务平台。要着重吸引更多具有研究生学历的劳动力人才，为科技创新的发展提供更为丰富的通用型人力资本。政府应与高校和科研机构合作，开设更多针对研究生的专项培养计划，并通过校企合作、实习项目和人才培养基地，增强研究生人才的实践能力和就业竞争力。此外，应鼓励和支持企业为高层次人才提供职业发展空间和培训机会，通过灵活的用人机制和激励机制，提升人才的归属感和满意度。只有让高层次人才感受到充分的尊重和发展的空间，他们才会选择长期留在当地，并为当地的经济和科技发展贡献力量。

最后，应提高成渝地区双城经济圈的国际化水平，以吸引全球创新人才。政府应积极搭建国际合作平台，吸引国际科研机构和跨国公司落户，为本地和国际创新人才提供交流和合作的机会。同时，应大力发展国际化的教育和医疗服务，为来自海外的高层次人才及其家属提供优质的生活配套。此外，成渝地区双城经济圈还注重城市文化和生活品质的提升，打造宜居宜业的城市环境。通过举办国际性科技论坛、文化交流活动和创新竞赛等，提升城市的国际知名度和吸引力。只有全面提升国际化水平，成渝地区双城经济圈才能真正成为全球创新人才的向往之地。

综上所述，成渝地区双城经济圈要想成功吸引和集聚高层次创新人才，需要从完善科研基础设施、改善科研环境，优化人才政策，以及提高国际化水平等方面入手，同时注重提高博士人才的比重和吸引高层次学历劳动力，打造良好的创新生态系统。

三、通过释放集聚-溢出效应促进区域创新协同与城际发展平衡化

成渝地区双城经济圈在打造科技创新中心的过程中，须释放集聚-溢出效应，进一步促进区域创新协同与城际发展平衡化。相关措施应主要着眼于集聚高端资源、增强区域间的合作、优化资源配置，并充分调动成渝之外的七大区域中心城市的积极性。

首先，成渝地区双城经济圈应建立高效的创新资源共享机制。构建区域性科技创新网络平台，打破城市之间的信息壁垒，实现科研成果、人才、资金和信息的互联互通。政府可以推动建立跨区域的科技创新联盟，鼓励高校、科研院所和企业共建联合实验室、共享科研设施和创新资源。设立创新基金，支持跨区域的科研合作项目，促进科技成果的快速转移和应用。此外，还应建立开放的知识产权交易平台，简化知识产权转让和共享的程序，确保创新资源能够在区域内高效流动，从而带动整个经济圈的科技进步。

其次，应推动成渝地区双城经济圈内的城市在产业链和创新链上的互补与协同。成渝两地应根据各自的优势和特色，明确产业定位，形成互补的产业结构。例如，成都可以重点发展电子信息、生物医药等高科技产业，而重庆可以凭借其制造业基础，重点发展智能制造、新能源汽车制造等产业。通过加强产业链上下游的对接与合作，形成完整的产业生态链，提升区域内各城市的竞争力。政府应制定相应的政策，鼓励企业在成渝两地设立研发中心、生产基地和销售网络，推动跨区域的产业合作。此外，还应加大对交通基础设施的投入力度，提升成渝两地之间的交通便利度，降低物流成本，增强区域

内的资源流动性，从而实现产业的协同发展。

最后，成渝之外的七大区域中心城市应积极融入成渝地区双城经济圈的创新发展战略，发挥各自的优势，共同促进区域创新协同与城际发展平衡化。第一，这些城市应与成渝两地建立紧密的合作关系，通过签署合作协议、建立联合工作机制等方式，确保政策协调和资源共享。例如，绵阳作为中国科技城，可以在高新技术研发和军民融合领域深化与成渝两地的区际合作。第二，这些城市应根据自身的产业特色，积极融入成渝地区双城经济圈的产业链和创新链。例如，宜宾可以发挥其在绿色化工和智能终端制造方面的优势。第三，这些城市应积极参与区域性创新平台的建设，共同推动科技创新和产业升级。例如，可以在成渝地区双城经济圈内联合举办科技创新论坛、设立跨区域创新基金等，促进各城市在科技资源和创新成果方面展开广泛交流和合作；积极引入和承接高水平研究型大学的异地校区、跨区域研究中心或科研机构等，以增强自身原始创新能力。

本章参考文献

陈涛，王思懿，吴戈，等. 2021. 成渝地区双城经济圈科技创新中心建设：现状、问题及对策. 中国西部，(6)：23-31.

重庆市人民政府网. 2023. 西部科学城 川渝共筑科技创新“一座城”. https://www.cq.gov.cn/zt/cydqscjjq/chscjjhjjq/202308/t20230801_12205515.html[2024-07-10].

胡旭. 2024. 唱好新时代西部“双城记”. 求是，(11)：70-76.

李立国，田浩然. 2024. 城市群高等教育资源配置优化与世界重要人才中心和创新高地建设. 高等教育研究，45(2)：1-12.

李立国，赵阔，杜帆. 2022. 经济增长视角下的高等教育层次结构变化. 教育研究，43(2)：138-149.

刘鑫，邓斯嘉，赖彦钊. 2022. 区域创新共同体的府际合作机制及其建设发展对策：以成渝地区双城经济圈为例. 科技管理研究，42(24)：91-100.

澎湃新闻. 2021. 成都新晋全国超大城市，城区常住人口全国第六！专家这样看. https://www.thepaper.cn/newsDetail_forward_14621116[2024-07-10].

王思懿. 2024. 中国如何建设世界重要人才中心和创新高地. 重庆高教研究，12(2)：14-24.

新华网. 2023. 高质量发展新画卷丨创新驱动 成都构筑生物医药产业发展新高地. http://www.news.cn/2023-05/09/c_1129600935.htm[2024-07-08].

袁野，祖纯，尹西明，等. 2024. 区域科技创新中心支撑高质量发展的理论逻辑和实现路径研究：以中国西部（重庆）科学城为例. 科学学与科学技术管理：1-27.

张会庆. 2023. 复杂科学视域下教育科技人才“三位一体”协同发展的逻辑与路向. 教育评论，(7)：14-22.

张震. 2022. 决战四季度，成都高新区聚力攻坚四大重点片区建设. https://www.thepaper.cn/newsDetail_forward_22218137[2024-07-11].

第十章　成渝地区双城经济圈技术转移支撑协同创新的成就、困难与展望

《规划纲要》提出成渝地区双城经济圈共建具有全国影响力的科技创新中心的发展目标。提升协同创新能力作为共建具有全国影响力的科技创新中心的重要内容，实现路径之一在于共建创业孵化、科技金融、成果转化平台，打造成渝地区双城经济圈一体化技术交易市场。专业的技术转移机构、专业的技术转移人才在成果供给端和产业需求端的有效衔接上发挥着关键性作用。习近平总书记多次就“推进科技创新和科技成果转化上同时发力”[①]做出重要指示。2020年，科技部、教育部研究制定了《关于进一步推进高等学校专业化技术转移机构建设发展的实施意见》，要求创新促进科技成果转化机制，进一步提升高校科技成果转移转化能力。促进高校等研究机构的前沿研究成果从实验室转移到能够提供有益产品和服务的企业行业成为社会发展与经济建设的迫切需要，让科技成果“纸变钱”，也是科技成果用之于民、造福于民的有力体现。

在此背景下，成渝地区双城经济圈加强技术转移转化工作的体制机制改革，加大技术转移人才培养力度，促进区域合作交流，以技术转移支撑协同创新，提升成渝地区双城经济圈的协同创新能力，实现“大学–企业–政府”的产学研一体化。

第一节　亮点与成就

以成都、重庆两城为核心的成渝地区双城经济圈早在2019年就预见性地加大了对技术转移人才的扶持力度，出台了《成都市技术经纪（经理）人队伍建设三年行动计划》《重庆市促进科技成果转化条例》等系列制度、条款、细则，在加强科技成果供给、强化技术经纪（经理）人激励、健全转化服务体系、加强要素资源配置、加强政府协调统筹等方面着力，用技术转移支撑区域协同创新。成渝地区双城经济圈内的高校院所、技术转移机构、科技企业等单位积极响应经济圈关于技术转移转化的相关政策，在提升高校技术转移转化能力、加强区域合作、加强技术转移人才培养方面取得了显著成效。

---

① 新时代治蜀兴川 总书记要求从这四方面发力，http://politics.people.com.cn/n1/2023/0731/c1001-40047552.html，2023-07-31。

一、高校技术转移转化能力持续提升

高等院校是科学研究的策源地和科技成果的聚集地，是建设创新型国家的重要战场。构建高校技术转移转化体系、提升高校技术转移转化能力，是提升政府、产业和高校之间协同创新能力的关键。

以西南交通大学为例，于 2017 年试行《西南交通大学职务科技成果转化实施细则》，规范职务科技成果转化实施流程，尤其是对科技成果转化方式、定价方式、转让或许可流程、作价投资流程以及收益分配进行了说明，为职务科技成果转化管理提供了具体操作规程，如图 10-1 所示。

2022 年，西南交通大学试行《西南交通大学关于激励科技成果转化人促进科技成果转化的意见》，加强对科技成果转化人（以下简称转化人）的激励。该文件明确由学校、转化人所在二级单位和科技成果完成人（以下简称完成人）共同对转化人进行收益奖励，学校从可支配的 15%的收益中提取不超过 30%奖励给转化人；完成人所在二级单位从可支配的 15%的收益中，提取与学校同等比例的收益奖励给转化人；鼓励完成人从可支配的收益中提取部分比例对转化人进行奖励。转化人总收益比例不超过成果转化总收益的 20%。西南交通大学要求转化人及时跟踪成果转化运行情况及产生的经济、社会效益，每年提供年度报告，鼓励转化人对所进行的转化项目进行股权投资，探索期权奖励制度、职称晋升制度。

在这样的制度保障和激励下，西南交通大学实现了科技成果从“纯粹国有制”到“混合所有制”、从“先转化后确权”到“先确权后转化”、从“奖励性利益”到“可转化权利”的“三个转变”，充分激发了科研人员从事创新创造的热情和动力。此项改革经验也在多家主流媒体上得到了专题报道，被誉为科技领域的“小岗村试验”。

二、技术转移专门机构深化区域合作

四川于 2015 年就成立了国家技术转移西南中心（以下简称西南中心）。作为国家在西南地区布局的区域性、国家级技术转移中心，也是四川唯一的国家技术转移人才培养基地，西南中心下设综合管理部、战略研究部、技术交易部、市场扩展部和载体运维部，构建了“1+4+*N*”的西南技术转移转服务体系，即以成都高新区菁蓉国际广场为核心载体；在重庆、云南、贵州、西藏四省（自治区、直辖市）建立西南中心分中心；持续构建加拿大北美分中心、成都天府新区、绵阳高新区等多个技术转移分中心及工作站。西南中心重视推动技术交易与电子商务的有效结合，推出科易宝在线交易系统，提供包括网上交易通道、线下鉴证网络、交易过程服务和交易流程规范在内的四类服务，重点解决技术交易中款项金额大、分批次、个性化的资金安全支付问题，并且根据技术商品无形特点创造特殊“物流”通道，确保在技术资料交付过程中第三方不能截获、接收方不可抵赖，并实现数据即时存证。科易宝在线交易系统通过规范网上交易和线下服务过程，希望能够解决技术转移服务难以规范化、难以可视化和难以标准化的问题，同时注重技术交易过程中的个体性，提供配套的专业服务支持。

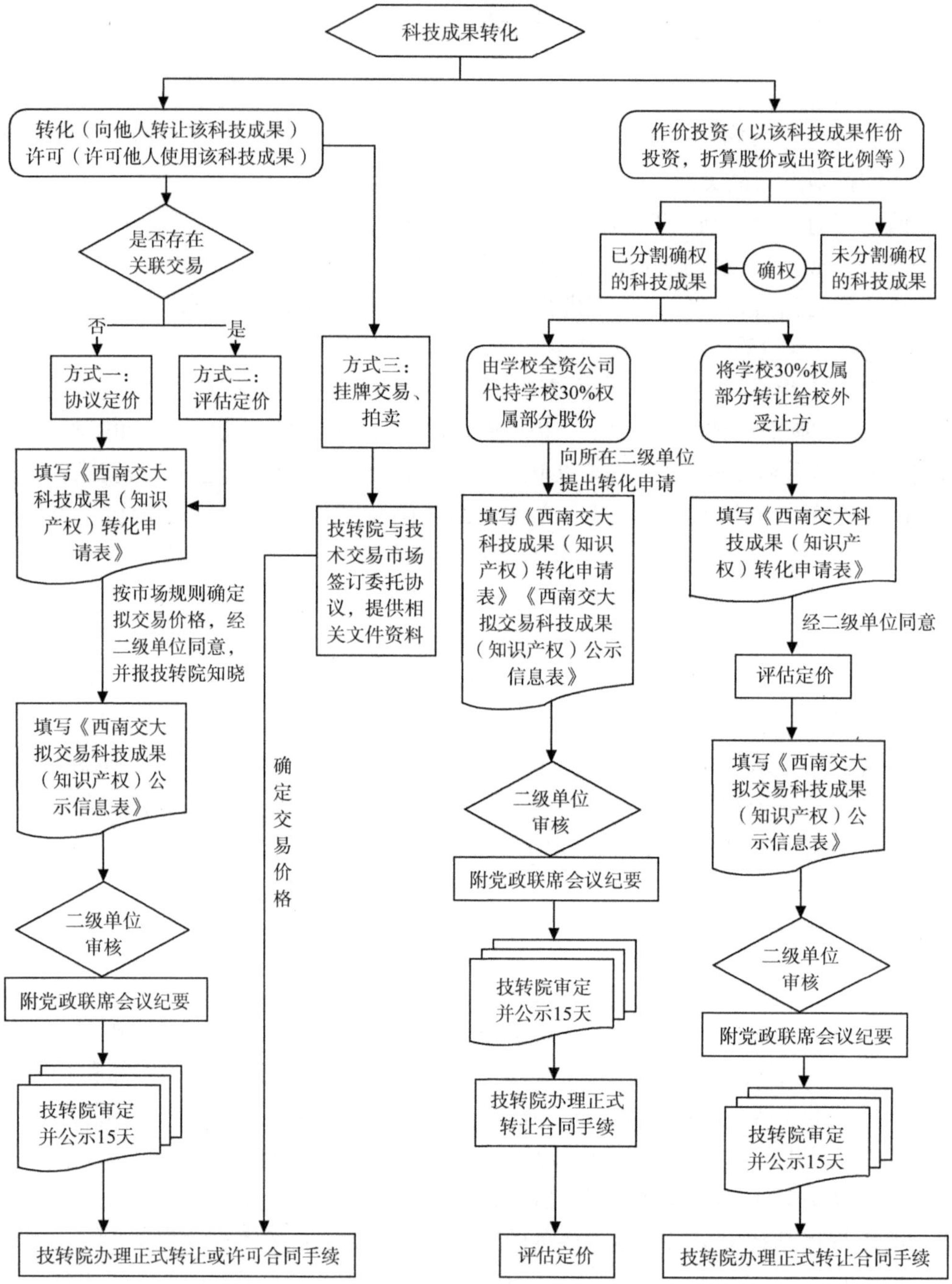

图 10-1　西南交通大学职务科技成果转化管理具体操作规程

资料来源：西南交通大学官网

2020 年 5 月，四川省科学技术厅和重庆市科学技术局商定《2020 年川渝两地科技部门协同创新工作清单》，2021 年四川省技术转移中心和重庆技术评估与转移服务中心联合发起了成渝地区双城经济圈技术转移联盟，纳入了 79 家产、学、研、资、介单位，推动两地科技成果双向转移转化。

三、技术转移工作培训日益规范

技术转移专门人才作为“知政策、精技术、会管理、懂金融、明法律、通市场、擅转化”的高素质复合型人才，其培养培训不同于一般的学术型人才，不仅需要增强其相关领域的专业知识，也需要培养他们关于信息获取、技术鉴别、评估预测、组织洽谈、计划与实施、市场开拓、协调沟通等多方面的能力（Lavoie and Daim，2019），使其能够成功将高校、科研院所的科技成果转移、转化到实际工作中。

成渝地区双城经济圈技术经纪（经理）人的培养培训目前主要隶属非学历教育。西南中心已经初步形成了立足成都、服务四川、辐射西南的技术经纪（经理）人网格化培训体系①，每年能够常态化地开展培训活动。以 2023 年为例，西南中心在成都各个区举办培训活动超过20场，来自高校院所、技术转移机构、企业等的2000余人参培。并且，西南中心立足成渝地区双城经济圈优势产业，在生物医药、智能制造领域和部分中试平台设立分基地，逐步建立起“中心+行业分基地+实训”的培养网格。截至2023年底，西南中心累计培养全省技术经理人近4000名。成都市还在2023年7月成立了成都市技术经理人协会，首批单位会员由在蓉高校院所、技术转移机构、科技企业等50余家单位组成，联动成都市及周边城市群的技术转移人才。

学历教育方面，成都市带头做出了有益探索。2023 年，中国共产党成都市第十四届委员会第三次全体会议通过的《中共成都市委关于坚持科技创新引领加快建设现代化产业体系的决定》做出“建设技术转移学院”部署，成都大学成立了专门的技术转移学院，负责技术转移工作和技术转移人才培养。截至 2024 年 3 月，成都大学已完成技术转移辅修专业方案和技术转移方向硕士培养方案设计（硕士暂未招生），并开设了两期在校大学生初级技术经纪（理）人培训班。此外，成都大学技术转移学院按照“学院+园区+企业+平台”的方式，已经与龙泉驿区创新创业孵化基地-汽车城集团签署战略合作协议，共建产业孵化基地，共育产业人才、助力产学研用成果转化。就培育的首个技术转移项目（新材料研发方向）与企业签订协议，使项目顺利进入实验验证阶段。2024 年，《成都市技术经纪（经理）人队伍建设三年行动计划》印发，明确了技术转移人才队伍的建设目标：到 2025 年，技术经纪（经理）人培育体系基本形成，“工程+研究”的职称评审通道更加顺畅，“职称+培训”的培育双引擎更加强劲。畅通技术经纪（经理）人职业发展路径。

第二节　现实困难

2020 年以来，成渝地区双城经济圈的技术转移工作取得了实质性进展，无论是在技

① 这类人才，纳入成都市紧缺人才引才目录，https://www.thepaper.cn/newsDetail_forward_26675375，2024-03-13。

术转移转化政策保障、高校体制机制改革方面，还是在区域协作交流、亟需紧缺人才培养方面，都取得了亮眼的成果，但是，由于技术转移转化工作具有难以标准化、难以定量评估等特性，成渝地区双城经济圈在提高科技成果转移转化工作实效上还存有现实困难，要实现科技成果从高校到市场的“惊险跳跃”还面临“最后一公里”问题。

一、相关政策有待进一步协同落实

一方面，虽然仅 2022 年一年而言，党中央、国务院及各部委新发布的涉及成果转化的政策文件已经共计 80 份，但各地方、各部门政策落实力度存在明显差异，下位法与上位法缺乏有效衔接。在国有资产产权登记、科技成果资产评估、技术入股股权确认及税收优惠政策等方面缺乏可操作性强的实施细则，技术转移转化在税务登记、工商注册等方面还存在诸多政策障碍（韩小腾，2021）。以评估备案程序为例，现行事业单位国有资产评估管理规定影响到了科技成果转化进程。北京高精尖科技开发院院长汪斌提到，现有国有资产管理部分条款与科技成果转化相关规定存在矛盾之处，为了不冒流失国有资产的风险、不被扣上“倒卖国有资产的帽子”，大多还是选择最保险的评估备案[①]。同时，科技人员开办公司和作价入股有障碍，使得科技成果转化渠道不畅通。《中国科技成果转化 2019 年度报告》显示，在 3200 家高校中，有 657 家反映存在不同层面的科技成果转化体制机制难点或堵点。

另一方面，缺乏有效的管理体制和运行机制。由于科技成果转移转化制度建立涉及科技、财政、人才、税收、审计等多个方面，技术资产运营涉及科技管理、资产管理、财务管理等多个部门，部门之间的政策协调性还较为不足，存在关系不清、职责不明的问题，使得科技成果转化从基础研究、关键技术突破到工程化、产品化系统集成的科技创新链条的管理架构不够清晰，高校、企业与政府的协同创新存在“最后一公里”问题。

二、高校技术转移转化工作尚处起步阶段

近年来，随着国家政策话语的重视和提倡以及外部环境的紧张，高校有组织科研逐渐增多，尤其是在与国防、综合国力、国家荣誉相关的科研领域。有组织科研将国家层面确定的重大科研任务层层分解成具体、可操作的任务，由全国范围内的高校、科研机构、企业等组织机构承担（王彦雷，2024），以高效的分工与协同优势，激励高校将科研资源和能力嵌入经济社会发展，提高科技知识的生产效率，服务国家层面的现实需求。高校有组织科研作为高校科技创新实现建制化、成体系服务国家和区域战略需求的重要形式，其实现需要解决从高校研发到市场应用、从科研产出到转化落地的“最后一公里”问题。

---

① 科技成果转化仍有“藩篱”待拆除，https://www.edu.cn/rd/special_topic/2010lianghui/dbwy/201803/t20180312_1589043.shtml，2018-03-12。

然而，作为创新主体的高校，科研导向重视知识创新、轻视成果转化的趋势由来已久。从衡量高校科研水平及教师职称评聘的指标来看，课题项目评价主要依靠纵向课题，即国家、省等上级科技主管部门或机构批准立项的各类计划（规划）和基金项目，以基础研究为主，对由企事业单位等非政府机构委托的横向科技项目重视不足，这使得高校科研普遍存在重纵向、轻横向和重基础、轻应用的现象，研发技术成熟度低、技术与市场结合不够紧密。

另外，高校缺乏科技成果转移转化运营经费，金融资本支持力度不足。由于实验室研究侧重基础研究，产出的科技创新成果虽然前沿，但往往技术成熟度不高、与市场需求衔接不紧密，成果的市场前景难以评估，具有轻资产、高成长、高风险特征，这也使得高校科技成果在转移转化过程中更需要获得金融服务体系及时、有效的资金支持，从性质上看更适合股权融资。然而，在知识产权质押、银行贷款、科技保险等渠道面临价值评估难、质押登记难、权属处置难等障碍，企业投资也更偏向成长型企业，对初创期科技专业项目关注度不高，导致技术融资渠道不畅，金融资本支持力度不足。

并且，高校还承担着培养专业技术转移人才的责任。目前，成渝地区双城经济圈的高校技术转移工作多数分布在科技处、科技研究院，这部分机构主要开展学校技术转移相关工作及在职人员培训工作，主要开展非学历教育，常规性、系统性人才培养功能较为缺乏。成都大学技术转移学院虽然依托商学院设置了技术转移的专业硕士方向，但截至 2024 年还未开始招生。非学历教育的技术转移人才培养培训时间短，内容系统性不强，集中在中、初级人员培训，针对高级人才的培训比较缺乏，难以满足复合型、高层次人才的要求（张娟等，2020）。这就导致成渝地区双城经济圈目前较为缺乏专业化的技术经纪（经理）人队伍，难以实现高校技术成果与企业产业化需求的对接。

三、技术转移人员专业素养不强、发展渠道不畅

技术转移转化是一个由技术向市场转变的复杂过程，科研人员往往对市场需求把握不准，与企业缺乏常态化的沟通机制，导致成果转化和技术对接缺乏精准性和系统性。企业端往往需要能够产业化的技术成果，但实验室研究规模较小、操作复杂。因此，需要由专门的、高素质的技术经纪（经理）人对接高校和企业两端，促进基础研究、应用研究和产业化有效衔接。技术转移从业人员需要具备技术开发、法律财务、企业管理、商业谈判等方面的复合型专业知识和服务能力。但是，高校院所负责转移转化管理的人员较少且多为兼职，多由学校科研处行政管理人员代为处理科技成果转化事宜，缺少专业的转移转化队伍，不能适应过程复杂、风险较高、周期较长的技术转移工作，限制了高校技术转移转化工作。并且，职称评价体系、绩效考核体系等尚未充分体现成果转化的指标权重，限制了科研人员开展科技成果转化工作的积极性。技术经纪（经理）人的工资评定、职位晋升等制度目前多局限在某个单位内部，有关政策体系和分配机制有待健全。

第三节　未来展望

新时代的大学、企业、政府之间存在多重关系，大学除了具有人才培养和科学研究功能之外，作为知识创新的源头，还在产教融合中扮演着重要角色；企业不仅面向市场需求进行生产，而且在日益提高的技术水平的促使下有了技术创新与相关人才培养的需求；政府作为政策创新的主体，需要通过出台政策法律等各种措施对产学研一体化过程进行调控，为产教融合提供必要的基础设施条件和政策保障。三方交叠形成了三螺旋模型，通过整合技术、人才、制度等要素，形成有效的反馈机制，协同开展技术转移转化活动，实现协同创新。未来，成渝地区双城经济圈还需进一步强化政府、企业与大学三者的协同创新关系，提高资源配置效能，推动创新要素集聚，促进科技成果精准转化。

一、加强顶层设计，强化产学研协同

政府应有力使用政策工具，通过宏观政策规划引导科技成果转化与市场需求对接，健全完善个税优惠、赋权参股、尽职免责等相关政策措施，强化制度创新。加强科技部门与财政、税收、人才、审计等部门之间的政策协同，完善成果披露、国有资产管理、尽职免责等方面的实施细则，优化国有资产产权登记办理流程，简化技术作价入股成立新公司的手续，细化成果转化免责制度和政策，完善高校技术转移转化操作规范，切实解决科技成果转化工作的难点、打通堵点。推动高校形成技术转移转化的政策保障体系，落实相关评价与激励机制，尤其关注绩效考核的成果转化导向、科研团队收益奖励政策、科技成果转化的权益归属与责任分配等问题（毛劲歌和吴贵龙，2023），为科研团队主动推进科技成果转化提供良性的政策环境与组织环境。例如，上海交通大学构建了以成果转化为核心的三段式决策链，明确成果转化流程，形成权责清晰的科技成果转化管理架构，实施教师创业“阳光化”行动，保障教师创业的合规性，解除教师创业后顾之忧；四川大学将科技成果转化类指标纳入职称评审标准；南京大学向在校外建设新型研发机构的科研人员团队赋予职务科技成果的长期使用权，降低向该新型研发机构许可知识产权的门槛。

在企事业单位与高校的协同方面，由于市场需求的紧迫性，企事业单位往往急于解决自身的技术难题，而高校科研团队需要经过开题立项、专利申请、成果备案等多个环节才能完成从科研开始进行到成果转移转化的过程，进度上两方往往难以匹配。一方面，企事业单位要充分发挥市场主体作用，主动与高校等科研单位对接科技成果转化需求，实现企业市场信息优势与高校科研优势强强联手；另一方面，高校科研转化体制机制需要进一步简化流程，为科研团队的科技成果转移转化减少体制机制方面的障碍，同时，科研团队也需要注重研究成果的实际操作性和市场可行性，推动技术与需求相匹配，提高科技成果转化质量（胡凯和王炜哲，2023）。例如，湖南大学建立了“周演”制度，邀请发明人面向项目领域的产业专家和投资机构演示研究成果，通过向市场准确传递科技成果信息，让市场自主筛选出有需求的技术。

二、立足区位优势，加强城市群协同创新

成渝地区双城经济圈战略区位很重要，在国家新开放格局中是面向东亚与东南亚、南亚的国际门户枢纽；产业基础较好，汽车、电子信息、装备制造等世界级产业集群雏形显现。成渝地区双城经济圈的技术转移转化工作需要充分利用其优势，一方面，拓宽技术转移人才的国际视野、提高其国际化水平，积极面向东南亚、南亚，联通欧洲，融入“一带一路”建设，积极促进国际大循环；另一方面，立足电子信息、装备制造、食品轻纺、能源化工、先进材料、医药健康六大优势产业，重视产业对应的高校、科研院所相关专业的科技成果转移转化，发挥平台优势。以苏州大学为例，作为地方性高校，自 2016 年起，苏州大学与苏州市人民政府启动“名城名校融合发展”战略，初步形成“名城带名校、名校促名城”的互动发展格局，围绕校地融合的战略目标，具体推动科技成果转化“四大工程”，即：学科产业对接工程，推动苏州大学学科创新链与苏州产业链的融合，以优势学科集群推动培育高端产业集群；高端人才汇聚工程，综合分析苏州经济产业发展中的人才需求，建立高端人才需求信息库；创新平台培育工程，面向苏州未来高技术及战略性新兴产业发展定位，依托苏州大学现有高端创新平台，共同组建创新研究院；产业升级助推工程，围绕苏州企业工业转型升级过程中的重大共性关键技术、先进集成技术问题，紧贴苏州企业转型升级过程中的“一线需求”，整合苏州产业、政策、资本与苏州大学人才、科研、平台等优质资源，共同组建工业研究院（田天和沈铭，2020）。

对成渝地区双城经济圈而言，也应当根据地方产业发展和转型升级需求，依托四川大学、电子科技大学、西南财经大学、西南大学、重庆大学等多所高水平大学的重点（特色）学科优势，整合对口学院、优势学科，与地方政府共建产业技术研究院，助推高校学科服务地方重点产业。同时，鼓励科研团队根据自身科研方向与行业龙头企业建立校企联合创新体，平台可以根据企业提出的需求，协同企业技术人员解决企业在研发、生产等环节中遇到的技术问题，并将研发平台的优秀成果及时转移到企业进行成果转化，探索依托区域特色产业推动高水平创新成果转化的新路径。

并且，成渝地区双城经济圈还可以探索成立“技术经纪人协会”，推进技术经纪人队伍建设，提升技术转移专业服务水平。参考 AUTM［原北美大学技术经理人协会（Association of University Technology Managers），现无全称，仅称 AUTM］的国际经验①，AUTM 为相关人士创建技术转让的教育和培训基础设施，邀请行业、学术界以及州和地方政府社区参与，以在区域和国家层面获得联邦研发合作和联邦技术转让机会。AUTM 每年还会分地区为大学、技术经纪人、企业组织交流论坛，为从业者提供可信赖的交流平台。AUTM 还提供丰富的网络资源，让更多地区的人们可以更加方便地学习技术转移专业课程，提高了技术转移转化知识的普及度。

① About Tech Transfer（关于技术转让），https://autm.net/about-tech-transfer，2024-07-10。

三、注重成渝地区双城经济圈高校技术转移专门队伍建设

高校专业化技术转移机构是为高校科技成果转移转化活动提供全链条、综合性服务的专业机构。《关于进一步推进高等学校专业化技术转移机构建设发展的实施意见》指出，在符合国家科技成果转化权属相关法律和政策前提下，高校赋予技术转移机构管理和转化（转让、许可、作价投资）科技成果（包括知识产权）的权利，授权技术转移机构代表高校和科研人员与需求方进行科技成果转移转化谈判。技术转移机构要建立高水平、专业化的人员队伍，其中接受过专业化教育培训的技术经理人、技术经纪人比例不低于 70%。然而，由于在培养体系、职称评聘等方面存在各种问题，高校技术转移转化队伍专业化程度仍有待提升。

加强区域技术转移机构人才队伍建设成为提高成渝地区双城经济圈技术转移与协同创新能力的重要路径。一方面，引进具有丰富专业理论与实践经验的行业领军人才，打造技术转移转化专业团队。为摆脱高校人员编制限制对转移转化队伍建设的束缚，可以实施“专职+兼职+挂职”并举的队伍建设策略，丰富转移转化队伍层次。其一，在重点学科优势突出的高水平大学和服务地方产业需求的应用型大学，设置专门的技术转移机构，市场化聘用专职员工，负责甄别有转让价值的专利、在市场上挑选适配的技术需求方、处理知识产权转让和国有资产转让事宜等。其二，利用政府相关技术经纪人政策，与企业开展良性合作，聘请社会兼职技术转移队伍。其三，积极派出高校内部对科技成果转移转化有兴趣的教职工深入企业一线进行学习挂职，激发高校内部人员进行科技成果转化的动力。

人力资源和社会保障、科学技术等部门也应当加快推进技术经纪人职称制度建设，细化专业技术转移人才队伍工资评定、职位晋升等细则，分层分类设置技术转移专业人员职业资格证书，减轻技术转移专业人才的后顾之忧。例如，上海市于 2021 年制定科技成果转移转化的评价标准，印发《关于开展 2021 年度上海市经济系列科技成果转移转化高级职称评审工作的通知》[①]。又如 AUTM 设置了三类技术转移专业人员职业资格证书，实现技术转移人才的层次区分：第一类是候选技术转移专业人员，针对在技术转移办公室（Technology Transfer Office，TTO）至少有六个月工作经验的人；第二类是注册技术转移专业人员（registered technology transfer professional，RTTP），主要是具有三年或三年以上技术转让经验的经验丰富的专业人士；第三类是认证许可专业人员（certified licensing professionals，CLP），适用于主要专注于许可的多学科的技术转让专业人士。

另一方面，在成渝地区双城经济圈内设有技术经济及管理硕士学位点或工商管理硕士的高校，应当积极进行技术转移专业的学历教育试点，成体系、成规模地培养全日制与非全日制的技术转移硕士，积极探索产学研联合培养模式。尤其对于地方应用型本科

① 上海科技成果转移转化人才可评高级职称，https://www.acabridge.cn/zxhz/202109/t20210913_2154420.shtml，2021-09-13。

而言，更应当在学科设置、人才培养方面服务地方产业发展和转型升级需求。

借鉴国内外技术转移人才的培养经验，高校主要按照三种模式进行技术转移专业研究生培养。第一，多学科交叉课程学习，主要选拔具有工科背景的本科生，在研究生阶段学习工商管理模块、市场营销和金融投资模块、知识产权和科技法律模块、国际贸易和国际贸易争端模块、工科前沿技术发展模块等知识。这与欧美地区非学历教育的技术经纪人培训课程不谋而合。以欧洲科学与技术转移行业协会（Association of European Science and Technology Transfer Professionals, ASTP）为例，培训课程包括行业基础知识，如咨询基础知识、技术转让基础知识、社会科学、人文和艺术方面的知识；金融营销类知识，如风险投资、营销和业务发展、财务工具、谈判技巧、研发合作；软件科技类知识，如技术转让中的软件课程、技术许可等①。AUTM 也将培训课程主要分为基础课程、营销课程、谈判策略和战术课程以及软件课程四类（表 10-1），为致力于成为技术经纪人的潜在对象提供线上按需培训和线下集中培训两种模式。

表 10-1 AUTM 培训课程体系

课程类别	课程目标	课时
基础课程	技术转移的基本目标和过程、基本技能和资源	>16 课时
营销课程	运营知识，包括国家标准与技术研究的基础知识	>4.5 课时
谈判策略和战术课程	谈判具体战略和战术	>4 小时
软件课程	软件和其他信息资产相关的管理和许可工作，下设 7 个主题，包括基本原则、最佳实践、新兴模型和实际案例等	每个主题均为 90 分钟的圆桌会议

第二，加强实习实践。由于技术转移人才的工作就是推动科技成果落地，因此，在培养环节也需要加强实习实践训练，注重从实践中学习。以北京理工大学为例，第一阶段让学生先进入学校技术转移中心、学校在外省市设立的研究院，第二阶段再让其进入高科技工业园区管委会、国际和国内实力雄厚的投资公司，这样既可以为企业带来切实的经济利益，又能够为学生实现从新手到熟手的成长提供可靠的平台。高校应与技术转移行业签订互动合作协定，将课堂教学延展到行业领域，实现技术转移行业与校内教育的有效结合（李安萍和侯赛，2024）。

第三，强化国内外协同培养。加强与兄弟院校、科研院所、技术转移机构，特别是国外知名技术转移机构和著名高校的合作，为研究生提供大量的实习锻炼机会，同时实现协同培养，建设具有理、工、商、法律等多专业综合技能、外语能力强的职业化技术经纪人队伍。

① Training Courses（培训课程），https://www.astp4kt.eu/development/professional-development/training-courses.html，2024-07-10。

本章参考文献

韩小腾. 2021. 三螺旋理论视域下高校技术转移转化体系建设刍议. 科技管理研究，41（16）：116-122.

胡凯，王炜哲. 2023. 如何打通高校科技成果转化的“最后一公里”？——基于技术转移办公室体制的考察. 数量经济技术经济研究，40（4）：5-27.

李安萍，侯赛. 2024. 服务技术转移行业专业学位研究生培养的限度与可行路径. 研究生教育研究，（2）：80-85，110.

毛劲歌，吴贵龙. 2023. 高校科技成果转化要素的结构性差异与配置困境：基于技术-组织-环境理论与扎根理论的联合探索. 科技管理研究，43（20）：89-99.

田天，沈铭. 2020. 地方高校科技成果转化和技术转移体系的组建与培育：以苏州大学为例. 中国高校科技，（10）：85-88.

王彦雷. 2024. 国家创新体系中的高校有组织科研范式革命. 高校教育管理，18（3）：34-43.

张娟，翟亚军，荀振芳. 2020. 我国设置技术转移专业学位的构想与建议. 学位与研究生教育，（9）：37-43.

Lavoie J R，Daim T. 2019. Technology transfer：a literature review//Daim T，Dabić M，Başoğlu N，et al. Innovation，Technology，and Knowledge Management. Cham：Springer International Publishing：421-438.

Naik Y N，Bisht M. 2014. Structural equation model for effectiveness of technical managers in information technology industry. International Journal of Supply Chain Management，3（3）：172-181.

第十一章　成渝地区双城经济圈大学青年金融科技人才发展的成就、问题与建议

2020 年中央财经委员会第六次会议首次提出推动成渝地区双城经济圈建设，明确提出使成渝地区成为具有全国影响力的重要经济中心、科技创新中心、改革开放新高地、高品质生活宜居地，这意味着成渝地区双城经济圈将会融通金融、科技和青年人才三大发展命题。根据 2021 年 10 月印发的《规划纲要》有关科技创新中心建设的工作部署要求，应积极发挥成渝地区双城经济圈大学在科技创新和人才发展方面的引领和集聚作用，为此本章以2019—2024年成渝地区双城经济圈大学青年金融科技人才发展为议题，从宏观的政策环境、中观的成渝实践以及微观的案例高校三个方面，系统梳理成渝地区双城经济圈大学青年金融科技人才发展的成就与进展，探寻相关人才发展中存在的问题与挑战，就此提出地方性的政策建议并对未来发展进行展望。

第一节　成就与进展

一、成渝地区双城经济圈大学青年金融科技人才发展的外部支持不断强化

（一）政策支持

第一，注重顶层设计与远景规划。成渝地区双城经济圈作为我国西部的重要经济增长极，不仅是西部经济中心和科技中心，而且是人才中心的聚集地。2021 年中国人民银行等部门联合印发《成渝共建西部金融中心规划》，提出到 2025 年成渝地区双城经济圈要初步建成西部金融中心。自 2020 年以来，成渝两地相继推出了多项聚焦金融、科技和人才发展的政策举措，旨在支持成渝地区双城经济圈青年金融科技人才的引进、培育与发展。譬如：2020 年 4 月，重庆市人民政府办公厅印发《关于推进金融科技应用与发展的指导意见》；同年 5 月，成都市人民政府与中国人民银行成都分行联合印发《成都市金融科技发展规划（2020—2022 年）》。最具标志性的政策是，2021 年 10 月中共中央、国务院印发了《规划纲要》，《规划纲要》强调把成渝地区双城经济圈建设成为具有全国影响力的重要经济中心、科技创新中心、改革开放新高地、高品质生活宜居地。要求两地共建具有全国影响力的科技创新中心，推动金融科技的协同发展。综合来看，从中央到成渝地方，无不加快描绘成渝地区双城经济圈金融科技发展的蓝图，首先强调从顶层设计和未

来规划上突出金融科技发展的重要性。

2019—2024 年，为了推动金融科技的发展，四川省与重庆市相继发布了一系列政策措施。四川省发布了《成都市金融科技发展规划（2020—2022 年）》《关于支持中国西部（成都）科学城建设的人才行动计划》《四川省产业科技人才教育一体发展规划》《成都高新技术产业开发区关于加快创建世界领先科技园区的若干政策》等。重庆市则出台了《重庆市人民政府办公厅关于推进金融科技应用与发展的指导意见》《关于激励高校教师和大学生流动促进科学城发展的支持措施》等政策文件。此外，成渝两地还联合发布了多项措施，包括《成渝地区双城经济圈急需紧缺人才目录》《成渝地区双城经济圈电子信息产业高质量协同发展实施方案》《成渝地区双城经济圈教育协同发展行动计划》等。这些政策措施旨在促进金融科技产业发展、人才培养与交流以及区域协同创新，共同推动成渝地区双城经济圈金融科技领域的快速发展（表 11-1）。

表 11-1　2019—2024 年成渝地区双城经济圈金融、科技和人才方面的主要政策

政策名称	发布主体	发布时间
《成都市金融科技发展规划（2020—2022 年）》	成都市人民政府、中国人民银行成都分行	2020 年 5 月 6 日
《关于支持中国西部（成都）科学城建设的人才行动计划》	科技部 国家发展改革委 教育部、重庆市人民政府 四川省人民政府等	2020 年 6 月 3 日
《四川省产业科技人才教育一体发展规划》	四川省委科技委	2024 年 7 月
《成都高新技术产业开发区关于加快创建世界领先科技园区的若干政策》	成都高新区管理委员会	2022 年 9 月 3 日
《重庆市人民政府办公厅关于推进金融科技应用与发展的指导意见》	重庆市人民政府办公厅	2020 年 4 月 1 日
《关于激励高校教师和大学生流动促进科学城发展的支持措施》	重庆市教育委员会、重庆市科技局、重庆市财政局、重庆市人力资源和社会保障局、重庆高新技术产业开发区管理委员会	2020 年 12 月 31 日
《成渝地区双城经济圈建设规划纲要》	中共中央、国务院	2021 年 10 月
《成渝地区双城经济圈急需紧缺人才目录》	重庆市人力资源和社会保障局、四川省人力资源和社会保障厅	2023 年 12 月 6 日
《成渝地区双城经济圈电子信息产业高质量协同发展实施方案》	国家发展改革委会同重庆、四川两省市和国务院有关部门	2021 年 5 月 27 日
《成渝地区双城经济圈教育协同发展行动计划》	重庆市教育委员会、四川省教育厅	2021 年 10 月 19 日

资料来源：作者根据川渝地区各官方网站整理得到

第二，制度性人才环境得到不断优化。人才发展环境主要是通过人才政策来营造和优化的，就是要通过一系列制度性政策举措营造“识才、爱才、敬才、用才”的人才发展环境和氛围。自成渝地区双城经济圈正式建立以来，成渝两地政府持续推进人才工作，完善人才政策，向国内外优秀人才发出了强烈的邀请信号。成渝地区双城经济圈人才培养取得了显著成就，如在2003年前后重庆市每年普通高等学校毕业生数量约有5万人，而到2019年已经突破了 20 万人，2022 年重庆市普通高等学校毕业生数量首次超过了成都市，达到

27.1 万人。2022 年，重庆在《重庆市引进海内外英才“鸿雁计划”实施办法》（2017 年印发）基础上，又升级发布了《关于进一步加强“鸿雁计划”有关工作的通知》，力求满足科技型企业人才需求，支撑战略性新兴产业发展。成都人才计划则从 2017 年的“人才新政 12 条”，即人才新政“1.0 版”，发展到 2020 年的人才新政“2.0 版”，再发展到 2022年的人才新政“3.0版”，更加聚焦高精尖缺人才，着力对战略科学家和科技领军人才、青年科技人才、卓越工程师等人才进行精准支持，以政策创新赋能人才工作。2023 年 1—9 月，重庆市共开展了“百万人才兴重庆”系列活动 245 场，全市引进人才 5.4 万人，同比增长 4.7%，其中，新招博士后人数达到 908 人，同比增长 17%；新增认定高层次人才 121 人，同比增长 2.5%[①]。同时成都全市人才事业发展取得新突破，截至 2023 年，成都市人才总量达到了 650.77 万人，较上一年增加了 28.45 万人，总量居全国第四位。在蓉两院院士人数增至36人。此外，成都市从2019—2023年已连续五年被评为“中国最佳引才城市”，并连续获得“魅力中国——外籍人才眼中最具吸引力的中国城市”称号[②]。显然，成渝地区双城经济圈人才环境的持续优化，有力吸引、聚集了科技人才来成渝创新创业，支持区域打造一流产业创新高地。

第三，跨区域产业协同发展与合作更加深入。成渝地区双城经济圈的高技术产业发展注重打造特色产业，如电子信息、航空航天、生物医药等。同时，积极引进人才和资本，促进创新和产业升级。自成渝地区双城经济圈的建设工作启动以来，重庆市与四川省已显著深化和加强了多个层面的合作与机制建设，促进了产业共建共兴，推动了区域经济和产业一体化进程。成渝两地联手打造优势互补的产业链条，创新了联合招商模式，并积极探索经济区与行政区适度分离的新型改革路径。例如，成渝两地共同制定了汽车、电子信息、装备制造、特色消费品等重点行业的高质量协同发展方案：2021 年印发《成渝地区双城经济圈汽车产业高质量协同发展实施方案》和《成渝地区双城经济圈电子信息产业高质量协同发展实施方案》等，旨在完善产业链，延长价值链，强化创新链。2022 年，川渝共生产汽车 318 万辆，同比增长 17%；电子信息制造业产值规模达 1.6 万亿元，成渝地区电子信息先进制造集群入围国家级先进制造业集群[③]。为进一步深化区域协同开放与合作，重庆市人民政府办公厅、四川省人民政府办公厅于 2023 年 6 月联合印发了《川渝自贸试验区协同开放示范区深化改革创新行动方案（2023—2025 年）》，旨在培育一批国际区域开放合作平台，打造一批川渝特色的开放产业集群，强调推动数字经济协同发展和推进区域金融市场互联互通[④]。

① 今年 1 至 9 月重庆城镇新增就业 59.6 万人 引进人才 5.4 万人，同比增长 4.7%，促进 16 至 24 岁青年就业 20.2 万人，https://www.cq.gov.cn/ywdt/jrcq/202311/t20231101_12498272.html，2023-11-01。

② 在蓉两院院士 36 人 人才总量超 650 万，https://cdst.chengdu.gov.cn/cdkxjsj/c108732/2024-05/09/content_f7ae46d9aa5442c5bfc8cd90214b76f1.shtml，2024-08-05。

③ 推进一体化发展，促进产业协作、政策协同、项目共建 双城经济圈 18 条经验做法获全国推广，https://credit.sc.gov.cn/xysc/c1000021/202309/e7b81a6fccc34f4f855ca9c31869f49d.shtml，2024-08-05。

④ 川渝自贸试验区协同开放示范区深化改革创新行动方案（2023—2025 年）的通知，https://www.cq.gov.cn/zwgk/zfxxgkml/szfwj/qtgw/202307/t20230707_12133438.html，2024-08-05。

（二）经费支持

第一，科研经费投入持续增长。近五年来，在区域协调战略的部署下，金融科技领域的科研与创新工作备受关注，成渝两地政府持续增加科研经费投入成为推动区域金融科技发展的重要基础。2020 年，四川省 R&D 经费投入为 1055.3 亿元；2022 年，四川省 R&D 经费投入总量保持增长，全省共投入 R&D 经费 1215.0 亿元，比 2020 增加 159.7 亿元，总量排全国第 8 位。2020 年，重庆市 2020 年 R&D 经费投入为 526.8 亿元；2022 年其 R&D 经费投入亦保持平稳增长，共投入 686.6 亿元，比 2020 年增加 159.8 亿元①。整体来看，成渝地区双城经济圈科研投资呈现出显著的增长态势，投资总额持续扩大，确保了科技金融的高质量发展，为科研活动提供了坚实的资金支持。

第二，高层次人才补贴的逐年提升激发了青年人才的动力。高层次人才是区域金融科技发展的核心竞争力。成渝地区双城经济圈通过设立人才发展专项资金等措施，近年来吸引了大量高层次人才和团队入驻巴蜀。例如：2020 年成都市政府出台的人才新政“2.0 版”中，明确支持科技领军人才创新，鼓励“硬核科技”人才入驻西部（成都）科学城，给予最高 300 万元资助。到 2022 年，成都人才新政“3.0 版”强调支持创新主体引育战略科学家和科技领军人才，面向全球招募天府实验室首席科学家，采取“一人一策”方式，给予稳定支持，以及支持在蓉企事业单位培养引进两院院士、国家级科技领军人才，给予最高 500 万元奖励。同时重庆市高度重视青年人才的培养与发展，并通过一系列综合措施来支持青年人才创新创业。早在 2021 年 4 月，重庆市人民政府就在发布的《重庆市加快集聚优秀科学家及其团队的若干措施》（简称“塔尖”政策）和《重庆市支持青年人才创新创业的若干措施》（简称“塔基”政策）中明确了支持青年人才的具体措施。这些措施旨在激发青年人才的创新创业活力，比如支持成长成才方面，通过重庆英才计划每年遴选支持大约 100 名青年人才，为入选者提供人才奖励金和最高 40 万元的研究支持经费。2022 年 9 月成都高新区管理委员会印发《成都高新技术产业开发区关于加快创建世界领先科技园区的若干政策》，也提出要支持引育青年科技人才：对新进入成都高新区博士后站点从事科研工作的博士，给予 30 万元生活补贴。同时支持设立科研岗和科研助理岗，对新引进到高新区企事业单位从事科研工作的博士和硕士人才分别给予 6 万元、3 万元补贴。显然，高层次人才补贴标准的不断提高以及对于青年人才的鼓励，充分体现了成渝地区双城经济圈在吸引和留住金融科技领域人才方面的决心和魄力。

第三，科技创新成果获得更多财政支持。近年来，成渝地区双城经济圈积极构建金融科技创业生态，设立科技创业资金，为初创企业和创新项目提供持续的财政支持。例如，2021 年重庆市连续印发《中共重庆市委关于深入推动科技创新支撑引领高质量发展的决定》《支持科技创新若干财政金融政策》。在此基础上，2023 年重庆市科学技术局和财政局联合印发《重庆市技术创新与应用发展重大（重点）专项管理实施细则（试行）》，聚焦战略

① 资料来源：《2022 年全国科技经费投入统计公报》《2020 年全国科技经费投入统计公报》。

性新兴产业的培育，重点支持人工智能、大数据区块链、处理器、基础软件、物联网等领域的核心技术攻关，每个科技创新重大研发项目可获得 1000 万—3000 万元的财政经费资助①。又如：2022 年 9 月，为进一步聚焦引育高端领军人才，提升科技攻坚能力，成都高新区管理委员会印发《成都高新技术产业开发区关于加快创建世界领先科技园区的若干政策》，政策中提到支持科技创新领军人才在成都高新区开展科技攻关和中试转化，为急需科技创新领军人才和急需产业创新领军人才提供最高 2000 万元经费支持。2023 年上半年，成都高新区新增国家级企业技术中心 2 家，累计建设国家级创新平台 66 家，北京大学成都前沿交叉生物技术研究院、清华芯华创新中心等创新平台相继落地；新增国家级科技企业孵化器 2 家，线上线下在孵企业 1.7 万余家；入库国家科技型中小企业超 2700 家，国家高新技术企业数量突破 4300 家②；此类资金的持续增长，不仅激发了创新创业活力，也为金融科技企业提供了良好的生存和生长环境，促进了金融科技产业的快速发展。

（三）创新布局

第一，科技创新中心建设成效显著。西部科学城是成渝地区双城经济圈金融科技发展战略的核心，成渝地区双城经济圈正在以“一城多园”模式加快建设西部科学城，打造具有全国影响力的科技创新中心。一方面，截至 2024 年 6 月，西部（重庆）科学城已经建成国家应用数学中心、硅基混合集成国家制造业创新中心、金凤实验室等高能级科创平台，市级以上科创平台达 343 个，其中国家级 22 个（6 个全国重点实验室），拥有国家级孵化器和众创空间 7 个，培育国家高新技术企业 405 家。另一方面，西部（成都）科学城已经布局重大科技基础设施和交叉研究平台 12 个，引进“中科系”“中核系”等国家级科研机构 25 家，引育清华四川能源互联网研究院等校院地协同创新平台 55 个，初步构建“基础研究—技术攻关—成果转化”创新体系，汇聚高层次人才 418 名、高端科研人才 5000 余名，培育高新技术企业 589 家等。从整体来看，2019 年来，成渝两地建立了多个金融科技交流平台和创新基地，不仅为包括金融科技在内的科技型企业提供了研发支持和资金援助，而且还促进了政府、学界和企业之间的合作，加速了金融科技成果的转化和应用。

第二，区域制造业集群的竞争力能级增强。当前，成渝两地已初步形成相对完整的区域产业链供应链体系，呈现出汽车、电子信息、特色消费品等世界级先进制造业集群雏形，推动金融科技在传统行业的渗透与应用。譬如：电子信息是两大都市圈深化合作的产业缩影。为了加快数字经济与实体经济深度融合，助力新型工业化，2021 年以来，川渝共同建立成渝地区双城经济圈工业互联网及智能制造服务商资源池，2023 年四川省遴选出 10 个“5G+工业互联网”标杆项目③；2022 年，川渝电子信息产业规模突破 2 万

① 重庆市科学技术局 重庆市财政局关于印发《重庆市技术创新与应用发展重大（重点）专项管理实施细则（试行）》的通知，http://kjj.cq.gov.cn/zwgk_176/zwxxgkml/zcwj/xzgfxwj/202306/t20230627_12098946.html，2024-08-05。

② 科技创新和科技成果转化同时发力 成都高新区：科创高原再筑高峰，https://cdst.chengdu.gov.cn/cdkxjsj/c108731/2023-09/25/content_b4f0d139c4fe4041a7b0a351719a36d4.shtml，2024-04-28。

③ 关于公布 2023 年四川省“5G+工业互联网”标杆项目的通知，https://scca.miit.gov.cn/zwgk/tzgg/art/2024/art_e0ba12c996e54ce4b02e8251b464f129.html，2024-08-05。

亿元，约占全国总量的 14%，同年成渝地区电子信息先进制造集群入选“国家队”，该集群也成为全国首个跨省域国家级先进制造业集群，代表了国内产业集群的较高水准。在庞大的智能终端制造带动和雄厚的科研人才基础支撑下，成渝地区双城经济圈新型显示产业快速发展，增强了区域制造业集群的竞争力。

二、成渝地区双城经济圈大学青年金融科技人才发展的内部实践持续优化

（一）金融科技学科专业建设

第一，成渝地区双城经济圈内的高校主动布局金融科技学科专业。随着金融科技行业的快速发展，成渝地区双城经济圈内的部分高校积极响应市场需求，主动布局金融科技新兴专业，以培养适应未来金融科技发展所需的高素质人才。例如：西南财经大学金融学院在2020年开设了金融科技专业，并且为本硕博招生专业，这一专业属于该校一流学科专业和 2021“软科中国大学专业排名”A+级专业。同样作为成渝地区双城经济圈内财经类院校的重庆工商大学的金融科技专业也在 2019 年通过教育部审批，金融学专业（金融科技方向）是重庆工商大学金融学院针对全校非经济学科专业学生开设的辅修第二专业，培养融合金融、管理、数字技术等应用领域知识的高素质复合应用型新金融人才。显然，有关高校通过主动布局金融科技专业的办学实践，为成渝地区双城经济圈金融科技产业的发展提供强有力的人才支撑，体现了高校在推动金融科技教育创新方面的积极作用。

第二，复合型人才培养模式探索深入。2021 年 10 月 19 日，重庆市教育委员会与四川省教育厅共同制定印发《成渝地区双城经济圈教育协同发展行动计划》，提出共建优势专业群，强调专业之间的交叉融合，通过整合不同学科的资源和优势，形成具有区域特色的专业集群，以培养具备多学科知识背景的复合型人才。2020 年，西南财经大学与电子科技大学依托各自的“双 A”优势学科，推动“新财经”与“新工科”的创新结合，共同创办了“金融学+计算机科学与技术”联合学士学位项目，共同制定人才培养方案，深化人才培养模式改革，开创了全国首个跨学校跨学科联合培养人才的先河。2023 年 6 月，两校在已有合作成果的基础上，进一步签署了高层次人才联合培养协议，共同培养“金融科技”专业研究生。两校合作办学，不仅是提升整体竞争力的关键步骤，而且也是对成渝地区双城经济圈金融科技发展需求的积极响应，培养能够把握金融科技行业发展趋势的复合型人才，为区域金融与科技发展提供坚实的智力支持。

第三，金融科技领域平台搭建数量增加。构建金融科技实验室有助于聚焦前沿技术与应用实践，成渝地区双城经济圈内高校整合校内外资源，引入国内外领先的金融科技企业和研究机构，共建高水平的金融科技实验室。2019—2024 年，成都全力支持高校在蓉建设国家级创新平台，已共建上海交大成都先进推进技术研究中心、北航成都创新研究院、四川大学医学前沿科学中心、成电国际创新中心等 58 个重点研发平台。以西南财经大学为例，2019 年 5 月，西南财经大学正式成立了金融科技国际联合实验室（Fintech Innovation Center，FIC）。该实验室是一个由国内外顶尖高校、国际金融机构、政府及监

管机构多方联合建设的开放性网格状资源集聚平台。通过与业界的紧密合作及重大项目攻关，该平台致力于研发金融科技解决方案和服务，成为金融领域的创新平台。金融科技领域平台搭建数量的增加为成渝地区双城经济圈共建具有全国影响力的科技创新中心、共建西部科学城、提升城市发展能级和核心竞争力提供了强有力的支撑。

（二）人才激励机制

第一，人才引育与激励制度建设多元化。自成渝地区双城经济圈建设启动以来，成渝两地携手建立人才协调发展工作机制，搭建人才集聚和创新载体，并推动区域人才高效聚集。同时成渝地区双城经济圈内各大高校也积极响应号召，通过合理的人才激励措施，包括提供经济激励、事业发展支持和生活服务保障等多方面的支持，吸引了众多优秀青年人才，取得了良好成效。例如：四川大学经济学院 2020 年在学院官网发布的招聘公告中提到了招聘青年人才，应聘者应具备“四青”人才相当的学术水平；薪资待遇一事一议，入选成都市“蓉漂计划”者，由成都市提供最高 300 万元资助。除国家提供的科研经费和生活补贴外，学校配套相应的科研经费以及提供 40 万—100 万元购房补贴及安家费，同时协助解决子女入学问题等。2021 年 10 月 28 日，西南大学人工智能学院也发布了诚聘海内外英才的公告，公告提到工作待遇按照西南大学“聚贤工程”文件执行，如含弘优青岗的教师工资待遇为基本工资+特设岗位绩效（40 万元/年）+标志性成果奖励，同时西南大学教职工子女可入读西南大学实验幼儿园、附属小学和附属中学。显然，成渝地区双城经济圈内各大高校采取的合理有效的人才激励措施，能够有效吸引和留住高层次人才，并且能够激发人才的创新活力和职业发展潜力，有助于构建一个有利于人才成长的良好生态环境。

第二，鼓励成渝高校师生参与西部科学城建设。为推动成渝高校参与西部科学城建设与发展，重庆市于 2020 年印发了《关于激励高校教师和大学生流动促进科学城发展的支持措施》，旨在鼓励高校教师和大学生积极参与科学城的建设。该政策特别支持高校与科学城企业共建博士后科研流动站和工作站，并为进站的博士后提供强有力的支持。2023 年印发的《关于进一步支持西部科学城加快建设的意见》提出合作建设一流高校科研院所和新型研发机构，支持中国科学院大学重庆学院、成都学院加大急需紧缺专业硕、博研究生培养力度，支持中国科学院驻成渝地区双城经济圈科研机构高质量发展。支持国家科研机构、高水平研究型大学、中央企业在西部科学城设立分院、研究院或新型研发机构等。这些政策旨在激励各大高校师生积极参与西部科学城的建设，为科学城的发展贡献力量。

（三）高等教育人才培养模式

第一，金融科技实训培养模式日益强化。成渝地区双城经济圈特别重视金融科技实训中心的建设和作用，以确保学生能够获得实践经验和技能训练。2021 年 7 月，“英博智云实训”项目正式启动，该项目由英博智云（成都）科技有限公司与西南财经大学金融学院、金融科技国际联合实验室以及交子金融科技创新研究院共同发起。该项目吸引了13名来自西南财经大学金融学院的本科生和研究生参与。实训期间，学生们接受了来自高校教师和业界专家的综合培训，不仅自主完成了项目研发，还深入了解了金融科技领域的前沿技术，有效提升了将理论与实践相结合的能力。这种金融科技实训项目不仅为学生提供了更加多样化和高质量的教育资源，而且有助于学生提高实践层面的能力，也为金融科技行业输送了具备实战经验的人才，为成渝地区双城经济圈金融科技产业的发展提供了重要的人才支持。

第二，跨校际合作流动日渐频繁。《规划纲要》的出台，《推动成渝地区双城经济圈建设教育协同发展框架协议》的签订，刺激并促进了成渝两地新一批高等教育联盟的成立。2021年，成渝地区双城经济圈高新区协同创新战略联盟的成立，体现了学校层面跨区域合作的重要性。这个联盟由四川省和重庆市的国家级、省（市）级高新区联合发起成立，旨在推动成渝地区双城经济圈协同创新发展。2023年，重庆市教育委员会和四川省教育厅启动成渝地区双城经济圈教师互派交流，首批互派交流主要针对成渝地区双城经济圈教师教育协同发展重点支持的11个市、区（市），成渝两地交流人数各50名①。这种合作模式打破了地域限制，促进了资源共享和技术交流，有助于提高整个区域的教育和研究水平。

第三，跨界校企合作内容日趋丰富。成渝地区双城经济圈内高校与企业共建研发中心、实验室和产业技术联盟，形成了产学研教一体化的协同创新生态。2019年起，成都组织了"菁蓉汇·校企双进"系列活动，通过创新环境推介、项目路演和成果对接等形式，累计举办了"企业家进校园"和"科学家进园区"系列活动共1515场。这些活动吸引了超过3000家企业和1000余名专家教授参与，促成了1000余项成果转化和技术开发合作项目，涉及金额超过16亿元，成功推动了更多科技成果从"书架"走向"货架"。同时，为深入实施成都市产业建圈强链行动，引聚高校科技创新资源，赋能成都产业发展，2022年"菁蓉汇·校企双进·企业家进校园"活动走进了重庆大学、哈尔滨工业大学等高校。活动期间共在线发布了大数据、人工智能等产业领域创新团队成果265项，云上对接国家重点实验室5个，线上路演重点项目21个，吸引了成渝及眉山等市州的企业9.12万人次在线参与。这些活动不仅深化了校企之间的合作，还为科技成果的商业化转化提供了有效的平台，进一步推动了成渝地区双城经济圈乃至更大范围内产业的创新发展。

三、成渝地区双城经济圈大学青年金融科技人才发展的成效显著

（一）研究对象

为了深入研究成渝两地高校金融科技人才的发展现状，本节人工选取了成渝地区双城经济圈内的西南财经大学、四川大学、电子科技大学、重庆大学、西南大学和重庆工商大学等六所高校，选取涉猎金融科技领域的中青年教师简历作为数据进行分析，为保

① 首批两地各50名川渝启动教师互派交流，https://epaper.scdaily.cn/shtml/scrb/20230420/293189.shtml，2024-08-05。

证样本的可统计性与可比性，统计数据皆源自上述高校官网公开信息。

（二）研究方法

本节采用简历分析法（curriculum vitae analysis），以上述六所高校内涉猎金融科技领域的教师简历公开信息为数据进行描述性统计分析。在高等教育各学科专业领域，简历是汇总高等教育参与者个体信息的工具，既包含高等教育参与者的全部履历信息，也包括其婚姻、子女等家庭信息，还包括会议发言、采访报道等其他关联数据信息。通过简历分析法，高校可以更全面地评估教师的能力和素质，从而更好地支持其发展和成长，提升高等教育教学质量。同时，简历分析法也可以帮助教师更好地展示自己的专业能力和工作经历，提升其竞争力和影响力。

（三）研究过程

第一，建立教师简历信息特征集，对教师样本属性进行基本描述，即对金融科技人才（主要是中青年教学科研人员）简历信息进行提炼与概括。基于对数据的梳理以及对金融科技人才发展的基本认识，本节从金融科技人才的个人特征以及教育经历特征这两个特征点切入建立特征集。具体而言，金融科技人才的个人特征主要包括性别、年龄；教育经历特征包括本科教育的专业类型、硕士专业类型、博士专业类型。本节对六所成渝高校金融科技人才特征集框架进行构建，有助于更加直观有效地提取人才基本特征。

第二，在金融科技人才特征集的基础上运用简历分析法进行分析（表 11-2）。

表 11-2 成渝地区双城经济圈六所大学金融科技人才简历统计

项目		西南财经大学	四川大学	电子科技大学	重庆大学	西南大学	重庆工商大学	均值
院系金融科技人才	人数	26	13	9	1	8	16	12
	比例	18.31%	10.57%	23.68%	4.56%	5.03%	34.78%	16.16%
男性	人数	19	13	7	—	5	12	11
	比例	73.08%	100%	77.78%	—	62.50%	75.00%	77.67%
女性	人数	7	0	2	—	3	4	3
	比例	26.92%	0	22.22%	—	37.50%	25.00%	22.33%
年龄（中年）	人数	5	13	7	1	8	13	8
	比例	33.33%	100%	87.50%	100%	100%	100%	86.81%
年龄（青年）	人数	10	0	1	0	0	0	2
	比例	66.67%	0	12.50%	0	0	0	13.20%
教育经历中含有理工科背景	人数	11	1	7	0	4	3	4
	比例	42.31%	7.69%	77.78%	0	50.00%	18.75%	32.76%

注：笔者根据公开信息整理而得，部分信息缺失的简历在本表中不作该信息统计。中年、青年金融科技人才人数比例均值加总不等于 100%，为四舍五入修约所致

（1）个人特征：金融科技人才男女占比不均。据统计，在成渝六所学校中，男性金融科技人才占比达到 60%以上。究其原因，一方面是随着金融科技行业的快速发展，特别是在大数据、云计算、人工智能等前沿技术领域，男性在这些技术领域的参与度较高；另一方面，传统观念中男性在理工科领域较为突出，这也使得男性在金融科技人才中的占比较高。除此之外，在大部分院校中，中年金融科技人才占比极高，有的达到了 100%。中年教师在金融科技人才队伍中依旧发挥着领导者的带头作用。同时，根据对西南财经大学这所财经院校中金融科技人才年龄分布的统计，青年人才占比高达 66.67%，可以见得青年金融科技人才在财经领域正在成为新生力量，发展前景可观。

（2）教育经历特征：金融科技人才的教育经历特征有显著特点，即他们在本科、硕士和博士阶段的专业与理工科密切相关。据统计，32%以上的金融科技人才的教育经历中含有理工科背景。电子科技大学教育经历中含有理工科背景的金融科技人才占比高达 77.78%，这类人才既具备基本财经知识并了解金融市场的运作规律，又具备基本的统计学、大数据分析、人工智能学科的专业背景。经济学与工科的多元知识储备是金融科技人才研究过程的强有力推手。

（四）研究结果

一是在个人特征上，男性占比较大，且主力军仍为中年金融科技人才，青年金融科技人才也逐渐崭露头角。二是在教育经历特征上，金融科技人才的教育经历特征表现出显著的特点，即他们在本科、硕士和博士阶段的专业与理工科有着密切的联系。概言之，金融科技人才呈现学科知识多元化特征；当前金融科技人才青年化特征较为突出，但在部分高校也逐渐呈现出青年化发展趋势；金融科技人才科研积极性高、成长速度快；科研结果具有创新性。

第二节　问题与挑战

一、成渝地区双城经济圈大学青年金融科技人才发展存在竞争力“短板”

自成渝地区双城经济圈建立以来，其在金融科技领域出台了一系列政策，并取得了一定的实际进展。但与京津冀、长三角和粤港澳大湾区等经济相对发达的地区相比，成渝地区双城经济圈在政策支持、金融科技生态以及人才聚集程度等方面仍存在一定差距。因此，在金融科技方面，成渝地区双城经济圈仍面临着一些挑战。本节在金融科技领域的政策环境、高等教育布局以及高层次人才培育、引进和使用等方面进行深入探讨，并试图发现成渝地区双城经济圈大学金融科技人才发展存在的问题。

（一）金融科技领域人才吸引力不足

2024 年智联招聘发布的《中国城市人才吸引力排名：2024》显示，2023 年，长三角、珠三角人才持续集聚，成渝、长江中游人才持续净流出；18—25 岁的青年人才在流动人才中成为主力（占比为 46.4%）；流动人才中本科及以上学历占比为 52.1%；有 55%的流动人才主要集中在 IT 互联网、房地产和制造业行业；在北京、上海、广州、深圳一线城市，金融业的月平均薪酬最高（1.5 万元），高于所有行业平均薪酬 0.3 万元①。基于以上数据，不难发现成渝地区双城经济圈金融科技人才吸引力还不具有竞争优势，这一方面与成渝金融科技产业行业体量及薪酬有关，另一方面与现有的成渝经济及人才政策有关，如近年来上海的放宽落户政策、杭州的住房公积金优待政策以及深圳的创业就业政策创新等均成为吸引人才流入的重要政策。显然，如何在金融科技产业还存在“短板”的情况下，提高人才政策吸引力成为关键。

（二）科技资金投入力度有待加大

本节将成渝地区双城经济圈与京津冀、粤港澳大湾区、长三角四个城市群作比较，分别对比这些省市 2020—2022 年的 R&D 经费投入，可以看到这些地区在科技资金投入方面的显著差异。在 R&D 经费投入方面，2022 年，北京（6.83%）、上海（4.44%）、天津（3.49%）、广东（3.42%）、江苏（3.12%）、浙江（3.11%）、安徽（2.56%）的 R&D 经费投入强度排名全国前 7 位，且均高于全国平均水平（2.54%），而重庆和四川分别排名第 10 位和第 14 位，较其他三大城市群尚有一定差距②。从各省（直辖市）2020—2022 年的 R&D 经费投入情况（表 11-3）可看出北京的 R&D 经费投入稳步增长，两年间增长了 516.7 亿元，增幅约为 22.2%；天津的 R&D 经费投入在 2020 年至 2021 年有所增长，但在 2022 年略有下降，两年间总体增长了 83.7 亿元，增幅约为 17.3%；上海的 R&D 经费投入呈现逐年增长的趋势，两年间增长了 365.9 亿元，增幅约为 22.6%；重庆的 R&D 经费投入逐年增长，两年间增长了 159.8 亿元，增幅约为 30.3%；广东的 R&D 经费投入从 2020 年的 3479.9 亿元增长到 2022 年的 4411.9 亿元，两年间增长了 932.0 亿元，增幅约为 26.8%；江苏的 R&D 经费投入从 2020 年的 3005.9 亿元增长到 2022 年的 3835.4 亿元，两年间增长了 829.5 亿元，增幅约为 27.6%；浙江的 R&D 经费投入从 2020 年的 1859.9 亿元增长到 2022 年的 2416.8 亿元，两年间增长了 556.9 亿元，增幅约为 29.9%；安徽的 R&D 经费投入从 2020 年的 883.2 亿元增长到 2022 年的 1152.5 亿元，两年间增长了 269.3 亿元，增幅约为 30.5%；四川的 R&D 经费投入从 2020 年的 1055.3 亿元增长到 2022 年的 1215.0 亿元，两年间增长了 159.7 亿元，增幅约为 15.1%。总体来看，除天津的 R&D 经费投入在 2022 年略有下降外，其他地区的 R&D 经费投入均呈逐年增长的趋势。北京、上海、广东、江苏、浙江等地的 R&D 经费投入规模较大，且保持稳定的增长势头。相比之下，虽然重庆和四川的 R&D 经费投入也在逐年增加，但在总量上与东部发达地区相比仍有一定差距（表 11-3）。

① 中国城市人才吸引力排名：2024，https://mp.weixin.qq.com/s/tHFUbZkf5H49j_jEyJNVbQ，2024-08-05。

② 四大城市群产业链创新链融合发展比较研究，https://cyrdebr.sass.org.cn/2024/0603/c6215a571241/page.htm，2024-08-05。

表 11-3　2020—2022 年四大城市群所辖省（直辖市）R&D 经费投入　　单位：亿元

年份	北京	天津	上海	重庆	广东	江苏	浙江	安徽	四川
2020	2326.6	485.0	1615.7	526.8	3479.9	3005.9	1859.9	883.2	1055.3
2021	2629.3	574.3	1819.8	603.8	4002.2	3438.6	2157.7	1006.1	1214.5
2022	2843.3	568.7	1981.6	686.6	4411.9	3835.4	2416.8	1152.5	1215.0

资料来源：《2020 年全国科技经费投入统计公报》《2021 年全国科技经费投入统计公报》《2022 年全国科技经费投入统计公报》

（三）成渝地区双城经济圈人才互通存在壁垒

在确立成渝地区双城经济圈发展战略之前，重庆与成都之间的关系可以用“微妙”一词来形容。一方面，两座城市山水相连、人文相亲，彼此间的联系交往一直都非常密切。但另一方面，由于产业结构趋同以及在一些发展定位上的模糊性，两座城市在过去很长一段时间里，在产业结构和布局建设等方面的竞争往往大于合作。随着成渝地区双城经济圈发展战略的确立，成渝两地在经济、科技、人才等各个维度的合作明显步入快车道。然而，目前成渝地区双城经济圈的人才互通仍然存在一定的行政壁垒和政策壁垒。成渝两地在人才引进、培养、评价等方面的政策存在差异，导致人才在两地之间的流动受到限制。此外，人才在成渝两地之间的迁移涉及复杂的行政手续，包括但不限于户籍迁移、社保转移等，增加了人才流动的成本，增大了流动难度。这些壁垒对人才流动构成了障碍，阻碍了两地金融科技的发展。

二、成渝地区双城经济圈大学青年金融科技人才发展尚处于外延式阶段

（一）成渝地区双城经济圈高校科技创新成果转化率有待提升

近年来，在对成渝地区双城经济圈市域空间单元的科技创新和科技成果转化指数的评价和比较分析中发现，虽然近几年来成渝地区双城经济圈市域空间单元的科技创新和科技成果转化水平均实现了正向增长，重庆和成都的表现尤其突出。但是，成渝地区双城经济圈的高校科技创新成果转化率仍然较低。以重庆地区的高校为例，截至 2024 年 6 月，重庆拥有高等院校 73 所，其中包括 2 所“211 工程”大学。然而，优质高校数量不足导致部分高校和科研机构的科研人员的科研活动与产业实际技术需求之间存在一定的差距。根据 2020 年教育部的统计数据，重庆高校的专利转化率为 2.7%，低于上海（5.1%）、北京（4.6%）、四川（2.9%）。这表明尽管成渝地区双城经济圈的高校在科研产出方面取得了一定的成绩，但是在将研究成果转化为实际生产力方面仍面临挑战。为了提高科技成果的转化率，成渝地区双城经济圈须进一步加强产学研合作，推动科技成果的有效转化，并采取措施提高高校与企业的对接效率，以促进科研成果更好地服务于经济社会发展。

（二）成渝地区双城经济圈高校联盟仍属于松散型合作组织

纵观国内外经验，凡是成功的创新型产业集群，都得益于大学、科研机构和高技术企业的共同支持。构建高等教育集群已经成为一种普遍采用的模式，这种模式有助于推动技术创新和产业发展。《规划纲要》的出台，为成渝两地高等教育集群发展提供了强大驱动力。尽管一些高校联盟在成立之初得到了广泛关注，并且举办了一些启动活动，但从后续的报道来看，大多数联盟的合作活动并不活跃。例如，重庆工商大学主动发挥学科优势在2023年已围绕成渝地区双城经济圈建设举办了三次高规格研讨会，邀请了来自不同高校的专家学者进行交流讨论。然而，这样的活动并不多见，且大多数联盟缺乏持续性合作项目和深层次的交流机制。同样，成渝地区双城经济圈产教融合发展联盟虽然提出了多个合作倡议，如 1+X 证书推广、智慧校园建设等，旨在加强校企合作，但后续的实际合作项目较少，且多数合作停留在初步探索阶段。这些现象表明，当前成渝地区双城经济圈的教育联盟合作呈现出表面化、自发性和零散性的特点，“合作形式”大于“合作内容”。为了改善这一状况，成渝地区双城经济圈需要进一步深化各联盟之间的实质性合作，明确合作目标，制订具体的合作计划，并加强对合作项目的跟踪和评估，以确保联盟合作能够取得实质性的成效。

三、成渝地区双城经济圈大学青年金融科技人才发展的学科路径依赖仍然突出

（一）金融科技专业师资体量不足

教师队伍是人才培养的主力军，是实现人才培养目标的根本保证，教师的数量和水平直接影响着人才培养的质量。然而，从运用简历分析法对选取的六所案例高校金融科技师资的研究中可以发现，金融科技专业的师资力量在相关院系中的比例普遍较低。具体而言，西南财经大学金融学院中涉猎金融科技领域的师资占比为 18.31%，四川大学金融学院为 10.57%，电子科技大学金融学院为 23.68%，重庆大学金融学院仅为 4.56%，西南大学金融学院为 5.03%，重庆工商大学金融学院为 34.78%。这些数据显示，成渝6所高校中涉猎金融科技领域的师资占比均未达到50%，师资力量不足将直接阻碍金融科技人才的自主培养。

（二）金融科技专业教师过于理论化

金融科技作为一个高度依赖技术和创新的领域，其发展速度极快，技术迭代周期短。金融科技的服务对象主要是金融机构和消费者，他们的需求不断变化。金融科技的核心价值在于解决传统金融难以解决的实际问题，如提高金融服务效率、降低成本、拓展金融服务边界等。因此，金融科技领域非常看重实践能力。然而，从本节运用简历分析法对选取的六所案例高校金融科技师资的研究中可以发现，金融科技领域师资队伍普遍存在实践经验欠缺的问题。尽管六所学校金融科技人才都有相关的科研经历，但具有

金融科技领域实践经历的教师比例却很低。尽管教师在金融科技领域的科研成果丰富，但仅有少数教师曾有过在金融科技公司或金融机构担任顾问的经历。这种重科研轻实践的现象可能导致教师在教学过程中无法充分结合实践案例来传授知识，从而影响学生对金融科技实践的理解和对金融科技知识的应用能力。

（三）金融科技专业师资专业背景单一

金融科技作为一个新兴交叉学科，它融合了金融学、计算机科学、数据科学等多个领域的知识与技能。然而，从本节运用简历法对选取的六所案例高校金融科技师资的研究中可以发现，金融科技专业的师资力量普遍存在跨学科背景的教师比例偏低、行业实践经验不足等问题。以西南财经大学为例，在整个金融学院中，金融科技领域的师资占比不到五分之一，而在这些教师中教育经历中含有理工科背景的金融科技人才的占比不到一半（42.31%），由此可以说明在涉猎金融科技领域的教师中具有纯金融学背景的教师占比较高，而具备计算机科学或数据科学背景或者同时具备金融与理工科背景的教师比例相对较低。这意味着，尽管这些教师在金融理论和实务方面有较为扎实的积累和经验，但在金融科技所需的技术层面，如编程、算法、数据处理等方面可能缺乏相应的学科背景和专业知识。

第三节　建议与展望

一、成渝地区双城经济圈大学青年金融科技人才发展的地方性政策建设

（一）打造“软文化”与“硬产业”相结合的成渝特色人才吸引政策

为了能在人才引进政策上与京津冀、长三角、粤港澳大湾区具有竞争力，成渝地区双城经济圈应根据自身的区域特色亮出自身的“人才名片”。共同的文化基础有利于成渝两地在政策制定、经济社会发展以及人才交往过程中构建起强烈的文化认同感，增大区域人才协同发展的可能性。重庆市和四川省作为巴蜀文化的发源地，拥有深厚的历史文化底蕴。成渝地区双城经济圈的“软文化”体现在其包容性强的社会氛围上，这里的居民热情好客，乐于接纳新思想和外来文化，这为创新人才提供了良好的社会环境。成渝地区双城经济圈在“硬产业”方面也面临着挑战，相较于东部沿海发达地区，其产业基础尚待加强。因此，成渝地区双城经济圈需要打造具有成渝产业特色的人才吸引政策，以产引才。具体内容如下。

第一，强化产业支撑。依托《规划纲要》，加强产业布局，特别是在金融科技、电子信息、生物医药等战略性新兴产业领域，打造具有国际竞争力的产业集群。通过提供良好的产业发展环境和完善的产业链条，吸引高端人才和创新资源集聚。第二，构建产业与文化融合的环境。利用成渝地区双城经济圈独特的地域文化，如巴蜀文化、美食文化、旅游文化等，为人才创造一个充满活力和创造力的工作生活环境。通过举办各类文

化活动、展览、论坛等，展示成渝地区双城经济圈深厚的历史文化背景和独特的地域风情，增强人才的文化认同感和归属感。第三，提供具有竞争力的薪酬福利政策。制定具有竞争力的薪酬福利政策，包括为高层次人才提供安家补助、购房补贴及子女教育支持等全方位服务，以此来降低人才的生活成本，提高生活质量。第四，利用成渝地区双城经济圈的自然风光和宜居环境。成渝地区双城经济圈拥有得天独厚的地理位置和自然风光，如重庆的山城特色、成都的公园城市理念等，这些都是吸引人才的重要因素。通过打造宜居宜业的城市环境，吸引更多人才选择在成渝地区双城经济圈工作和生活。

（二）精准提高科技资金投入力度

为了进一步推动成渝地区双城经济圈金融科技领域的创新发展，成渝两地政府可以在现有 R&D 经费投入的基础上逐步有序地提高 R&D 经费的投入力度，让更多资金畅达科技创新领域。具体而言，一是可以共同设立金融科技专项基金，专门用于支持金融科技领域的初创企业和创新项目。二是建立科学合理的资金分配机制，确保资金优先投入具有高潜力的金融科技项目中。可以通过专家评审团的方式筛选项目，确保资金使用的高效性和公平性。三是可以通过为金融科技企业提供税收减免或延期缴税等优惠政策，减轻企业的财务负担，鼓励企业增加研发投入，从而有效提高金融科技研发的效率。

（三）构建成渝人才互通实质等效的运行机制

为了更好地“集中力量办大事”，建立成渝地区双城经济圈统一大市场，破除成渝两地之间人才政策的行政和政策壁垒，亟须构建一个顺畅的运行机制。首先，应以体制衔接破除行政壁垒，确保成渝两地政府在人才政策制定和执行上步调一致，促进两地人才的集聚和有序竞争。其次，通过业务衔接破除政策壁垒，消除人才流动障碍。为此，可以共同推动人才政务服务的互联互通，建设成渝两地互通的人才评价信息系统，打造透明的资源和信息网络平台，以便两地的高层次人才之间进行信息交流和共享。最后，需要建立统一的人才政策框架，确保成渝两地在人才引进政策、福利待遇、创业支持等方面保持一致性，消除由政策差异带来的壁垒。

二、成渝地区大学双城经济圈青年金融科技人才发展的内部机制优化策略

（一）多方协作提升成渝地区双城经济圈大学科技转化率

有效提升成渝地区双城经济圈高校科技创新成果转化率，需要政府、高校、企业和社会各界形成合力，共同推进科技成果的有效转化。具体可以从以下几个方面着手。

第一，发挥政府引领作用。政府应当发挥主导作用，制定有利于科技创新成果转化的政策框架。例如，制定税收减免、资金扶持、知识产权保护等方面的政策，为高校科技成果的转化提供有力的政策支持。同时，政府还可以搭建公共服务平台，促进高校与企业之间的信息交流和资源共享。第二，规范高校内部机制改革。高校需要完善内部机

制，强化对科技创新成果转化的支持。这包括设立专门的成果转化部门，负责科技成果的评估、转化和推广工作；改革科研评价体系，将成果转化纳入教师职称评定和绩效考核体系，激励教师参与成果转化活动；以及加强与企业的合作，通过共建实验室、研发中心等形式，促进知识和技术的双向流动。第三，促进企业深度参与。企业应当更加深度地参与到高校的科研活动中，共同承担科研项目，为高校提供资金支持和技术指导。企业可以通过设立专项基金、提供研发设备和场地等方式，支持高校的科研工作。同时，企业还可以参与科技成果的转化过程，将科研成果转化为具有市场竞争力的产品和服务。第四，构建产学研合作平台。政府、高校和企业可以共同建立产学研合作平台，促进三方之间的交流与合作。通过定期举办产学研对接会、科技成果发布会等活动，加强各方的信息共享和技术交流。此外，还可以通过共建孵化器、科技园等方式，为成果转化提供物理空间和政策支持。

（二）推动联盟高校建立共建协商的区域共同体

成渝地区双城经济圈建设背景下高质量教育应坚持共建共享的教育理念。联盟内各高校应建立共同协商的新治理模式，将联盟内的各大高校以及各利益相关者之间的协商治理作为治理方式，将“创造高校间的合作契机、促使各成员达成合作”作为核心任务，并把“在实质上拓宽和厚实知识生产基础、增强其知识生产与创造效能”[①]作为治理目标。成渝地区双城经济圈高校联盟、成渝地区双城经济圈产教融合发展联盟、成渝地区双城经济圈教师教育协同创新发展联盟等 20 多个联盟的成立，旨在促进区域内高校之间的资源共享、优势互补与协同发展。为了推动这些联盟内的高校共建协商治理方式，应建立具有共同利益的协同体。

首先，建立有效的沟通机制。成渝地区双城经济圈内的高校联盟应当定期召开工作会议，为成员高校提供分享信息、讨论问题和提出建议的平台。通过定期会议，成员高校可以及时了解联盟的最新动态和发展规划，共同探讨面临的挑战和解决方案，促进共识的形成。其次，明确共同目标与利益。高校联盟应当明确界定其共同发展目标和利益点，如人才培养质量提升、科研合作深化、产学研用融合等。基于共同目标，成员高校可以围绕这些重点领域展开合作，确保各方的努力方向一致。再次，建立灵活的合作机制并制定共享资源的规则。高校联盟可以设立专门的工作小组或委员会，负责协调和管理特定的合作项目。为了实现资源共享效益最大化，高校联盟需要制定一套明确的资源共享规则，包括但不限于教学资源、科研设施、实验室等资源的共享方式和流程，确保资源能够得到高效利用。最后，鼓励多元化的合作形式。除了传统的科研合作和人才培养外，高校联盟还可以探索诸如联合举办国际会议、共同申请重大项目、共建实习实训基地等多种合作形式，提高合作广度和深度。成渝地区双城经济圈内有关高校联盟的成员高校可以共建协商治理方式，建立具有共同利益的协同体，以有效地推动区域内高等

---

① 优化高校竞合关系 集群发展应为重要向度，https://gj.eol.cn/sdbd/202208/t20220818_2242001.shtml，2022-08-18。

教育和科学研究的整体发展，为成渝地区双城经济圈乃至整个西部地区的高质量发展贡献力量。

三、成渝地区双城经济圈大学推动青年金融科技人才发展的微观层面建议

（一）培养“双师型”教师，营造外引内培的良好人才环境

高校是成渝地区双城经济圈高层次科技人才的主力军，科研院所也是重要的组成部分，成渝地区双城经济圈大学推动青年金融科技人才发展，需要重视与加强金融科技领域师资的引进与培训，培养“双师型”教师。首先，成渝地区双城经济圈高校应积极响应该地区的人才政策，加大青年金融科技人才的引进力度，积极引入具有丰富实践经验的金融科技行业专家和学者，使其担任专兼职教师。其次，在积极引进人才的同时还要建立起学校内部系统的师资培训计划，定期组织学院既有的金融科技教师参加金融科技领域的前沿技术培训、研讨会和国际交流活动，以促使教师的知识更新和技能提升。再次，鼓励和支持教师到金融科技相关企业挂职锻炼，参与企业的实际项目，获取一线实践经验；同时，邀请企业专家到校授课，与校内教师形成互补，共同培养学生。最后，高校内部要建立健全针对金融科技教师的激励机制，通过提供科研经费支持、职称晋升机会、荣誉奖励等方式，激励教师积极参与金融科技领域的教学和科研工作，提高教学质量。通过一系列措施，成渝地区双城经济圈高校可以有效地提升金融科技专业的师资队伍水平，为学生提供更为全面和实用的教育，从而培养出更多具有实践能力和创新精神的金融科技人才。

（二）发挥成渝地区双城经济圈产教融合发展联盟的作用，共同构建产学研用融合新格局

成渝地区双城经济圈产教融合发展联盟已经为产教融合综合性改革与创新发展提供了试验平台，在此基础上联盟要发挥自身的协调作用，充分调动各个高校的积极性，发挥院校学科优势，实现资源共享、共同发展、协同创新。引导高校加快推进知识溢出和创业型转化，构建政府牵引、高校智力驱动、行业企业（社区、园区）深度融合的产学研用一体化网络体系，并呼吁金融科技行业企业进一步加强校企合作，整合企业的经营资源、技术资源、平台资源和各校的人才资源，共同打造校企协作，产学研用融合的全新格局，从而为社会输送更加符合实际需求的新型金融人才。为了进一步发挥联盟的作用，需构建产学研用融合的全新格局。

首先，建立校企合作机制，高校与金融科技相关企业签订合作协议，共同制定人才培养方案，确保课程设置与行业需求相匹配。同时，定期举办校企合作会议，就人才培养、科研合作等方面进行深入交流。其次，共建实习实训基地，与企业共建实习实训基地，为学生和老师提供真实的工作环境和实践机会。再次，推动科研成果转化，鼓励教师和学生与企业合作开展金融科技领域的科研项目，共同解决金融科技行业的实际难

题。最后，开展联合研发项目，与企业合作开展联合金融科技研发项目，不仅能够促进科技成果的应用，还能够为学生提供参与前沿技术研究的机会，增强他们的科研能力和行业洞察力。通过这一系列举措，成渝地区双城经济圈的高校和企业能够更加紧密地合作，这不仅能够提升学生和老师的实践能力，还能够促进成渝地区双城经济圈金融科技领域的持续创新与发展。

本章参考文献

陈昊，范蔚，蔡其勇. 2023. 成渝地区双城经济圈高校课程联盟：框架构建与运行机制. 重庆高教研究，11（5）：92-104.

陈涛，唐教成. 2020. 高等教育如何推动成渝地区双城经济圈发展：高等教育集群建设的基础、目标与路径. 重庆高教研究，8（4）：40-57.

陈涛，王思懿，吴戈，等. 2021. 成渝地区双城经济圈科技创新中心建设：现状、问题及对策. 中国西部，（6）：23-31.

贾秀险，戚务念. 2020. 成渝地区双城经济圈高等教育系统构建：基础与路径. 重庆高教研究，8（5）：32-43.

蓝定香，白佩玉. 2023. 成渝地区和长三角地区高技术产业发展比较研究：基于“三链”协同度视角. 重庆社会科学，（12）：128-141.

刘进. 2022. 简历分析法及其在高等教育研究中的应用. 高等教育研究，43（6）：49-56.

罗生全，随国栋. 2022. 经济圈建设背景下高质量教育的发展逻辑与推进路径. 西南大学学报（社会科学版），48（6）：153-164.

姚树洁，房景. 2024. 发展新质生产力推进成渝地区双城经济圈国家战略腹地建设. 重庆大学学报（社会科学版），30（4）：1-20.

Asheim B T，Isaksen A. 2002. Regional innovation systems：the integration of local ‘sticky’ and global ‘ubiquitous’ knowledge. The Journal of Technology Transfer，27：77-86.

Chou H M，Demiryol T. 2023. Knowledge power or diplomacy? University alliances and the Belt and Road Initiative. Higher Education，87：1693-1708.

专 题 三

改革开放新高地：融合与开放

构筑改革开放新高地是成渝地区双城经济圈建设的动力。《规划纲要》明确指出："尊重客观规律，发挥比较优势，把成渝地区双城经济圈建设成为具有全国影响力的重要经济中心、科技创新中心、改革开放新高地、高品质生活宜居地。"并提出构筑改革开放新高地要"积极推进要素市场化配置、科研体制、跨行政区经济社会管理等重点领域改革。依托南向、西向、东向大通道，扩大全方位高水平开放，形成'一带一路'、长江经济带、西部陆海新通道联动发展的战略性枢纽，成为区域合作和对外开放典范。"

基于此，本专题将系统论述成渝地区双城经济圈城乡融合发展、协同辐射发展、经济区与行政区适度分离改革、川渝毗邻地区功能平台建设、内陆开放高地建设和西部陆海新通道建设方面的进展成就、现实困难及未来展望等。

第十二章　成渝地区双城经济圈城乡融合发展的成就、困难与展望

2020 年，习近平总书记在中央财经委员会第六次会议上做出推动成渝地区双城经济圈建设的重大决策部署①。2021 年，《规划纲要》明确提出了“两中心两地”战略定位。其中，建设“高品质生活宜居地”要求将成渝地区双城经济圈打造成为“城乡融合发展样板区”，重点突出城乡要素高效配置、公共资源合理配置以及产业协同发展，为成渝地区双城经济圈推动城乡融合发展提供了战略指引。

习近平总书记关于城乡融合的重要论述为新时期处理城乡关系以及统筹城乡发展提供了根本遵循。习近平总书记强调，要把乡村振兴战略这篇大文章做好，必须走城乡融合发展之路（习近平，2019），要把县域作为城乡融合发展的重要切入点（习近平，2022），要顺应城乡融合发展大趋势，破除妨碍城乡要素平等交换、双向流动的制度壁垒（习近平，2023）。城乡融合发展是城乡关系转型的一个重要阶段（刘守英和龙婷玉，2022），是经济社会走出二元结构迈向一元化的关键抓手，尤其是 2023 年成渝地区双城经济圈城镇化率达到 65.6%，处在城镇化加速推进期，即将进入以要素重新配置为基本特征的城市化成熟阶段（陈明星等，2011）。这一阶段，伴随着城市经济的加速发展以及农村经济发展的不充分，城乡融合面临的首要难题在于如何推动农业生产率趋近社会平均生产率，显然这依赖于城乡要素的自由平等流动，且受制于城乡在制度、基础设施、社会治理、基础产业等领域的融合水平，本章将在制度、产业、设施、治理等方面阐释成渝地区双城经济圈城乡融合进展。

成渝地区双城经济圈在探索新型城乡关系以及农村土地制度改革等领域始终走在全国前列。四川省是“三线建设”的重点，沿海地区工业、工厂和工人的迁入使得地方与各企业、单位在经济、生活、观念、环境等方面双向互鉴，较早形成了城乡之间双向循环格局。改革开放之后，川渝地区是农村改革的策源地之一。2007 年，国务院批准在重庆市和成都市设立全国统筹城乡综合配套改革试验区；2019 年，四川成都西部片区、重庆西部片区入选国家城乡融合发展试验区；川渝两地作为农村“三块地”改革②试点，其经验和做法在全国领先。然而，成渝地区双城经济圈区域和城乡差距仍然较大，以城市圈、核心城市为中心的分层结构仍然凸显。以四川省为例，2023 年，成都市农村居民人

① 习近平主持召开中央财经委员会第六次会议，https://jhsjk.people.cn/article/31534393，2020-01-03。

② 农村土地征收、集体经营性建设用地入市、宅基地制度改革被统称为农村“三块地”改革。

均可支配收入远高于成渝地区双城经济圈其他川内城市，但城镇居民人均可支配收入与农村居民收入的差距（1.74 倍）相对小于其他川内城市。因此，厘清进展成就，把脉现实困难，努力走出一条具有川蜀特色的城乡融合发展新路子是成渝地区双城经济圈建设的基础工作，具有重大现实意义。

第一节 进展成就

川渝两地深入贯彻落实习近平总书记关于城乡融合发展的重要指示精神，以习近平总书记视察四川、重庆的重要讲话精神为指引，以成渝地区双城经济圈建设为总牵引，奋力打造具有川蜀特色的城乡融合发展样板区。按照《规划纲要》内容，成渝两地以城乡要素市场一体化体制机制改革为主线，着力消除城乡之间“人、地、钱”等各类要素双向自由平等流动壁垒，以城乡一体规划为基础，以城乡治理融合为保障，创新探索农村“三块地”改革实践，深入推动基础设施一体化和基本公共服务均等化，有效推动城乡产业协同发展，城乡发展共同体建设初见成效。整体来看，成渝地区双城经济圈城乡融合发展已取得了阶段性的发展成就。

一、以体制机制改革为总牵引，城乡要素融合渠道全面畅通

探索经济区与行政区适度分离改革是成渝地区双城经济圈的一项重要改革任务。突破各行政区域的政策限制，完善城乡融合发展体制机制是夯实成渝地区双城经济圈建设的基础，是构建城乡要素配置统一大市场的重要举措。成渝地区双城经济圈深入推进户籍制度改革。2021 年以来，重庆市全面放开创业担保贷款户籍限制，进一步探索完善针对常住居民、毕业生、随迁人口、返乡人才等的多元化的户籍制度改革举措，扎实推进数字户籍建设，创新推出“一网通办”“一窗综办”“川渝通办”等工程，有效推动城乡人口有序流动。2024 年成都市“8+1”县（市）以及成渝地区双城经济圈四川省内其他城市和县城全面取消落户限制，入户政策持续优化，逐步试行以经常居住地登记户口制度，农业转移人口市民化加快推进。2020—2023 年，成渝地区双城经济圈常住人口城镇化率由 63.1%提升到 65.6%，快于全国增速，但与其他增长极相比仍然存在一定差距（表 12-1）。同时，内部差异鲜明，如成渝地区双城经济圈四川省内仅有成都市的常住人口城镇化率达到 80.5%，其余地级及以上城市均低于 60%，农业转移人口市民化以及城乡人口自由流动仍不充分，重庆市范围内各地城镇化水平相对较高，但差距也较大，如重庆市中心城区、万州、涪陵等地的常住人口城镇化率分别高达93.43%、71.01%和74.20%，而丰都、垫江、忠县的常住人口城镇化率则低于 52%，提升空间较大。积极支持农民工、退役军人、大学生等群体开展返乡下乡创业活动，创新出台税费优惠、金融信贷、财政支持、创业服务等一揽子政策，借助数字化技术，“农村双创”典型不断涌现。在前三批已公示的“全国农村创业创新典型县”中，成渝地区双城经济圈共计 27 个县的返乡下乡扶持做法得到宣传推介。以户籍制度改革为基础，成渝地区双城经济圈围绕户口

迁移便利化、信息互通、身份互认、资源共享等内容印发《推进川渝公共服务一体化深化便捷生活行动事项（2024年版）》《2024年川渝就业重点项目合作协议》等文件，有力推动了由常住地登记户口提供基本公共服务制度的改革探索。

表12-1　我国主要增长极常住人口城镇化率

区域	2020年	2023年
京津冀地区	68.6%	70.6%
长三角地区	76.0%	77.8%
粤港澳大湾区	87.2%	87.9%
成渝地区双城经济圈	63.1%	65.6%

注：2020年数据源自省级统计年鉴，2023年数据源自统计公报。长三角地区涵盖了上海以及江苏9市、浙江9市、安徽8市；粤港澳大湾区仅统计了广东9市

成渝地区双城经济圈持续深化农村土地制度改革，扎实搞好确权，稳步推进赋权，有序实现活权。以构建新型农业经营体系为基础，有效保障进城农户权益，引导土地经营权有序流转，探索完善“进出”机制。川渝两地共同探索土地制度改革，统筹推进“三块地”改革，在推进集体林权制度改革以及林盘资源生态价值转化等方面走在全国前列。以重庆市大足区、成都市郫都区、泸县、眉山市彭山区、宜宾市翠屏区、西昌市、资阳市等改革试点为支撑，成渝地区双城经济圈系统构建了农村产权的“三权分置”改革制度体系，有效推动了城乡统一的建设用地市场建设，共同探索建设用地统一管理机制，在川渝毗邻地区实施17个全域土地综合整治试点。2023年，成都市清理核实农村集体资产361.76亿元、集体土地1415.26万亩，完成2289个村级集体经济组织的登记，农村产权交易体系覆盖率达100%，将3.75万亩宅基地信息纳入宅基地管理信息平台进行管理。重庆市早在2020年就已全面完成农村集体产权制度改革整市试点，当时即清理出集体资产总额1089亿元，其中经营性资产121亿元。2020年以来，重庆市每年土地整治项目超300个。同时，以《中华人民共和国土地管理法》为准绳，在严守耕地红线的基础上，深入做好省市县乡国土空间规划，健全土地转用与征收体系以及建设用地管理，进一步盘活农村土地要素，深化土地制度改革。

成渝地区双城经济圈立足农业农村现代化要求，积极推进资本、技术和数据等各类要素的市场化配置。成渝两地坚持以金融服务体系建设为引领，出台《四川省成都市普惠金融服务乡村振兴改革试验区总体方案》等。不断创新农村金融服务体系，增强城乡建设资金保障，优化提升农村金融服务功能，2023年，四川省银行业涉农贷款余额、普惠型涉农贷款余额同比增长17.96%和19.45%，同时积极围绕重点领域、关键主体等提供金融服务，推出多级联动的“农贷通”平台贷款贴息项目等。重庆银行在乡村振兴领域创新推出针对新型农业经营主体的“新农贷”，2023年普惠型涉农贷款余额同比增长24%。技术要素是城乡产业协同发展的重要保障，成渝地区双城经济圈各地持续健全科技成果产权激励机制，2024年，重庆市印发《重庆市加快推动高校科技成果转化与产业化若干措施》，借助“权益让渡”“先使用后付费”等方式加速科技成果转移转化。同时，积极

开展专家“惠基层”活动，以乡村为基地深化产学研合作，依托“成渝地区双城经济圈专家团”，启动科技专家助力乡村振兴工作，为乡村振兴提供技术指导以及规划、决策、咨询服务。成渝地区双城经济圈逐步建立政府数据开放共享和社会数据开发利用机制，加快打造共建共享数据平台，为农业信用信息共享机制提供了平台和数据支撑。

二、以提升县域承载力为抓手，城乡产业融合活力加速迸发

集镇和县域是连接城乡的过渡地带，是推进城乡融合的重要承载区，县域以及集镇的产业发展水平直接影响着城乡产业融合能否走深走实。《重庆市推进以区县城为重要载体的城镇化建设实施方案》以及四川省委十二届四次全会审议通过的《中共四川省委关于深入贯彻习近平总书记重要指示精神以县域为重要切入点扎实推进城乡融合发展的决定》均表明了“抓好两端、畅通中间”的工作思路，强调了以县域为重要切入点扎实推进城乡融合发展，县域经济显著发展。据统计，成渝地区双城经济圈下辖县（市）地区生产总值由 2020 年的 1.78 万亿元上升至 2023 年的 2.21 万亿元，市辖区由 2.67 万亿元升至 3.33 万亿元，千亿市辖区和百亿县（市）占同类行政区的比重达 30.56%和 87.67%。其中，1 个县进入全国综合实力百强县（市），7 个区、镇进入全国综合实力百强区、千强镇，占西部地区的 63.64%和 16.3%，其中 4 个区进入百强区前 50，2 个镇进入全国前 200，排名较 2021 年有所提升，入选县数量也有所增加①。成渝地区双城经济圈坚定贯彻“共抓大保护、不搞大开发”的战略方针，抢抓“双碳”机遇，努力把资源优势转化为产业优势，积极开辟光伏、锂电、新能源汽车等发展新领域新赛道，多点布局、多元互补、多链融通、多城共进，传统产业与新兴产业协同并进实现联农带农。例如，遂宁射洪市推进锂电新材料、食品饮料、能源化工等主导产业“建圈强链”，通过强化集镇功能和县域承载力支撑城乡融合试点建设。在整体经济进步的前提下，成渝地区双城经济圈产业结构不断优化，三次产业结构从 2020 年 9.1：37.7：53.2 转变为 2023 年的 8.0：36.9：55.1，产业结构高级化与合理化明显提升。如表 12-2 所示，与其他增长极相比，成渝地区双城经济圈产业结构仍有较大调整空间，这需要在确保粮食安全和农业生产率提升基础上推动二、三产业发展。

表 12-2　我国主要增长极产业结构

区域	2020 年	2023 年
京津冀地区	4.9：27.9：67.2	4.6：27.7：67.7
长三角地区	2.9：39.9：57.3	2.6：9.8：57.6
粤港澳大湾区	1.8：40.1：58.1	1.7：40.6：57.7
成渝地区双城经济圈	9.1：37.7：53.2	8.0：36.9：55.1

注：2020 年数据源自省级统计年鉴，2023 年数据源自统计公报。长三角地区涵盖了上海以及江苏 9 市、浙江 9 市、安徽 8 市；粤港澳大湾区仅统计了广东 9 市

① 县级数据源自省、市统计年鉴及县统计公报。综合实力百强县（市）、百强区、千强镇数据源自《2024 年中国中小城市高质量发展指数研究成果》，据笔者检索可追溯至 2021 年，故与 2021 年相比。

成渝地区双城经济圈充分发挥成渝双核心城市对城乡产业融合的示范效应，通过现代农业产业示范园区带动农村一、二、三产业融合。以县域为切入点，成渝地区双城经济圈合力打造四川开江县和重庆梁平区（稻渔园区）、四川隆昌市和重庆荣昌区（生猪和粮油园区）、四川安岳县与重庆大足区（粮食和中药材园区）等跨省现代高效特色农业示范园，9个基地入选前两批全国种植业“三品一标”①基地。2023年，酒、饮料和精制茶制造业，农副食品加工业位列四川省大类行业营业收入前十，分别达到3602.2亿元和1924.4亿元，食品产业营业收入达8555亿元，居全国第三，2024年上半年，酒、饮料和精制茶制造业进一步增长5.3%。2023年，重庆市食品及农产品加工业产值达到2500亿元，同比增长3.5%。同时，以旅游业为代表的服务业是带动乡村产业振兴的重要引擎。成渝地区双城经济圈成立“成渝乡村旅游共享发展与合作联盟”，合作举办“乡村休闲消费节”，协同推出系列精品旅游线路，以点串线、连线成片，不断提升公共文化服务供给质量。2023年，成都市推出乡村精品旅游线路30条、新消费场景38个，休闲农业实现营业收入445亿元、增长15.8%。2023年，重庆市巴南区休闲农业和乡村旅游业累计接待乡村旅游游客约1388万人次，“赏花经济”年产值超60亿元。“民宿+康养+旅游”“互联网+直播+旅游”等成为乡村振兴的重要模式。然而，成渝地区双城经济圈大城市大农村的城乡二元结构也反映了农村产业结构调整应持续进行、城乡产业融合程度仍需加深。以四川省为例，投入产出表的核算结果显示，制造业和服务业对农业的中间投入仍低于全国水平，融合水平有待进一步提升，许多农产品仅停留在鲜销或初加工水平上，产业融合潜力较大。

三、以基础设施一体化为重点，创新推动公共资源均衡配置

城乡基础设施建设是城乡融合的重点内容。从交通基础设施来看，成渝地区双城经济圈以项目为支撑，加快推动成渝交通基础设施一体化。2024年，成渝两地高铁通达时间最快仅需62分钟，成渝地区双城经济圈加速迈入“1小时交通圈”②，川渝间已建成铁路通道6条，联合开工建设成渝中线、西渝、成达万和渝昆等高铁4条；四川建设并开通运营首条跨市域轨道交通资阳线，川渝省际高速公路增至16条，互联互通的“水陆空铁”立体交通网络加快构建。川渝两地共同制定成渝地区双城经济圈“四好农村路”示范区工作方案，逐步推动各项共建任务落实，截至2022年，四川省已经累计创建“四好农村路”省级示范市8个、示范县122个，全国示范县20个；重庆市累计创建11个“四好农村路”全国示范县，14个市级示范区县和26个市级示范乡镇。成渝地区双城经济圈加快打通“断头路”，着力拓宽“瓶颈路”，基本形成以县为中心、乡镇为节点、建制

① 2021年，农业农村部组织实施种植业“三品一标”行动，要求各级农业农村部门聚焦“品种培优、品质提升、品牌打造和标准化生产”，引领种植业全面绿色转型，提升产业质量效益和竞争力。

② 依据《成渝地区双城经济圈交通一体化发展五年行动方案（2023—2027年）》，届时将构建起4个“1小时交通圈”，分别是成渝双核超大城市之间1小时通达、成渝双核至周边主要城市1小时通达、成渝地区相邻城市1小时通达、成渝主城都市区1小时通勤。

村为网点的农村公路网。2023 年，四川新改建农村公路 1.9 万公里，县、乡、村三级管养体系基本健全，农村公路列养率达 100%，“路长制”全面推行，乡村运输“金通工程”车辆达到2.7万辆，农村水务、通信、管网等基础设施建设不断巩固。就基本公共服务而言，成渝地区双城经济圈农村教育水平逐步提高，如 2023 年，四川省乡村本科及以上学历教师比重超过 50%，优化调整中小学（幼儿园）4892 所、教学点 4352 个，开工建设公办幼儿园 200 所。大力推进义务教育，优质均衡发展县（市、区）建设，结合“四川云教”城乡联盟优质资源惠及薄弱学校 1700 余所。以提升乡村教育水平为前提，重庆市农民工中高中及以上学历占比稳定增长。在医疗方面，重庆市医疗从业人员从 2020 年的 23.75 万人增长到 2023 年的 27.14 万人。四川省 2022 年投入项目资金 1.5 亿元支持市（州）县域卫生医疗次中心建设，全省分级设置 195 个农村地区紧缺医用防护物资储备点，由县统筹配送至乡镇、村。在社会保障方面，川渝两地在社会保障体系完善、增资兜底、灾难救助等多方面做到了持续完善和稳步提升，如四川省在 2023 年为困难群众下发中央和省级救助补助资金 140 亿元，较 2020 年增加 11.3 亿元；重庆市民政经费支出从 2020 年的 116.6 亿元增长到 2023 年 122.2 亿元。重庆市民政机构数量由 2020 年的 989 个增长至 2023 年的 1273 个，养老机构数量增长 30.4%，达到 1217 个；四川省养老机构数量在 2022 年达到 2553 个，60%的城市老旧社区达到老年宜居社区条件，老年友好社会环境持续优化。

四、以多元化协同治理为保障，全面提升城乡融合治理效能

城乡共治共建是推进城乡共享的基础，也是推进城乡融合的重要保障。成渝地区双城经济圈全面推进城乡治理融合，推动形成城乡共治共建共享的利益共同体。成渝地区双城经济圈将社区治理作为基本单元。2020 年，成渝地区双城经济圈 7 个区（县）成立基层社会治理创新联盟，推进城乡基层治理区域协同合作。四川省也先后评选三批城乡社区基层治理示范单位，成都市、绵阳市、乐山市等城市治理成效突出，为成渝地区双城经济圈城乡治理融合提供了有益借鉴和参考。成渝地区双城经济圈加快健全城乡基层共治体系。首先，以党建引领基层治理。成渝地区双城经济圈以党建为引领，深入开展党建品牌培育和建设工作。成都市以乡镇行政区划调整和村级建制调整改革为契机，配齐配强县（市、区）党政领导班子，其中多数熟悉“三农”工作，新一届镇领导班子中熟悉乡村振兴、产城融合、农村社区治理工作的超过 90%，加强对各级党政负责人、干部、村党组织书记等的培训。2023 年，成都市对在基层治理中表现突出的组织和个人进行表彰，并评选星级村（社区）党组织和新时代担当作为好支书。2024 年四川省制定提升基层治理服务能力“40 条措施”，破解“小马拉大车”突出问题，多维度强化党建引领城乡基层治理。其次，以综合服务能力提升促进城乡基层治理，成渝地区双城经济圈以党组织为核心，形成了以社区专职工作者、网格员、社会组织、志愿者、乡贤理事等多主体参与的社区（乡村）基层治理规范，从教育、文化、养老、医疗等多方面健全城乡基层治理体系。成都市青白江区学习“枫桥经验”，鼓励多方参与基层治理，2022 年，

镇、村两级人民调解委员会成功调处矛盾纠纷1720件，成功率达100%。最后，科技赋能城乡治理融合，高新技术的发展和数字乡村的建设促进了信息化、数字化的发展，城乡治理融合可以打破时间、距离上的阻碍，有助于城乡基层治理体系完善。科技助推网格化监管更精准，如对动物检疫、秸秆焚烧等的监管。科技赋能有利于提升基层治理能力，如成都市锦江区“三四一”网格化智慧治理体系①，将全区90万名人口数据信息匹配到小区院落，实现城市运行动态感知；重庆市江北区“141”基层智治体系（即一个基层治理指挥中心，整合原镇街科室站所，划分党的建设、经济发展、民生服务、平安法治 4 个板块，建设一套网格实现落地服务），以平台信息全面了解全区动态。

第二节　现实困难

成渝地区双城经济圈自建设以来，已经在城乡融合发展方面取得了系列阶段性进展和标志性成就。然而，由于成渝地区双城经济圈凸显的二元结构并未根本转变，尤其是城乡差异在核心城市、都市圈、外围区域呈现出鲜明的分层结构，推进城乡融合发展的任务仍然艰巨。在成渝地区双城经济圈全面推进现代化建设的背景下，根据融合现状，本节全面分析和总结了城乡融合发展存在的现实难题，主要包括城乡融合发展体制机制待完善、城乡要素融合效率待提升、城乡产业融合水平仍偏低、城乡基础设施布局不均衡、城乡共治共享体系待健全等。

一、城乡融合发展体制机制待完善

完善体制机制是推进城乡融合的总牵引和基本保障。当前，成渝地区双城经济圈推动城乡发展的体制机制和政策体系已基本建立，但是与乡村全面振兴、城乡深度融合发展的要求相比，相关体制机制和政策体系还存在不足之处。成渝地区双城经济圈在深化城乡户籍制度管理方面做出了诸多创新性探索，但成渝地区双城经济圈城乡户籍并未实现一体化管理，目前成都创新推进“一元化”户籍管理制度，但与国家城乡融合发展试验区对城乡人口迁徙制度的要求仍有差距，跨区城乡户籍管理一体化体制机制改革仍待推进，因户籍制度不健全，制度带来的社会福利、社会保障等权益存在差异，由经常居住地登记户口提供基本公共服务制度尚待深入探索，农村居民医疗保险、养老保险待遇水平仍待提升。与城乡居民流迁相伴随的耕地与宅基地等的有偿使用、有偿腾退、适度流转与新型农村集体经济建设、社会保障体系等配套制度有待系统性协同完善。构建城乡统一的土地、资金、技术等要素市场是畅通城乡经济循环的重要抓手，当前成渝地区双城经济圈市场化改革方向明确，但是在协同发展、利益平衡、要素均衡等体制机制方面仍存在相互抵触、互不相融的问题，体制机制改革进程缓慢也减缓了城乡要素流动。

---

① “三四一”网格化智慧治理体系，即“三融合、四统一、一平台”网格化智慧治理体系。

此外，城乡基础设施建设一体化和基本公共服务均等化供给的标准不一、管理管护制度不到位等问题都造成了城乡之间的体制机制壁垒。

二、城乡要素融合效率待提升

城乡要素平等双向流动是城乡融合发展的重中之重。当前，成渝地区双城经济圈与城乡要素融合相关的体制机制处于完善的阶段，城乡要素双向流动格局已初步形成，但是其效率相对较低。造成城乡要素融合效率低的原因有多种，主要体现在城乡二元经济结构没有得到根本改善，城乡经济差距影响了要素平等双向流动。从劳动力角度来看，成渝地区双城经济圈常住人口城镇化率的稳步提升表明城乡融合取得了初步成效，但是农村“空心化”“老龄化”问题并未得到根本解决，甚至进一步加剧了农村人口的流失。2022 年，四川省有 900 余万名农民工处于“半城镇化”状态，人口流动仍以农村向城镇单向流动为主。从土地流转角度来看，农村“三块地”改革有效促进了农村闲置资源的流转，但仍然存在耕地流转不充分、农业生产效率低的问题，农村建设性土地也会因受地理区位等因素限制而得不到合理利用，城乡统一的建设用地市场仍待完善。从资金投入角度来看，成渝地区双城经济圈用于县域、农村发展的财政支出虽然在增长，但是其整体资金体量较小，投入资金不足。社会资本进入乡村的形式较为单一，以参与农村集体经济、政府主导项目为主，投融资机制和模式仍待突破。农村金融服务体系不完善，部分偏远农村金融服务缺位，存在农村金融资金回流较难等问题。从技术发展角度来看，农村技术研发多集中于城市和县域，科技转化农村发展动力仍不足。当前，成渝地区双城经济圈虽已设立农业科技小院、成渝科技创新服务联盟等多种科技助农组织，但科技成果转化与推广应用水平仍然不高。整体来看，城乡要素融合在人才、土地、资本、技术等多方面都体现出融合效率低的问题，农村要素向城市流动现象并未得到根本扭转。

三、城乡产业融合水平仍偏低

县域是城乡融合的重要载体，成渝地区双城经济圈涌现出大量以县城和集镇为枢纽，通过发展特色产业带动城乡融合的典范，但县域二、三产业对农业的嵌入度不深的问题仍制约着城乡产业的协同发展。首先，非农产业对农业的嵌入水平待提高。成渝地区双城经济圈具有大城市大农村特点，尤其是城镇化水平相对较低的区域，以城带乡、以工促农、城乡一体的融合程度仍然不高。以四川省为例，运用投入产出表进行核算，制造业和服务业对农业的中间投入约为 46.3%和 18.6%，低于全国平均水平，许多“川字号”农产品仅停留在鲜销或初加工水平上，产业融合潜力较大，但从具体的产业门类来看，四川省具有绝对优势的农副产品加工业种类相对较少，农产品品牌化程度以及加工业利润率均待提升。其次，县域与乡村经济存在分割。以县域为切入点带动城乡融合需要城乡产业之间存在关联，然而部分县域存在产业类型单一、主导产业与农业接近度低等实际困难，增大了城乡产业融合难度。最后，县域乡村经济承载能力不足。成渝地区双城经济圈乡村经济发展有向县域和乡村融合发展的趋势，但部分县域囿于滞后的经济发展水平和营商环境，县域承载力偏低，无法在短时间内顺应城市和农村产业快速、大量向县域集聚的趋势，这也导致以县域为重点的城乡产业融合进程推进缓慢。

四、城乡基础设施布局不均衡

城乡公共设施一体化是共享发展的重要体现，也是城乡居民获得感的重要来源，成渝地区双城经济圈城乡公共设施建设的空间分布格局仍不均衡。一方面，基础设施建设差距较大。成渝地区双城经济圈城市和县城交通、水利、污水处理等基础设施已愈加健全，但是乡村还存在水电气网不完善等问题。当前，成渝地区双城经济圈乡村基础设施管护配套机制仍待进一步优化，乡村基础设施建成后管护责任制仍待进一步增强，导致基础设施后续管理存在部分缺位，不利于乡村基础设施可持续发展。基础设施建设资金来源单一，乡村公共基础设施建设资金主要依赖政府专项投入，但是财政压力的增大将会影响未来乡村基础设施的建设。另外，城乡基础设施建设存在规划不合理或缺位情况，影响乡村布局，造成资源浪费。另一方面，基本公共服务差距较大。成渝地区双城经济圈城乡公共服务在教育资源、医疗救助、养老保障等方面都存在差距。从教育资源来看，成渝中心城市与外围区域的乡村地区的教育差距主要体现在学习环境、师资力量、教学质量等多方面；从医疗救助来看，乡村医疗存在配置效率不高、资源不足等问题，乡村医疗体系不健全；从养老保障来看，新型农村社会养老保险和城镇居民社会养老保险所领取的养老金差别较大，且医疗保障力度也存在较大差异；从城乡居民收入水平来看，四川省城市居民人均可支配收入相当于农村居民的倍数由2020年的2.40倍下降到2023年的2.26倍，重庆市城乡居民人均可支配收入比则由2020年的2.44下降到2023年的2.27，城乡和区域之间可支配收入比有缩小的趋势，但是仍存在较大差距。

五、城乡共治共享体系待健全

基层治理是国家治理的基石，城乡治理融合是推动城乡融合的基础保障。成渝地区双城经济圈基层治理结合了城乡基层共治和川渝协同共治，兼顾了城乡共治和区域共治。当前城乡治理水平在体系建设、治理理念、治理方法上还存在较大差距。首先，城乡基层治理体系融合不深入。《规划纲要》明确“健全党组织领导的自治、法治、德治相结合的城乡基层治理体系”是健全城乡基层治理体系的重要目标，但是城乡具有不同的特点和区位，导致城乡之间形成了两套富有差异、相互分割的治理体系。尤其是城乡基层治理体系尚处在完善阶段，城乡两级对城乡治理融合还缺乏明确的认识。其次，基层党组织创新主动性不足。基层党组织是推进城乡治理融合的主体力量，虽然新换届的基层党组织成员整体素质得到提升，但是部分农村地区党组织仍存在领导力、服务力、创新力不足的问题，无法凝聚政府、企业、居民等多方力量参与共治，将影响城乡融合发展进程。最后，数字赋能城乡治理融合不深入。乡村治理的数字化转型是国家治理体系和治理能力现代化的必然要求[①]。当前数字要素与城市治理已较好融合，但是赋能乡村治理还未形成完整的体系。

第三节 未来展望

推动城乡融合发展是实现共同富裕和高质量发展的内在要求，是促进新型城镇化和乡村全面振兴的核心路径，是实现中国式现代化的关键抓手。成渝地区双城经济圈要立足发展实践，以完善发展规划和体制机制为引领，推动城乡要素融合、产业融合、设施融合、治理融合，持续推进成渝地区双城经济圈城乡融合走深走实。

一、扎实推进城乡制度融合，着力畅通城乡经济循环

党的二十届三中全会明确提出“完善城乡融合发展体制机制”[②]，成渝地区双城经济圈仍需在完善城乡融合发展体制机制和政策体系方面持续发力，要聚焦完善城乡要素、公共服务、基础设施、乡村经济、农民收入等领域的体制机制建设。城乡融合发展是全面、系统、复杂的工作，首先，要做好顶层设计，构建“乡村–集镇–县域”一体化的多层级网络发展模式，坚持整体谋划和重点突破，立足城乡融合发展目标，制订短期目标和长远规划，以政策引领锚定城乡融合发展导向，根据不同阶段的要求持续完善体制机制。其次，持续完善要素双向流动体制机制，推进城乡要素市场一体化。以县域为切入点，强化县域统筹功能，持续深化户籍制度改革，放宽中心城市落户限制，并加快建设统一的城乡教育、医疗、社会保障等基本公共服务供给标准。推进土地制度改革，加强城乡土地利用规划和管理，积极盘活农村闲置土地，构建城乡同权土地市场，逐步完善城乡要素双向流动体制机制。最后，加强创新意识，统筹推动城乡融合发展。突破体制机制限制，强化城乡融合工作机制，坚持以中央统筹、省负总责、市县抓落实的工作机制，促进体制机制改革落实落地。

二、提升集镇和县域承载力，全面助推城乡产业融合

县域是城乡融合的重要载体和基础支撑，也是全面推进乡村振兴的重要单元。发展壮大县域经济可以强化其连接城市、服务乡村的重要功能，提升县域产业发展水平是县域经济发展的重要环节。针对成渝地区双城经济圈县域经济发展难题，首先，优化县域产业结构。坚持“抓强、壮干、提弱”工作思路，鼓励县域立足区位优势发展特色产业，将经济发展与就业优先战略相结合，强化新一代信息技术对县域传统产业的改造作

① 切实提升乡村治理数字化水平，https://www.cssn.cn/skgz/bwyc/202407/t20240701_5761952.shtml，2024-07-01。

② 中国共产党第二十届中央委员会第三次全体会议公报，https://www.gov.cn/yaowen/liebiao/202407/content_6963409.htm，2024-07-18。

用，推动信息化、智能化、绿色化等现代产业加速发展。提升农业生产率以及推动产业结构高级化是提升县域经济韧性的重要抓手，在壮大县域经济的同时要持续强化二、三产业对农业的嵌入程度，引导现代生产要素向农村集聚，延长和完善农村二、三产业的产业链，有效推动城乡二元结构向城乡一体化发展。其次，提升县域产业发展水平要全面畅通城乡要素双向流动通道，以制度改革创造良好的营商环境，利用好、推广好国家级、省级、县域内部等的不同试点案例和经验，因地制宜推动县域城乡融合。最后，统筹新型工业化、新型城镇化和乡村全面振兴。城乡融合是一个系统性工程，县城、集镇是县域内部二、三产业的主要集聚区，加快新型城镇化步伐，以城乡要素流动、产业调整升级、技术创新等多种形式有效带动乡村振兴，提高乡村生活质量，缩小城乡发展差距。

三、强化公共资源均衡配置，推动城乡基础设施融合

城乡公共资源均衡配置是直接影响农村居民幸福感的重要因素，当前，城乡公共资源配置存在分配不合理之处，需持续强化城乡公共资源均衡配置。从城乡基础设施一体化角度来看，基础设施是全面推进城乡融合的重要支撑，要合理规划县域和乡村基础设施项目，持续完善乡村交通、水利、电气、互联网、垃圾收运处置等设施。加快完善乡村公共基础设施，提升县域产业基础设施建设水平，以县域为单位设置城乡基础设施建设统一标准，健全城乡基础设施建设和管护的体制机制。从基本公共服务均等化角度来看，政府作为基本公共服务建设的主力军，要构建城乡统一的标准化制度，加大政策供给和财政支出向乡村倾斜的力度，提升乡村医疗、教育、社会福利等基本公共服务水平。探索创新基础设施建设的多元化的投融资机制，鼓励、带动市场主体参与基本公共服务建设，强化市场监管。此外，城乡基础设施一体化和公共服务均等化要建立政府主导、市场运作的长效机制，持续优化城乡共建共享机制，统筹城乡公共资源均衡配置，全面推进城乡融合发展。

四、优化城乡基层治理体系，形成城乡融合治理格局

城乡基层治理融合是推进城乡融合，构建共建共治共享新格局的重要举措。针对城乡治理融合不深入难题，立足成渝地区双城经济圈发展实际，首先，要巩固县域在基层治理中的重要位置，聚力提升县城统筹优化城乡资源配置的能力，串联好城市与集镇、乡村的集散功能，通过多级联动促进城乡治理融合，不断完善城乡基层治理体系，逐步打破城乡治理融合体制机制障碍。其次，加强基层党组织的引领作用。基层组织是推进乡村治理的关键主体，增强基层党组织领导力，人才是关键。然而，成渝地区双城经济圈的人口流动呈现出由农村向城镇流动、由小城市向大城市流动、由欠发达地区向发达地区流动的趋势，乡村地区人才资源较为匮乏。基层组织要积极培育人才、引进人才、留住人才，要持续优化基层人才政策，强化资金支持，选优配强基层组织，鼓励和支持返乡人才创业，建立由社会、组织、企业等多方形成的人才资源库。最后，深化数字赋

能城乡融合治理。协同推进数字政府、数字乡村、智慧城市等的统一建设，推动通信网络、基础算力、智能终端等基础设施在乡村布局，巩固乡村数字化治理基础，加快将城市和县城"互联网+政务服务""互联网+教育""互联网+网格化"等精细化、数字化管理向乡村延伸，构建省、市、县、乡、村多级一体化城乡治理体系，着力缩小城乡治理差距，构建城乡共建共治共享新格局。

本章参考文献

陈明星，叶超，周义. 2011. 城市化速度曲线及其政策启示：对诺瑟姆曲线的讨论与发展. 地理研究，30（8）：1499-1507.

范丽丽，杜曙光. 2024-07-01. 切实提升乡村治理数字化水平. 中国社会科学报，（7）.

刘守英，龙婷玉. 2022. 城乡融合理论：阶段、特征与启示. 经济学动态，（3）：21-34.

习近平. 2019. 把乡村振兴战略作为新时代"三农"工作总抓手. 求是，（11）：6-8.

习近平. 2022. 坚持把解决好"三农"问题作为全党工作重中之重 举全党全社会之力推动乡村振兴. 求是，（7）：4-17.

习近平. 2023. 加快建设农业强国　推进农业农村现代化. 求是，（6）：4-17.

第十三章　成渝地区双城经济圈协同辐射发展的成就、挑战与展望

2021 年 10 月，中共中央、国务院印发的《规划纲要》明确提出要强化协同辐射带动作用，以大带小、加快培育中小城市，以点带面、推动区域均衡发展，以城带乡、有效促进乡村振兴，形成特色鲜明、布局合理、集约高效的城市群发展格局。区域协同辐射就是以中心城市为核心，通过协同确立制度安排、产业支撑、市场平台，依托创新驱动促进经济要素横向流动、优化配置，形成聚集效应、极化效应和扩散效应，依托辐射源（点）、辐射流（带、线）和辐射面，带动区域经济协同增长的良性效应。充分发挥成渝地区双城经济圈整体协同辐射效应，打造区域一体化发展格局，对于全面优化长江上游地区资源配置，推进长江经济带高质量发展具有重要的战略意义。本章在系统总结 2020—2024 年成渝地区双城经济圈协同辐射发展主要成就的基础上，针对成渝地区双城经济圈协同辐射发展的现实制约和基本障碍，全面提出强化协同辐射效应必须确立协同辐射顶层设计、优化政府管理协作机制、加强区域基础设施建设、强化产业协同辐射效应、推进成渝技术创新合作和健全市场协同发展体系，协同促进成渝单核圈内辐射、成渝双核相向辐射，协同推进成渝地区双城经济圈一体化发展。

第一节　进 展 成 就

自 2020 年 1 月 3 日中央财经委员会第六次会议首次提出推动成渝地区双城经济圈建设以来，得益于国家战略政策的明确指引和区域协同发展推进超常规发展的内在机制的驱动，成渝两地通过战略规划协作强化、基础设施互联互通、产业协同升级发展、区域创新网络共建和市场统一培育规制，促进成渝地区双城经济圈整体实力持续提升，区域空间发展格局日益优化，由协同辐射推动的区域经济增长效应、协同发展效应和一体化发展效应不断显现。

一、政府管理协同取得重大突破

在全面学习贯彻习近平总书记重要讲话精神和党中央决策部署下，川渝地方政府以共同努力实现成渝地区双城经济圈协同发展为宗旨加快推进区域经济一体化进程，政府协商洽谈和决策规章制定日益规范、区域合作机制和协作平台建设不断推进、跨区域联合执法

和监督管理流程同步优化、信息平台共享和数据资源网络探索建立、公共服务保障和社会治理模式深度对接，为经济发展提速增效、营商环境改善优化、城市现代化发展、居民幸福感提升和人才吸纳能力增强提供了坚实基础、重要保障和核心推力。依托“巴蜀一家亲”理念和“川渝一盘棋”共建思维，四川省与重庆市政府逐步完善协同发展政策体系，详细制定任务协作清单，加快重点项目的共同实施，全面加强战略协作、政策协同和工作协调，积极推进区域经济一体化发展。双方积极尝试经济区与行政区适度分离改革，建成全国首个跨省域共建新区、跨省域税费征管服务中心，完善公共服务领域的协同管理。四川省和重庆市数字政府试运行，尝试破除多平台障碍，有效推进信息公开、信息透明和渠道统一管理，所设立的“川渝通办”平台，2023 年以来日均办理事务超 2 万件次。公共服务的政策协同不断强化，实现 291 家二级及以上公立综合医院检查检验结果互认，20 余项住房公积金服务事项全要件、全流程标准化，重庆高新区在全市率先开展“一业一证”跨省通办。《共建成渝地区双城经济圈 2024 年重大项目清单》共确立 300 个重大项目，涵盖现代基础设施、现代化产业体系、区域协同创新、巴蜀文旅、长江上游生态屏障、对外开放、公共服务等七大重点领域，项目清单从 2021 年的 67 个增加到了 2022 年的 160 个、2023 年的 248 个、2024 年的 300 个，体现出成渝地区双城经济圈建设的不断深化和协同辐射强度的不断加大。通过召开党政联席会议、常务副省市长协调会议，建立协同立法和干部互派挂职机制，成渝地区双城经济圈多层次协同机制逐步完善；两省市共同出资设立成渝地区双城经济圈发展基金，建立协同投入机制；落实跨省流域横向生态保护补偿机制；支持毗邻市区（县）因地制宜率先探索地区协同发展新机制；有序落实总部经济、企业兼并重组、项目合作共建等 7 类跨区域经济合作形式的财税利益分配事项。成渝地区双城经济圈政府协同管理取得的重要突破，对全国其他地区的跨区域协调发展具有重大示范效应，其中 18 条协同管理经验做法在全国推广，成为全面推进成渝地区双城经济圈建设和协同辐射发展的重要推力。

二、基础设施建设协同快速推进

2020 年以来，川渝地区通过加大投资力度、优化资源配置，进一步提升区域内基础设施建设水平，增强双城经济圈综合竞争力和辐射带动能力。成渝地区双城经济圈在优化交通运输网络、加速覆盖信息联通设施、积极打造智慧生态城市、稳步建设能源和水利工程等方面取得重大进展，基础设施大规模超前建设对成渝地区双城经济圈资源配置、经济发展和市场建设产生了重要推动作用。成渝地区双城经济圈 2024 年公布的 300 个重大项目清单中，现代基础设施项目共有 101 个，涉及交通、能源、水利和信息联通等多个领域。成都双流国际机场和重庆江北国际机场的扩建进一步提升了航空运输吞吐量，新机场的规划建设以及国内外新航线的拓展进一步巩固了成渝地区双城经济圈的航空枢纽地位，提升了成渝地区双城经济圈国际化水平和对外开放程度；渝昆高铁、成渝中线高铁、成达万高铁、渝万高铁、渝湘高铁和西渝高铁等重点铁路项目建设有序推进，不断打造高效便捷的铁路网络；依托黄金水道、重庆港和成都港的港口优势，对长江上游航道进行综合整治和升级改造，提高航道通航能力和安全性，推广使用标准化船舶，提高运输效率、降低运输成本，探索多式联运、物流园区多点建设并优化集疏运体系，推动绿色、高效航运发展，截至 2024 年 5 月，西部陆海新通道物流网络拓展至全球 123 个国家和地区、514 个港口；成渝高速、渝昆高速等多条高速公路建成通车，公路连通数量和通达效率显著提升，公路网络不断完善，有效支撑成渝双核联动和成渝地区双城经济圈中部崛起，开梁高速等标志性工程建成投用，开梁高速全线通车后，从重庆市梁平区到达州市开江县的车程从 2 小时缩减至 40 分钟。据四川省交通运输厅数据，开梁高速辐射达州市达川区、开江县及重庆市梁平区 20 余个乡镇，辐射面积达 2500 平方公里，受益群众达 150 万人。除交通基础设施建设外，城市市政设施、信息基础设施建设和能源水利工程实施等方面也取得突出成就，成渝地区双城经济圈大力推进 5G 网络覆盖与应用，积极建设和引进大型数据中心，促进大数据、云计算、智能制造等新兴产业发展；不断加强电力基础设施建设，稳步推进跨区域电网互联，借助“西电东送”将能源输送到电力紧缺的东部沿海地区，同时促进西部地区经济发展；川渝地区合作推进多项水利工程项目，通过水利工程引水筑渠，满足城市生活、工业供水和农田灌溉需求，优化水资源配置并提升防洪抗旱能力。四川省政府国有资产监督管理委员会公布，2024 年纳入四川省国债支持范围的水利项目有 568 个，总投资规模达 718 亿元，落实国债资金 254 亿元。重庆市人民政府公布，2023 年重庆市完成各类水利投资首次突破 400 亿元，同比增长 55.7%。同时，能源基础设施建设也在同步推进，2024 年四川万源至重庆城口天然气管道工程建成通气，川渝千亿立方米天然气产能基地项目产气量突破 700 亿立方米，约占全国产气量的 30%。这些重大基础设施建设项目的实施为成渝地区双城经济圈协同辐射发展提供了坚实保障。

三、产业体系协同发展成效显著

产业体系协同发展是提升产业国际竞争力的重要举措（盛朝迅，2019）。川渝地区为打造国家战略腹地建设重点承载区，按照“大产业、细分工”的产业协作模式，聚焦汽车、电子信息、装备制造等重点产业补链强链，深化园区协作互动，积极打造竞争有序、分工高效、发展错位、融合互补的现代产业体系，成为全国重要的电子信息产业基地。截至 2023 年底，两省市已共同培育形成 3 个国家先进制造业集群、4 个国家战略性新兴产业集群，并积极推动高新技术产业快速发展和传统产业现代化转型升级。人工智能、大数据和区块链等新兴技术持续引进，制造业不断实现智能化、数字化和绿色可持续转型，四川大力发展绿氢、低空经济和商业航天等产业，在科技、教育、医疗等高端服务业领域发挥优势带动作用，重庆市在制造业和物流运输领域表现突出，成渝两地目前已联合出台电子信息、汽车、装备制造、特色消费品、铝材料等行业协同发展方案，其中，新能源和新材料产业发展获得重点支持并取得显著成效。2023 年底，由宁德时代、长安汽车、深蓝汽车合资打造的先进动力电池项目正式投产，四川宜宾的动力电池产业链进一步融入由重庆智能网络连接的新能源汽车生态集群，实现全国 21%的动力电池“川渝制造”。仅 2023 年，川渝两地合计生产汽车 329.3 万辆，占全国汽车总产量的 10.9%，其中新能源汽车 65.2 万辆，两地汽车制造业产值达到 8100 亿元，汽车出口额增长 61.4%。2023 年 4 月 26 日在深圳举行的第二届成渝地区双城经济圈全球投资推介会发布了“成渝地区双城经济圈‘双城双百’产业机会清单及协同招商十条措施”以促进产业协同发展。成渝两地以毗邻地区为突破口共建万达开、川渝高竹新区等 10 个产业合作平台，共同遴选自贡市沿滩高新技术产业园区、长寿经济技术开发区等 15 个第二批成渝地区双城经济圈产业合作示范园区；两地联合推进文化旅游产业发展，不断整合文化资源，发展了一批具有鲜明巴蜀文化特征的文创产业；四川建设新时代高水平“天府粮仓”，重庆积极推进智慧农业和数字乡村建设，双方政府在传统农业基础上推进农业现代化。川渝两地通过政策支持强化跨区域产业合作，初步形成了优势互补、资源共享、协同发展的产业协同发展模式，不断提高中心城市的辐射带动能力和区域整体竞争力。

四、区域创新网络建设全面展开

两省市着力破除创新网络建设的瓶颈制约、共同增强科技创新策源功能、聚焦战略科技力量打造区域性科技创新中心、强化区域创新优势并提高创新成果产出效率、推进区域协同创新发展，共建成渝综合性科学中心和西部科学城。截至 2024 年 6 月 21 日，已布局建设国家重大科技基础设施 11 个，开展 219 项原创性颠覆性技术攻关项目，技术合同成交额突破 2800 亿元（佘振芳和唐琴，2024），依托中央在川大院大所“聚源兴川”行动加速重大科技成果转化，包括北斗三号、基带芯片等 49 项重大科技成果实现就地就近转化，中国锦屏地下实验室持续产出具有全球影响力的创新成果。国家数字经济创新发展试验区建设取得重大进展，成渝（兴隆湖）综合性科学中心启动建设，聚焦光电与集成电路的天府兴隆湖实验室成功组建，成都超算中心、中新（重庆）国际超算中心已纳入国家超算中心体系。通过实施川渝科技创新合作发展计划，“一带一路”科技创新合作区和国际技术转移中心建设顺利展开。川渝两地协同创新并促进区域创新网络发展，不仅提升了自身科技创新实力，也为中国科技创新提供了强大的技术支持，更为推动成渝地区双城经济圈协同发展和经济高质量发展提供了核心动能。

五、市场体系协同联动不断发展

市场体系联动发展是区域协同辐射的主要过程和基本平台，在成渝地区双城经济圈建设全面推进过程中，川渝两地通过不断健全资源协作开发机制，推动市场基础设施互联互通，促进商品要素自由流动，统一跨区域市场规则制度，提高市场监管力度和科学性，打造具有国内和国际双重竞争优势、高标准、高质量和一体化的区域市场。2023 年 12 月，重庆市人民政府晒出川渝“成绩单”，川渝两地共同打造技术服务市场，建设“一带一路”科技创新合作区、国家科技成果转移转化示范区，两省市国家高新技术企业突破 2.1 万家、国家科技型中小企业超过 2.5 万家；共同培育数据交易市场，以西部数据交易中心为核心，构建数商、第三方专业服务机构等“2+11”交易生态体系，成渝地区标识注册量、解析量增速均居全国第一；共同打造内陆开放市场，借助大通道、大平台、大枢纽建设，内陆开放市场优势逐渐凸显，截至2024年6月，中欧班列（成渝）累计开通突破3万列，累计建成川渝大通道25条，出川大通道48条。两地政府联合清理妨碍市场统一和公平竞争的政策规定，推动市场准入“异地同标”、企业跨省市“一键迁移”和“关银一KEY通”等改革，健全完善跨区域消费者维权协作机制，推动市场一体化以及市场体系协同联动发展，采用第三方交叉互评的方式共建跨省公平竞争审查协作机制，强化高标准市场体系建设，使得区域市场规模不断扩大、市场潜力不断提升、市场准入标准逐渐趋于统一。川渝高竹新区建成川渝首个跨省域“社银一体化”服务网点、首个跨省域市场监管机构；两地积极推进创新试点建设，创新川渝招标投标数字证书服务方式；联合出台《重庆成都都市圈市场监管联动联建重点措施（2023—2027年）》《川渝公共信用信息共享目录》等，完善跨区域投诉举报转办机制，共同探索两地经营主体“云迁移”工作，强化市场监管政策联动，截至2023年底，已累计联合发布川渝区域地方标准7项，推进川渝两地互认计量技术规范12项。川渝两地在土地、劳动力和资金要素流动与资源配置方面也做出了有益探索，探索建设用地统一管理机制，提出“生态地票交易”模式，川渝高竹新区先行探索建设用地指标、收储和出让统一管理机制。为促进劳动力要素自由流动，实施跨区域人才职称评价互认，截至2023年底，共享共用专家资源4万余名，“重庆英才服务卡”与“天府英才卡”实现7488名高层次人才互认。在资金要素方面，合力共建西部金融中心，实施“智融惠畅”工程，深化区域性股权市场制度和业务创新试点工作。川渝两地市场体系的协同联动极大地推动了成渝地区双城经济圈协同辐射和经济一体化发展。

第二节 现实挑战

区域协同辐射的核心是区域一体化发展过程中资源要素双向流动、市场平台协同高效、经济整体协同发展，由于自然地理、产业体系、市场结构、创新驱动和政府管理多方面因素的相互制约与相互影响，成渝地区双城经济圈建设过程中成渝双核经济快速发展，但次级城市培育不足（涂建军等，2021）、中心区虹吸效应大于辐射效应和整体辐射带动能力弱等消极影响不断显现，双核对外辐射范围受限存在明显地域效应（严红等，2024），以上问题成为依托辐射效应推进成渝地区双城经济圈建设的现实制约与主要挑战。

一、成渝双核虹吸效应制约协同辐射

成渝双核持续产生的虹吸效应是制约成渝地区双城经济圈协同辐射发展的核心原因。得益于国家政策的支持和两地政府的高效合作，成都市和重庆市作为成渝地区双城经济圈的核心城市，通过不断吸引投资、推动产业升级和加强基础设施建设，逐步提升在区域经济中的地位。然而，与中国其他发达城市如北京、深圳和上海相比，成渝双核在科技创新、国际化水平和产业多样性方面仍存在较大差距。为弥补这种差距，中心区持续发挥集聚效应，强化成都市和重庆市增长极功能，提升其综合竞争力和国际影响力，这个过程产生了

巨大的虹吸效应，使得市场平台发展相对滞后、缺乏足够资源与政策支持的次级城市，由于竞争力和吸引力较弱，难以聚集资源和配置要素，难以吸引人才和留住人才，无论是在产业链中还是在供应链中都处于不利地位，在创新能力提升和产业结构升级方面面临很大挑战，加之生产要素持续向成渝双核流动，难以形成与成渝双核相匹配的产业结构和经济增长点，加剧了地区发展的不平衡态势，抑制了区域协同辐射发展能力。如何有效地抑制成渝双核的虹吸效应，充分激发协同辐射效应，成为推进成渝地区双城经济圈协同发展和一体化发展的重要战略任务。

二、辐射带动不足影响区域协同发展

整体辐射带动能力弱是制约成渝双核协同辐射效应发挥的主要挑战。成渝双核外围地区在基础设施质量、现代产业布局、市场发展规模和社会发展水平等方面难以与中心区形成有效对接，导致辐射效应未能充分发挥。虽然成渝地区双城经济圈的交通、物流和信息通信等基础设施建设取得了很大进展，但城市间的连通效率和运行质量相对较低，地区间资源和要素流动渠道不畅通，难以实现高效的双向流动；政府管理水平和政策协调能力存在差异，导致区域内各城市在政策执行、资源配置和发展规划上难以达成一致，影响了区域协同发展效果；地区之间的资源禀赋、产业结构、创新能力、城市规模和经济基础差异显著，导致区域内的资源和要素不能有效整合，影响了中心城市向外辐射以及城市之间相向辐射，不利于区域经济整体发展和竞争能力的全面提升。成渝地区双城经济圈内超大城市快速发展，次级城市培育不足，中心区虹吸效应大于辐射效应，整体辐射带动能力弱，形成“双城独大”“中部塌陷”的低效城市空间格局，不利于成渝地区双城经济圈高质量、一体化协同发展，也在一定程度上限制了成渝双核向外辐射的范围。

三、市场壁垒尚未破除削弱协同合作

市场协同发展体系不健全是区域协同辐射发展的重要障碍。尽管成渝两地已经在多个领域展开合作，并努力打破市场壁垒促进资源、要素自由流动和高效配置，但由于两地分别属于不同行政区域，在行政审批、政策协调等方面仍存在诸多障碍，交通运输壁垒、市场准入壁垒、信息交换壁垒、人才流动壁垒以及四川省和重庆市之间的行政级别差异的客观存在，导致区域统一市场建设存在体制机制约束；妥善处理中心区与周围地区经济发展的地域竞争关系、推进区域市场一体化建设的制度安排没有真正确立；不同行业的市场准入、行政监管和行政审批差异化管理体系没有很好地建立；在破除由两地生活成本、教育医疗和公共基础设施等配套服务不同造成的人才流动限制和减少人才引进成本差异等方面还存在诸多问题；乡村金融机构数量不足、市场缺乏统一监管、多部门管理下的真空地带权责界定困难；统一的信息平台和合作机制建设滞后。这些市场壁垒增大了企业和投资者获取信息的难度，影响企业投资决策和地区协同合作，拖慢了区域市场体系的建设步伐，也制约了成渝地区双城经济圈协同辐射效应的发挥。

四、产业同质化竞争不利产业协同发展

成渝地区双城经济圈产业同构导致的同质化竞争情况较为严重，产业协同发展难度大，产业发展协同程度低是成渝地区双城经济圈协同辐射的较大制约因素。其主要表现一是在资源禀赋、区位条件加之历史因素的共同作用下，成渝地区双城经济圈形成了以电子信息、装备制造为主导的工业体系，成渝两地产业布局相似度极高，大量优势产业重叠、产业细分领域同质化问题突出。产业同构使得产业链上下游无法实现有机协调和功能互补，无法形成完整的、良性循环的产业生态体系，不利于成渝地区双城经济圈协同打造中国制造业产业集群，降低了整个地区的对外竞争力和辐射能力。二是成渝地区双城经济圈产业结构较为相似，各行政区之间通过发挥比较优势形成差异化竞争面临重重挑战，从产业链发展角度看，两地的产业发展更容易导致竞争加剧而非互补，对同一产业领域的重复投资，使得产能过剩和资源浪费，降低了整体经济效率和协同发展能力。三是囿于“中部塌陷”的空间格局，成渝两地缺乏产业过渡区，产业分工协作不足，地区差异使得产业承接和产业辐射受限。部分地区地理条件较差、交通不便、资源匮乏以及基础设施保障不足，导致区域内各城市在产业协同和资源整合方面存在障碍，难以形成合力推动区域经济整体发展。四是由于资源配置、市场结构和经济发展的区域差异，成渝双核外围地区的产业布局与中心区之间难以形成有效的产业关联。中心城市的产业优势和资源集聚效应明显，吸引了大量资本和人才，而外围地区的产业结构相对单一，缺乏竞争力和吸引力，难以共享中心区的发展红利，导致区域产业协同发展效应低下。产业同质化竞争严峻、产业结构趋同且产业协作和辐射转移不足成为持续抑制成渝地区双城经济圈协同辐射发展和一体化发展的主要原因。

五、创新能力不足阻碍成渝高质量发展

创新能力不足是阻碍成渝地区双城经济圈协同辐射和高质量发展的关键因素。一是成渝地区双城经济圈的创新驱动能力存在明显不均衡现象，区域差异显著。部分城市在科技创新和产业升级方面缺乏动力和能力，难以形成区域性创新链条。相较于国内一些创新高地，成渝地区双城经济圈在科研和技术创新方面的投入仍显不足，企业和政府对研发的重视程度和资金支持力度不够，限制了创新能力的提升。二是创新资源（如高等院校、科研机构、科技园区等）的分布较为分散，未能实现有效资源整合并形成协同效应，导致创新链条不完整，合作壁垒较高，创新合作水平不足，创新平台建设缓慢，创新网络密度松散。三是高端创新人才较为紧缺，特别是核心技术和前沿领域的创新人才队伍建设落后，创新人才储备不足、吸引力相对较弱，人才流动性较差，缺乏高效创新团队。四是创新政策支持力度不足，创新激励机制不够完善，缺乏鼓励企业和个人进行技术创新的社会环境。创新创业氛围不浓，创业生态尚未成熟，创新驱动发展模式尚未形成，制约了区域创新驱动发展、高质高效发展和可持续发展。

第三节　未 来 展 望

在全面落实成渝地区双城经济圈建设总体背景下，有效推进成渝地区双城经济圈协同辐射发展必须确立协同辐射顶层设计、优化政府管理协作机制、加强区域基础设施建设、强化产业协同辐射效应、推进成渝技术创新合作、健全市场协同发展体系，形成促进成渝单核圈内辐射、成渝双核相向辐射、成渝地区双城经济圈协同向长江上游地区和整个西部地区辐射的高质量发展的顶层设计框架和政策策略重点。

一、确立协同辐射顶层设计

确立协同辐射顶层设计是推进成渝地区双城经济圈协同辐射发展的基本前提。首先，重点依托国家战略规划和宏观政策导向，创新区域协同发展体制，打破行政区划界限、产业发展壁垒和市场体系封锁，积极推进要素市场化配置以及科研体制、跨行政区经济社会管理等重点领域改革，形成管理体制协调互补、发展规划协同编制、产业体系共同构建、创新系统共同培育、市场体系统一开放、基础设施共建共享、生态环境联防联治的制度安排、运行机制与实施重点，把构建“一体两核多点”区域联动新格局、增强西部金融中心集聚功能和服务质效、推动巴蜀文化旅游走廊特色创新发展、建设全国统一大市场先行区作为激发成渝地区双城经济圈协同辐射效应的重要战略任务；其次，建立完善跨行政区的利益协调机制，借鉴长三角地区主要领导座谈会及由三省市联合主办的“长三角国际论坛”的成功经验，在综合资源开发、产业结构调整、对外开放领域、区域协调机制、信息交流合作、政府联席会议、市场体系建设等方面探索创新，大力加强在发展战略、规划、政策、项目等方面的协同配合，加强交通、产业、科技、环保、民生政策协同对接，重点在重大战略和专项规划编制、重大项目布局等方面加强衔接，共同争取国家支持；再次，重庆、四川尽快制定出台推动成渝地区双城经济圈建设的工作方案等省市级层面的政策，建立决策层、协调层、执行层三级运行机制，共同推动一批重大合作平台和项目先期启动建设，全力推动交通基础设施、优势特色产业、协同创新体系、国土空间规划、生态环境、改革创新、公共服务等领域的合作事项取得积极进展；最后，推动重庆、成都双核协同演进，出台鼓励重庆西进、成都东扩的财政、金融、产业、投资、人才等协同政策，探索建立两省市改革举措和支持政策异地同享机制，加快推进高铁月票制、户口便捷迁移、住房公积金互认互贷、户籍准入年限同城化累计互认、居住证互通互认，推进居民户籍迁移便利化、养老保险关系无障碍转移、异地就医直接结算等便民化改革，强化公共服务共建共享。

二、优化政府管理协作机制

优化政府管理协作机制是激发成渝地区双城经济圈协同辐射效应的重要基础。首先，通过管理体制机制创新加强川渝政府协调联动，川渝政府要进一步完善促进协同辐射发展的工作体系、政策体系和公共服务体系，形成统分结合、整体联动的政府工作统筹协同机制。其次，川渝政府要详细制定任务协作清单，加快重点项目的共同实施，全面加强战略协作、政策协同和工作协调，制定更加细化的区域经济一体化政策，推动两地在产业布局、市场建设、资源共享等方面深度融合，积极推进区域经济一体化发展。再次，推进成渝政府在深化重点领域改革、增强科技创新策源功能、打造特色产业体系、提升区域发展能级和对外开放水平等方面开展全面合作。协同推进成都都市圈和重庆都市圈相向辐射，解决“中部塌陷”问题，重点依托政府协同编制规划、协同行政管理、协同建设基础设施、协同构建产业体系和协同技术创新合作以及协同搭建市场平台，激发协同辐射效应。合力把成渝中部地区及川渝毗邻地区建设成为推进成渝地区双城经济圈协同辐射的重要载体。最后，加快推进经济区与行政区适度分离改革进程，加大合作体制机制创新力度，强化战略协作和政策协同，加强平台对接、数据共享和利益共享。推动成渝一网通办、一网监管、一网公开和一网协同，有效推进信息公开、信息透明和渠道统一管理。进一步完善全国首个跨省域共建新区、跨省域税费征管服务中心建设，进一步完善公共服务领域的协同管理。

三、加强区域基础设施建设

加强区域基础设施建设是激发成渝地区双城经济圈协同辐射效应的关键要素。一要以交通、通信和能源基础设施建设为主体，共建轨道上的都市圈、形成国际性综合交通枢纽、打造全国重要的清洁能源基地。二要加速城市内部和城市群之间的公共交通一体化建设，提高部分地区交通便捷性和通达性，拓宽“瓶颈路”、打通“断头路”，提高乡村与中心区的连通程度，特别是要加强农村偏远地区的交通网络建设。三要大力发展风能、太阳能、水能等可再生能源项目，减轻对传统化石能源的依赖，合理利用天然气和清洁煤炭，确保能源供应的稳定性。加快建设智能电网，提高电力传输和分配的效率和可靠性，支持接入分布式能源系统，加强高压输电线路建设，优化电网结构，实现区域内电力资源的高效配置。推广大型电池储能系统，增强电力供需的灵活性和稳定性，建设抽水蓄能电站，利用电力低谷期储能，在高峰期释放，充分提高能源利用效率。四要加大对新能源技术的研发投入力度，推动技术进步和产业化应用，利用大数据、物联网等技术，提高能源管理和运营效率，推动能源系统的智能化发展。

四、强化产业协同辐射效应

强化产业协同辐射效应是激发成渝地区双城经济圈协同辐射效应的重要支撑。一是充分发挥成渝地区双城经济圈在工程机械、重型装备、数控机床等装备制造业以及航空航天、运载火箭等专用装备制造业方面的优势，要在科学布局、适度调整、结构优化的基础上提高基础工艺、基础材料、基础元器件的研发水平、系统集成水平及重大技术装备自主化、成套化和产业化水平，推动装备产品智能化，建设一批竞争力较强的重大装备制造业基地和国家级研发生产基地，形成成渝地区双城经济圈现代制造业主体；二是重点依托成都、重庆等科技实力雄厚、科研资源丰富等优势和高新技术产业发展基础，充分发挥两江新区、天府新区高端要素集聚平台的作用，瞄准全球和国家科技创新趋势，联合打造一批创新型园区和战略性新兴产业基地，尽快形成产业竞争新优势，加快形成电子核心部件、新材料、物联网、机器人及智能装备、高端交通装备、新能源汽车及智能汽车、生物医药等战略性新兴产业集群；三是大力推动制造业差异化、规模化、集群化和均衡化发展，重点聚焦航空航天、轨道交通、能源装备、工业机器人、仪器仪表、数控机床、摩托车等领域，培育产业分工合理、协作效率较高、区域产业链供应链完整的世界级先进装备制造产业集群；四是推动云计算、大数据、人工智能等新一代信息技术对传统产业的技术改造，完善制造业配套产业布局，打造一批信息化、数字化、智能化生产性服务业高端产业集群，借助互联网信息技术优化数据交互平台，推动实现由注重低端产品制造向重视高端智能制造转型，把推进产业基础高级化、产业链现代化作为制造业转型升级的重要支撑；五是以消除产业同构、突破市场封锁、促进资源要素顺畅流动为目标，实现由注重自成体系循环向重视聚集协同发展转型，充分整合产业链资源，推进产业聚集区建设，优化集群产业布局，提升产业协同能力，注重集群跨区域协同培育，完善跨行业分工协作体系，推动集群协同创新和集群企业国际化发展，把形成跨行业、跨区域、跨国别的制造业协同发展态势作为制造业转型升级和强化产业辐射的战略重点。

五、推进成渝技术创新合作

推进成渝技术创新合作是激发成渝地区双城经济圈协同辐射效应的核心动力。一要致力发挥成渝科教人才和特色产业优势，推动创新环境优化，加强创新开放合作，强化体制创新，促进创新资源集成，激发各类创新主体活力，大力推动科技和经济发展深度融合，面向国内外集聚创新资源，推动科技创新技术与产业转型发展深度融合，构建协同创新体系。二要坚持以企业为主体、以市场为导向，优化产学研交流合作的科技创新平台，优化创新空间布局，建设产业创新高地。把加快打造技术创新策源和集聚转化功能突出的成渝综合性科学中心作为实施创新驱动发展战略的重点。全面实施成渝科技创新合作计划，联合开展技术攻关，参与高分卫星、载人航天、大型飞机、长江上游生态环境修复等国家重大科技任务，积极申报航空发动机、网络空间安全等科技创新重大项目。鼓励共用科技创新平台和大型科研仪器设备，共建创业孵化、科技金融、成果转化平台，培育发展成渝地区双城经济圈一体化技术交易市场。三要优化引才聚才创新生态，实施有吸引力的区域人才政策，引进和培养高水平创新人才队伍，鼓励科技人才在区域内自主流动、择业创业。支持在人才评价、外籍人才引进等政策创新方面先行先试。鼓励成渝地区双城经济圈的大学面向全球招生，引进优秀博士后和青年学者。支持引进国内外顶尖高校和科研机构在成渝地区双城经济圈合作建设研究院和研发中心，设立长期、灵活、有吸引力的科研岗位。四要完善区域知识产权快速协同保护机制，支持设立知识产权法庭。深入推进职务科技成果所有权或长期使用权改革试点，探索成渝地区双城经济圈高校和科研院所职务科技成果国有资产管理新模式，鼓励区域内高校、科研院所、企业共同参与国际大科学计划和大科学工程。

六、健全市场协同发展体系

健全市场协同发展体系是激发成渝地区双城经济圈协同辐射效应的战略重点。一方面，有序推进国有企业混合所有制改革，推动国有企业建立健全有效制衡的现代企业治理体制、高度市场化和灵活高效的现代企业经营机制、激励和约束并重的现代企业激励机制。加快完善国有资产监管体制，充分发挥国有资本投资、运营公司的作用，推动国有资产监管从管企业向管资本转变，真正实现政企分开、政资分开，使国有企业真正成为独立的市场主体。另一方面，建立规范化、常态化的政商沟通机制，畅通民营企业反映问题和诉求的渠道。积极解决民营企业和中小微企业发展难题，创建民营经济示范城市。搭建川商渝商综合服务平台，引导川渝两省市商（协）会和重点民营企业共同开展项目推介、推进银企对接；同时，加快市场一体化建设，深化区域合作机制、优化区域互助机制、健全区际利益补偿机制，鼓励金融机构互设分支机构，推动要素市场跨区域共建共享，支持以市场化方式设立成渝混合所有制改革产业基金，吸引更多资本参与国有企业改革。进一步简政放权、降税清费，打破隐形门槛，推动毗邻地区融合发展，推进沿江区域通关一体化改革试点，实现更大范围的通关合作和无纸化电子通关，加强市场监管合作和推动人才市场信息共享，真正把健全市场协同发展体系作为激发成渝地区双城经济圈协同辐射效应的战略重点。

本章参考文献

佘振芳，唐琴. 2024-06-22. 深化改革激发创新活力 相互赋能发展新质生产力：重庆赴广安考察党政代表团热议共同唱好新时代西部“双城记”. 重庆日报，（3）.

盛朝迅. 2019. 构建现代产业体系的瓶颈制约与破除策略. 改革，（3）：38-49.

涂建军，况人瑞，毛凯，等. 2021. 成渝城市群高质量发展水平评价. 经济地理，41（7）：50-60.

严红，聂有亮，邓益婷. 2024. 双城经济圈建设背景下成渝协同辐射效应及其影响因素研究. 资源开发与市场：1-15.

第十四章　成渝地区双城经济圈经济区与行政区适度分离改革的进展、问题与建议

长期以来，我国的经济管理模式都是以行政区为单位，地方政府利用其辖区内的行政职能深度参与当地经济发展，促进辖区内的经济快速发展。然而随着地区间经济交流的日益密切，经济要素穿越行政边界也日益频繁，这种模式也在一定程度上制约了市场规律的有效发挥，导致地区间的经济发展“竞争大于竞合”（蔡之兵和张可云，2021）。近年来，随着成渝地区双城经济圈建设的不断加速，如何破除地区间的行政壁垒、实现区域经济一体化这一议题显得尤为重要。在此背景下，我国政府适时地提出了进行经济区与行政区适度分离的改革任务（盛毅和杜雪锋，2021；周娜，2022）。

《规划纲要》中，“探索经济区与行政区适度分离改革”被定位为一项引领性的重大改革任务，有助于促进成渝地区双城经济圈的全面发展，推动构建全国统一大市场。另外，成渝地区双城经济圈通过政策协同、产业合作、资源配置、利益联结等多维度的合作，对现有行政管理和经济发展模式进行创新改革，以期摆脱行政区对经济资源配置的束缚，进一步促进区域经济协调发展（喻春森等，2023）。

从现实的情况来看，毗邻地区经济要素的穿越最为频繁，受到行政壁垒的阻碍也最为严重。因而，当前成渝地区双城经济圈经济区与行政区适度分离改革任务也主要集中在川渝毗邻地区。根据重庆市人民政府办公厅与四川省人民政府办公厅联合印发的《川渝毗邻地区合作共建区域发展功能平台推进方案》，两地将合作共建一批各具优势和特色的区域发展功能平台，探索经济区与行政区适度分离，主要有川东北渝东北地区、成渝中部地区、川南渝西地区三大布局区域。川渝高竹新区作为川渝两省市共同批准设立的唯一一个跨省域共建新区，也是全国首个跨省域共建新区，所跨越的行政区级别最高，进行的改革最彻底全面，取得的改革成果也最为丰硕，是探索经济区与行政区适度分离的先锋和典型。因而本章将主要以川渝高竹新区为研究范例，对川渝毗邻地区经济区与行政区适度分离的相关问题进行研究分析。

第一节　改革进展

作为中国首个跨界合作的新区，川渝高竹新区由重庆与四川两省市的政府联合批准成立，承担着推进经济区与行政区分离改革的试验任务（曾那迦，2022）。根据《川渝高

竹新区总体方案》，川渝高竹新区的发展定位为经济区与行政区适度分离改革试验区、产城景融合发展示范区、重庆中心城区新型卫星城，计划到2025年，在新区内实现城市形态初步形成，经济区与行政区适度分离机制更加完善。同时川渝高竹新区也肩负着集成开展经济区与行政区适度分离改革试验，促进资源要素优化配置、自由流动，建立统一大市场，推动区域一体化高质量发展，为川渝毗邻地区一体化发展提供可复制可推广的经验的重大任务。经过多年的改革探索，川渝高竹新区经济区与行政区适度分离改革已在诸多关键领域成效显著（李寿喜等，2022）。

一、规划统筹方面

（一）初步建立“统一编制、联合审批、共同实施”的规划管理体制

在新区建设过程中，由于新区跨越川渝两省市，分属于四川省广安市和重庆市渝北区，在进行用地审批、配套设施规划上适用的政策可能不同，易产生纠纷和摩擦，延缓新区的建设进度。因而川渝两地自然资源主管部门组建规划工作专班，按照“统一编制、联合审批、共同实施”的工作机制，指导渝北区、广安市打破行政隶属和边界，将新区视为一个统一体。2021年，新区出台了《川渝高竹新区五年发展规划和2035年远景目标纲要》，进行跨省一体编制国土空间规划以及产业、交通、电力、燃气、水资源、农文旅等13个专项规划，并充分考虑渝北区、广安市国土空间规划，做到相互兼容。同时在新区国土空间规划上，川渝两省市创新采取“一个本子、联合审查、分区报批”模式，由两省市自然资源主管部门共同审查备案，将新区国土资源规划同步纳入渝北区、广安市的国土空间规划，依法按程序报批，力求做到无缝衔接。打破行政隶属和边界，以新区为单元，跨省一体编制新区规划，促进了新区土地等各类资源要素集约高效利用，实现了空间统筹布局，公共服务设施、市政交通、产业协同配套，实现了跨区域经济产业协同发展，基础配套一体化，保证新区建设和运转处于最大功效上（李彦聪和冼志勇，2022）。

2020年底，川渝高竹新区启动建设，探索经济区与行政区适度分离改革，逐步实现了规划编制和基础设施建设一体化，南北大道三期迎来破土动工的时刻。2024年4月，项目正式通车，昔日“断头路”，变身“大动脉”。

（二）建立规划一体化实施管理机制

川渝高竹新区设立后，川渝两地政府将其创新地作为独立经济单元，逐步实现规划编制、基础设施、公共服务、开发建设、运行管理“五个一体化”，同时下一步将推进跨省域规划管理、土地统筹管理、要素市场化配置等方面的改革，深化项目审批、市场监管、金融服务、综合服务等领域的改革。在具体措施上，川渝两地自然资源主管部门联合印发了《川渝毗邻地区合作共建区域联合编制国土空间规划有关工作指引》，建立了“统一编制、联合审批、共同实施”的工作机制，为推动规划编制工作提供了基本保障。

新区自 2021 年 4 月开始了《川渝高竹新区国土空间规划（2021—2035）》编制工作，并于 2023 年通过了两地自然资源主管部门的最终审查，形成完整成果。新区现已设立了国土空间规划管理委员会，制定了国土空间规划管理委员会工作规则，逐步构建起跨省一体化规划管理机制，并与渝北区、广安市两地的各项规划无缝衔接，以新区为主体，跨省一体化共同实施项目方案审查、规划验收、监督管理。

因此，改革前，从投资兴业、税费缴纳，到水电供给、个人医保，同一个园区的两地企业，享受的政策大相径庭；改革后，本着“政策就高不就低、成本就低不就高”的原则，两地差异事项逐步统一，整个生产要素成本的节约在 30%以上，产品开发费用显著降低。

（三）构建跨省规划协调机制

川渝两省市自然资源主管部门联合组建规划工作专班，建立定期沟通协商工作机制，联合组织召开专家会论证咨询，征求省市相关部门意见，共同解决新区规划编制中的重大问题，全程、全面、全力参与规划编制指导。根据省级国土空间规划和相邻市县国土空间规划同步编制的工作实际，两地自然资源主管部门组织新区与省级规划和广安市、邻水县、重庆市渝北区等市县级规划进行了互动衔接，督促新区落实上位规划强制性内容要求，并在范围边界、功能定位、设施配置、管控政策等方面与相关规划协调一致，构建跨省规划协调衔接机制，实现跨省规划无缝衔接。

《关于川渝高竹新区行政管理事项的决定》先后在川渝两省市召开的人大常委会会议上表决通过，以川渝协同立法的方式，赋予新区管委会行政主体地位和相应的行政管理权限，也标志着改革向深水区迈进取得里程碑式的成果。

二、试行建设用地指标、收储和出让统一管理机制

（一）统筹保障新区建设用地

土地要素保障是进行新区建设的基石，也是进行经济区与行政区适度分离改革的难点问题，要在不改变原有行政区划的前提条件下，对土地要素进行合理分配。在此方面，川渝两省市统筹划定开发边界面积，保障新区产业及基础设施用地需求，对于土地报征明确规定土地要素跟着项目走，由川渝两省市省级单位统筹处理土地报征。涉及土地利用年度计划指标时，由川渝两省市统筹解决，其中广安板块所需年度计划指标先由广安市按土地报件需要先行保障，不足部分年底统一由省厅保障；渝北板块年初由重庆市规划和自然资源局按照预估所需年度计划指标先行下达给新区，未使用完的指标年底由重庆市规划和自然资源局收回，不足的追加年度计划指标，全额保障新区渝北板块报征土地所需年度计划指标，保障新区发展用地需求。

重庆中心城区首条延伸至市域外的城市快速道路——南北大道三期顺利通车，标志着广安市邻水县高滩镇到重庆市渝北区的“断头路”全部打通，并有效衔接达州、巴中

等川东北地区。对于新区的 200 余家企业来说，这不仅解决了新区到重庆中心城区“近而不快、通而不畅”的问题，还大大降低了企业物流运输成本。

（二）统筹推进土地收储和出让统一管理

土地收储和出让是辖区内国家土地储备机构的职责，而川渝高竹新区分属于两个不同的国家土地收储机构。对此川渝两省市根据重庆市规划和自然资源局、四川省自然资源厅联合印发的《推进川渝高竹新区试行建设用地指标、收储和出让统一管理工作意见》，按照“法定行政权与具体事务权适度分离”的原则，由渝北区、广安市分层级行使法定审批权，开展土地供应流程、补偿标准、地价评定等审批工作，而由新区行使决策权和收益权，并开展具体事务性工作，以此保障收储与供应的有序实施。同时由新区统一编制形成跨省域经济区土地储备和整治计划以及年度土地供应计划，分别依法纳入重庆市渝北区与四川省广安市计划，一体推进新区建设用地收储与出让统一管理。

（三）统一编制土地征收成片开发方案

保证土地要素的高效集约利用，是进行新区建设的一个非常重要的考量因素。根据新区的发展规划、国土空间规划在编成果以及各类项目建设用地需求，新区统一编制了成片开发方案，面积达 3.4 平方公里。其中，渝北板块 2.36 平方公里，广安板块 1.04 平方公里,保障土地要素集约高效使用。对于日后土地报征开发需求，应上报两省市政府联合审批。

新区工业用地成本要比重庆市、成都市低 50%左右，水电气要素成本低 15%以上。同时，通过跨省域一体化供电系统，就低选择使用四川电力，能够降低新区用电成本超两成。

（四）建立土地报征协调工作机制

对于土地报征，由新区协同广安市、渝北区政府，完善土地报征协调工作机制，共同推进征地拆迁工作。在具体事务上，新区与广安市政府联合出台了广安市邻水县川渝高竹新区高滩片区土地征收成片开发方案，保证土地征收、拆迁主体合法性，同时也与渝北区规划和自然资源局、征地事务中心建立了联动的土地征收工作机制，保证了渝北板块土地征收前期工作依法顺利开展。通过统一编制土地征收成片开发方案，联合出台征地管理办法等方式，川渝两省市共同高位推进新区土地报征流程优化，缩短了土地报征审批时间，规范了土地报征程序。

截至 2024 年 6 月川渝间已建成铁路通道 6 条，已联合开工建设成渝中线、西渝、成达万等高铁通道 4 条，两地间建成及在建高速公路达 21 条。2024 年 6 月 27 日，巴南高铁正式开通运营，让巴中到成都、重庆的时间都缩短至 2 个多小时。按照规划，到 2027 年，成渝地区双城经济圈 4 个“1 小时交通圈”将基本建成。

三、尝试跨省一体搭建组织架构，共同组建平台公司

（一）两省市干部合署办公一体推进新区建设

川渝高竹新区作为川渝毗邻地区三大合作功能平台之一，受到两地政府的高度关注，为了保证新区建设顺利推进，川渝两地成立了党政联席会议、常务副省市长协调会议等一系列工作机制，由川渝两省市常务副省市长直接指导，协调解决新区建设中的重大问题。截至 2024 年 6 月，川渝两地已召开党政联席会议 9 次、常务副省市长协调会议 9 次，并将联合办公室设在两省市发展改革委，统一公文流转、印章使用、人员管理，进行联合办公。协调联动、务实高效的运行管理机制是改革的基础，即“一套班子、两省市人马”，按照“一家亲、一盘棋、一体化”理念实现共建。

截至 2024 年 8 月，成渝地区双城经济圈已推出 311 项“川渝通办”事项，涵盖了就业、社保、就医、公积金等群众“身边事”；川渝跨省市“一站式”户口迁移办理时限缩短至最快 10 分钟；川渝 70%以上的二级及以上公立医疗机构实现电子健康卡互通互认，开通跨省异地结算定点医疗机构 2.85 万家。

（二）对等注资组建高竹开发公司

创新实行“小管委会+大公司”的运行管理体制，在土地、财税、人才等方面实现政策择优使用，按照“存量收益由原行政辖区各自分享，增量收益五五分成”的原则构建利益分配机制等。

川渝高竹新区按照“权责对等、成本共担、利益共享”的合作原则，在广安市和渝北区的支持下，实现一体化推进新区开发建设。按照精简高效原则，成立川渝高竹新区开发建设领导小组，由重庆市渝北区和四川省广安市党委主要负责同志担任双组长，双方各派 1 名厅级领导担任党工委书记、管委会主任。同时由广安市、渝北区以对等股权方式，分别注资 5 亿元，共同组建川渝首个跨省域一体化运作的国有公司——川渝高竹新区开发建设集团有限公司，构建“领导小组+管委会+国有平台公司”运行体系，实现对川渝高竹新区的扁平化管理和市场化开发，将新区全部资源、全域开发权、全部收益归集到集团公司，由管委会承担办证办照等服务事项，集团公司负责新区投融建管运。

四、协作开发建设运营，跨省一体分享发展收益

（一）存量收益由原行政辖区各自分享，增量收益五五分成

广安市政府、渝北区政府共同制定形成川渝高竹新区存量锁定及过渡期运行管理方案，明确新区共投、共建、共享利益分配机制，即按照“存量收益由原行政辖区各自分享，增量收益五五分成”原则进行收益分成。2021 年 10 月，川渝高竹新区挂牌成立全国首个跨省域税费征管服务中心，川渝两地 801 项税费征管差异事项在川渝高竹新区已统一 738 项，实现川渝高竹新区内企业税费征管、税费政策、纳税服务、风险应对、税

费监管5大类122个涉税事项一体化即时办理，改革经验入选四川省2021年重大改革案例。

在新投用的川渝高竹新区政务服务中心，汇聚着16个部门、32个窗口，涉及企业开办、项目立项、社会保障、住房公积金等百余项业务，成为两地群众最能触及协同发展成果的地方。在全国首个实体化运行的跨省域税费征管服务中心，百余平空间内，配备了新型发票自助机、智能填表终端、模拟办税终端等15台智能终端设备，办税时间缩短约60%，高竹新区曾经有118项税费差异事项，截至2024年7月，已逐步统一67项税费征管差异事项，打通了跨省（市）办税服务“最后一公里”。

（二）经济指标核算由两地按比例分算

尽管川渝高竹新区在决策、管理上是一个经济总体，但由于其隶属于两个不同的行政主体，如何对财政税收、固定资产投资、工业总产值等经济指标进行分算是一个重要议题。在财政税收方面，两地政府正探索建立跨行政区财政协同投入机制，允许合作园区内的企业自由选择注册地，同时支持建立互利共赢的地方留存部分税收分享机制，推进税收征管一体化；在核算固定资产投资时，根据两地固定资产投资所占份额对所得收益进行核算；在核算工业生产总值时，具体根据建设项目归属进行分算，对于共同建设项目，可根据两地出资比例进行分算，以此形成共投、共建、共享的利益分配机制。

截至2024年6月围绕“智能网联新能源汽车零部件”这一产业发展重点，川渝高竹新区已入驻201家企业，初步建立起汽车装备产业集群。改革探索仍在前行：建立全国首个跨省域“一体化”供电体系、首个跨省域联合运行的医保经办服务平台、无差别办理证照实现市场监管服务“一体化”的市场监管办公室。

第二节　存在问题

一、未建立国家认可的土地储备机构，土地收储存在政策障碍

《规划纲要》提出“试行建设用地指标、收储和出让统一管理机制”，然而新区在实施过程中，受到国家现行的土地收储政策的影响，不能有效推进。根据财政部、国土资源部、中国人民银行、银监会联合印发的《关于规范土地储备和资金管理等相关问题的通知》（财综〔2016〕4号），每个县级以上（含县级）法定行政区划原则上只能设置一个土地储备机构，辖区内新增收储工作也只能由该土地储备机构负责。目前，新区土地收储工作仍由行政辖区管理，其中广安板块由邻水县负责、渝北板块由渝北区负责，新区土地收储尚未实现统一管理。根据《自然资源部自然资源所有者权益司关于组织开展土地储备机构名录2019年度更新工作的函》（自然资权益函〔2019〕43号），经国务院正式批准设立的国家级新区也可设置土地储备机构，不占用县级（含）以上法定行政区划名额。新区不是国务院批准设立的国家级新区，虽然新区管委会内设了负责土地储备的机

构，但该机构未纳入自然资源部土地储备机构名录，不具备法定土地收储职能。

二、推进新区跨省域电力市场一体化难度较大

根据《中华人民共和国电力法》《电力供应与使用条例》等国家法律，供电企业在批准的供电营业区内向用户供电，跨省的供电营业区的设立、变更，由国务院电力管理部门审查批准并发给《电力业务许可证》。目前，新区电力供应由国网四川省电力公司广安供电公司与国网重庆市电力公司市北供电分公司按辖区各自负责，新区工商业用户无法自主选择四川或者重庆电力市场进行电力交易。上述两家企业在新区共同设立了供电服务中心，在业务受理、用能咨询等方面探索建立了“一窗受理、一站式办理、一体化服务”跨省域供电模式，并按照川渝电网一体化思路，统筹开展了电网规划建设。然而，川渝两地资源禀赋存在差异，两地电力交易方案、优惠政策、电价水平不同，新区高峰时期用电电价为每度 8 角 5 分左右，低谷时段为每度 2 角 5 分左右，全年拉通来算，四川电价每度便宜 1 角至 2 角，而受限于行政区划、供电营业区域不同，新区工商业用户无法享受跨行政区最优惠的电价政策。

三、新区跨省域投资项目无法实现一体化审批

《规划纲要》提出，“探索招商引资、项目审批、市场监管等经济管理权限与行政区范围适度分离”。目前，新区跨省域投资项目因无统一的行政区划代码，无法独立办理跨省域项目审批，需要根据省界将项目一拆为二，由川渝两地分别审批。两地的审批标准、要件等都存在差异，需按行政区原有渠道和政策上报审批，导致项目前期立项、审查、审批以及后期监管难度大，项目协同实施效率低、招引项目落地耗时长、制度成本高。另外，中央预算内投资项目申报和政策性资金分配以行政区划为单元，新区不能在全国投资项目在线审批监管平台申报。

四、西部地区鼓励类产业目录有差异

《规划纲要》提出，“推动各类开发区和产业集聚区政策叠加、服务体系共建”。根据《关于延续西部大开发企业所得税政策的公告》（财政部 税务总局 国家发展改革委公告 2020 年第 23 号），自 2021 年 1 月 1 日至 2030 年 12 月 31 日，对设在西部地区的鼓励类产业企业减按 15%的税率征收企业所得税。

新区正大力发展以汽车及零部件、新材料等智能制造为主导的现代产业体系。新区企业能否享受企业所得税优惠政策的依据为《西部地区鼓励类产业目录（2020 年本）》（国家发展改革委 2021 年 1 月 18 日发布）所界定的政策适用产业范围。该版本产业目录涉及重庆市 45 条，涉及四川省 52 条，部分产业目录重庆市有、四川省无，如摩托车整车及重要零部件制造、节能环保材料预制装配式建筑构部件生产等；部分目录四川省有、重庆市无，如石墨烯和纳米碳材料、细结构石墨、生物炭、锂电池负极等新型碳材料的

开发及生产等，两省市差异较大，新区企业只能按属地享受税收优惠政策，不利于新区产业布局和项目招引。

第三节　政 策 建 议

2024 年 4 月，习近平总书记在重庆考察时强调，重庆、四川两地要紧密合作，共同唱好新时代西部“双城记”[①]。党的二十届三中全会审议通过的《中共中央关于进一步全面深化改革 推进中国式现代化的决定》强调：“推动成渝地区双城经济圈建设走深走实。”

一、搭建跨省市合作的各级各类组织管理框架

（一）建立跨省市协调机构

川渝高竹新区的建设不只是单纯的人员聚集范畴，还纳入了产业、交通、收益划分等多个维度，显现出更为复杂多样的特点，以往分散的决策会导致跨区域协调效果较差，造成相互竞争、产业趋同、重复建设等问题。未来可探索在市区层面之上，在经济圈层面设置一级协调机构，如建立以川渝联合协调理事会为主的协调机构，协调新区内部不同行政区之间的产业、人才等要素的竞争，同时对市（区）间体制机制进行协调，提升双边在基础设施、人员往来、产业布局等方面的融合程度，对新区发展中的城市规划建设管理、经济发展管理、公共行政管理中的重大问题进行统一协调处理（吴振明和王芳，2024）。

（二）双边定期协商推动合作项目

在新区内实行行政管理主体与园区开发主体相分离的创新管理模式，以川渝双边工作委员会为统一执行机构，定期协商推动具体合作项目，由双边工作委员会定期召开工作会议，协商开发建设当中的重大问题,之后再做出决策，并向川渝两省市政府定期报告工作，做到由新区统一决策，上级行政隶属政府进行审核（盛毅和杜雪锋，2020）。

持续加强川渝两省市的改革联动，聚焦完善统一协同的规划管理体系，相互衔接的政策制度体系，分工协作的产业合作机制，资源要素的市场化配置机制，互利共赢的利益联结机制，等等，加快探索构建跨省域合作发展新机制，打造区域协作的高水平样板。

（三）建立联络机构解决土地收储、电力供应等问题

探索建立统一编制、联合报批、共同实施的规划管理体制，试行建设用地指标、收

---

① 唱好新时代西部“双城记”，http://www.qstheory.cn/dukan/qs/2024-06/01/c_1130154161.htm，2024-06-01。

储和出让统一管理机制，对于新区的土地收储不统一问题，可通过以下方式解决：新区统一编制形成跨省域经济区土地储备和整治计划以及年度土地供应计划，分别依法纳入渝北区与广安市计划，一体推进新区建设用地收储与出让统一管理。目前，新区土地供应的审批流程、补偿标准、地价评定等工作，仍然按照原行政区划要求落实，一体保障收储与供应有序实施。对于新区的电力供应不协调问题，可通过以下方式解决：新区内主要电力供应公司国网四川省电力公司广安供电公司与国网重庆市电力公司市北供电分公司在新区内统一设立营业网点，建立“一窗受理、一站式办理、一体化服务”的跨省域供电模式，对新区的电力供应进行统一调配，统筹开展电网规划建设工作。至于由川渝两地资源禀赋导致的电价差异，可由双边通过协商协定，统一制定电力交易方案、电力优惠政策和电价水平等，以期为新区内工商业电力用户争取到最便捷、最优惠的供电政策。

二、发挥三大合作功能平台功效，强化指导支持

川渝高竹新区作为川渝毗邻地区布局的三大合作功能平台之一，也是成渝地区双城经济圈唯一一个跨省域共建新区，受到川渝两地政府的高度关注和期待，可争取由川渝两地常务副省（市）长进行直接指导，统筹调度协调新区的共建项目，同时也及时对项目信息进行共享，实现项目高效同步。

（一）制定行政管理事项下放清单，细化配套政策措施

两省市有关部门（单位）加强对新区开发建设的指导协调，帮助解决新区建设中的问题和困难，在重点项目、资金安排、产业扶持、资源配置、试点示范等方面给予倾斜，支持探索建立适宜新区发展的统一政策标准。两省市共同统筹新区建设用地规划指标，并按照国家相关要求对永久基本农田、生态保护红线、自然保护地等在两省市范围内进行统筹优化。新区适用重庆市、四川省经济发达镇行政管理体制改革相关政策，支持开展全域土地综合整治。允许新区在制定和执行政策时在权限范围内自主选择重庆市和四川省适宜新区发展的政策。推动成渝地区双城经济圈建设联合办公室加强跟踪分析、督促检查，会同两省市有关部门适时开展评估。

同时，川渝高竹新区政务服务中心服务专区数量不断增加，除税务、公安、社保、住建等部门，还开设了科创孵化、法务、财务、医疗等新窗口，细化企业和居民精准服务，推动服务覆盖范围最大化。

（二）利用平台积极引进科创团队，推动产业升级转型

截至 2024 年 8 月，两地共享大型仪器设备 1.3 万余台（套），布局建设国家重大科技基础设施 11 个，开展 219 项原创性颠覆性技术攻关项目，川渝技术合同登记成交额突破 2800 亿元。2024 年，两地在创新平台建设、技术协同攻关、创新成果共享等方面持续发力。川渝高竹新区科技创新基地正加快建设，将引进四川省汽车产业技术研究院、重

庆大学碳中和研究院低碳绿色建筑研究中心等科研院所团队，以科技创新引领先进制造业发展，提升产业能级，推动区域经济高质量发展。

新区积极利用以汽车制造、计算机加工、生物医药、新能源为主的产业集群，实现80%以上的业务与重庆挂钩，包括原材料采购、产品销售、科技研发等环节。

三、创新重点项目投融资机制路径

（一）拓宽项目投融资渠道

2022 年，川渝高竹新区推出 96 个建设项目，总投资达 1357 亿元，年度投资计划为104.84 亿元。从现有融资结构来看，当前川渝高竹新区项目建设主要来自政府财政拨款，投融资渠道单一，同时也加重了川渝两地政府的财政压力。从加速新区项目建设层面来看，对当前投融资机制进行拓展是非常有必要的。在基础设施、公共服务、资源环境、生态保护等领域，应当积极推进政府与社会资本合作，让社会资本能够以特许经营、项目代理等方式参与到项目的建设和运营当中，提高公共产品的供给效率，同时又减弱政府的投融资风险。

依托多层次资本市场体系，拓宽投资项目融资渠道，支持有真实经济活动支撑的资产证券化，盘活存量资产，优化金融资源配置，更好地服务投资兴业。结合国有企业改革和混合所有制机制创新，优化产业、交通等领域投资项目的直接融资模式。通过多种方式加大对种子期、初创期企业投资项目的金融支持力度，有针对性地为“双创”项目提供股权、债权以及信用贷款等融资综合服务。鼓励金融机构为川渝高竹新区新兴企业提供跟进投资、信贷、融资担保、风险管理等综合服务，组织协调金融服务与管理机构组建支持企业“走出去”的金融服务联盟。

（二）营造良好投资环境

在制订各行业专项规划时，要充分考虑社会资本的投资需求，将社会资本投资方向和重点纳入规划总体考虑之中。各地在完善城市总体规划以及编制有关专项规划时，要统筹谋划、科学布局各类公共服务设施，结合各类公共服务设施配套要求细化规划条件，为社会资本参与项目建设提供条件。首先，持续简政放权。完善政府核准的投资项目目录，进一步优化投资项目核准流程，依托各级政府政务服务中心，加快建立并联审批机制，精简前置审批条件，规范中介服务，提高项目审批服务效率。其次，密切部门配合。省各有关部门和单位要密切工作协同，进一步完善重点项目协调联动服务机制，加快推进重点领域重点项目的储备和实施。完善支持重点项目发展的政策措施，及时清理不利于社会资本进入的政府规章和规范性文件，切实保护社会投资的合法权益，创造平等准入、公平竞争的市场环境。

四、总结宣传最新改革成果

2024 年上半年，成渝地区双城经济圈实施 300 个共建重大项目，完成投资 2400 多亿元。目前，两地正围绕“共建全国重要的先进制造业基地”这一目标，加快构建现代产业体系，联手打造汽车、电子信息、装备制造、消费品等 4 个万亿级产业集群。2024 年以来，川渝两地汽车产业发展规模持续扩大，成渝地区双城经济圈已建成我国第三大汽车产业集群，拥有 45 家整车企业和 1600 多家配套商，全域自主配套率超过 80%，汽车产量占全国 11%。

推动新区持续加快行政审批、建设用地管理、跨省域合作经济统计分算等重点领域的改革，形成一批跨省域经济区与行政区适度分离改革制度性成果。协同新区全面梳理 2023 年度经济区与行政区适度分离改革的最新标志性成果，认真总结新区改革经验，力争 2024 年底前新推出一批新鲜改革经验。积极与两省市发展改革部门对接，争取更多新区改革经验被国家采纳和推广（唐川，2021）。

本章参考文献

蔡之兵，张可云. 2021. 经济区与行政区适度分离改革：实践逻辑、典型模式与取向选择. 改革，(11)：30-41.

李寿喜，游志虹，吕义伟. 2022. 探索行政区与经济区适度分离改革中自然资源政策法规的统一与创新：以川渝高竹新区为例. 资源与人居环境，(7)：41-45.

李彦聪，冼志勇. 2022. 成渝地区经济区与行政区适度分离改革的实践考察与优化路径. 成都行政学院学报，(4)：92-103，120.

盛毅，杜雪锋. 2020. 论经济区和行政区适度分离的管理模式. 开放导报，(5)：28-33.

盛毅，杜雪锋. 2021. 基于经济区与行政区适度分离视角的成渝地区双城经济圈建设路径. 西华大学学报（哲学社会科学版），40（2）：87-94.

唐川. 2021. 以建设川渝高竹新区为抓手强化改革创新积极探索经济区与行政区适度分离. 重庆行政，22（2）：4-6.

吴振明，王芳. 2024. 经济区与行政区适度分离改革的实践逻辑：基于川渝高竹新区的考察. 中国西部，(4)：12-22.

喻春森，马旭，王敏明. 2023. 成渝地区双城经济圈经济区与行政区适度分离利益共享机制改革的路径研究. 决策咨询，(2)：93-96.

曾那迦. 2022. 经济区与行政区如何做好“适度分离”. 廉政瞭望，(7)：32-33.

周娜. 2022. 经济圈视域下经济区与行政区适度分离的改革实践研究. 四川行政学院学报，(5)：38-47.

第十五章　成渝地区双城经济圈川渝毗邻地区功能平台建设的成就、困难与建议[①]

推动川渝毗邻地区合作共建区域发展功能平台，是深化川渝合作、推动成渝地区双城经济圈建设的创新举措，是建立更加有效的区域协调发展新机制、打造高质量发展重要增长极的重要探索。根据中央和川渝两省市的重要部署，川渝毗邻地区已搭建万达开川渝统筹发展示范区、川南渝西融合发展试验区、川渝高竹新区等 10 个功能平台，分析总结 10 个功能平台的建设成就及存在的困难，系统提出下一阶段发展的对策建议，对深化川渝毗邻地区功能平台建设具有重大意义。

第一节　建 设 成 就

一、工作机制建立健全，顶层设计不断完善

一是基本编制完成总体建设方案。万达开川渝统筹发展示范区、川南渝西融合发展试验区等 10 个川渝毗邻地区合作共建功能平台总体方案均已获批印发，聚焦政策互认、一体规划、设施互联、产业共兴、园区共建、环境共治、治安联防、利益共享等领域先行先试（史晓露，2024），携手打造川渝融合发展“桥头堡”。二是逐步形成常态化工作机制。多数功能平台按照“领导小组+办公室+专项推进小组”的运行机制开展工作，初步形成“两地三级”的运行机制，其中万达开川渝统筹发展示范区等多主体参与的功能平台，进一步探索以轮值举办党政联席会议的方式，推动区域性重大合作事项落地。三是共同签署专项合作协议。10 个功能平台围绕产业发展、交通建设、公共服务、城市管理、数字经济等多个领域签订一系列合作协议，加快落实相关领域合作事项。四是探索实施党建联动机制。川渝高竹新区、遂潼川渝毗邻地区一体化发展先行区、明月山绿色发展示范带等功能平台探索组建毗邻乡镇“跨区域党建联盟”，进一步提升功能平台的统筹能力。川渝毗邻地区各功能平台的功能定位、工作机制和签订协议情况见表 15-1。

① 如无特殊说明，本章所涉内容截止时间均为 2023 年 12 月。

表 15-1　川渝毗邻地区各功能平台功能定位、工作机制和签订协议情况

功能平台	功能定位	工作机制	签订协议
万达开川渝统筹发展示范区	生态优先绿色发展样板、统筹发展制度创新先行区、全国综合交通物流枢纽、川渝东北地区重要增长极	成立推动成渝地区双城经济圈建设暨创建万达开川渝统筹发展示范区领导小组，下设办公室和12个专项工作组	签订合作协议90余份，分年度制定了重点任务清单
明月山绿色发展示范带	绿色一体化制度创新试验田、生态经济创新发展试验区、人与自然和谐发展示范区	建立了党政联席会议、分管副区县长协调会议、联合办公室、专项办公室四级工作体系	签订《共建明月山绿色发展示范带合作协议》等各类合作协议63份
城宣万革命老区振兴发展示范区	革命老区振兴发展样板区、巩固拓展脱贫攻坚成果同乡村振兴有效衔接示范区、川东渝北连接关中平原的重要门户	建立健全示范区工作联系机制，设立城宣万革命老区振兴发展示范区建设党政联席会议联合办公室，建立起“4+3+2”会议机制[1]和专项工作组制度	签订《共建大巴山国际旅游度假区协同发展战略协议》等10项专项合作协议
川渝高竹新区	经济区与行政区适度分离改革试验区、产城景融合发展示范区、重庆中心城区新型卫星城	由渝北区、广安市、邻水县党政主要负责人组成新区开发建设领导小组	签署1个总体合作协议和5个专项协议
合广长协同发展示范区	成渝地区先进制造业高水平协作配套区、重庆中心城区非核心功能疏解承接区、成渝地区高品质生活宜居地	合川区、广安市、长寿区成立由党政主要负责同志共同牵头的示范区建设领导小组	签署《融入成渝地区双城经济圈建设战略合作框架协议》等
遂潼川渝毗邻地区一体化发展先行区	联动成渝的重要门户枢纽、川渝毗邻地区一体化制度创新试验地、成渝中部地区现代产业聚集地、成渝地区双城经济圈高品质生活宜居地	成立遂潼川渝毗邻地区一体化发展先行区建设领导小组和8个专项工作组，形成“决策层、协调层、执行层”三级运行机制	签署“1+17”合作协议[2]
资大文旅融合发展示范区	世界石刻（窟）文化遗产保护利用示范、巴蜀特色文化旅游目的地、全国知名文化创意产业基地	成立以资阳大足党政主要负责同志为组长的示范区建设工作领导小组，设示范区联合办公室，以及文旅、农业+文旅、工业+文旅、商务+文旅4个专班，形成多层次会商机制	在基础设施、公共服务和文旅交流等方面开展了多项合作，签订了20余个专项协议
内江荣昌现代农业高新技术产业示范区	国家畜牧科技创新高地、全国生猪种源基地、数字农业发展样板区、丘区现代农业示范区	先后成立推进开发建设领导小组和联合指挥部，设立内江党工委、管委会，建立起“领导小组+指挥部+管委会”推进机构，构建决策层、协调层、执行层“两地三级”运行机制	先后签署了政府间、部门间、企业间协议10个
泸永江融合发展示范区	川渝滇黔结合部经济中心、成渝“双核”重要功能配套区、成渝地区南向开放合作门户、长江经济带绿色发展示范区	建立健全泸永江融合发展示范区工作机制，成立泸永江融合发展示范区（泸州）党工委、管委会	2022年泸永江融合发展示范区确定重点合作任务67项
川南渝西融合发展试验区	成渝地区高质量发展重要支撑带、跨区域产业融合发展功能区、成渝地区对外开放合作重要门户、长江上游高品质生活宜居区	轮值举办川南渝西党政联席会议，组建联合办公室	—

资料来源：根据公开资料整理

1）即原则上每4个月召开一次党政联席会议，每3个月召开一次协调会议，每2个月召开一次联席会议办公室会议

2）即《推进遂宁潼南一体化发展合作协议》和17个专项合作协议

二、基础设施有序推进，交通网络加快成势

一是跨省市高速、高铁建设进展顺利。成达万高铁、成渝中线高铁、渝昆高铁等加快建设，渝西高铁、广巴达万铁路扩能改造，渝广城际高速以及万开达高速、合广长高速、成南高速、遂渝高速扩容，永泸高速、G93渝泸高速等有序推进。二是毗邻区域重要交通线路加快建设。川渝路二期，武胜至潼南、城口至万源、资中至铜梁、开江至梁平高速等项目加快建设，江泸州北线、遂潼快捷通道一期建成通车。三是重大交通枢纽加快建设。万州、达州等川渝六方加快共建共营万州新田港二期，项目顺利推进，“达万”“西万”“蓉万”物流通道稳定开行；合广长共同推动嘉陵江利泽航运枢纽工程建设，积极共建长寿港，联合打造“公铁水空管”多式联运高水平对外开放平台。截至2024年6月，川渝毗邻地区功能平台基础设施建设情况如表15-2所示。

表15-2　川渝毗邻地区功能平台基础设施建设情况

功能平台	交通基础设施
万达开川渝统筹发展示范区	高速公路：开江至梁平高速建成通车 高铁：成达万高铁、西渝高铁加快建设
明月山绿色发展示范带	公路：明月山西麓旅游环线全线建成通车
城宣万革命老区振兴发展示范区	高速公路：城口至万源高速、城宣大邻高速加快推进，毗邻道路S403宣汉县红峰镇至万源界（庙垭）段建设加快建成通车 高铁：渝西高铁持续推进
川渝高竹新区	高速公路：包茂高速高竹互通建成通车 区间公路：南北大道三期建成通车，川渝路二期、广渝快速通道、华蓥山美丽乡村旅游公路等“动脉道路”建设加快
合广长协同发展示范区	高速公路：城宣大邻、合川大石至武胜赛马、武胜至潼南等高速项目和邻水高滩至渝北茨竹快速通道等项目提速推进 高铁：渝宜高铁通车运行，渝西高铁、广涪柳铁路、市域铁路（渝合线、涪陵线）等重大项目建设加快推进
遂潼川渝毗邻地区一体化发展先行区	高速公路：渝遂高速扩能、南潼高速南充至遂宁段加快建设，遂潼快捷通道（一期）建成通车 铁路：绵遂内铁路、渝潼遂绵城际铁路前期加快
资大文旅融合发展示范区	高速公路：资中至铜梁高速加快推进，安岳大足石刻旅游快速通道一期卧佛大道基本建成，安岳县忠义至大足高升改建工程安岳段建成通车 高铁：成渝中线高铁加快建设
内江荣昌现代农业高新技术产业示范区	高速公路：安岳经内江至荣昌至合江高速加快建设
泸永江融合发展示范区	高速公路：江泸北线（四川段）加快推进，泸永高速建成通车 高铁：渝昆高铁泸永江段加快建设
川南渝西融合发展试验区	高速公路：泸永高速、江泸北线高速（重庆段）、内江至大足高速建成投用，自贡至永川高速开工建设，渝赤叙高速（重庆段）、三环高速永川至江津段加快推进 高铁：成渝中线高铁、渝昆高铁加快建设，成宜高铁、绵泸高铁（内自泸段）建成通车

资料来源：根据公开资料整理

三、产业协作稳步实施，联动发展初见成效

一是加强产业园区协作。毗邻地区16个园区纳入成渝地区双城经济圈首批20个产业合作示范园区建设，其中，万达开协同打造万达开绿色智能铸造产业园、新兴产业合作示范区、川渝东出智慧物流港等 6 大产业功能载体，协同共建万达开技术创新中心；合武共建产业园和川渝合作（广安—合川）生物医药产业园加快建设；自贡高新技术产业开发区·綦江工业园区、隆昌经济开发区·荣昌高新技术产业开发区、大足高新技术产业开发区·资阳高新技术产业园区、宜宾三江新区·两江鱼复新城合作共建产业园区有序推进。二是共同推进重点产业联动。川渝毗邻地区功能平台加强农文旅等优势资源整合，围绕共建成渝现代高效特色农业带、共建巴蜀文化旅游走廊等重点开展产业合作，已经推出“大三峡·大巴山”“资足常乐”等旅游品牌。三是提升主导产业配套率，据实地走访了解，在功能平台范围内，主导产业全域配套率已提升至80%以上。

四、生态共保能力增强，环境共治水平提高

一是共同推动绿色生态廊道建设。万达开、合广长、遂潼等区域共同推进开展“两岸青山·千里林带”工程项目，万达开推进国家淡水资源战略储备库和国家重要生态基因库建设，共建三峡库区生态廊道、秦巴山区生态屏障和嘉陵江—渠江绿色生态经济带；合广长共同推进嘉陵江、渠江等生态廊道建设；泸永江共同实施长江两岸生态屏障防护林带提质增效工程。二是共同开展生态联合执法。川渝毗邻地区常态化开展生态环境保护联合执法和跨界纠纷联合调查，开展跨界河流联合巡查、交叉执法，共建应急管理体系，统一重污染天气应急响应启动标准。其中，万达开“互联网+统一指挥+综合执法”非现场监管执法模式有效实施；合广长建立水、大气、固废污染联防联控等 8 项机制；江津、合江两地检察机关合作办理的“袁湾村生活污水跨界直排案”入选长江上游生态环境保护检察协作优秀案例。三是共同完善生态环保制度。万达开、合广长、遂潼等功能平台联合实施跨区域河湖长制；明月山成立联防护林暨经济协作委员会；内江、自贡、泸州成功申报全国第二批流域水环境综合治理与可持续发展试点，成为川南渝西首个、全国唯一跨地级市流域治理试点。

五、公共服务共建共享，标准化便利化提升

一是全面落实便捷生活行动事项和“川渝通办”事项。以交通通信、户口迁移、结业社保、教育文化、医疗卫生、住房保障为重点的便捷生活行动协同深入开展，“16+27”两批次便捷生活行动事项和“95+115+101”三批次“川渝通办”事项全面落实，首批 34 项高频电子证照纳入第一批川渝电子证照互认共享清单。二是教育、医疗等领域的合作加快推进。万达开高校联盟、区域职业教育联盟成立，万达开职业教育协作发展改革试验区启动建设；截至 2023 年 12 月，广安与重庆毗邻地区联合建立专科联盟27个、医联体21个；遂宁与潼南联合申报“遂潼义务教育城乡一体化改革试验区”；川

南渝西组建川南渝西教育共同体、川南渝西乡村教育联盟，泸永江基层医疗卫生服务中心、儿童孤独症康复联盟组建工作加快推进。三是公共交通领域的合作有序开展。截至2023年12月，川渝跨省（市）城际公交线路已经累计开通22条，并升级一批省际定制客运专线和跨省农村客运班线，基本实现毗邻区县跨省城际公交全覆盖、票价全统一。

六、制度改革不断深化，重点领域破题见效

一是探索制度改革深化。万达开出台经济区与行政区适度分离改革举措28条，开江经开区和开州浦里新区探索“统一税收标准、统一水电气价格、统一行政审批”等管理模式；川渝高竹新区按照“制度设计有利于效率”原则，加快编制新区“两区”改革实施方案，制定18个重点领域改革任务清单。二是探索利益分配机制。万达开联合出台《关于建立健全万达开川渝统筹发展示范区跨区域合作项目财税利益分享机制的指导意见》，明确总部经济、项目合作共建等7类项目的财税分配办法；川渝高竹新区推动两省市财政、税务、市场监管、统计等部门就跨省域增量共享机制达成共识，形成《成渝地区双城经济圈经济区与行政区适度分离统计分算办法（试行）》，组建全国首个跨省域税费征管服务中心（喻春森等，2023），税费改革成果入选党的二十大“奋进新时代”主题成就展。三是探索市场化推进模式。川渝高竹新区支持平台公司与大型央企、国企合作，探索通过授权（authorize）—建设（build）—运营（operate）（ABO）片区开发模式、设计—采购—施工总承包（engineering procurement construction）+融资（finance）（EPC+F）模式、融资代建等模式推进新区开发建设；遂潼注册设立川渝遂潼投资发展有限公司和潼星、遂星2个子公司，加快打造“筹委会+平台公司”市场化运营模式，收获全国首张川渝字号国家级跨区域企业营业执照。

第二节　存在的困难

一、行政壁垒仍然存在，政策协同难度较大

一是行政管理权限不对等，沟通协商难度大。功能平台的合作主体分为市、县两级，而重庆的区县行政层级与四川的地级市相对等，但其行政授权资格在重庆市级层面。例如，对于川渝高竹新区建设过程中所涉及的川渝大道二期、南北大道三期等重大项目推进过程中的事项，重庆需在市级层面研究，而四川方面一般在邻水县就可以解决，两边级别和管理权限不对等造成沟通上的困难。二是相关权限划分不一致，导致政策协商过程不顺畅。例如，在土地等级和税额标准方面，四川要由省政府批准后才能执行，而重庆确定了统一的梯次等级和具体税额，各县区可自行进行梯次和相应税额的选择（重庆社会科学院四川省社会科学院联合课题组，2023）；重庆已将高速公路审批权限下放至区县级，而四川省内的审批权限在省厅。三是政策内容不一致，难以协调处理。川渝两省市由于财力水平不同，在资源要素价格、相关税费标准、部分执法标准上不统一（李彦

聪和冼志勇，2022），针对相同发展事项的政策存在较大差异，重庆区域的政策相对好于四川区域，但四川又难以向重庆看齐，导致难以有效进行资源整合从而推动协同建设。川渝两省市行政壁垒类型及典型案例参见表 15-3。

表 15-3　川渝两省市行政壁垒类型及典型案例

壁垒类型	典型案例
权限层级不对等	高速公路方面，重庆已将高速公路审批权限下放至区县级，而四川省内的审批权限在省厅，导致不能同步开展项目可行性研究等前期工作。 土地利用方面，四川获得国务院可以授权的永久基本农田以外的农用地转为建设用地审批权，重庆获得永久基本农田转为建设用地和国务院批准土地征收审批事项权限（委托）。 部分跨省域共建项目仍需同时在两省市逐级分别报批，环节成倍增加，办事效率较低
地方标准不统一	税收方面，四川和重庆的资源税税率有明显差异，四川原煤资源税为 2.5%、砂石资源税为 4.5%，对开采低品位矿、尾矿不予免征和减征资源税；重庆原煤资源税为 3%、砂石资源税为 5%，但对开采尾矿免征资源税。 城镇土地使用税方面，达州执行 9 档税额，级差大，平均税额低于万州、开州；万州、开州均执行 4 档税额，级差小，平均税额高于达州。 省市和县（区）在增值税、金融保险业营改增、所得税等税种留存比例规定上存在差异。 水电气等要素价格存在差异，能耗和污染物指标分配不一致。 跨区域经济信息壁垒未完全打通，存在市场主体注册登记、税收征管、产值贡献统计等信息系统对接标准问题
地方政策不一致	高新技术企业奖励补偿、征地拆迁补偿、税收返还、工业用地最低价出让标准等方面的政策存在较大差异。 土地、财税、人才等领域的政策存在一定差异。 针对重点发展产业等，两省市在政策力度、发展路径和产业扶持力度上存在明显差异

资料来源：根据公开资料整理

二、市场主体参与不充分，协作内生动力不强

一是目前建设以政府为主体。当前川渝毗邻地区功能平台大多为政府主导建设的，合作主体以毗邻地区政府为主，在实践中企业主体、高校院所以及非政府组织等主体间的合作相对滞后。二是民营市场主体参与渠道缺乏。重大基础设施项目往往通过行政指令、项目协调会等方式交由国有企业投资建设，地方层面的高速公路、水利设施等项目也多委托给本地国企投资建设，尚未形成民营企业可参与竞争的投资市场；在向民营企业开放投资的有限项目中，还存在隐性壁垒。三是区域协作内生动力机制不完善。政府主导的合作模式，在前期建设中较少考虑营利性，多由行政命令推动，更多考虑本行政区利益，在促进功能平台区县间互利互赢、形成合作内生动力、引导形成跨区域产业集群等方面取得的成果相对有限，这导致当前区域合作的自我生长、自我强化能力相对欠缺。比如，开江与开州联合出台智能装备产业园建设方案和“飞地园区”合作方案，明确项目互投、互相持股等合作事项 4 项，但目前仍以园区平台公司参与为主，园区之间

产业内生关联度和企业相互配套率有待提升；川渝高竹新区、遂潼川渝毗邻地区一体化发展先行区等设立了发展基金，但基金类型更多服务于园区开发建设，撬动市场主体发展的产业类、科创类基金相对缺失，对产业发展的引导和拉动作用不足。

三、产业合作层次较低，合作方式较为松散

一是川渝毗邻地区功能平台本身产业层次低能力弱。川渝毗邻地区各功能平台以传统制造业为主、产品附加值低，高新产业占比小，产业发展层次偏低；对产业支撑带动力强的大企业大集团少，产业发展能力偏弱。截至 2023 年底，川渝高竹新区入驻企业 196 户，投产企业 88 户，规上企业仅 43 户，且大多为传统加工类企业，产业层次较低（潘静等，2023）。二是功能平台产业集聚能力不足。除川渝高竹新区外，川渝毗邻地区各功能平台大多为临时机构，尚未列入川渝两省市开发区序列，加之功能平台内国家级产业平台偏少，资源要素集聚能力偏弱。三是产业合作力度不足。缺乏跨行政区域产业协同发展规划布局，产业功能较为分散，产业结构趋同，产业发展梯度不突出，产业链供应链融合不足。例如，资大文旅融合发展示范区在文化合作方面目前还停留在文艺展演、文物保护利用交流活动等基础形式上，泸永江融合发展示范区内的产业合作目前更多局限在组建产业联盟、开展联合招商等事项上，缺少具体的具有代表性的产业合作项目。

四、平台建设要素约束凸显，形成功能平台建设瓶颈

一是土地配套仍需加力。川渝毗邻地区重大项目建设对用地指标需求大，而各功能平台大多处于两省市边缘交界地带，基本农田数量多、建设用地指标少，面临用地调整空间小、配套难度大等问题，制约重大项目落地和后续发展，如泸永江融合发展示范区核心区（泸州片区）新增建设用地中 75%以上需要优化调整永久基本农田。二是资金保障缺口较大。川渝毗邻地区四川部分多为欠发达地区，自身造血能力不足，地方面临财力较弱、投融资机制不完善、政府债务较重、社会资本参与度低等困境，项目建设资金筹集困难。三是人力资源保障能力不足。川渝毗邻地区经济发展水平相对不高、收入水平偏低，且由于重庆政策相对优于四川，功能平台域内企业、人才向重庆流动趋势明显，人力资源外流严重，对推进产业转型升级的高素质专业人才的吸引力不足。

五、统筹协调机制不完善，工作合力有待加强

一是合作统筹机制有待完善。部分功能平台涉及合作主体较多，川南渝西融合发展试验区参与主体有 10 个，明月山绿色发展示范带参与主体有 7 个，难以有效凝聚功能平台发展合力。比如，川南渝西融合发展试验区反映，在具体工作中，存在各自为政及“内卷”现象，对于推动重大事项落实和关键核心问题解决的协调力度不够、工作效率不高。二是合作落实机制有待明确。川渝毗邻地区合作机制多数以召开会议和签署协议

为主，各功能平台确立的招商机制、产业机制、人才机制、部门合作机制、一体化联席会议制度和联合宣传机制等缺乏详细具体的落地措施（杨毅和许晨杨，2024）。三是合作考核机制有待提升。川渝毗邻地区合作缺乏一套区域合作机制运行和效果监督考核体系，追踪、问责、评价和约束机制尚未形成，难以从制度上保证协议和项目得到有效落实。

第三节　对策建议

一、深化机制改革，凝聚共建合力

一是建立通畅的多层次跨区域沟通协调机制。统筹现有各级议事协调机构，建立“省市协调+区县执行”的多层次跨区域沟通协调机制，推动建立四川与重庆同等行政级别层级常态化沟通协商机制，充分激活市、县、镇三级合作意愿，激发合作动力。二是进一步完善成本分担和利益共享机制。建立毗邻地区共同开发基金，出资比例由功能平台管理部门协调，建设期5年以内的增量收入全部留存功能平台用于开发建设，5年后的收益比例按照前期出资额以及投入要素作价计算；功能平台产生的产值、投资等各项经济数据核算按照5∶5平均分成。三是推动跨省政策一致、标准统一。推动省市将涉及川渝毗邻地区功能平台建设的相应管理权限下放至县级或推行简易流程，统一办理流程，探索按照“政策就高不就低、成本就低不就高”原则，逐步消除毗邻地区企业奖补、土地、财税等政策差异，支持毗邻地区率先实施统一的招商引资政策。四是构建鼓励和支持多方参与机制。推动川渝毗邻地区功能平台建设项目从招投标到建设运营市场化，探索民营经济参与建设的多种途径，鼓励更多投资主体以市场化方式参与功能平台建设（董雪兵，2023）。

二、强化政策赋能，激发合作活力

一是试点省市权限下放。为推动功能平台重点园区和重大项目建设，探索将土地管控、项目管理、规划审批、社会民生等领域省级事权管理权限依法向县级政府下放，围绕毗邻地区社会民生领域协同发展任务，探索将高频事项权限下放至毗邻乡镇，提升毗邻地区工作便利性。二是强化功能平台特色支持政策。创新跨区域财政协同投入机制，支持设立跨省市投融资平台公司、川渝毗邻地区发展投资基金，探索以土地使用权、生态要素、科技专利等作价入股的合作方式；强化产业政策支持，推动川渝毗邻地区功能平台特色优势产业、新兴共建产业纳入《西部地区鼓励类产业目录》，享受西部大开发税收优惠政策。三是鼓励政策先行先试。支持川渝毗邻地区功能平台在园区建设、要素保障、营商环境、产业发展、招商引资等方面进行有益探索（盛毅和杜雪锋，2021），推动重大改革系统集成和改革试点经验共享共用，对于合作各方实施的改革创新试点示范成果，鼓励在功能平台内推广分享。

三、深化产业协作，增强内生动力

一是围绕链主企业强化跨区域产业配套。鼓励川渝毗邻地区功能平台围绕共同主导产业组建产业联盟，培育和招引跨区域的主导产业链长和链主，围绕链主企业开展产业配套，促进产业链上下游企业协作，实现抱团发展，完善现有优势产业跨区域固链补链强链机制。二是做优做强共建产业园区。充分考虑川渝毗邻地区功能平台产业发展底子薄、潜力大的客观实际，深化与毗邻地区内国家级、省级高新区、开发区等发展平台协同联动，探索以“一区多园”“飞地园区”“双飞园区”等方式共建产业园区，促进各级开发区和产业集聚区共享发展政策、共用体制机制、共建服务体系。三是加强发达地区产业转移承接。依托自由贸易试验区、国家级开发区、高新区等共同搭建承接产业转移平台，高水平承接成渝双核、东部沿海地区和境外生产基地整体转移、关联产业协同转移，高标准建设自贡—綦江、合江—江津、荣昌—隆昌等省际产业合作园区，建设承接产业转移新高地。

四、拓展合作领域，提升合作获得感

一是加强跨省域交通设施互联互通。以跨省市重大设施、重点工程为重点，统筹功能平台合作共识，有效提升毗邻地区连通能力，提升群众获得感和认同感。推动川渝路二期、武胜至潼南、城口至万源、资中至铜梁、开江至梁平高速等一批跨省互联互通项目加快建设。二是深化公共服务领域合作。在第一、二批次成渝地区双城经济圈便捷生活行动事项实施的基础上，对比长三角、京津冀、粤港澳等跨区域公共服务事项，进一步梳理可以开展合作的领域和促进深入合作的措施方法，重点围绕“跨省公交联运、跨省户口迁移、跨省就医就业、跨省住房保障、跨省应急救援”等跨省跨部门领域开展务实合作，推动公共服务共建共享落地落实。三是推动生态保护共建共享。加快建立基于长江、嘉陵江、渠江、涪江等的“流域同治”机制，基于明月山、华蓥山、铜锣山等的“山域整治”机制，基于“两岸青山·千里林带”的“林草共治”机制，建立基于山水林田湖草等的跨域联治机制。推动建立川渝毗邻地区生态保护补偿机制，探索市场化、多元化生态补偿方式。联合推进生态资源价值转化，推动明月山、资阳大足等基础较好的毗邻区域，率先试点联合共建毗邻地区合作生态公园，共同挖掘生态、文化、绿色产品等特色资源，探索碳汇、碳积分等跨区域交易，促进川渝毗邻地区生态产品价值转化。

五、加强要素保障，增强合作支撑

一是加强土地要素保障。建立跨区域建设用地指标协同管理机制，一事一议落实重大项目落地的土地指标，统筹推进区域内城乡建设用地增减挂钩节余指标跨市县流转，探索将重大平台、重大项目用地指标单列或纳入省级统筹，鼓励用地指标在毗邻地区跨省市调剂，促进生产要素有序流动，最大程度提升土地利用效率和效益。二是强化财政金融支持。加大特别国债和专项债对毗邻地区平台建设的支持力度，扩大专项债可以用作资本金项目的支持范围，将区域重大基础设施项目和产业发展项目纳入其中，支持新增地方政府债券向功能平台内符合条件的重大项目倾斜，鼓励金融机构开发面向功能平台建设的金融产品，持续推动银企对接，定期沟通融资政策和项目的进展，探索设立功能平台发展基金，多措并举满足川渝毗邻地区功能平台建设和企业融资需求，使功能平台建设平稳推进。三是强化人才支持。制定出台支持高层次人才创新创业的政策，加大高层次人才引进力度，培育产业发展领军人物；推动职业教育跨省市人才培育，根据功能平台建设和发展需求，定制化培训专业人才，加大产业人才培养力度，建设一支支撑产业升级和动能转化的高素质人才队伍。

六、强化组织实施，提升合作绩效

一是加强顶层设计和统一规划。建立省级毗邻地区合作发展联席会议制度，作为川渝推进成渝地区双城经济圈建设党政联席会议的重要组成部分，高位推动川渝毗邻地区功能平台建设中的规划编制、政策实施、体制机制创新等重大事项；高位编制川渝毗邻地区发展规划，编制统一的国土空间规划，推动产业布局一体谋划，加强基础设施互联互通、公共服务共建共享、生态治理联防联控，以更高站位、更大力度、更实举措加快推动川渝毗邻地区功能平台实现跨越式高质量发展。二是加大经验总结推广力度。在生态保护、产业发展、园区建设、投融资、体制机制改革等方面定期开展改革试点成效阶段性评估，及时总结改革经验，按照“成熟一个、推广一个”的原则，每年选定 1—2 个形成制度性成果并复制推广，推动川渝毗邻地区功能平台建设不断走深走实。三是营造良好氛围，形成社会各界支持合作发展的强大合力。加强对川渝毗邻地区功能平台建设情况的跟踪分析，及时总结宣传合作发展的典型经验做法；强化智库合作交流，开展形式多样的以川渝毗邻地区功能平台建设为主题的跨省市学术交流和研讨，促进有助于功能平台建设的思想充分涌流；推动党组织联动共建、活动联办共享、党员牵手共进，坚持省际协同、省市联动、乡村携手，打破地域、行政区划限制，开展党员教育培训和党建活动，为促进毗邻地区一体化、融合式基层治理铺路搭桥、聚智聚力。

本章参考文献

重庆社会科学院四川省社会科学院联合课题组. 2023. 深化成渝地区双城经济圈市场化改革研究. 重庆社会科学，(10)：6-27.

董雪兵. 2023. 加快川渝毗邻地区一体化高质量发展的建议. 经济研究参考，(11)：18-19.

李彦聪，冼志勇. 2022. 成渝地区经济区与行政区适度分离改革的实践考察与优化路径. 成都行政学院学报，(4)：92-103，120.

潘静，林佳丽，罗彬. 2023. 省际毗邻地区高质量发展路径研究：以川渝高竹新区为例. 资源节约与环保，(7)：100-105.

沈体雁，王茜，肖金成. 2023. 深入实施区域重大战略促进成渝地区双城经济圈高质量发展："中国区域经济 50 人论坛"第 24 次专题研讨会综述. 经济研究参考，(11)：20-29.

盛毅，杜雪锋. 2021. 基于经济区与行政区适度分离视角的成渝地区双城经济圈建设路径. 西华大学学报（哲学社会科学版），40（2）：87-94.

史晓露. 2024-06-21. 川渝毗邻地区携手下好"一盘棋". 四川日报，(5).

杨毅，许晨杨. 2024. 成渝地区双城经济圈区域协调发展的理论逻辑、实践创新与优化路径. 西南大学学报（社会科学版），50（3）：41-52.

喻春森，马旭，王敏明. 2023. 成渝地区双城经济圈经济区与行政区适度分离利益共享机制改革的路径研究. 决策咨询，(2)：93-96.

朱蓝澜，吴迪，吴恒宇，等. 2022-02-22. 全面对接成渝地区双城经济圈建设战略部署. 金融时报，(4).

第十六章　成渝地区双城经济圈内陆开放高地建设的成就、困难与展望

2020 年 1 月 3 日，习近平总书记在主持召开中央财经委员会第六次会议时提出推动成渝地区双城经济圈建设[①]。同年 4 月，习近平在陕西省考察时首次提出了“内陆改革开放高地”的概念[②]。经过一年多的理论完善和实践探索，2021 年 10 月，中共中央、国务院于《规划纲要》中正式提出了成渝地区双城经济圈联手打造内陆改革开放高地的目标。成渝地区双城经济圈规划范围包括：重庆市的中心城区及万州、涪陵、綦江、大足、黔江、长寿、江津、合川、永川、南川、璧山、铜梁、潼南、荣昌、梁平、丰都、垫江、忠县等 27 个区（县）以及开州、云阳的部分地区，四川省的成都、自贡、泸州、德阳、绵阳（除平武县、北川县）、遂宁、内江、乐山、南充、眉山、宜宾、广安、达州（除万源市）、雅安（除天全县、宝兴县）、资阳等 15 个市，总面积 18.5 万平方公里。成渝地区双城经济圈作为中国西部地区重要的人口聚居区和经济发展引擎，具备成为内陆开放高地的区位优势和发展潜力[③]。

中国坚持对外开放的基本国策，坚定奉行互利共赢的开放战略。但长期以来，我国经济开放水平一直存在“东强西弱”的不平衡问题。内陆地区囿于区位限制，在外资引进和对外贸易等开放方面始终有所欠缺。将成渝地区双城经济圈打造成内陆开放新高地具有重要意义。首先，它能显著促进内陆地区的经济崛起。内陆开放高地能更好地吸引外资和先进技术，推动本地企业与国际市场接轨，提高产品附加值和市场竞争力，形成

---

① 习近平主持召开中央财经委员会第六次会议，https://www.gov.cn/xinwen/2020-01/03/content_5466363.htm，2020-01-03。

② 高质量发展动能澎湃——沿着总书记的足迹之陕西篇，https://www.gov.cn/xinwen/2022-06/22/content_5697141.htm，2022-06-22。

③ 本章节将聚焦成渝地区双城经济圈内陆开放高地建设问题。主要原因有以下三个方面：一是，2020 年以来，川渝两地始终将对外开放作为内陆改革开放高地建设的重中之重，明确要深度融入国内国际双循环，推动更高水平开放，推动成渝地区双城经济圈协同开放。二是，川渝两地在建设成渝地区双城经济圈过程中所实施的大量体制机制改革，本书已从不同的角度进行了讨论，且改革举措已全面融入对外开放的各个层面。三是，本章探讨的成渝地区双城经济圈打造内陆开放高地问题，对标的是四川省和重庆市出台的一系列重要政策文件的落实情况，即 2021 年四川省和重庆市分别提出的建设内陆开放高地相关政策，并于 2022 年联合制定的打造内陆开放高地方案等。具体政策包括：四川省《关于推进高水平对外开放加快建设内陆开放战略高地的意见》，具体参见 https://www.gov.cn/xinwen/2021-02/17/content_5587368.htm；《重庆市全面融入共建“一带一路”加快建设内陆开放高地“十四五”规划（2021—2025 年）》，具体参见 http://www.cq.gov.cn/zwgk/zfxxgkml/szfwj/qtgw/202110/t20211013_9801241.html；《成渝地区联手打造内陆开放高地方案》，具体参见 http://www.cq.gov.cn/zwgk/zfxxgkml/szfwj/qtgw/202208/t20220815_11005599.html。

内陆经济新增长极（王佳宁和罗重谱，2017）。其次，在中国经济发展从沿海地区向内陆地区纵深推进之际，它可以有效提高内陆地区对外开放的广度和深度，增强其在全球经济中的参与度和话语权，更好地服务于国家对外开放的大局。最后，开放型经济体系能够更好地应对全球经济的不确定性（Luo，2005）。成渝地区双城经济圈内的企业在与国际市场的竞争与合作中，能够减轻对单一市场的依赖，不断提升创新能力和经营水平，实现从量的增长向质的提升转变（刘世庆和林睿，2013）。

成渝地区双城经济圈作为中国西部重要的经济中心，具有独特的区位优势和深厚的经济基础。首先，其经济规模庞大，产业布局多元。据统计，2023 年成都市和重庆市的地区生产总值达到 22 074.7 亿元和 30 145.79 亿元，合计占四川省和重庆市地区生产总值总量的近 60%。成都市和重庆市作为成渝地区双城经济圈的核心城市，拥有丰富的产业资源和良好的产业基础（Li et al.，2019）。其次，其人力资源充足，地理位置优越。据统计，2023 年成都市和重庆市的常住人口分别达到 2140.3 万人和 3191.4 万人，地理位置优势在于其处于中国西南地区的中心地带，是“一带一路”倡议和长江经济带的重要节点。最后，其政策支持多样，前期探索充分。在确立联手打造内陆改革开放高地目标前，成渝地区双城经济圈内已经设有中国（四川）自由贸易试验区和中国（重庆）自由贸易试验区。在国家政策的引导和支持下，成渝地区双城经济圈将建设成为中国内陆改革开放的新高地，为我国经济的高质量发展和对外开放水平的提升做出更大贡献。

2020 年以来，经过多方建设成渝地区双城经济圈在打造内陆开放高地方面取得了巨大成绩，但仍面临着巨大挑战。接下来，本章将对这些问题进行讨论，尝试提出政策建议，并对未来进行展望。

第一节　进展成就

内陆开放高地促进了知识、技术和文化的交流与融合，为经济社会发展注入了新的活力。通过这一建设，中国内陆地区将更好地融入全球经济，提升国际竞争力和影响力，实现经济社会的高质量发展。自习近平总书记提出推动成渝地区双城经济圈建设以来，凭借中央政府的大力支持、成渝两地的通力协作、圈内各市的不懈奋斗[①]，成渝地区双城经济圈在内陆开放高地的建设上取得了一系列可喜的进展和成就。成渝地区双城经济圈各项目标不断从规划蓝图变为美好现实，圈内各市不断为国家高质量发展贡献新的动力。主要成就可归纳为如下四个方面。

一、对外贸易蓬勃发展，进出口总额屡创新高

《规划纲要》发布以来，成渝地区克服新冠疫情的不利影响，充分把握国际市场机

① 沿着总书记的足迹丨强力推动成渝地区双城经济圈建设全面提速、整体成势，https://sichuan.scol.com.cn/ggxw/202206/58547156.html，2022-06-18。

遇，实现了对外贸易逆势上扬，进出口总额屡创新高。作为成渝地区双城经济圈核心的成渝两地进出口贸易蓬勃发展（图 16-1），2020 年分别增长了 22.4%和 12.5%，2021 年分别增长了 14.8%和 22.8%，均大幅高于全国增速，并且实现了出口增速和出口总量均高于进口，贸易顺差稳步扩大。成渝地区的对外贸易不仅在量上成果斐然，而且在市场多样化和产业高端化上进展喜人。如图 16-2 所示，成渝两地乃至整个成渝地区双城经济圈已经开始尝试降低对欧美市场的高度依赖，转而在亚洲、非洲、拉丁美洲和大洋洲地区探索更广阔的市场空间。比如，重庆 2021 年出口增长 23.4%，在对欧盟、美国的进出口贸易额分别增长 19.5%、11.4%的同时，对东盟增长 15.2%，对“一带一路”共建国家增长 26.0%。

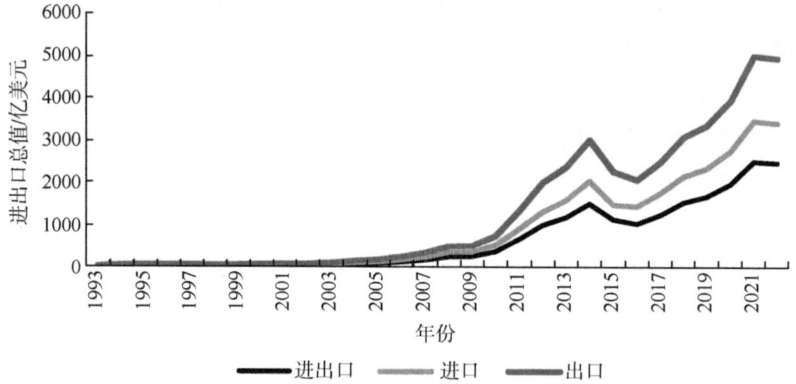

图 16-1 成渝两地进出口贸易额变化（1993—2022 年）

资料来源：《成都统计年鉴》《重庆统计年鉴》

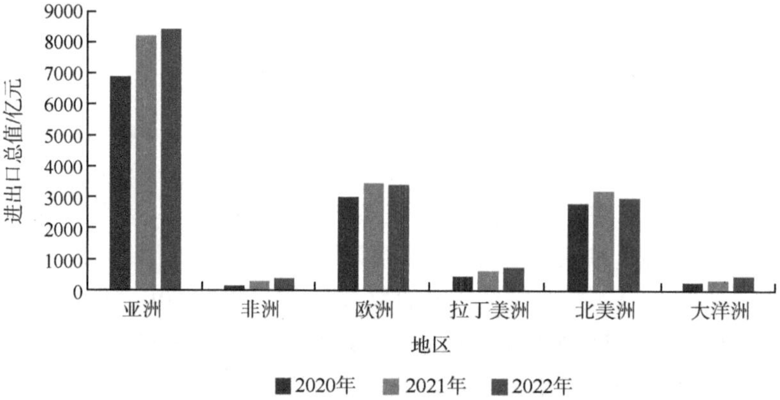

图 16-2 成渝两地按地区分进出口贸易额（2020—2022 年）

资料来源：《成都统计年鉴》《重庆统计年鉴》

经过长期不懈的努力，成渝两大核心城市已经在多个高端产业中站稳脚跟，为建成内陆开放高地打下了坚实的实业基础。成都在电子信息、生物医药、新材料等高新技术产业方面具有明显优势；而重庆则在汽车制造、装备制造、化工等传统优势产业方面拥有强大的实力，已经成为西部地区重要的重工业基地。多元的产业布局不仅提升了区域内产业的整体竞争力，也为成渝地区双城经济圈在全球产业链中巩固和提升地位奠定了基础。

成都市作为四川省推动经济发展和促进经济开放的关键引擎，对全省外贸总值的贡献近年来一直维持在 85%以上，其对东盟乃至“一带一路”共建国家的进出口贸易额增速一直保持在 20%以上。例如，2020 年在新冠疫情不利影响下依然实现对东盟进出口 1469.6 亿元（增长 20%），对“一带一路”共建国家进出口 2226.6 亿元（增长 29.9%）。值得注意的是，四川省内近几年占据进出口贸易额第 2 至 4 位的宜宾、绵阳、德阳也都处于成渝地区双城经济圈范围内。成渝地区双城经济圈已事实上有能力代表整个川渝地区的对外贸易状况。成渝地区在产业高端化方面同样有着骄人的成绩。自 2016 年以来，成渝地区高新技术产品出口增速常年高于全国平均增速。比如，成都在液晶显示板、电动载人汽车、离心机、笔记本电脑等产品出口上展现出了强劲的国际竞争力，其中前三项甚至实现了数倍的增长；重庆则在内燃机、摩托车、汽车（包括底盘）等产品出口上常年位居全国前五，甚至位居第一。2024 年前 2 个月，川渝两地外贸进出口总值为 2591.3 亿元，同比增长 6.2%，连续多年实现“开门红”。截至 2021 年，成渝地区双城经济圈已经与 215 个国家和地区实现贸易往来。对外经贸不断蓬勃发展的前景，是完全可以预期的。

二、中欧班列贸易额稳步增长，跨国交通网不断延伸

西部地区的地理条件决定了其对交通网络建设有着更为迫切的需求（Liu and Wang, 2009）。早在《规划纲要》正式出台以前，成渝地区已经通过建设以中欧班列为代表的跨国交通基础设施，进行了提高内陆开放水平的有益探索。自 2013 年中欧班列（成都—罗兹）正式首发以来，成渝两地积极联络各国各级政府，坚定投入各类资源，致力于扩大中欧班列覆盖范围，提高中欧班列运行频次，增强中欧班列载货能力，这些努力让中欧班列取得了长足的发展。如表 16-1 所示，截至 2024 年 7 月，成渝地区双城经济圈中欧班列已实现对东欧主要国家全覆盖，并且开始向中欧和西欧国家进一步延伸。2021 年以来，中欧班列（成渝）的发展速度在全国呈现出一枝独秀的态势。2021 年中欧班列（成渝）开行超过 4800 列，占全国比重超 30%，所覆盖欧洲城市超过 100 个，运输箱量超 40 万标箱，开行量和货值货量均排名全国首位。2023 年全年中欧班列（成渝）累计开行量超过 5300 列，运输箱量超 43 万标箱，继续领跑全国；2024 年前 2 个月，中欧班列（成渝）开行超 650 列，运输箱量超 7 万标箱，位居全国第一。

表 16-1　成渝地区双城经济圈中欧班列开通情况（截至 2024 年 7 月）

国际班列	开行数量	运行时间	运输里程	途经国	重要货物种类
成都—罗兹	3—4 列/周	约 12 天	约 9 322 公里	哈萨克斯坦、俄罗斯、白俄罗斯、波兰	农产品、机械设备、食品酒类、电器设备、汽车及零配件等
成都—杜伊斯堡	约 5 列/月	约 15 天	约 10 659 公里	哈萨克斯坦、俄罗斯、白俄罗斯、波兰、德国	农产品、机械设备、食品酒类、电器设备、汽车及零配件等
成都—蒂尔堡	2—3 列/周	约 14 天	约 10 858 公里	哈萨克斯坦、俄罗斯、白俄罗斯、波兰、德国、荷兰	蔬菜、水果、服装鞋帽等

续表

国际班列	开行数量	运行时间	运输里程	途经国	重要货物种类
成都—莫斯科	4 列/月	约 12 天	约 9 572 公里	蒙古国、俄罗斯	蔬菜、水果、服装鞋帽等
重庆—杜伊斯堡	约 15 列/周	约 15 天	约 11 179 公里	哈萨克斯坦、俄罗斯、白俄罗斯、波兰、德国	化工品、食品、服装、家具、机电

资料来源：根据中欧班列网相关信息整理

除中欧班列之外，成渝地区双城经济圈也在积极探索构建并融入连接中亚、东南亚的跨国交通网。2021 年 12 月成渝两地先后首发中老铁路（成渝—万象）国际货运班列；2022 年 6 月成都开通了首趟至南亚国家的国际货运班列，9 月成都成功发运首趟中吉乌“公铁联运”国际班列，10 月，重庆正式实现了对俄罗斯、哈萨克斯坦等 12 个上海合作组织国家的跨国铁路线全覆盖。中老铁路、以中亚班列为代表的西部陆海新通道与中欧班列共同构成了成渝地区对外开放的三大国际铁路。加上西部陆海新通道铁海联运班列的建设，成渝地区双城经济圈正在加快融入中国-中南半岛经济走廊，构建泛欧泛亚陆港主枢纽。特别是随着《区域全面经济伙伴关系协定》（Regional Comprehensive Economic Partnership，RCEP）的生效实施，成渝两地的双核效应不断加强。随着供应链的完善及市场要素资源整合能力的不断提升，成渝地区双城经济圈将更加深入参与全球市场的经贸往来和国际经济合作，让国际班列在西部内陆对外开放中发挥更大作用。

三、外资引进成果斐然，自贸区建设影响深远

《规划纲要》出台以来，成渝地区双城经济圈不断增强自身经济竞争力，对境外投资者的吸引力也不断提高。根据商务部数据，2023 年四川 FDI 到资 245.2 亿元，同比增长 6.5%，高于全国 14.5 个百分点，稳居中西部第一。全年新设立外商投资企业（机构）908 家，同比增长 20.3%；合同外资实现 616.6 亿元，同比增长 118.7%，基本走出新冠疫情影响。此外，四川外资引进也体现出了高水平、高质量。以航空工业为例，成都不仅引进搭建了空中客车飞机在欧洲之外唯一的全产业链生产线，还于 2024 年 1 月成功运营了空中客车飞机全生命周期服务中心，这是全球唯一一个由飞机制造商运营的飞机循环利用项目，入选商务部重点外资项目。重庆的外资引进工作同样成果斐然，仅 2021 年就新增外商投资企业 351 家（增长 22.3%）；合同外资金额达 46.90 亿美元；实际使用外资（即 FDI）22.36 亿美元（增长 6.4%）。截至 2024 年 9 月，世界 500 强企业中有超过 300 家在重庆安家落户，外商投资主体对全市税收和城镇就业的贡献率常年维持在 10%以上。各类境外资本与成渝两地充分实现了互利共赢。

自贸区内的企业可以享受更加便利的通关服务、更低的税收优惠和更多的金融创新政策，有助于吸引外资和国际资源，促进区域经济的国际化发展（Qu et al.，2014）。近年来，中央政府在全国各地设立自由贸易试验区，以更宽松优厚的政策环境促进外资引进、助力深化对外合作。成渝地区有力抓住这一国家大政方针契机，结合政策实践，打造出了中西部地区优秀的自由贸易区范本，进一步提高了国际市场声誉和对国际资本的

吸引力。2023 年，主要片区位于成都的中国（四川）自由贸易试验区不仅吸纳了大量优质外资企业（其中世界 500 强企业 104 家），发挥了实际使用外资集聚效应，而且在实践探索中总结出 800 余项制度创新成果，其中 12 项经国务院批准复制推广全国。中国（重庆）自由贸易试验区自 2017 年成立以来，同样贡献了一系列重点制度创新成果，其中 7 项在全国复制推广，并且升级提质，引进星光国际精准医疗创新中心、德国埃马克、万国数据、中欧数字生态城等一大批投资金额大、产业层次高、发展前景长远的重大项目。这些成果的取得离不开川渝两地对外资企业积极引进、努力解决其所关切重大问题的努力。自贸试验区的一系列成果不仅让境外资本企业能更放心大胆地"走进来"，而且也在不断提高成渝本土企业的竞争力，让它们能更加底气十足地"走出去"。

四、城市品牌从无到有，国际声誉由弱到强

内陆开放高地的对外开放需具备全方位、高水平的特质，这些特质不仅体现在高楼大厦、道路厂房等"硬实力"上，也体现在文化影响、国际声誉等"软实力"上。近年来，成渝地区双城经济圈内各城市，尤其是成渝两大核心在发展"软实力"方面同样取得了一系列傲人的成绩。首先是举办了许多重大外事活动，有效打造包容多元、普惠共赢的城市品牌。近年来，成都先后成功举办第三次二十国集团（G20）财长和央行行长会议、第八次中日韩领导人会议以及第三十一届世界大学生夏季运动会。重庆先后成功举办纪念中国-东盟建立对话关系 30 周年特别外长会、中国-上海合作组织数字经济产业论坛、第十四届中国-拉美企业家高峰会等活动。此外，重庆还举办了中国国际智能产业博览会、中国西部国际投资贸易洽谈会、中新（重庆）战略性互联互通示范项目金融峰会等常态化对外展会活动。这些重大活动的顺利举办推动了成渝两地国际知名度的上升，在世界范围内塑造了开放和谐的城市形象，不断增强城市品牌的国际竞争力。

成渝两地提高国际声誉的行动日趋多样，成果丰厚。近年来，川渝两地外事相关部门一直积极向国外各类机构宣传成渝地区双城经济圈蕴含的巨大发展机会，四川省外事办公室向外国驻蓉、渝总领事馆介绍成渝地区双城经济圈建设有关情况，这些努力已经取得了可观的成效。截至 2024 年 2 月，成都和重庆分别与 37 个和 31 个国外城市缔结友好关系，"朋友圈"遍布世界五大洲。越来越多的外交机构和重要国际组织也选择在成都、重庆"安家落户"。截至 2024 年 4 月，已有 23 个国家选择在成都设立领事馆（重庆的这一数据为 10 个）。2019 年，亚洲体育舞蹈联合会选择将总部设立在成都；2024 年，新加坡设计业总商会中国运营总部落户重庆。此外，成渝两地在总计 15 个国际组织中担任会员城市，或作为轮值主办地。这些涉外常驻机构的进入充分体现了成渝两地日益提高的国际影响力，为成渝地区双城经济圈国际文化影响的不断提高打下了良好的基础。

第二节　现 实 困 难

成渝地区双城经济圈打造内陆开放高地的成就是广泛而深入的，这些进展为川渝地区经济发展带来了巨大动力（胡锡琴和张红伟，2017）。要巩固并进一步扩大成渝地区双城经济圈对外开放的良好态势，就需要参考国内外先进经验，从战略规划、政策开放条件、港口物流基础设施建设、产业结构等方面（Farmer and Schelnast，2013）克服一系列现实困难。

一、对外经贸规模有待提高，经济禀赋相对不足

近年来，成渝地区双城经济圈对外开放水平显著提高，对外贸易规模迅速扩大，但相比于国内主要城市群，如长三角、珠三角、京津冀等城市群，仍存在较大差距（图16-3）。根据 2024 年一季度商务部统计数据，尽管增速亮眼（成都增速高于全国平均水平），成渝两地均未能进入国内城市进出口规模排行榜前 10（二者分别排在第 13 位和第 15 位）。作为成渝地区双城经济圈的两大核心城市，基于这样的规模水平要实现内陆开放高地的进一步建设仍然存在困难。造成这一问题的原因可能如下：一是东部沿海地区拥有区位优势，经济发展潜力强于内地，对外开放更加便捷，外资吸引力更强；二是成渝地区双城经济圈位于西南腹地，经济发展存在滞后性，外资吸引力近年来虽有提升，但仍有很大的追赶空间（洪成文等，2020）。各方面因素造成外资利用效率低下，之后会进一步导致技术溢出效应不足，使得成渝在吸引国外高质量技术资源时存在技术障碍，阻碍了进一步对外开放（李正梅和张应良，2015）。

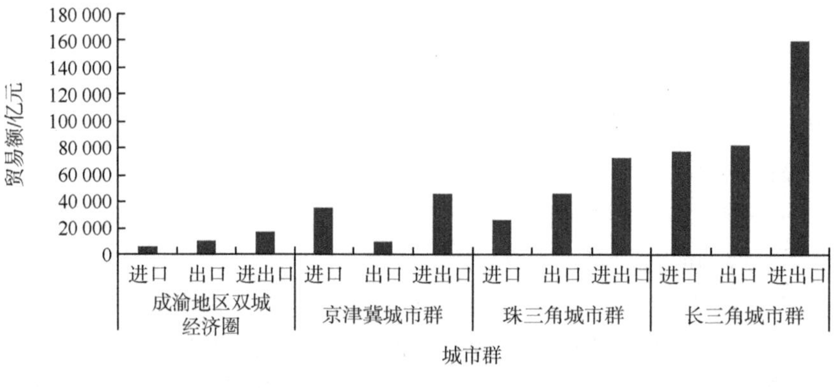

图 16-3　四大城市群进出口贸易额对比（2022 年）

资料来源：《中国城市统计年鉴》

二、基础设施建设困难，交通运输成本过高

成渝地区双城经济圈作为“一带一路”重要节点，必然需要一个高效、完善的国际型综合交通枢纽。但川渝地区，尤其是重庆，自古就有天堑之称，地势多丘陵山地，起伏

不定，土地利用难度大（Xiao and Tang，2018）。因此，川渝地区长期存在交通网络密度提高困难、建设高等级道路成本巨大的问题。这些因素的共同作用使成渝地区对外交通的通达性和时效性相对较低。尽管国家一直大力建设西部地区，特别是四川的高速公路网，至 2023 年，川渝地区人均高速公路里程仍然十分有限，其中成都仅为 0.73 公里/万人，甚至低于四川省内平均水平，重庆也只有 1.03 公里/万人，但交通基础设施建设投资却常年位居全国前列，这给国家财政和地方财政都带来了巨大的经济负担。

水运方面也存在不小的阻碍。川渝地区地处长江上游，河道远远比下游地区狭窄，天然优良港口少，通航条件差，这些基础条件上的问题造成川渝地区港口吞吐量较低，外资企业的物流成本远远高于东部沿海地区，极大影响了成渝地区双城经济圈在国际市场上的竞争力。在空运方面，由于川渝地区毗邻青藏高原，加之四川盆地多云雾天气，国际航线客运、货运网络覆盖面不够，物流信息资源整合力度不足，在物流集散时效性上存在短板（Liu and Wang，2009）。区域发展、交通先行。成渝地区若想实现全方位对外开放，必须克服地形条件阻碍，建立高效通达的交通网络。打破成渝地区交通发展瓶颈，拓宽成渝地区连通“一带一路”共建国家的国际航线，大力扶持现代物流业，使之拥有更加便捷的对外通道，降低国际运输成本。

三、市场建设仍需进一步深化，营商环境亟待进一步优化

多方面研究证实了良好营商环境对市场平稳健康发展起着不可忽视的作用（李拯，2020）。然而，近年来，成渝地区的营商环境指数一直处于全国的靠后位置（表 16-2）。一些学术研究也验证了这一现象（Ru et al.，2020）。尽管根据《中国城市营商环境研究报告 2023》，成都和重庆的营商环境指数分别从 2019 年的 48.54 和 43.03，增长到 2021 年的 49.94 和 48.08，但相较于东中部地区的大型城市，特别是城市群核心而言，并没有呈现拉近乃至赶超的迹象。

表 16-2　中国部分城市营商环境指数排名

排名机构	成都	重庆	北京	上海	广州	深圳	杭州
北京大学中国社会科学调查中心（2023 年）	8	14	4	3	2	1	5
国家发展改革委（2023 年）	13	14	2	1	7	3	4
中华全国工商业联合会（2023 年）	10	未上榜	1	2	8	9	4

资料来源：北京大学中国社会科学调查中心、国家发展改革委官网、中华全国工商业联合会官网

出现这一现象的原因如下。首先，目前成渝地区在搭建健全的外商投资政策和法律制度体系方面仍然缺乏经验，政务操作便利性不够，尤其是对知识产权的保护度不够，对全面对外开放发展理念的贯彻仍然不够深刻（丁邡和周海川，2020）。其次，产业配套能力有待加强（雷绍坤，2020）。成渝本土龙头企业规模不足、产业体系发育还不够充分，难以为外资企业提供完备的上下游配套产业服务，外资企业需要承担更高的运营成本，最终导致成渝地区对外资的吸引力和竞争力较弱。最后，生活配套服务水平有待提

高。良好的生活配套服务能够营造良好的投资环境，而成渝地区的外籍人员存在着就业困难、子女入学困难等一系列问题（雷绍坤，2020）。

四、产业结构趋同，同质化竞争严重

受区位条件、工业基础、政策侧重等因素影响，成渝地区产业布局相似度高，重庆市支柱产业体系和成都市特色优势产业具有较高的重合度，汽车制造业、石油化工业、电子装备制造业等都是两地的支柱型产业。从产业占比的角度来看，2023 年重庆第二产业占比为38.8%，成都的这一占比为28.85%，2019—2023年占比增幅都超过了8%。近几年来，特别是新冠疫情过后，成渝两地向高端制造业集中攻关，不可避免地带来了产业结构的趋同问题。从图 16-4 中可以观察到：除个别产业外，四川省与重庆市的行业相似度非常高。此外，由于经济一体化程度不足，成渝地区双城经济圈内城市间尚未形成高效合理的产业分工区域协同协作机制，成渝地区双城经济圈内部市场仍存在一定的无效竞争问题，影响了两地的互补合作（Tang et al.，2020）。

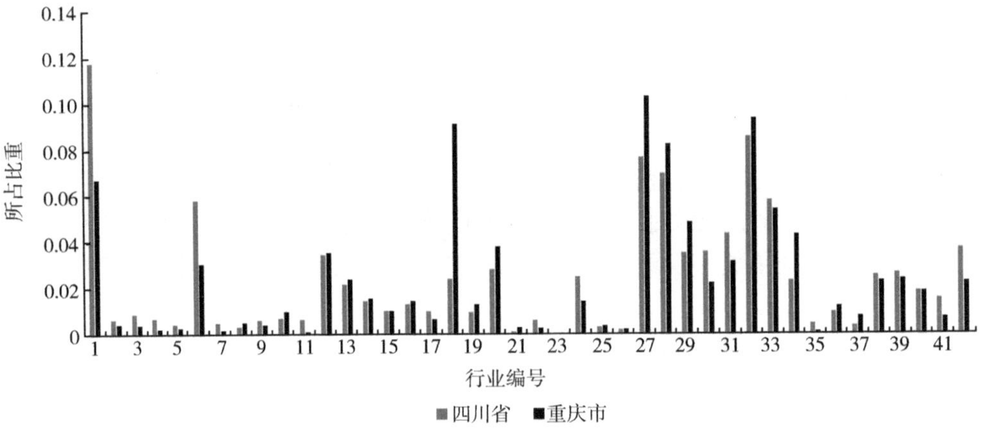

图 16-4　四川省和重庆市各行业增加值所占比重的比较图

资料来源：《中国地区投入产出表 2017》

行业编号源自《中国地区投入产出表 2017》中定义的相关行业，编号对应行业见本章附表

受产业结构影响，成渝出口商品种类也集中在十几种高度重合的工业制成品门类，产品附加值往往因为无效竞争而偏低（Zhang et al.，2020）。图 16-5 为四川省和重庆市各行业出口所占比重的比较图。观察可见，两个地区在出口行业分布上非常相似，基本集中在一个或者两个行业上。四川省和重庆市的出口都集中于通信设备、计算机和其他电子设备行业，分别占地区总出口的 54.2%和 49.4%。产品出口的同质化极其严重。出口商品的同质化加剧了成渝企业的同业竞争，在国内生产成本上涨、国际市场萎靡的情况下，企业间的恶性竞价严重阻碍了企业乃至整个行业的发展。此外，同质化竞争情境下，受恶性竞价影响，企业价值增值效率也会降低（韩兵等，2021）。总之，成渝地区双城经济圈的对外开放现状仍然存在不可忽视的困难和挑战，需要更全面的政策工具和更

先进的发展理念逐步解决。

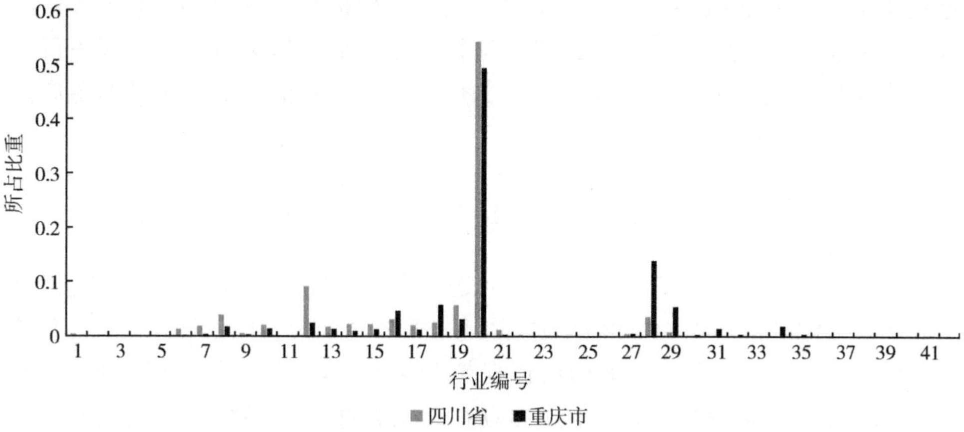

图 16-5　四川省和重庆市各行业出口所占比重的比较图

资料来源：《中国地区投入产出表 2017》

行业编号源自《中国地区投入产出表 2017》中定义的相关行业，编号对应行业见本章附表

第三节　未来展望

2024 年 4 月，习近平总书记在重庆考察时再次强调，建设成渝地区双城经济圈是党中央作出的重大战略决策①。重庆、四川两地要紧密合作，不断提升发展能级，共同唱好新时代西部“双城记”。要实现这一目标，将成渝地区双城经济圈建设成内陆开放高地势在必行。当前经济形势下，新冠疫情影响逐渐消除，但全球市场需求复苏迹象仍显不足，各国间政治、经济关系愈加错综复杂，这给成渝地区双城经济圈构建内陆开放高地固然带来了更大的挑战，但这同时也可以成为成渝地区双城经济圈内各城市，尤其是成都、重庆两大核心提质升级、开拓进取的契机。基于对打造内陆开放高地所取得成就和所遭遇困难的分析，本节就促进成渝地区双城经济圈更好地打造内陆开放高地提出如下展望。

一、发挥成渝两地引领作用，扩大溢出效应惠及范围

都市圈内的核心城市能否起到经济引领作用，直接决定了都市圈的发展前景（Liu and Du，2021）。成都和重庆相较于成渝地区双城经济圈内其他地级市具有明显发展优势。要更好地起到圈内引领作用，让核心城市的经济溢出效应惠及更多城市，需要维护好双城之间乃至川渝两地之间的合作共赢伙伴关系。首先，成都和重庆应当按照互补双赢的思路，共同发展现代物流、电子信息、汽车制造等优势产业，将彼此存在方向重

① 成渝地区双城经济圈建言录之一：唱好“双城记” 共建“第四极”，http://www.cppcc.gov.cn/zxww/2024/05/20/ARTI1716183179509440.shtml，2024-05-20。

合、无效竞争问题的高端产业打造成协同发展的产业集群，增强经济辐射力，为周边地区创造更多的经济发展机会。其次，川渝两地应积极提高成渝核心产业供应链的深度和广度，不断扩展产业集群的协同范围。这样一来，成渝地区双城经济圈不仅能实现自身高质量发展，也能够更好地发挥“桥头堡”功能，将溢出效应扩散至更广泛的内陆地区，带动整体发展。

二、拓展跨国交通网辐射范围，提高圈内流通效率

时间就是金钱，效率就是生命。发达的交通网络和通畅高效的政策环境是经济发展的有力保障。成渝地区双城经济圈作为内陆地区开放的前沿，应积极融入全球供应链体系，推动建设畅通高效的陆海新通道核心节点。各级政府，尤其是成都、重庆市政府应当继续加强同周边国家（地区）的合作，推动在跨境电商、国际物流、国际金融等领域加深互信互认，实现合作共赢。成渝地区双城经济圈内还需要继续推进基础设施互联互通，特别是要加快建设高铁、公路、航空等交通网络，提升交通便利性，促进人员、货物和信息的高效流动。同时成渝地区双城经济圈内部，主要是川渝地区之间，也需要进一步加强政府层面的合作协调，推动在政策、法规、信息等方面建立统一标准，促成高效协同的区域一体化发展格局。

三、建立国际化人才梯队，打造高标准营商环境

任何规划的落地都需要人才来实践，而人才只有在合适的环境里才能最大程度地施展他们的能力。为了将成渝地区双城经济圈建设成为内陆开放高地，有必要吸纳国际先进经验，全面提升区域内人才梯队质量、优化营商环境。在提升人才梯队质量方面，成渝地区双城经济圈应当“内外兼修”。一方面加大涉外人才教育和培训投入，提升人力资本质量；另一方面完善境外优质教育资源和国际化人才引进机制，建立高水平的教育体系和人才梯队，满足区域经济发展的需要。在优化营商环境方面，川渝地区应积极推进“放管服”改革，简化行政审批程序，降低企业成本，提升政府服务效能，营造公平、透明、便利的营商环境。尤其要建立健全知识产权保护机制（李拯，2020），提升城市治理水平，从而提高成渝地区双城经济圈在国际市场的声誉和竞争力。

总之，成渝地区双城经济圈内陆开放高地建设仍然大有可为。建成后，不仅能使成渝地区双城经济圈内各市乃至农村地区通过一体化发展战略享受到溢出的经济效益，提高成渝地区双城经济圈内产业合作和协同创新能力，提升区域整体经济水平，还能为促进整个西部地区的经济高质量发展，乃至解决国家沿海、内陆地区发展不平衡问题做出更大的贡献。

本章参考文献

丁郝，周海川. 2020. 我国优化营商环境成效评估与建议. 宏观经济管理，(2)：59-65.

韩兵，刘芳名，匡海波. 2021. 同质化竞争情境下企业价值增值效率评价研究：以我国上市港口企业为例. 科研管理，42(4)：55-64.

洪成文，梁显平，韩少秀. 2020. 成渝地区双城经济圈高等教育的超常规发展战略. 重庆高教研究，8(4)：71-79.

胡锡琴，张红伟. 2017. 空间经济视域下城市群 FDI、服务业集聚的经济效应：基于成渝城市群的实证分析. 中国地质大学学报（社会科学版），17(5)：116-125.

雷绍坤. 2020. 成都利用外资的现状、问题及对策研究. 成都：电子科技大学.

李拯. 2020-12-14. 优化营商环境助力高质量发展. 人民日报，(5).

李正梅，张应良. 2015. 对外贸易与区域经济增长：以成渝经济区为例. 管理学刊，28(6)：39-45.

刘世庆，林睿. 2013. 成渝经济区城市化进程的现状与愿景：自经济地理观察. 改革，(10)：77-86.

王佳宁，罗重谱. 2017. 新时代中国区域协调发展战略论纲. 改革，(12)：52-67.

张三保，张志学. 2023. 中国城市营商环境研究报告 2023. http://jszy.whu.edu.cn/zhang/zh_CN/zzcg/416874/content/6027.htm#zzcg[2023-11-29].

中国政府网. 2021. 中共中央 国务院印发《成渝地区双城经济圈建设规划纲要》. https://www.gov.cn/zhengce/2021-10/21/content_5643875.htm[2021-10-21].

Farmer K，Schelnast M. 2013. Endogenous technological progress and infinite economic growth//Farmer K，Schelnast M. Growth and International Trade：An Introduction to the Overlapping Generations Approach. Heidelberg：Springer Berlin：137-150.

Li N，Sun L P，Luo X，et al. 2019. Foreign trade structure，opening degree and economic growth in Western China. Economies，7（2）：56.

Liu B，Du J. 2021. Empirical analysis of the spatial relationship between urban agglomeration economic network and economic growth based on big data. Journal of Physics，Conference Series，1800（1）：012008.

Liu Q C，Wang Z. 2009. Research on geographical elements of economic difference in China. Geographical Research，28（2）：430-440.

Luo X B. 2005. Growth spillover effects and regional development patterns：the case of Chinese provinces. Policy Research Working Paper Series No 3652 from the World Bank.

Qu W Y，Zhao S Q，Sun Y. 2014. Spatiotemporal patterns of urbanization over the past three decades，a comparison between two large cities in southwest China. Urban Ecosystems，17（3）：723-739.

Ru S F，Liu J Q，Wang T H，et al. 2020. Provincial quality of economic growth，measurements and influencing factors for China. Sustainability，12（4）：1-16.

Tang L，Zhang Y Y，Gao J Y，et al. 2020. Technological upgrading in Chinese cities：the role of FDI and industrial structure. Emerging Markets Finance and Trade，56（7）：1547-1563.

Xiao Y J，Tang H A. 2018. The spatial and temporal characteristics of cultivated land utilization in Chengdu-Chongqing urban agglomeration. MATEC Web of Conferences，175：04001.

Zhang Y，Duan D Z，Du D B. 2020. Coordinated development of innovation system in China's Yangtze River economic belt，a demand and supply perspective. Sustainability，13（1）：178.

附表　行业编号对照表

行业	编号
农林牧渔产品和服务	1
煤炭采选产品	2
石油和天然气开采产品	3
金属矿采选产品	4
非金属矿和其他矿采选产品	5
食品和烟草	6
纺织品	7
纺织服装鞋帽皮革羽绒及其制品	8
木材加工品和家具	9
造纸印刷和文教体育用品	10
石油、炼焦产品和核燃料加工品	11
化学产品	12
非金属矿物制品	13
金属冶炼和压延加工品	14
金属制品	15
通用设备	16
专用设备	17
交通运输设备	18
电气机械和器材	19
通信设备、计算机和其他电子设备	20
仪器仪表	21
其他制造产品和废品废料	22
金属制品、机械和设备修理服务	23
电力、热力的生产和供应	24
燃气生产和供应	25
水的生产和供应	26
建筑	27
批发和零售	28
交通运输、仓储和邮政	29
住宿和餐饮	30

续表

行业	编号
信息传输、软件和信息技术服务	31
金融	32
房地产	33
租赁和商务服务	34
研究和试验发展	35
综合技术服务	36
水利、环境和公共设施管理	37
居民服务、修理和其他服务	38
教育	39
卫生和社会工作	40
文化、体育和娱乐	41
公共管理、社会保障和社会组织	42

第十七章　成渝地区双城经济圈西部陆海新通道建设的成就、困难与展望

2019 年 1 月，重庆、广西、贵州、甘肃、青海、新疆、云南、宁夏 8 个西部省（自治区、直辖市）在重庆签署合作共建中新互联互通项目国际陆海贸易新通道框架协议，将合作推进陆海新通道建设。同年 7 月，重庆市政府与四川省政府签署《关于合作共建中新（重庆）战略性互联互通示范项目“国际陆海贸易新通道”的框架协议》，共建西部陆海新通道，让川渝双方共同受益，实现共商、共建和共享。2021 年 10 月，中共中央、国务院印发《规划纲要》，并在《规划纲要》中提出川渝两地要“合力建设西部陆海新通道”。成渝地区双城经济圈作为国内大循环、国内国际双循环的重要枢纽和西部地区改革开放的重要支撑，是西部陆海新通道的起点，对接“一带一路”和长江经济带的枢纽，具备加快建设西部陆海新通道、扩大高水平对外开放，更好辐射西部、服务全国的区位优势和发展潜力。

当前，世界正处于大发展大变革大调整时期，从国际视角看，世界百年未有之大变局进入加速演变期，国际环境日趋复杂。从国内视角看，我国持续发展具有多方面优势和条件，也面临不少困难和挑战。其中区域发展不平衡问题依然显著，西部大开发仍面临艰巨繁重任务（吴传清和李浩，2003）。成渝地区双城经济圈，坐落于“一带一路”与长江经济带交会处，是西部陆海新通道的起点，具有连接西南西北，沟通东亚与东南亚、南亚的独特优势。成渝地区双城经济圈建设能够为高质量推进西部陆海新通道提供有力支撑（丛晓男，2021）。作为推动中国经济增长的“第四极”、西部地区的经济引擎，成渝地区双城经济圈具备雄厚的产业基础和巨大的市场潜力，为建设西部陆海新通道提供了强有力的经济支撑。成渝地区是西部陆海新通道的枢纽，积极规划交通基础设施建设，致力于“外畅”打通多向出川出渝大通道，聚焦“内联”形成成渝地区双城经济圈高效便捷交通网，为畅通西部陆海新通道提供坚实基础（唐红祥等，2022）。重庆、四川携手并进，借助西部陆海新通道建设，加速成渝地区“中部崛起”，助力成渝中部地区高质量一体化发展，携手建设以西部陆海新通道为牵引的南向开放新枢纽。

第一节　进展成就

《西部陆海新通道总体规划》实施以来，基础设施网络不断完善，通道运输质效大幅提升，物流市场需求加速扩张，区域国际合作不断深化，引领带动沿线产业发展和对外

贸易迈上新台阶。成渝地区双城经济圈作为西部陆海新通道的重要枢纽，在加速推进西部陆海新通道建设上取得了瞩目的成就。成渝地区双城经济圈西部陆海新通道高质量建设目标正逐步实现，主要体现在以下四个方面。

一、主通道和重要枢纽建设加快推进

成渝地区以完善基础设施为抓手加快疏通成渝地区双城经济圈经济内外循环，着力推动西部陆海新通道互联互通。西部陆海新通道铁路网由东、中、西三条通路构成，中线已全线贯通，随着关键铁路项目的建设完成，东线通路的运输能力也大幅提升，西线仍在加速推进，是新通道建设的薄弱环节。成渝地区双城经济圈交通网络与西部陆海新通道西线重合。自《规划纲要》印发以来，川渝联合开工成渝中线、西渝、成达万、渝昆4条高铁，规划高速公路省际通道39条，多个机场扩建完工。此外成渝地区双城经济圈综合立体交通网络建设取得重大突破。重庆以团结村、小南垭、鱼嘴（果园港）等为主枢纽，其物流和运营组织中心的作用不断增强。成都作为国家重要的商贸物流中心，通过整合周边资源，枢纽地位显著提升。可以说，成渝地区双城经济圈完善交通网络有力推进了西部陆海新通道西线的建设进程。

二、运输质效大幅提升

为加快推进西部陆海新通道建设，成渝地区统筹多种运输方式，建设大能力主通道和衔接国际运输通道，不断强化通道基础设施建设，提升通道运输质量与效率。西部陆海新通道主要有铁海联运班列、跨境公路班车和国际铁路联运班列三种物流模式，成都和重庆三种物流模式下的运量均提升显著。铁海联运方面，由北部湾港开行至重庆7个站点、四川14个城市25个站点。由表17-1可知，2023年1—9月重庆铁海联运班列开行2237列，同比增长25%；运输箱量112 044标箱，运输货值138.51亿元，同比分别增长24%、7%。四川开行976列，运输箱量48 842标箱，运输货值61.41亿元。

表17-1　2023年1—9月西部陆海新通道总体开行情况

运输方式	线路	开行班列/列	运输箱量/标箱	运输货值/亿元
铁海联运班列	重庆—北部湾港	2 237	112 044	138.51
	四川—北部湾港	976	48 842	61.41
跨境公路班车	重庆—东盟	3 532	7 947	23.22
	四川—东盟	821	1 591	61.60
国际铁路联运班列	重庆—老挝 重庆—越南	298	6 012	31.6
	四川—老挝 四川—越南	450	5 740	2.1

资料来源：西部陆海新通道门户网发布的《西部陆海新通道运行统计汇编（2023年1—9月）》

注：重庆、四川的运输数据含青海、甘肃、陕西、宁夏、新疆经重庆、四川集拼到北部湾港的运量

跨境公路方面，2016 年 4 月，西部陆海新通道跨境公路班车正式首发，主要以重庆和成都为班车起点，开行至越南、柬埔寨、新加坡、泰国以及老挝等 20 多个口岸，累计开行 15 条线路（重庆 8 条，四川 7 条），不仅连接东南亚国家（地区），也连通中亚、南亚、欧洲等国家（地区）。8 年来，重庆和四川跨境公路班车年开行量从 100 车次提升至超 4000 车次，货源由通用机械发展至汽摩、电子产品、原材料、日用品等更多品类。2023 年前三季度共运输箱量 9538 标箱，同比增长 81%，运输货值达到 84.82 亿元，增幅高达 196%，成为中国西部内陆通往世界的重要供应链物流通道（表 17-1）。

国际铁路联运方面，重庆和四川是开行国际铁路联运班列的主要地区，2023 年 1—9 月共开行 748 列，同比增长 34%，运输箱量 11 752 标箱，运输货值 33.7 亿元。其中，重庆至老挝、越南的国际铁路联运班列开行 298 列，运输箱量 6012 标箱，运输货值 31.6 亿元；四川至老挝、越南的国际铁路联运班列开行 450 列，运输箱量 5740 标箱，运输货值 2.1 亿元（表 17-1）。

三、综合服务水平不断提高

成渝地区双城经济圈是西部陆海新通道的起点，南北连接“一带一路”，东部衔接长江经济带，这对陆海运输提出了更高的要求。近年来，成渝地区双城经济圈以口岸能力提升行动为引领，不断提高综合服务水平。一是统筹推进区域口岸物流联网运行。成渝地区通过高水平共建西部陆海新通道、高品质共营中欧班列（成渝）品牌、高质量共建长江上游航运中心、高起点构建区域国际航空网络等措施，增强物流通道网络的一体化运行能力。二是通关便利化水平不断提升。实施了一系列通关便利化措施，如“单一窗口”服务、电子数据交换等，简化通关流程，提高通关效率，降低贸易成本。三是信息互通平台加快打造。利用大数据、云计算等信息技术，西部陆海新通道的信息服务能力得到加强，实现了物流信息的透明化和实时追踪。四是口岸物流经济发展动能不断提升。口岸建设为对外开放提供支撑（Bensassi et al.，2015）。成渝地区共建供应链一体化服务体系，依托支柱产业推进物流与产业融合发展，打造“多站合一、一站多能”的商业消费网点，加快空港型和港口型国家物流枢纽建设。五是物流通道整体辐射能级不断提高。成渝地区经西部陆海新通道累计运输货物达 46 万标箱，中欧班列（成渝）年开行量超 5000 列，长江上游港口货物吞吐量达 3.1 亿吨，机场实现年货邮吞吐量 150 万吨、国际航线覆盖 130 个城市。

四、数字化和绿色化水平普遍提高

随着成渝地区双城经济圈建设的推进，城市化进程和工业化发展呈现出显著的加速趋势。在这一进程中，数字化与绿色化的协同治理成为不可逆转的趋势。数字化变革能够提升运行效率（Mukhtarova et al.，2018），绿色化转型有助于低碳发展（孙天阳和陆毅，2024）。根据 2021 年国家发展改革委印发的《“十四五”推进西部陆海新通道高质量建设实施方案》，目前西部陆海新通道在数字化和绿色化方面尚有提升空间，因此数字化和绿色化成为川渝推进西部陆海新通道建设的重要抓手。

川渝两地高度重视数字化、智能化在新通道建设中的应用，以数字化、智能化协同发展赋能西部陆海新通道建设（石福才和李光辉，2024）。重庆搭建的“跨境金融服务平台”于2020年推出全国唯一的“西部陆海新通道物流融资结算”专项应用场景，该场景已成功上线 5 个功能模块，包括境内外运费外汇支付、进口到货后融资、融资贷后管理、物流对账单融资、新增提单运单信息等，截至2023年6月末，累计支持680余家企业融资结算 37.5 亿美元，并成功入选国家区块链创新应用特色领域试点——“区块链+跨境金融”试点。四川建设完成全国首条全域、全要素的智慧高速公路——成宜高速全线智慧高速公路。此外，四川蜀道智慧交通集团还与阿里云共同开发视频智能分析平台“智慧眼”，引入达摩院“城市大脑”团队30多套人工智能算法和高德实时路况分析功能，打造“云上”超级智慧高速。

川渝两地也积极推行绿色化的发展模式。四川成立四川低碳交通研究中心，聚焦交通项目的设计、建设、运营全生命周期，打造交通运输全产业链科研创新平台。研究制定的全国首个《交通基础设施施工设备充换电技术标准》正式实施，节约的能源消耗可实现减碳11.55万吨。此外，四川已经诞生了全国首例利用高速公路隧道外高位自然水源落差势能发电项目、全国首个交通基础设施施工设备充换电技术企业标准、全国首个“交通全场景友好型”分布式光储项目等，减碳降耗效果明显。重庆“明月山绿色发展示范带西部陆海新通道铁海联运班列”于2023年7月首发成功，投用全市首座一站式重卡换电站、打造清洁低碳物流新体系。

第二节 现实困难

成渝地区双城经济圈是西部陆海新通道的重要组成部分，具有连接西南西北，沟通东南亚、南亚的独特优势，是对内集聚发展、对外促进中国-东盟区域一体化和“一带一路”衔接的支撑力量。但强化成渝地区双城经济圈的支撑作用，进而高质量推进西部陆海新通道建设也面临一系列现实困难。

一、基础设施相对滞后，运输成本较高

成渝地区双城经济圈是统筹西部陆海新通道南下和北上的关键节点，以成渝为核心将沿线省份有机整合，充分激活陆海新通道的经济效益，需要构建完善、高效的交通物流体系（许培源和孙明松，2023）。2019 年《西部陆海新通道总体规划》印发后，沿线省份对外贸易依存度多有提升。根据表17-2，2022年四川和重庆对外贸易依存度较2018年提高3.90个百分点和3.83个百分点，西南地区的广西、云南、贵州的对外贸易依存度提高4.20个百分点、2.10个百分点和0.71个百分点，西北地区增幅相对较小，新疆增幅为3.54个百分点，陕西和甘肃增幅小于0.35个百分点，青海、宁夏出现负增长。可以看出，西部陆海新通道建设以来，川渝地区和西南地区沿线省（自治区、直辖市）贸易增长

相对更快，这对交通运输提出了更高的要求。

表 17-2 西部陆海新通道沿线省（自治区、直辖市）对外贸易依存度

地区		2018 年	2019 年	2020 年	2021 年	2022 年
川渝地区	四川	13.86%	14.64%	16.66%	17.59%	17.76%
	重庆	24.18%	24.54%	26.01%	28.49%	28.01%
西南地区	广西	20.91%	22.11%	22.01%	23.53%	25.11%
	云南	9.44%	10.01%	10.97%	11.58%	11.54%
	贵州	3.26%	2.70%	3.06%	3.36%	3.97%
西北地区	陕西	14.67%	13.63%	14.51%	15.80%	14.75%
	甘肃	4.88%	4.36%	4.26%	4.81%	5.22%
	青海	1.75%	1.28%	0.76%	0.94%	1.19%
	宁夏	7.09%	6.42%	3.12%	4.66%	5.08%
	新疆	10.35%	12.07%	10.75%	9.62%	13.89%

资料来源：历年《中国统计年鉴》

然而现有运力难以满足日益增长的外贸需求。一是川渝地区水陆交通相对滞后，掣肘货运物流。陆运方面，四川盆地与高原相接、山脉与峡谷纵横，重庆四山环抱、地势起伏，川渝地区陆地交通建设面临重大障碍。2023 年四川的高速公路密度为 186.89 公里/公里 ^{2}，排名全国第 25 位；重庆高速公路密度为 502.67 公里/公里 ^{2}，虽然路网密度较高但相关基础设施投资规模大，带来了较大的财政负担。水运方面，川渝两地地处长江上游，河道曲折、激流险滩等地理条件限制了水运发展。比如，四川四级及以上高等级航道仅占通航里程的 17.7%，重庆三峡船闸通行能力不足，降低了水运能力，制约了川渝交通枢纽运输效率的提升。二是沿海港口运力相对饱和，限制对外贸易规模持续扩大。北部湾港是西部陆海新通道对接东盟的主要港口，根据《美国交通杂志》（*American Journal of Transportation*）的评估，2023 年北部湾港位列全球 100 大集装箱港口第 22 名，是中国第 11 大港口。相较国内其他港口，北部湾港目前仍缺少大能力深水港和航道（谭庆红，2022），在铁路运输不足、信息化建设落后等因素叠加下，西部陆海新通道港口效率较低，川渝货物出海成本较高。

二、出口结构趋同，同质化竞争明显

西部陆海新通道沿线省（自治区、直辖市）具有相似的比较优势，尤其是川渝两地出口结构相似度较高，同质化竞争较为严重。一方面，四川和重庆优势产业重合，两地竞争不断加剧。在资源禀赋、政策规划、地理区位等因素的共同影响下，川渝两地特色优势产业重合（陈子曦等，2022），且新冠疫情之后两地均向高端制造业集中攻关，导致出口结构相似度很高。表 17-3 梳理了 2023 年西部陆海新通道西南五省（自治区、直辖市）与东盟的贸易结构，四川、重庆的机械和运输设备领域的进出口额占其进出口总额的比重分别是 68.14%和 75.77%，出口比重分别是 66.95%%和 68.19%，可以看出机电制造业是川渝两地的主要贸易产业，也是其优势产业，存在明显竞争关系。

表 17-3 2023 年西部陆海新通道西南五省（自治区、直辖市）与东盟的贸易结构

地区	类别	食品及烟类	原材料	化学品及有关产品	制成品	机械和运输设备	杂项和未分类产品
四川	进出口	2.65%	4.86%	3.13%	10.13%	68.14%	11.09%
	出口	1.90%	0.30%	3.76%	12.69%	66.95%	14.40%
	进口	4.34%	15.15%	1.70%	4.34%	70.85%	3.62%
重庆	进出口	4.57%	2.95%	2.28%	6.75%	75.77%	7.68%
	出口	0.56%	0.24%	4.46%	12.66%	68.19%	13.90%
	进口	8.12%	5.35%	0.36%	1.52%	82.47%	2.18%
广西	进出口	9.43%	6.83%	5.65%	19.38%	39.70%	19.01%
	出口	5.36%	0.74%	5.36%	25.09%	38.71%	24.74%
	进口	22.07%	25.75%	6.54%	1.64%	42.81%	1.18%
云南	进出口	10.97%	21.90%	14.11%	17.08%	17.14%	18.81%
	出口	12.13%	1.29%	20.28%	21.48%	18.98%	25.84%
	进口	8.37%	68.29%	0.22%	7.17%	12.99%	2.97%
贵州	进出口	29.57%	31.84%	24.88%	6.70%	5.13%	1.87%
	出口	31.97%	7.38%	33.00%	12.59%	11.65%	3.42%
	进口	28.00%	47.82%	19.58%	2.86%	0.87%	0.86%

资料来源：中国海关

注：本节对部分商品类别进行合并处理。具体是将食品及动物，饮料及烟类合并为食品及烟类；将非食用原料（燃料除外），矿物燃料、润滑油及有关原料，动植物油、脂及蜡合并为原材料；将杂项制品，未分类的商品和交易品合并为杂项和未分类产品。2023 年东盟是四川和重庆的第一大贸易伙伴，同时东盟也是西部陆海新通道主要目的地，因此以东盟为主进行贸易结构分析。部分数据加总不等于 100%，为四舍五入修约所致

另一方面，由于缺少统一的协调机制，其他省（自治区、直辖市）优势产业布局向川渝靠拢，加剧西部陆海新通道内部同质化竞争。根据表 17-3，原材料是云南、贵州与东盟的第一大贸易品，进出口占比分别是21.90%和31.84%，不难发现西部陆海新通道的贸易结构呈现从以原材料为主到以机械和运输设备为主的梯度分布，表现出一定的互补性。但机械和运输设备逐渐成为广西最重要的贸易产品，近年来广西同样以先进制造业为骨干打造现代化产业体系，截至 2024 年 7 月建成了 12 个先进制造业集群（骆万丽，2024）。相似的产业布局导致西部陆海新通道内部难以差异化发展，同质化竞争进一步加剧。

三、协调机制不健全，难以形成发展合力

目前西部陆海新通道处于规划落实与提质增效阶段，还未形成完善的协调合作机制，成渝地区双城经济圈的枢纽和集聚作用难以充分发挥。

一是区域发展差异显著，成渝辐射能力受限。川渝是西部经济重心，在西部陆海新通道中的定位有一定差别。四川依托中缅高铁、蓉欧国际快速铁路货运直达班列等，主要面向西北，辐射甘肃、新疆、内蒙古等地区。重庆通过渝新欧、渝黔桂新等通道，辐射长江中下游以及西南各省（自治区、直辖市）。近年来成渝地区双城经济圈协同集聚水平不断提升，空间集聚性日益显著（Zheng and He，2022），为其发挥西部陆海新通道的枢纽作用提供了有力支撑。但由于沿线区域发展不同步，尤其是西北城市群建设相对滞后，成渝地区双城经济圈对西北方向的辐射延伸带远未形成（余川江等，2022），难以完全发挥枢纽作用。

二是各地对接程度不高，区域内部协作不足。沿线地区枢纽还未能实现交通建设、物流体系、平台建设等方面的深度融合，还未能较好地在基础设施建设和经济发展等方面实现协调对接。就交通基础设施而言，2023 年成渝地区双城经济圈沿线省（自治区、直辖市）的高速公路覆盖率均不高，其中青海、新疆覆盖率低于 100 公里/公里 ^{2}，产生明显短板效应，制约成渝枢纽作用的发挥，也弱化了各自的经济联系。这就导致各地经济联系偏弱，各地发展规划各自为政，没有形成统一协调的发展定位和竞合关系，进而产业协作关联程度不高，甚至形成恶性同质化竞争。

三是多重战略叠加下，建设进度不及预期。成渝地区双城经济圈作为西部陆海新通道的起点和枢纽，需要与其他省份现有战略进行有效衔接。然而部分区域在多重战略叠加下，建设主体多元且相互交叉，容易产生“意大利面碗”效应（spaghetti bowl effect）①，给衔接协调工作带来困难。以东盟为例，21 世纪初中国与东盟国家先后提出构建中越两廊一圈②、南（宁）新（加坡）经济走廊、孟中印缅经济走廊、中国-东盟自贸区等经济合作框架近 10 条合作协议（谭庆红，2022），对外参与主体既包括新加坡、越南、缅甸等国家，也包括东盟等国际组织，对内则涉及省、市（州）等各级政府。多元的建设主体相互交叉，无疑加大了成渝地区双城经济圈与西部陆海新通道衔接协调的难度。

第三节 未来展望

西部陆海新通道自 2019 年正式建设以来，有力推动了东西双向互济和陆海内外联动，纵贯西部的国际物流大通道加速延伸，为沿线地区注入了澎湃经济活力。成渝地区双城经济圈与西部陆海新通道在战略定位、基础设施、产业联动、开放合作等多个方面相互促进，有力支撑了西部陆海新通道高质量发展。基于本章第二节对现实困难的分析，就促进成渝地区双城经济圈更好推动西部陆海新通道建设提出如下展望。

---

① “意大利面碗”一词源于美国经济学家巴格沃蒂 1995 年出版的《美国贸易政策》一书，指在双边自由贸易协定（free trade agreement，FTA）和区域贸易协定（regional trade agreement，RTA）等特惠贸易协议下，各个协议的不同优惠待遇和原产地规则就像碗里的意大利面条，一根根地绞在一起，剪不断，理还乱。贸易专家们将这种现象称为“意大利面碗”现象或效应。

② “两廊”是指“昆明—老街—河内—海防—广宁”和“南宁—谅山—河内—海防—广宁”经济走廊；“一圈”是指环北部湾经济圈。中越两廊一圈涵盖了中国的云南、广西、广东、海南四个省区，越南的老街、谅山、广宁、河内及海防五省市。

一、构建综合交通网络体系，提高物流效率和效益

成渝地区双城经济圈作为西部陆海新通道的起点，以及衔接长江经济带和“一带一路”的关键节点，需要建立更为完善的交通体系和更加高效的物流体系。加快构建包括高速公路、城际轨道交通、市郊铁路在内的多层次轨道交通网络，打通成渝中线高铁、西宁至成都段高铁等干线铁路缺失路段，积极融入泛亚铁路建设，推进多国协作；提高水路运输能级，推进“一横六纵”[①]互联互通、干支衔接的航道网建设，提升长江干线航道通航能力，构建以重庆果园港、万州新田港、宜宾–泸州港为核心的“三核两副多点”[②]港口布局体系，多手段提升水运效能；高水平打造空中走廊，以成都天府国际机场、重庆江北国际机场为核心打造西部开发开放国际航空枢纽，加快打造连通全球、覆盖全国的航线网络，从而提升航空物流竞争力，打造国际知名航空物流集散中心；提高多式联运和物流运转集散效率，以成都、重庆枢纽城市建设为抓手连通沿线各级交通枢纽，依托沿线物流枢纽、物流基地推进多式联运发展，提高物流数字化水平，提高境内境外物流运转集散效率。

二、强化成渝引领作用，扩大辐射影响范围

成渝地区双城经济圈在西部陆海新通道建设中发挥着枢纽作用，具有较强的经济辐射力和吸引力，是西部陆海新通道建设中的“行动者”（尹剑等，2023），需以成渝地区双城经济圈为核心，推动西部陆海新通道沿线城市群联动发展。强化成渝地区双城经济圈的引领作用，一是强化成渝双核引领作用，统筹区域发展。以成都和重庆为核心，发挥成渝地区双城经济圈的引领作用，加强与重要枢纽及辐射区域之间的协同发展。二是促进差异合作，实现错位发展。在成渝地区双城经济圈内部，“双核五带”需因地制宜结合比较优势制订发展规划，成渝双核以产业结构升级为突破口，大力发展现代服务业和先进制造业，五大发展带应明确发展定位，实现错位发展。在西部陆海新通道沿线，梳理功能定位，如以广西为重要支撑节点和出海门户，推进高水平对外开放，从而实现重要枢纽、核心区域和辐射延伸带之间的差异化合作。

三、构建协调合作机制，激活发展潜能

由于缺乏统一的协调机制，西部陆海新通道沿线难以聚合发展，各地对接程度不高，沿线协同合作程度不足。尽管成渝地区双城经济圈已发挥引领作用，但受上述客观条件制约，辐射影响能力还未完全施展。为此需要构建区域协调合作机制，激发整体发展潜能。一是完善区域合作共建机制。以建设成渝地区双城经济圈、粤港澳大湾区等国

① “一横”是指长江干线航道，“六纵”则是指嘉陵江、乌江、渠江、涪江、岷江、金沙江等支线航道。

② “三核两副多点”的港口布局体系以重庆果园港、万州新田港、宜宾–泸州港为核心，涪陵龙头港、江津珞璜港为重点，川渝其他港口为支点，旨在提高长江干线航道通航能力。

家重大战略为抓手，以全局长远发展为目标进行协调规划，确保沿线省份发挥比较优势、实现资源共享和优势互补，推进更深层次的区域协同发展。二是完善产业协同发展规划。加强沿线各级主体之间的沟通和协调，确保产业发展政策和规划的一致性与互补性，实现区域内产业合理布局和优化配置，形成布局合理、有序竞争和统一开放的产业发展格局。三是优化对外开放格局。统一协调强化顶层设计，同东盟各国建立统一的联动合作机制，在跨境物流、高层协商等领域进行常态化合作。

本章参考文献

陈子曦，青梅，杨玉琴. 2022. 成渝地区双城经济圈高质量发展水平测度及其时空收敛性. 经济地理，42（4）：65-73.

丛晓男. 2021. 西部陆海新通道经济影响及其区域协作机制. 中国软科学，（2）：65-78.

李雪松，张雨迪，孙博文. 2017. 区域一体化促进了经济增长效率吗？——基于长江经济带的实证分析. 中国人口·资源与环境，27（1）：10-19.

骆万丽. 2024-07-12. 广西首批 12 个先进制造业集群出炉. 广西日报，（2）.

石福才，李光辉. 2024. 新形势下加快西部陆海新通道建设：成就，挑战与新思路. 广西大学学报（哲学社会科学版），46（3）：193-200.

孙天阳，陆毅. 2024. 中国—东盟经贸合作：西部陆海新通道的现状考察. 经济与管理评论，40（4）：19-30.

谭庆红. 2022. 西部陆海新通道建设的机遇、问题及路径. 社会科学家，（8）：88-95，103.

唐红祥，夏惟怡，黄跃. 2022. 西部陆海新通道制造业与物流业协同集聚的影响因素识别及突破路径研究. 中国软科学，（8）：131-139.

吴传清，李浩. 2003. 关于中国城市群发展问题的探讨. 经济前沿，（S1）：29-31.

许培源，孙明松. 2023. 西南陆海新通道建设的空间经济效应：促进中国东西部协调发展的视角. 中国软科学，（8）：96-107.

尹剑，张斌，丁锐，等. 2023. 西部陆海新通道城市群经济联系空间特征演化过程研究. 地理科学，43（11）：1983-1993.

余川江，龚勤林，李宗忠，等. 2022. 开放型通道经济发展模式视角下“西部陆海新通道”发展路径研究：基于国内省域分析和国际竞争互补关系分析. 重庆大学学报（社会科学版），28（1）：65-80.

Behrens K. 2011. International integration and regional inequalities：how important is national infrastructure?. The Manchester School，79（5）：952-971.

Bensassi S，Márquez-Ramos L，Martínez-Zarzoso I，et al. 2015. Relationship between logistics infrastructure and trade：evidence from Spanish regional exports. Transportation Research Part A：Policy and Practice，72：47-61.

Mukhtarova K S，Ospanov S S，Sharapiyeva M D，et al. 2018. The evaluation of the efficiency of transport and logistics infrastructure of railway transport. Pomorstvo，32：88-101.

Zheng H，He Y. 2022. How does industrial co-agglomeration affect high-quality economic development?. Evidence from Chengdu-Chongqing Economic Circle in China. Journal of Cleaner Production，371：133485.

专　题　四

高品质生活宜居地：生态与民生

打造高品质生活宜居地是成渝地区双城经济圈建设的归宿。《规划纲要》明确指出：“尊重客观规律，发挥比较优势，把成渝地区双城经济圈建设成为具有全国影响力的重要经济中心、科技创新中心、改革开放新高地、高品质生活宜居地。”还提出建设高品质生活宜居地，要“大力推进生态文明建设，筑牢长江上游生态屏障，在西部地区生态保护中发挥示范作用，促进社会事业共建共享，大幅改善城乡人居环境，打造世界级休闲旅游胜地和城乡融合发展样板区，建设包容和谐、美丽宜居、充满魅力的高品质城市群”。

基于此，本专题将系统论述成渝地区双城经济圈跨流域跨区域生态补偿机制建设、国际消费目的地建设、世界级休闲旅游胜地建设、公共服务共建共享、基本公共服务标准化便利化建设和多元包容社会治理格局构建方面的成就进展、问题及未来展望等。

第十八章　成渝地区双城经济圈跨流域跨区域生态补偿机制建设的成就、问题与建议

成渝地区双城经济圈是长江上游生态屏障的重要组成部分，对长江经济带的发展起到重要战略支撑作用。在加快筑牢长江上游生态屏障过程中，成渝地区双城经济圈共同担起生态责任，携手守护绿水青山。跨流域跨区域生态补偿是成渝地区双城经济圈践行“绿水青山就是金山银山”理念的有效路径，是生态高水平建设推动经济高质量发展的着力点。2020 年中央财经委员会第六次会议强调，要推动成渝地区双城经济圈建设，要加强生态环境保护。2021 年中共中央、国务院印发的《规划纲要》提出，要建立跨流域跨区域横向生态保护补偿机制，加大国家和省级生态保护补偿资金对长江上游生态屏障建设支持力度，严格执行生态损害赔偿制度。近年来，在国家的大力指引和支持下，成渝地区双城经济圈坚持生态优先、绿色发展，建立健全践行跨流域跨区域生态补偿机制，做实做细做好生态保护工作，在水流、森林、草原、湿地、大气环境、耕地等领域和重点生态区域生态补偿以及生态文明示范创建方面取得了显著成效，长江上游生态屏障功能有效发挥，绿色发展迈入新阶段。同时，在生态补偿试点范围、补偿主体和客体、补偿方式、补偿标准、补偿资金分配、补偿效益评估机制、补偿监督机制方面还存在有待解决的问题。面临新问题，需要抓住新机遇，制定新战略，探索新路子，拓展生态环境共建共享新空间。

第一节　进 展 成 就

四川省和重庆市高度重视生态文明建设，并将建立健全生态补偿机制作为建设生态文明的重要举措，生态补偿机制日益健全。

一、水流生态补偿扎实推进

近年来，成渝地区双城经济圈持续深化跨界河流水污染防治和水环境综合治理战略对接，联合保护、治理琼江，开展流域污染治理省际合作试点，联合开展水质超标溯源排查，协同推进跨界河湖水生态补偿机制建设。2020 年，四川省生态环境厅与重庆市生态环境局签订《深化川渝两地水生态环境共建共保协议》，双方筛选部分重点跨界河流开展流域横向生态保护补偿试点，选择一至两条河流共同开展流域综合协同治理试点，并

综合考虑地方财政承受能力和水环境、水资源、水生态现状，厘清生态补偿双方权益和义务，商定流域生态补偿标准和资金核算方法，共同促进双方落实生态环境保护责任。鼓励两省（市）、市（区）、县级政府之间自行协商签订流域横向生态保护补偿协议[①]。四川省财政厅、重庆市财政局签订《长江流域川渝横向生态保护补偿实施方案》，明确选取长江干流和濑溪河流域作为首轮试点河流，提出两省市每年共同出资 3 亿元设立川渝流域保护治理资金，专项用于相关流域的污染综合治理、生态环境保护、环保能力建设，以及产业结构调整等工作，初步建立“1+1”（长江干流+重要支流）的川渝跨省市流域横向生态保护补偿格局，并探索成熟可复制经验，根据试点情况再推广到其他跨省市流域[②]。2019 年和 2022 年，四川省分别出台了《四川省流域横向生态保护补偿奖励政策实施方案》《四川省流域横向生态保护补偿激励政策实施方案》，充分发挥财政资金在生态补偿中的引导、奖励和激励效应，不断推动流域横向生态补偿制度的发展，促进流域共同抓好大保护、协同推进大治理。2018 年和 2023 年，重庆市分别出台《重庆市建立流域横向生态保护补偿机制实施方案（试行）》《重庆市深化市内流域横向生态保护补偿机制实施方案》，不断深化流域横向生态保护补偿机制在水环境保护工作中的重要支撑作用。四川省在岷江、沱江和嘉陵江干流及重要支流建立起正向激励和反向约束的跨界水环境生态补偿机制，重庆市在流域面积 500 平方公里以上且流经两个及以上区县的 19 条河流建立实施横向生态保护补偿机制，构建了生态受益者补偿、生态保护者受偿的跨界河流保护格局。

成渝地区双城经济圈水环境质量实现历史性突破。2023 年，四川省 203 个国考断面、142 个省考断面、285 个水功能区首次实现全面达标，国考断面水质优良率超过全国平均水平 10.6 个百分点，水环境质量跃居全国第一；Ⅱ类及以上断面占比达 76.4%，较“十四五”初期提升 7.9 个百分点；长江、黄河干流水质连续 7 年保持在Ⅱ类及以上，嘉陵江、涪江、岷江等重点流域水质总体稳定在Ⅱ类及以上；水污染物总量减排成效明显，提前完成“十四五”目标任务[③]。重庆全市地表水总体水质为优，长江干流重庆段水质保持为Ⅱ类，74 个国控考核断面水质优良比例达 100%，达到“十四五”以来的最佳水平。市控考核断面水质达标率、城市集中式饮用水水源地水质达标率均达 100%[④]。

二、森林、草原湿地生态补偿持续推进

1998 年和 1999 年四川省在全国率先启动天然林资源保护工程和退耕还林工程，川渝

① 川渝跨界河流联防联治再升级 将开展流域横向生态保护补偿试点，https://www.sc.gov.cn/10462/10464/10797/2020/9/13/e3809bb4566f4dfcbff74b31feadf220.shtml，2020-09-13。

② 《长江流域川渝横向生态保护补偿实施方案》签订 长江干流和濑溪河流域首轮试点，https://www.sc.gov.cn/10462/12771/2020/12/26/27e31cc9398344a4bae88204b6c0743a.shtml，2020-12-26。

③ 2023 年四川省生态环境状况公报，https://sthjt.sc.gov.cn/sthjt/c104157/2024/6/5/616637e7664946f0baf243d359985737.shtml，2024-06-05。

④ 重庆 2023 年度环境状况和环境保护目标完成情况报告发布，https://www.cqrd.gov.cn/web/article/1245697277714100224/web/content_1245697277714100224.html，2024-05-30。

持续有效保护、修复天然林资源，严格实施退耕还林还草、退耕退牧还湿，积极推进公益林生态效益补偿，稳步实施以工代赈、提供公益岗位等间接性生态工程补偿政策。作为全国首批林业碳汇项目试点省份和全国森林碳汇发展优先布局区[①]，四川省在 2004 年启动了林业碳汇试点工作[②]。截至2019年10月，四川省已累计落实中央财政534.6亿元、省财政24.06亿元，完成前一轮退耕还林1336.4万亩、新一轮退耕还林还草263万亩、巩固成果新建产业基地748.1万亩、荒山造林1428.83万亩、封山育林217.5万亩，涉及21个市（州）178个县（市、区），惠及648.1万农户2323.6万农业人口[③]。2019年3月，重庆市签订首个横向生态补偿提高森林覆盖率协议。截至2023年底，四川省共有湿地公园55个，其中国家湿地公园（含试点）29个[④]；重庆市完成营造林面积33.53万公顷，全市森林覆盖率55.06%[⑤]。

三、大气环境生态补偿逐步推进

四川省和重庆市建立完善大气污染防治合作与预警应急联动机制，启动“成渝地区大气污染联防联控技术与集成示范”项目，为建立成渝地区双城经济圈跨区域大气污染物排放权交易平台和二级市场提供了重要支撑条件。2022 年，重庆市璧山区在全市范围内率先探索并试行空气质量生态补偿机制[⑥]，逐渐形成一条“机制挖潜力、激励推动力、考核强合力”的大气污染防控创新机制，让空气有了价值。成渝地区双城经济圈空气质量不断改善，2014 年至 2021 年，成都市、重庆市空气质量优良天数比例分别增长了50.46%、51.23%，分别达到 92.90%、91.23%。2023 年，成都市和重庆市大气环境中二氧化硫、可吸入颗粒物、一氧化碳、二氧化氮均达标（表 18-1）；四川省环境空气质量综合指数排全国第13位、同比前进3位，15个重点城市中12个进入全国168个重点城市的前 100 名，全省 21 个市（州）政府所在地城市环境空气质量平均优良天数率为85.8%，全省农村区域环境空气质量较好，总优良率为 89.0%，其中优为 40.7%、良为48.3%[⑦]；四川省启动碳市场能力提升“一企一策”工作，42 家发电企业全部按时足额完

---

① 四川最大的林业碳汇项目 诺华川西南林业碳汇项目成果报告发布，https://www.sc.gov.cn/10462/10464/10797/2018/12/19/10465502.shtml，2018-12-19。

② 碳汇交易给林业带来机遇，https://www.mnr.gov.cn/zt/hd/dqr/41earthday/dtsh/gytpf/201004/t20100416_2055464.html，2010-04-16。

③ 四川“退耕还林还草工程”20 年已完成 1599.4 万亩，https://www.scpublic.cn/news/getdetail/id?id=207476，2019-09-11。

④ 2023 年四川省国民经济和社会发展统计公报，https://www.sc.gov.cn/10462/10464/10797/2024/3/14/aef7f698a38246f8abedaf2cbad7b328.shtml，2024-03-14。

⑤ 2023 年重庆市国民经济和社会发展统计公报，https://www.cq.gov.cn/zwgk/zfxxgkml/sjfb_120853/tjgb/202403/t20240329_13093195.html，2024-03-29。

⑥ 我区率先在全市出台空气质量生态补偿办法，https://www.bishan.gov.cn/sy_241/ywdt/202208/t20220808_10984676.html，2022-08-08。

⑦ 2023 年四川省生态环境状况公报，https://sthjt.sc.gov.cn/sthjt/c104157/2024/6/5/616637e7664946f0baf243d359985737.shtml，2024-06-05。

成配额清缴履约，实现配额 100%履约[①]；30 家发电企业参与碳排放权交易，成交量达 357 万吨，成交额达 2.4 亿元；地方温室气体自愿减排交易市场成交国家核证自愿减排量 214.3 万吨，双边成交金额约 3.17 亿元，年成交量居全国第三。率先启动省级适应气候变化十大行动，实现全国碳市场配额 100%清缴履约，累计成交国家核证自愿减排量 3828.7 万吨，居全国第四位[②]。2023 年，重庆市空气质量优良天数达 325 天，臭氧超标天数（8 天）为近 10 年来最低天数，连续 6 年无重污染天气[③]；自 2014 年以来，重庆市碳市场从起步到起飞，交易品种从碳配额拓展到"碳惠通"自愿减排量，年度交易量从 2014 年的不足 20 万吨，增长到 2023 年的 754 万吨，年度交易额达 2.23 亿元；2024 年一季度，重庆市碳市场成交碳排放权 331 万吨，规模在全国 8 个试点碳市场位居第一[④]。

表 18-1　成渝地区双城经济圈 2023 年主要大气污染物达标情况

城市	二氧化硫	可吸入颗粒物	一氧化碳	臭氧	细颗粒物	二氧化氮
重庆市	达标	达标	达标	达标	超标	达标
成都市	达标	达标	达标	超标	超标	达标
自贡市	达标	达标	达标	达标	超标	达标
泸州市	达标	达标	达标	达标	超标	达标
德阳市	达标	达标	达标	超标	超标	达标
绵阳市	达标	达标	达标	达标	超标	达标
遂宁市	达标	达标	达标	达标	达标	达标
内江市	达标	达标	达标	达标	超标	达标
乐山市	达标	达标	达标	达标	超标	达标
南充市	达标	达标	达标	达标	超标	达标
眉山市	达标	达标	达标	超标	超标	达标
宜宾市	达标	达标	达标	超标	超标	达标
广安市	达标	达标	达标	达标	超标	达标
达州市	达标	达标	达标	达标	达标	达标
雅安市	达标	达标	达标	达标	达标	达标
资阳市	达标	达标	达标	达标	达标	达标

资料来源：根据《2023 年四川省生态环境状况公报》《2023 年重庆市生态环境状况公报》整理

注：主要大气污染物达标情况涉及的区域为成渝地区双城经济圈的 16 个市，即重庆市和四川省的 15 个市

① 四川省碳市场能力提升行动评估报告（2024），https://sthjt.sc.gov.cn/sthjt/c103016/2024/5/13/d4c4a75c87a04862b92a3af75e71b64e.shtml，2024-05-13。

② 2024 年四川省人民政府工作报告，https://www.sc.gov.cn/10462/c105962/2024/1/29/2e261026895540c38d8008af2e051171.shtml，2024-01-29。

③ 重庆 2023 年度环境状况和环境保护目标完成情况报告发布，https://www.cqrd.gov.cn/web/article/1245697277714100224/web/content_1245697277714100224.html，2024-05-30。

④ 今年一季度重庆碳市场成交碳排放权 331 万吨 规模在全国 8 个试点碳市场位居第一，https://www.cq.gov.cn/ywdt/jrcq/202406/t20240619_13304883.html，2024-06-19。

四、耕地生态补偿积极推进

川渝稳妥推进耕地保护基金发放工作，完善耕地地力保护补贴政策，健全耕地质量提升补偿机制，探索开展农产品产地土壤重金属污染综合防治生态补偿，建立完善永久基本农田保护长效机制，开展以政府财政资金为主导、鼓励社会资本参与的高标准农田建设。截至2017年，四川省累计认证或登记“三品一标”[①]农产品达到5142个，居全国前列、西部省区第一[②]。2023 年，四川省耕地面积净增加 50 万亩以上，撂荒地动态清零 4.2 万亩，新建和改造提升高标准农田 425 万亩，启动“天府粮仓 · 千园建设”行动，新创建国省级农业园区 95 个[③]；重庆市新建和改造提升高标准农田 200 万亩，粮食产量连续 9 年稳定在 1050 万吨以上，新创建 3 个全国农业现代化示范区、3 个国家农村产业融合发展示范园和 2 个国家现代农业产业园，麦制品、蔬菜产业入选全国农业优势特色产业集群[④]。

五、重点生态区域生态补偿稳步推进

加强国家重点生态功能区生态建设，制定产业准入负面清单，实施行业和项目准入政策，建立生态补偿、产业退出和绩效考核机制。以资源环境承载力为基础，在经济欠发达地区积极发展生态旅游业、特色农牧业、林下经济。在自然保护区体系建设中着力推动生物多样性保护，类型多样、保护价值极高的自然保护区网络逐步建成，卧龙等保护区成为全国甚至全球生物多样性保护的旗帜。2018 年，大熊猫国家公园管理局在四川成都成立。2023年末，四川省有自然保护区154个，面积达7.7万平方公里，占全省总面积的 15.9%[⑤]；重庆市有自然保护区 58 个，其中国家级自然保护区有 7 个[⑥]。

六、生态文明建设示范创建持续推进

川渝积极创建国家生态文明先行示范区，包括成渝地区双城经济圈的成都市、雅安市、嘉陵江流域四川段（南充、广安、广元、绵阳、遂宁、德阳六市）、重庆市渝东南武陵山区、重庆市渝东北三峡库区、重庆市大娄山生态屏障。积极创建国家生态文明建设示范区，包括成渝地区双城经济圈的浦江县、温江区、金堂县、金牛区、大邑县、南江县、洪雅县、北川羌族自治县、宝兴县、璧山区、北碚区、渝北区。获得国家山水林田湖草生

① “三品一标”是指无公害农产品、绿色食品、有机食品和农产品地理标志的统称。

② 四川省“三品一标”总数连续五年增长，http://www.moa.gov.cn/xw/qg/201809/t20180912_6157163.htm，2018-09-11。

③ 2024 年四川省人民政府工作报告，https://www.sc.gov.cn/10462/c105962/2024/1/29/2e261026895540c38d8008af2e051171.shtml，2024-01-29。

④ 重庆市人民政府工作报告（2024 年），https://www.cq.gov.cn/zwgk/zfxxgkml/zfgzbg/202401/t20240129_12872692.html，2024-01-29。

⑤ 2023 年四川省国民经济和社会发展统计公报，https://www.sc.gov.cn/10462/10464/10797/2024/3/14/aef7f698a38246f8abedaf2cbad7b328.shtml，2024-03-14。

⑥ 2023 年重庆市国民经济和社会发展统计公报，https://www.cq.gov.cn/zwgk/zfxxgkml/sjfb_120853/tjgb/202403/t20240329_13093195.html，2024-03-29。

态保护修复工程试点，包括广安华蓥山区山水林田湖草生态保护修复工程、位于“一岛两江三谷四山”[①]区域的重庆山水林田湖草生态保护修复国家工程试点。截至 2023 年底，四川全省共建成国家生态文明建设示范区 39 个，“绿水青山就是金山银山”实践创新基地 10 个[②]。2019 年，重庆市开州区成功入选第二批国家农业绿色发展先行区；巫山县以得天独厚的气候条件和自然资源，全力发展气候经济，打造出三峡库区生态脱贫致富示范样板，2022 年荣膺生态环境部第六批“绿水青山就是金山银山”实践创新基地；重庆市命名黔江区阿蓬江流域、江津区大四面山片区、永川区茶山竹海片区、大足区大足石刻片区、荣昌区濑溪河流域为 2023 年“绿水青山就是金山银山”实践创新基地；截至 2023 年，全市累计命名重庆市生态文明建设示范区县 15 个、“绿水青山就是金山银山”实践创新基地 24 个、生态文明建设示范乡镇（街道）321 个[③]。

第二节　存 在 问 题

历经多年的探索和实践，成渝地区双城经济圈跨流域跨区域生态补偿建设出现了一些共性问题，在健全跨流域跨区域生态补偿方面还面临着一些难点。

一、生态补偿试点范围较小

成渝地区双城经济圈跨省域水流生态补偿试点主要集中在部分河流、部分区域，而贯穿成渝两地的跨省生态补偿机制还不健全，集中式饮用水水源地、水土流失重点防治区等跨区域生态补偿机制还未有效建立。大气、森林、草地、湿地、耕地等重要生态领域和重点生态区域的跨省生态补偿机制还未有效建立。

二、生态补偿主体和客体未很好界定

目前，国外尚未提出关于生态产品的明确概念，与生态产品概念类似的有生态系统服务或环境服务（Daily，1997；Wunder，2015；Costanza et al.，1997）。就全国来看，由于生态产品类型繁多（曾贤刚等，2014；陈辞，2014；孙庆刚等，2015；黄如良，2015）、属性特征差异巨大（高艳妮等，2019），对人类社会的贡献的表现形式多种多样（曹新，1999），同时生态产品具有公共性和外部性，生态产品的权属问题仍是一个争议点，其产权边界界定不清晰，存在产权权属不清和交叉重叠的现象，导致对不同生态产品的定义和界定的标准不同。成渝地区双城经济圈跨区域生态补偿主体和客体关系复

---

① 一岛，即广阳岛；两江，即长江、嘉陵江；三谷，即缙云山与中梁山之间的西部槽谷、中梁山与铜锣山之间的中部宽谷、铜锣山与明月山之间的东部槽谷；四山，即缙云山、中梁山、铜锣山、明月山。

② 2023 年四川省国民经济和社会发展统计公报，https://www.sc.gov.cn/10462/10464/10797/2024/3/14/aef7f698a38246f8abedaf2cbad7b328.shtml，2024-03-14。

③ 2023 年重庆市生态文明建设示范区县名单公布，https://www.cq.gov.cn/ywdt/jrcq/202406/t20240604_13260864.html，2024-06-04。

杂，生态产权难界定、未合理有效界定，生态产品概念、内涵和外延不统一。补偿主体较单一，政府是主要投入者，在生态环境损害赔偿方面有时会替代生态补偿的真正主体。补偿客体范围不全面，还存在生态保护区和生态保护者“守着绿水青山饿肚子”的窘境。

三、生态补偿方式的多元化程度不够

成渝地区双城经济圈生态补偿以财政补偿为主，市场化与社会化补偿方式较缺乏，社会和公众较少参与补偿，还没有形成完善的市场化、多元化生态补偿机制。资金补偿为主要模式，而政策补偿、对口帮扶、产业补偿、实物补偿、技术补偿、人才补偿等形式利用不足，运用得还不够。

四、生态补偿标准较模糊

从时间维度来看，由于生态产品给人类带来的影响是长期存在的，且影响的范围较广，因而难以精准定量核算；从空间维度来看，成渝地区双城经济圈乃至全国也尚未对生态产品价值核算的指标体系、模型方法、资料来源等进行统一，因而较难对生态产品的价值进行统一核算；从部门分工来看，学术界所核算的生态产品价值只是理论价值，难以和市场接轨。因此，成渝地区双城经济圈在生态补偿机制建设方面还面临补偿标准核算体系不健全，针对生态补偿量采用的测算方法不够明确、不够规范、不够科学等问题，定价机制不完善，缺乏科学的定价方法。对生态价值的认识不够充分，对不同条件下生态环境保护成本和机会成本差异的考虑不够周全。

五、生态补偿资金分配合理性有待加强

成渝地区双城经济圈国家重点生态功能区发展需求与财政转移支付力度还有差距，在严格实施准入负面清单、淘汰落后产能方面面临较大的经费补偿、人员安置等经济压力。生态补偿对农户经济收入的带动作用存在一定局限性，资源禀赋较差的农户被限制在生态补偿项目门槛之外，不能从中受益或者受益很小。生态补偿主体和客体激励不相容，一些生态保护者未获得合理的经济激励，保护成本较高、补偿力度偏小，一些生态破坏者未承担相应的责任和成本，环境成本较低、未能支付应有的赔偿。国家支持地方污水处理设施建设的资金呈缩减趋势，污水处理厂建设由国家（和省级）财政支持，其管网设施支出主要由地方财政配套，地方政府财力有限，资金自筹能力较弱，特别是乡镇一级没有可供自主支配的财力，配套管网建设和运行维护经费缺口较大。

六、生态补偿效益评估机制不健全

成渝地区双城经济圈生态补偿效益评估体系不完善，生态资产、生态产品与生态系

统服务评估标准较粗略，且不同区域、不同流域在进行生态补偿效益评估时标准不统一。跨区域、跨流域生态补偿效益评估信息平台缺失，评估数据库未有效建立，评估信息的互联互通未能较好实现，效益评估结果未得到很好的应用。

七、生态补偿监督机制不完善

成渝地区双城经济圈生态补偿专项资金的信息公开还需进一步推进，支出透明度还需增强。对区域环境状况和生态治理情况的监督机制尚未有效建立。社会公众对重点生态区域的野生动植物保护、水源涵养、水土保持和防风固沙等生态保护修复、环境污染治理工作进行监督的平台缺失。

第三节　政 策 建 议

成渝地区双城经济圈生态区位独特，还存在生态环境保护和治理的历史欠账，在积极推动双城经济圈建设新起点上，需要抓住新机遇，制定新战略，探索新路子，构建跨区域生态补偿长效机制，促进形成生态空间山清水秀、生产空间集约高效、生活空间宜居适度的空间发展新格局。2024 年 6 月 1 日起，我国施行《生态保护补偿条例》，对生态保护补偿全面立法，为成渝地区双城经济圈推动形成生态补偿长效机制提供了制度保障，为生态保护修复补偿机制规范化运作提供了法律依据。

一、协同构建跨区域生态补偿新保障，建立制度机制

一是以国家生态环境保护和生态补偿相关法律规定为准绳，以国家和川渝生态保护补偿机制实施方案为基础，制定、完善成渝地区双城经济圈生态补偿条例，保障保护者获得补偿、受害者获得赔偿的权利，督促受益者履行补偿义务、破坏者履行赔偿义务。二是建立、完善成渝地区双城经济圈跨区域生态补偿管理小组，将生态补偿涉及的职能部门、生态服务供给地和受益地政府纳入一个平台进行协商，搭建跨区域生态环境共保共治协调机制，统一推进生态补偿政策整体框架设计，制定生态补偿财政转移支付制度和市场化运行机制。

二、合力拓宽跨区域生态补偿新空间，推进试点示范

一是构建跨区域生态补偿试点在重点生态领域和重点生态区域全覆盖格局。建立、完善贯穿于成渝地区双城经济圈的长江上游，长江一级支流嘉陵江、岷江、沱江、乌江，以及长江二级支流渠江、涪江的跨区域流域生态补偿机制；协同建立跨区域森林、草原、湿地、重点生态功能区和自然保护区生态补偿机制；协同建立大气环境生态补偿考核奖惩机制；协同建立耕地生态补偿机制，完善土壤环境损害赔偿制度；建立统一规范的生态产品市场交易机制；建立生态服务受益地直接向供给地给予相关补偿的机制。二

是共同争创国家生态文明建设示范。向国家争取成渝国家生态文明建设示范区，不断完善、创新基于“成本共担、效益共享、合作共治”的跨区域生态补偿机制，这对西部地区推进跨省域生态文明建设尤其具有代表性。继续向国家争取生态综合补偿试点和“绿水青山就是金山银山”实践创新基地，将四川省更多生态功能重要、生态环境优良、生态保护工作扎实的县区纳入，探索、创新生态产品价值实现的多样化路径。继续争取国家山水林田湖草生态保护修复试点工程，持续保护山水林田湖草资源。

三、协同建设跨区域生态补偿新体系，明晰主体、客体和补偿标准

一是明晰跨区域生态补偿主体和客体。在国家的牵头下协同建立健全成渝地区双城经济圈统一的确权登记系统，进一步明确自然资源资产和自然生态空间的所有者、监管者及其责任，形成权责明确的产权体系。健全政府、企业、社会组织和公众共同参与的生态补偿主体作用机制，厘清主体责任、发挥主体积极性。拓宽补偿客体范围，使得重点生态区域和水流、森林、大气、耕地等重点生态领域的生态环境保护者在生态补偿中更有获得感。二是规范跨区域生态补偿标准体系。建立成渝地区双城经济圈统一的生态资产、生态产品和生态服务统计监测指标体系并编制年度报告，为生态补偿标准的制定提供客观核算依据。根据生态环境保护修复成本和成效、发展机会成本、经济发展水平、生态足迹等，确定纵向生态补偿标准，并结合生态受益区的支付能力、获益水平，通过利益相关方协商和市场定价相结合的方式确定生态保护区和受益区之间的横向生态补偿额度。建立动态生态补偿标准机制，根据生态环境保护修复形势、经济社会发展态势变化调整生态补偿标准。

四、协同拓展跨区域生态补偿新渠道，促进资金来源多元化

（一）共同争取中央财政加大对生态补偿工作的政策支持力度

一是国家从总体上进行统筹和协调，争取由中央设立成渝地区双城经济圈生态补偿专项基金，四川省政府和重庆市政府承担主要出资责任，中央财政按一定比例拨款，并通过协商机制确定出资比例；向国家争取增加成渝地区双城经济圈用于生态环境综合整治领域的公益性建设项目的政府专项债券额度的政策支持。二是向中央争取对建立了跨区域上下游间生态补偿机制的地区以及长江保护修复专项行动成效进行奖励的政策支持。三是通过大气污染防治、跨流域水环境综合整治、土壤修复等资金渠道争取得到中央财政更大力度的支持；争取在技术层面得到国家的指导，帮助解决环境污染防治和生态修复重大技术攻关难题；建议国家加大对城镇污水管网、处理设施建设和运营维护等的投入力度，逐步取消生态公益类基础设施地方配套政策，统一由国家（和省）统筹配套，确保设施建成并高效运行。四是向国家争取逐步提高国有天然林管护、国家生态公益林保护、退耕退牧还湿、退耕还林还草和草原草畜平衡等生态补偿标准的政策支持，向国家争取加大对天保工程区转型发展的政策和资金支持力度。五是在综合考虑特殊生

态区位、生态环境保护成本、发展机会成本、发展水平和财政收入等要素的基础上，向中央争取加大成渝地区双城经济圈国家重点生态功能区财政转移支付额度的政策支持力度；围绕保障粮食安全的要求，根据农业生产力布局优化、农业绿色发展工作的需求，向中央争取加大限制开发农业地区财政转移支付额度的政策支持力度；通过饮用水水源地环境保护、自然保护区生物多样性保护等资金渠道，向中央争取加大成渝地区双城经济圈禁止开发区财政转移支付额度的政策支持力度。

（二）共同推进地区之间的横向生态补偿

建立耕地、林地等易地补充生态环境保护指标交易平台，督促指导区域之间签订和履行购买森林、耕地面积指标协议，鼓励流域上下游间建立以水质水量为标准的生态补偿机制，引导补偿地区与受补偿地区对口协商，探索资金补助、政策优惠、生态共治、就业支持、绿色技术及教育援助等多元化“造血式”补偿模式。探索建立基于山水林田湖草生态容量、生态服务受益地直接向供给地支付补偿的占补平衡机制，核定生态系统服务供给数量、质量和空间布局，实施财政优惠政策、引导生态服务受益地向供给地提供就业机会，鼓励受益地企业到供给地投资。

（三）共同拓宽市场和社会募集资金渠道

一是健全排污权、水权和碳排放权交易市场。根据成渝发展主轴、沿长江和成德绵乐城市带、川南、南遂广、达万城镇密集区的重点污染企业分布情况，确定开展大气、水污染物排放权交易的区域和企业，制定合适的区域排污总量控制制度，引导排污企业在市场上出售治污后多余的排污指标。建立区域间、流域间、上下游间水权交易平台，探索“水质换水权”交易模式，鼓励水质改善明显的区域及用水缺口大的企业购买水资源多、用水量少的地区的用水指标。建立碳排放权抵消机制，构建林草碳汇交易体系，通过一对一的市场交易、可配额的市场交易、生态标志等鼓励高耗能、高排放企业购买林草碳汇，履行减排义务。二是积极引导金融机构和社会资本参与生态建设。筹划生态保护修复项目并争取国际金融组织、中国政策性银行对生态补偿的贷款支持；鼓励金融机构根据不同生态保护项目的风险等级、预期收益等要素发行绿色证券和绿色基金等多元化的创新绿色金融产品；鼓励保险机构组织开发环境污染责任保险、森林保险、农牧业灾害保险等绿色生态险。鼓励有条件的生态保护区创设“土地银行”“森林银行”“栖息地银行”等专业化生态银行，吸引企业、民间组织、环保人士等对生态建设进行投资，构建政府出资、政策性银行贷款、社会筹集等多方支持的资金筹措渠道。引导符合条件的社会资本参与建设具有收益的生态环保项目，探索通过政府与社会资本合作模式、建设—运营—转让模式、租赁模式等进行投融资，加强国际合作、争取国际资金投入和项目投资，稳定项目收入来源及预期。完善生态环境保护税收政策，根据各行业的边际治理成本征收环境税，并将部分税费用以建立引导性绿色生态基金；鼓励社会各界捐助，争取官方和民间国际组织援助；采用基金商业化管理模式，在保证基金安全的基础上探索资金保值增值路径。三是完善绿色消费政策。扩大政府绿色采购范围，有序引导社会力量参与新能源汽车、节能家电、节能电子消费品绿色采购和以旧换新等活动，健全居民用电、用水、用气阶梯价格体系。

五、协同构建跨区域生态补偿新模式，统筹资金分配使用

（一）从流域系统性出发全面推行“五水共治”“河湖长制”，共建绿水生态廊道

实施岷江、沱江、嘉陵江等流域水环境综合整治工程，加强水污染治理和城乡生活污水处置，加大力度支持沿江河湖的产业转型升级、优化绿色产业布局，加强水生生物多样性保护，引导渔民谋求从捕捞到养殖的渔业绿色转型和退捕转产。设立水土流失控制和治理生态补偿项目，鼓励对25° 以下用于种植农作物的坡地以小流域为单元进行山水林田路科学规划、综合开发。因地制宜对饮用水源地、湿地、脆弱湖泊进行综合治理。

（二）稳步保质进行森林草原湿地保护，同建青山生态隔离带

依托龙门山、龙泉山、华蓥山及盆地南北部边缘和川中区域的自然丘陵、山体，持续推进退耕还林还草、退耕退牧还湿、天然林保护和生态公益林保护工作，对长江上游干旱河谷进行整治，精准提升长江干流防护林和四川盆地人工林的森林质量，防控林业有害生物和森林火灾，形成城市群绿色板块。积极推进碳汇造林和森林经营碳汇项目建设，推进森林、草原和湿地碳汇自愿交易。充分实施生态补偿岗位帮扶政策，优先选聘资源禀赋较差的农户从事生态管护岗位，提供更多参与门槛较低的就业机会。

（三）持续推动大气污染联防联控，合撑一片蓝天

根据主要污染物年均浓度改善情况，建立成渝地区双城经济圈统一的大气环境生态补偿考核奖惩机制。加快推动产业结构升级和企业转型，建立企业动态排放和环境保护信用数据库，根据信誉度高低实施奖惩，为传统支柱型产业中具有转型升级潜力的企业提供转型升级资金支持。大力发展以水电为主的清洁能源，着力抓好煤炭行业过剩产能化解、交通运输能源结构优化等重点工作，根据污染源解析进行污染源治理。

（四）积极推进耕地生态环境保护，共守一方净土

大力引进并倡导农民使用技术含量高、环境影响小的农资产品，加强农业环保知识培训，引导农民科学合理施肥用药、合理规范使用与回收地膜，推行农药化肥减施和废旧地膜回收利用技术推广工程。构建土壤环境质量监测网，实行耕地土壤常态化监测，积极排查土壤污染环境风险点，对改为农业用地的建设用地开展污染土壤风险评估，重点对受污染耕地的土壤环境、农作物、农产品质量进行协同监测，推进污染土壤治理与修复，探索采取对承担种植结构调整和禁止种植农作物任务的农业经营主体予以补偿支

持的模式。

（五）扎实推进重点生态区域“两化”①路，共筑“颜值”与“产值”兼具的绿色板块

统筹推动成渝毗邻地区与广元市、巴中市、达州市、绵阳市、雅安市、乐山市、宜宾市、渝东南、渝东北等地区共同建设秦巴生物多样性生态功能区、川滇森林及生物多样性生态功能区、大小凉山水土保持和生物多样性生态功能区、武陵山区生物多样性与水土保持生态功能区、三峡库区水源涵养重要功能区与三峡库区水土保持生态功能区，提升生态系统产品和服务供给能力。健全产业生态化体系，加快调整资源环境超载地区的发展规划和产业结构，坚持一张负面清单管两地，支持引导绿色产业项目落地落实，提高承接落地项目准入门槛和环保要求。健全生态产业化体系，因地制宜建设多效益草地、林地，发展特色生态农牧业和生态旅游业，在自然保护区积极探索景区居民参股的长效生态补偿机制，增强绿色高质量发展内生动力。

六、协同激发跨区域生态补偿新动力，加强绩效评估和监管监督

一是构建跨区域生态补偿效益核算体系。积极探索成渝地区双城经济圈跨区域生态补偿效益评估的理论与方法，建立规范统一的生态系统生产总值核算框架、指标体系与方法。加大力度引入第三方机构对资金使用绩效进行客观评价，对投入后经过长时间才能获得效益的资金采用特定方法进行评价。构建生态补偿效益评估数据库，定期发布绩效考核结果，加快实现生态补偿效益信息共享。二是健全跨区域生态补偿监督机制。建立成渝地区双城经济圈生态补偿专项资金发布平台，提高资金来源去向的公开透明度。设立热线电话、公共网络等监督平台，鼓励生态保护地居民对野生动植物保护、水源涵养保护、水土保持和防风固沙等工作进行监督。实施透明的污染物排放许可发放制度，鼓励第三方监管主体、公众对无证和不按证排污的行为进行监管、监督，征集公众对生态补偿项目环境影响评价的反馈信息。

本章参考文献

曹新. 1999. 社会进步与生态需求. 消费经济，15（6）：50-51.

陈辞. 2014. 生态产品的供给机制与制度创新研究. 生态经济，30（8）：76-79.

高艳妮，张林波，李凯，等. 2019. 生态系统价值核算指标体系研究.环境科学研究，32（1）：58-65.

黄如良. 2015. 生态产品价值评估问题探讨. 中国人口 · 资源与环境，25（3）：26-33.

孙庆刚，郭菊娥，安尼瓦尔 · 阿木提. 2015. 生态产品供求机理一般性分析：兼论生态涵养区“富绿”同步的路径. 中国人口 · 资源与环境，25（3）：19-25.

① “两化”即产业生态化和生态产业化。

曾贤刚，虞慧怡，谢芳. 2014. 生态产品的概念、分类及其市场化供给机制. 中国人口 · 资源与环境，24（7）：12-17.

Costanza R，d'Arge R，de Groot R，et al. 1997. The value of the world's ecosystem services and natural capital. Nature，387：253-260.

Daily G C. 1997. Nature's Services：Societal Dependence on Natural Ecosystems. Washington DC：Island Press.

Wunder S. 2015. Revisiting the concept of payments for environmental services. Ecological Economics，117：234-243.

第十九章　成渝地区双城经济圈国际消费目的地建设的成就、问题与展望

《规划纲要》明确提出要“打造富有巴蜀特色的国际消费目的地”[①]。成渝地区双城经济圈建设国际消费目的地不仅是充分激活和释放西部地区超大规模消费市场的重要举措，也是推动成渝地区双城经济圈高质量发展，加快形成“双核带动、多域联动”发展新格局的必然要求。由此，本章全面总结了成渝地区双城经济圈国际消费目的地建设的进展成就，并在此基础上深入剖析成渝地区双城经济圈建设国际消费目的地所面临的现实问题，从而展望未来、提出成渝地区双城经济圈国际消费目的地建设的对策及优化路径。

第一节　进展成就

2020 年以来，成渝双核持续加强联动、强化协同引领，推动成渝地区双城经济圈建设全面提速、整体成势，在加快打造国际消费目的地方面，两省市持续打造“安逸四川 巴适重庆”文旅品牌，策划消费品行业特色产业培育活动等。成渝地区双城经济圈消费活力持续释放。

一、消费市场规模稳步增长，服务供给提质扩容

成渝地区双城经济圈是我国西部人口最密集、市场规模最大的区域之一，常住人口近 1 亿人，具有庞大的消费潜力。作为两座“万亿消费城市”，成都和重庆庞大的消费市场和巨大的消费潜力，有利于推动国际消费目的地建设。近年来，随着成渝地区双城经济圈建设的深入推进，两地消费市场进一步融合，消费活力不断增强。2021—2023 年，成渝地区双城经济圈社会消费品零售总额从 34 553.6 亿元增长至 37 587.7 亿元[②]。2023 年成渝地区双城经济圈社会消费品零售总额占全国的比重为 8.0%，且增速逐季回升，全年增长 8.9%，比全国水平高 1.7 个百分点，消费市场回暖势头明显。其中，成都和重庆作为两座中心城市，消费市场规模位居全国前列，消费表现亮眼。如图 19-1 所

① 中共中央 国务院印发《成渝地区双城经济圈建设规划纲要》，https://www.gov.cn/gongbao/content/2021/content_5649727.htm，2021-10-20。

② 如无特殊说明，本章 2020—2023 年成渝地区双城经济圈数据均来自四川省统计局、成都市统计局、重庆市统计局。

示，2021—2023 年，成都社会消费品零售总额从 9251.8 亿元增长至 10 001.6 亿元，突破万亿元大关，已连续 3 年位居全国前 6 名；重庆社会消费品零售总额从 13 967.7 亿元增至 15 130.3 亿元。2022—2023 年，重庆社会消费品零售总额已连续两年超过北京，位居全国第二，成为全国消费能力最强的城市之一。

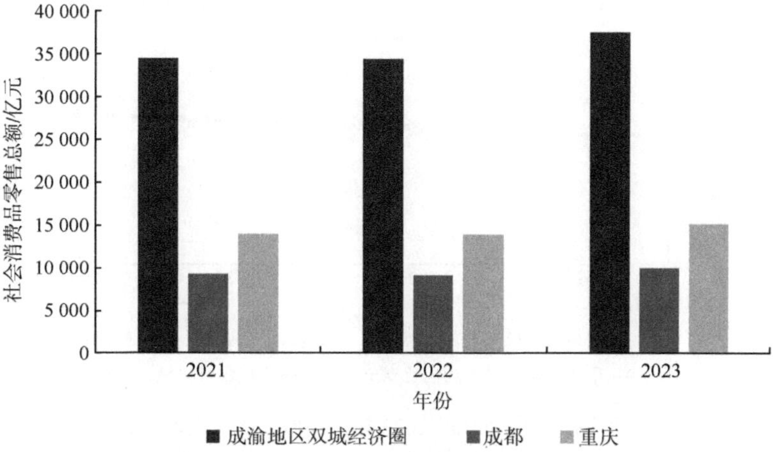

图 19-1　2021—2023 年成渝地区双城经济圈社会消费品零售总额

服务供给上，2023 年，成渝地区双城经济圈服务业增加值为 45 157.6 亿元，同比增长 6.8%，增速比全国水平高 1 个百分点。接触型服务业加快恢复，住宿和餐饮业增加值实现两位数增长；交通运输、仓储和邮政业，批发和零售业增加值分别增长 11.8%、9.1%，分别比全国水平高 3.8 个百分点、2.9 个百分点；现代服务业发展较快，租赁和商务服务业，信息传输、软件和信息技术服务业增加值分别增长 9.8%、7.7%。其中，成都服务业增加值为 15 109.0 亿元，占经济总量的比重达 68.4%，同比增长 7.5%，增速高于全国水平 1.7 个百分点；重庆服务业增加值为 16 371.97 亿元，占重庆全市地区生产总值的比重为 54.3%，比上年增长 5.9%。2023 年 5 月，福布斯发布的“2023 福布斯中国 · 消费活力城市榜”显示重庆位列第 4 名，成都位列第 6 名。这表明成渝地区双城经济圈在消费活跃度、商业成熟度、政策支持度、交通便捷度和国际认可度等维度的建设成效显著。

二、居民可支配收入持续增长，消费结构升级显著

成渝地区双城经济圈居民可支配收入持续增长和消费结构升级显著，为建设国际消费目的地提供了有力支撑和广阔空间。自成渝地区双城经济圈建设以来，该地区城乡居民人均可支配收入一直保持增长态势。2023 年，四川和重庆居民人均可支配收入分别达到 32 514 元和 37 595 元，虽然与全国平均水平相比仍有一定差距，但多年来，成渝地区双城经济圈城镇居民人均可支配收入增速一直高于全国增速，这带动了巴蜀消费总量的持续提升。图 19-2 反映了 2020—2023 年川渝城乡居民人均消费支出。可见，四川城乡居

民人均消费支出持续增长，分别从 2020 年的 2.5 万元和 1.5 万元增长至 2023 年的 2.9 万元、1.8 万元；重庆城乡居民人均消费支出在 2020—2023 年也保持良好的增长态势，分别从 2.6 万元、1.4 万元上升至 3.2 万元、1.8 万元。

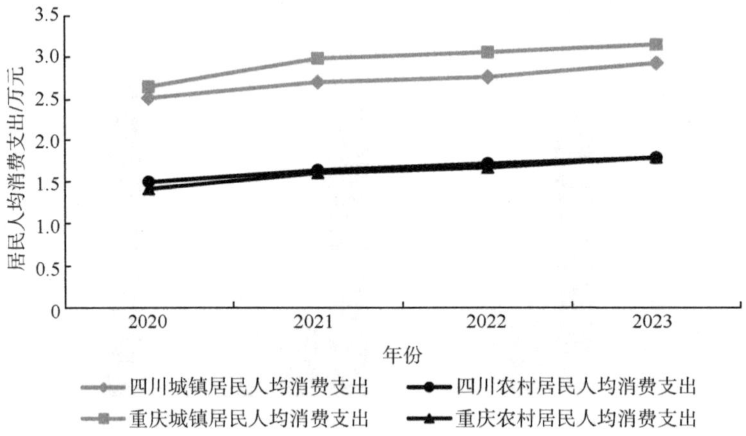

图 19-2　2020—2023 年川渝城乡居民人均消费支出

消费结构方面，两大国际消费中心城市的消费结构正在向更高品质、更智能化的产品和服务方向转变。2023 年成都居民人均教育文化和娱乐支出、人均交通和通信支出分别同比增长 20.6%、17.6%。智能和节能环保类商品零售额保持较高增速，新能源汽车、智能家用电器和音像器材类零售额分别增长 48.7%、10.3%。重庆消费升级趋势显著，居民对智能消费、绿色消费的需求逐渐增加，消费品质显著提升。2023 年，重庆全市限额以上单位智能手机、智能家电、可穿戴智能设备商品零售额增速较当年前三季度分别提高 2.9 个百分点、6.0 个百分点、7.6 个百分点；新能源汽车占重庆全市汽车类零售额的比重由 2022 年的 20.2%提高至 2023 年的 31.2%，市场占有率大幅提升。成渝地区双城经济圈人均可支配收入和人均消费支出持续增长，充分反映了该区域拥有较强的消费能力，具备形成庞大消费市场的潜力，为消费扩容提质和国际消费目的地建设奠定了基础（毛中根和武优勐，2020）。

三、文旅消费稳步增长，国内外消费客流集聚能力加强

成渝地区双城经济圈具有先天的地理优势和资源优势，旅游资源丰富。四川作为我国经济第五大省，人文文化丰富多彩，与云南、西藏、重庆、青海等多个省区市接壤；重庆作为我国四大直辖市之一，是历史文化名城，也是西部大开发重要的战略支点。成渝地区双城经济圈内拥有许多自然文化遗迹、5A 级景区和自然保护区，为文旅消费提供了坚实的基础。成渝地区双城经济圈持续推进巴蜀文化旅游走廊建设，携手打造世界知名旅游目的地。巴蜀文化旅游走廊共有 8 项世界遗产、9 个国家历史文化名城、17 个国家一级博物馆、148 个全国重点文物保护单位、3 个世界地质公园、12 个国家全域旅游示范区、25 个国家 5A 级旅游景区、5 个国家级旅游度假区，文物古迹众多，生态类型多样，

旅游资源禀赋优越。可见，成渝地区双城经济圈具有发展文旅消费的条件和优势。

近年来，成渝地区双城经济圈旅游业发展迅速，景区旅游热度正在加快回暖。中国移动重庆公司大数据中心发布的《2021 年国庆大数据报告》显示，2021 年国庆黄金周期间成渝区域旅游热度持续升温，成渝地区双城客流量超300万人，入渝游客约232万人。《成渝地区双城经济圈一体化发展高频大数据分析报告（2023 年）》显示，2023 年 1—9月，川渝 5A 级景区日均到访人次达23.0万人次，较上年同期增长31.4%，已恢复到2021年同期水平的 93.3%。其中，稻城亚丁景区、黄龙景区、都江堰景区、九寨沟景区等自然景区游客增长幅度位居前列，分别实现同比增长 192.9%、180.5%、171.8%、149.9%。随着成渝地区双城经济圈国际消费目的地建设的不断深入，该地区的文旅消费市场将继续保持强劲的增长势头。中国旅游研究院发布的《2023 年中国旅游经济运行分析与2024 年发展预测》报告显示，2024 年成渝地区将成为繁荣旅游经济的“火车头”和“压舱石”。

四、消费载体建设加快推进，相关基础设施不断完善

成渝地区双城经济圈持续推进世界知名商圈建设，打造特色鲜明、功能完善、业态丰富的消费载体[①]。《共建成渝地区双城经济圈 2024 年重大项目清单》提出，要推进实施重庆观音桥、四川春熙路等传统商圈以及沙坪坝磁器口、成都宽窄巷子等特色商业街区提质工程，加快打造世界知名商圈。目前，成都正加快将春熙路、交子公园商圈建设成为具有国际影响力的地标商圈，加大对首店经济、夜间经济、总部经济、文旅消费和会展赛事的支持力度，着力打造彰显公园城市特质的“时尚文化消费核、田园林盘农耕消费区、龙门山龙泉山生态消费带”等高品质消费空间[②]。重庆持续构建国际消费空间版图，推进解放碑—朝天门、观音桥等世界知名商圈建设，并打造“江崖街洞天”特色消费新场景，相继建成十八梯 D 区、山城巷后街、联合国际“云端之眼”等彰显巴渝文化特色消费场景。《成渝双城核心商圈指数》显示，成渝核心商圈在智慧商圈建设和数字消费创新方面表现亮眼，双城协同发力智慧商圈建设，春熙路商圈和解放碑—朝天门商圈入选商务部首批全国示范智慧商圈。

此外，成渝地区双城经济圈不断完善的交通基础设施也为消费载体的建设提供了有力支撑，为打造国际消费目的地奠定了坚实基础（涂建军等，2021）。成渝世界级机场群正加快形成，成都以双流国际机场、天府国际机场、国际铁路港为核心的国际门户枢纽体系初步建立，从传统内陆城市转变为国家向西南发展的贸易枢纽，成为我国距欧洲最近、最大的航空枢纽和重要的铁路枢纽；四川达州金垭机场已正式通航，乐山机场等项目正加快建设。重庆江北国际机场正在提速建设 T3B 航站楼及第四跑道工程、黔江机场

---

① 重庆市人民政府办公厅 四川省人民政府办公厅关于印发建设富有巴蜀特色的国际消费目的地实施方案的通知，https://www.cq.gov.cn/zwgk/zfxxgkml/szfwj/xzgfxwj/szfbgt/202208/t20220815_11005935.html，2022-08-03。

② 【解读成都市委十四届二次全会暨市委经济工作会议精神⑥】四个方面加快建设国际消费中心城市，http://scnews.newssc.org/system/20230103/001329699.html，2023-01-03。

和万州机场 T2 航站楼也相继建成投用。成渝两地机场是成渝世界级机场群的核心机场。2023 年成渝两地三机场完成旅客吞吐量共计 11 958.1 万人次，较 2019 年增加了 1893.7 万人次。其中，成都双流国际机场、成都天府国际机场完成旅客吞吐量 7492.4 万人次，位居全国城市第三。重庆江北国际机场完成旅客吞吐量 4465.7 万人次，在全国机场中排名第六位[①]。《2023 年成渝地区双城经济圈经济发展监测分析》显示，2023 年，成渝中线、成达万、西渝等高铁加快建设，川渝省际建成及在建高速公路达到 21 条；全年中欧班列（成渝）累计开行量超过 5300 列，运输箱量超 43 万标箱，均位居全国第一，运行线路近 50 条，覆盖欧亚超 100 个城市站点。

五、数字化赋能消费新模式不断涌现，业态多样层次丰富

数字技术的发展推动了产业融合，不断形成新的产业链、供应链、信息链、价值链，创造了新的消费场景和模式，促进新消费迅速崛起。网络消费、定制消费、平台消费、体验消费等快速增长，直播带货、无接触式消费、智能消费、时尚消费等新模式不断涌现。《2023 年成渝地区双城经济圈经济发展监测分析》显示，2023 年成渝地区双城经济圈的新业态、新商业模式蓬勃发展，限额以上企业通过互联网实现的商品零售额增长 9.5%。数据显示，2023 年，四川实现网络交易额 47 072.1 亿元，同比增长 13.4%。实现网络零售额 8676.0 亿元，同比增长 19.6%。其中，通过互联网实现的实物商品零售额为 3725.3 亿元，占社会消费品零售总额的比重为 14.2%，比上年增长 5.8%。

数字化和智能化消费在重庆消费市场中同样占据越来越重要的地位。2023 年，重庆全市实物商品网上零售额增长 14.5%，增速高于社会消费品零售总额 5.9 个百分点。尤其是限额以上单位通过互联网实现的商品零售额增长 24.1%，拉动全市限额以上单位商品零售额增长 4.1 个百分点。重庆市持续鼓励引导餐饮、家政等行业推进线上接单、线下服务，培育“啄木鸟”等平台企业，全市限额以上单位通过互联网实现的餐饮收入增长 24.8%，高于限额以上单位餐饮收入 15.3 个百分点。2023 年，重庆全市住宿、餐饮单位通过互联网实现的餐饮收入增长幅度已超 5%。成渝地区双城经济圈通过数字化转型改善了消费者的购物体验并提高了消费者的参与度，激发了消费新动能，正逐步成为具有国际影响力的消费目的地（樊志宏，2022）。

第二节　存在问题

尽管成渝地区双城经济圈国际消费目的地建设已取得诸多成效，但仍存在消费引领能力不足、服务性消费质量有待提升、商业空间布局不均衡、知名商圈辐射能力不足、消费环境有待改善等问题，加快建设国际消费目的地，还需有的放矢、补齐短板。

① 资料来源：中国民用航空西南地区管理局。

一、消费引领能力不足

从消费影响力看，虽然近年来成渝地区双城经济圈消费市场对国际高端品牌的吸引力不断增强，但两个国际消费中心城市——成都和重庆辐射全球的消费创新能力和消费潮流引领能力还不足，在品牌丰富度、品牌价值等方面与知名国际消费目的地存在差距。世界品牌实验室在第二十届“世界品牌大会”上发布的2023年《中国500最具价值品牌》显示，中国品牌500强排行榜中，北京、广东、上海分别有87个、84个和40个品牌上榜，而四川仅有18个品牌上榜，重庆也只有5个品牌上榜。在国际一线消费品牌的引进方面，成都、重庆与北京、上海等国际城市相比仍有一定差距，这不仅限制了高端消费市场的供给能力，也影响了整体品牌数量的增加（上海市商务发展研究中心，2022）。“中国城市国际顶级品牌指数 2022”显示，在国际顶级品牌店铺数量方面，成都排名第三、重庆排名第八。

在本土品牌方面，尽管川菜、火锅等四川、重庆餐饮品牌已经“走出去”，但总体上“四川造”“重庆造”品牌走向国际的数量较少，影响力有限。川渝老字号在国内国际品牌传播效果方面有待提高，在海外经营、国际化业务开展和国际品牌传播方面仍有较大发展空间（周鸿和杜文婷，2024）。此外，成渝地区双城经济圈与周边地区及国内其他经济区的合作不够紧密，影响了品牌资源的整合和优势互补，不利于成渝地区双城经济圈整体品牌数量的增加和质量的提升。

二、服务性消费质量有待提升

尽管成渝地区双城经济圈服务性消费占比逐年提高，但与纽约、伦敦、东京等世界城市相比，仍有较大提升空间。服务供给方面，成渝地区双城经济圈在优质教育、优质医疗、高端养老、高品质生活服务保障等领域的服务供给存在一定短板，导致部分中高端服务需求未能得到满足。此外，部分商家在服务意识、服务态度和服务质量上存在短板，如售后服务不到位、投诉处理不及时等，影响了消费者的购物体验和满意度。《2023年川渝两地12315投诉举报分析报告》显示，川渝两地12315投诉举报数量呈现同步增长的态势，食品和餐饮服务投诉举报数量在川渝两地均排首位。2023年，川渝两地12315热线和平台共登记处理商品类投诉37.75万件，占投诉总量的57.12%，同比增长12.00%；登记处理服务类投诉28.34万件，占投诉总量的42.88%，同比增长31.82%。总体来看，川渝两地商品类投诉数量略多于服务类投诉，但服务类投诉增速均高于商品类投诉增速。

文旅消费方面，与环渤海地区、长三角地区相比，成渝地区双城经济圈的5A级景区、国家级旅游度假区、国家级旅游休闲街区数量偏少。就星级饭店数量而言，2022年，成渝地区双城经济圈的星级饭店数量为454家，明显少于环渤海地区的1085家和长三角地区的1131家，消费配套设施有待进一步完善①。

① 资料来源：文化和旅游部官方网站。囿于数据限制，此处使用省级数据来衡量，其中成渝地区双城经济圈包括四川和重庆，环渤海地区包括北京、天津、河北、山东和辽宁，长三角地区包括上海、江苏、浙江和安徽。

三、商业空间布局不均衡

一方面，成渝地区双城经济圈的核心城市成都、重庆商业发展较为成熟，商业设施密集，品牌丰富。然而，在成渝地区双城经济圈的次核心区域，商业发展相对滞后，商业设施不足，品牌匮乏，难以满足当地居民的消费需求。另一方面，两大核心城市内部也存在区域发展差异。作为典型的放射型城市，成都以天府广场为中心，人民北路、中路、南路为南北轴，蜀都大道为东西轴，以“环线+放射线”的结构，由内向外辐射。城市格局的显著特征使优质商业资源集中分布在中心区域，沿着城市脉络由中心向外辐射，并呈现出逐渐衰减的趋势。从商业空间分布情况看，高活力指数商圈集中分布在中心城区，使消费活力呈现典型的圈层结构特征。具体而言，活力指数较高的商圈集中分布在锦江、青羊、金牛、武侯及成华等成熟区域，主要是成都 339、成都银泰中心 in99 以及太古里等商圈。城区外围的商圈分布数量与消费活力值明显低于中心城区，呈现低值多核心分布特征。

重庆因两江两山以及众多丘陵间隔，城市发展呈组团式分布格局，从而造成城市各种资源要素的分散式布局。重庆的商业资源在南北区域分布上存在显著差异，南区的商圈数量和繁华程度远超北区。从重庆传统核心商圈分布情况来看，解放碑—朝天门商圈和大坪商圈位于渝中区，观音桥商圈位于江北区，南坪商圈位于南岸区，三峡广场商圈位于沙坪坝区，杨家坪商圈位于九龙坡区，嘉陵江以北只有观音桥一个传统核心商圈，南北区的传统核心商圈数量之比是 5∶1。可见，重庆的商业资源主要集中在主城区，如观音桥商圈、解放碑—朝天门商圈等，这些区域地理位置优越、历史积淀深厚，商业发展较为成熟；而新兴商圈或远离市中心的商圈，商业发展相对滞后，发展动力不足。

四、知名商圈辐射能力不足

拥有全球影响力和美誉的标志性商圈，是建设国际消费目的地的重要标志。成渝地区双城经济圈虽然拥有多个知名商圈，如成都的春熙路商圈以及重庆的解放碑—朝天门商圈、观音桥商圈等，但国际知名商圈、步行街数量尚显不足，商圈发展能级还有待提高。2022 年，春熙路商圈客流量达 9570 万人次，实现营业收入 904.5 亿元，社会消费品零售总额为 794.5 亿元，税收为 49.1 亿元，与香港、北京、上海等的知名商圈存在差距[①]。《2022 全国商场销售额排行榜 70 强》中，成都仅有 IFS（International Finance Square，国际金融中心）、太古里、万象城和银泰中心上榜。除春熙路、宽窄巷子外，成都大部分商圈以服务本地消费为主，国内国际知名度不高。购物节、会展、首店、免税店等商圈内优质消费资源尚有一定缺口。

重庆虽然拥有多个商圈，但是商圈之间的发展水平差异较大，传统商圈如解放碑—朝天门、观音桥等发展较为成熟，而新兴商圈如嘉州商圈等则竞争力相对较弱，辐射范

① 资料来源：四川省统计局。

围有限。同时，部分商圈在发展过程中存在同质化竞争，缺乏特色和差异化发展策略，导致商圈影响力下降。联商网数据显示，2023年，全国一共有13座百亿级商场，而重庆没有商场上榜。尽管重庆排名前20的商场拥有近500亿的销售额，但排名第一的万象城的销售额仅为67.4亿元。在全国13座百亿级商场中排名第一的北京SKP的销售额高达265亿，是万象城的4倍。

五、消费环境有待改善

成渝地区双城经济圈虽已出台一系列支持品牌发展的政策措施，但在具体实施和落地方面仍需加强，政策支持力度和精准度不足，可能是制约品牌数量增长和品牌质量提升的重要因素。此外，虽然成渝地区双城经济圈在交通基础设施建设上取得了显著成就，但各主要商圈之间以及商圈与交通枢纽、旅游景区之间的融合互动和衔接不足，停车场、交通站点、无线网络覆盖等配套设施有待完善（李东晋和林楠，2022）。国际消费便利性欠缺，减弱了对境外购买力的吸引力。商业区域的环境卫生、绿化美化、公共设施等方面也存在不足，影响了消费体验。

成渝地区双城经济圈消费模式的不断创新，使得现有监管手段面临挑战。监管资源未实现合理分配，从而使市场主体存在违约失信、责任落实不到位等现象，可能导致假冒伪劣商品泛滥、价格欺诈、虚假宣传等问题频发，无法确保消费者权益，降低消费者信心。中国消费者协会发布的《2023年100个城市消费者满意度测评报告》显示，重庆和成都分别排第25名和第26名。与2022年相比，成都下降8个名次，虽然重庆排名有所上升，但和北京、上海等国际消费中心城市仍有一定差距。

第三节　未来展望

一、引进培育知名品牌，提升国际品牌集聚度

一是积极引进国际知名品牌。依托成渝自贸区试验区建设平台，积极引进国际知名品牌首店、旗舰店，争取国际高端品牌在成渝地区开设全球首店，打造国际高端品牌总部集聚地、零售形象地和物流集散地（易小光，2021）。支持首发、首秀、首展，完善首店经济产业链，提升首发经济活跃指数，打造全球新品“天府首发季”旗舰平台。重点引进全球性、全国性、区域性品牌首店，完善消费品牌矩阵，加快消费业态迭代（廖玉姣，2023）。对接国内外头部新零售品牌，大力引进时尚快消品、轻奢品等零售消费品牌，形成消费标杆效应。

二是鼓励本土品牌创新发展。发挥地方特色品牌优势，加快培育本土品牌，巩固“老字号”声誉，鼓励老字号企业依托现代技术进行数字化转型，提高产品质量，扩大品牌受众范围。鼓励本土品牌积极探索线上线下融合的新零售模式，通过搭建线上销售平台、开展网络营销活动等方式，提升品牌知名度和市场占有率。积极推动消费品工业

制造基地和创新创意中心建设，打造成渝地区双城经济圈特色消费品产业集群（陈丽莉等，2023）。

三是推动本土品牌国际化建设。引导企业加强质量管理，提升产品质量和服务水平，打造一批具有自主知识产权和核心竞争力的知名品牌。鼓励本地品牌“走出去”，积极参与国际展览、合作交流等活动，提升品牌在国际市场上的影响力，并通过跨境电商、海外并购等方式拓展海外市场，提升国际市场份额和竞争力。积极与国际知名品牌开展合作，引进国际先进技术和管理经验，提升本地品牌国际化水平。

二、多产业融合互动，提升服务供给质量

国际消费目的地是集商业、贸易、金融、文化、旅游、交通、物流于一体的有机整体。因此，首先要促进产业融合发展。成渝地区双城经济圈应深入挖掘独特优势，以熊猫文旅、金沙文化、三星堆文化、火锅文化、茶文化、巴渝文化等为主题创意设计购物节、主题公园、展会、艺术节等活动，推动金融、物流、交通、教育、医疗等产业合力共建。

其次要推动产业转型升级。以餐饮、旅游、文创、康养服务为重点，以新理念、新模式、新技术推动传统产业升级，使“小散弱”的粗放经营向连锁化、品牌化、精准化、智能化升级。推动成渝地区双城经济圈发展都市娱乐、品牌餐厅、主题乐园等潮流业态，着力形成全球品牌荟萃、总部集聚的国际购物名城、国际时尚之都。多管齐下发展品牌经济，汇聚全球优质的消费资源，引领消费升级和产业升级。推动传统文化和全新科技元素融入创意设计产业，提升传统影视、动漫游戏、音乐演绎等产业发展水平。

最后要提升服务供给质量。根据市场需求和消费者偏好的变化，不断优化服务供给结构，增加高品质、高附加值的服务供给。建立基本公共服务标准体系，实施基本公共服务标准化管理，以标准化促进均等化、普惠化、便利化。支持发展餐饮定制、旅游定制、医疗健康定制、养老定制、家庭服务定制等定制服务，提升个性化、柔性化服务水平（李中锋等，2023）。加快 5G、大数据中心、工业互联网等新型基础设施建设，提升区域信息化水平。

三、打造多层级的消费空间，满足多样化消费需求

一是明确层级划分。实施标志性商圈、步行街和购物中心培育工程，分类分层打造世界级、都市级、区域级消费空间。在中心城区和外围区域，建设一批功能完善、业态丰富的都市级的示范商业，支持各区打造区域性特色商圈。聚焦重庆解放碑、成都春熙路等核心商圈，通过提升品牌集聚度、优化业态结构、改善消费环境等措施，打造具有国际影响力的世界级商圈。在城市副中心、新兴区域等地，培育和发展次级商圈，形成多点支撑、错位发展的商业格局。放大宽窄巷子全国示范步行街标杆效应，认定一批省市级示范步行街。

二是统筹商业空间布局。商业空间布局应紧密围绕《规划纲要》，促进区域经济高质量发展，提升城市综合竞争力。结合重点功能区域、综合交通枢纽，统筹规划区域商业空间布局，加强商圈与周边旅游景点、文化场所、商务楼宇等资源的互动。优化资源配置，提高商业空间利用效率，同时注重生态环境保护，实现可持续发展。

三是加强政策支持（王微等，2021）。加大对跨境电商、首店经济、夜间经济、总部经济、文旅消费、会展赛事的支持力度，着力打造彰显公园城市特质的多层级、高品质的消费空间。设立专项财政资金用于支持商业和多层级消费空间的打造，对符合条件的商业项目给予资金扶持和奖励，并且，对特定行业或领域给予税收减免或优惠待遇，激发市场活力和创新动力。

四、建设标志性商圈，打造消费时尚风向标

一是明确商圈定位。各地区应认真落实国家、省、市对推动成渝地区双城经济圈建设的工作部署，锚定四川省委省政府提出的建设千亿级规模的世界级商圈总目标，加快将春熙路商圈建设成为具有国际影响力的地标商圈。借鉴全球著名国际消费中心城市建设标志性商圈的成功经验，如美国纽约时代广场、伦敦牛津街、巴黎香榭丽舍大街等，明确商圈的国际化定位。结合成渝地区双城经济圈的文化特色和地域优势，打造具有巴蜀文化特色的主题商圈。

二是做强特色商圈。推动成都春熙路—太古里、交子公园等商圈的业态创新、设施改造、品牌集聚、功能升级，打造具有全球影响力和美誉度，品牌云集、潮流引领的世界级地标商圈。加快建设中央商务区、寸滩国际新城两大国际消费“极核”，精心打造解放碑—朝天门等世界知名商圈和三峡广场、南坪以及区县城市核心商圈。此外，还要加强商圈的基础设施建设，完善公共卫生间、休息座椅、无障碍设施等公共服务设施，提高消费者的舒适度。

三是丰富消费场景。推进智慧商圈建设试点工作，打造线上线下互动消费平台。引导购物中心、大型百货公司由商品销售向“商品+服务+体验”的多功能消费体验场所升级。营造演艺场馆、独立书店、咖啡馆等多元立体的创意文艺空间，推进人工智能（AI）创新中心、数字文化产业园、新川创新科技园等项目建设，引进具有世界影响力的前沿品牌展会、国际赛事活动、国际消费节等高端消费活动，打造消费时尚风向标。

五、完善国际服务配套，优化购物体验

一是优化政务服务。简化出入境手续，为国际展会、文化、赛事活动入境人员提供签证办理等出入境和消费便利，释放团队旅游、健康旅游签证便利政策效应。加快完善与国际接轨的服务标准体系、政策制度体系。推动境外人员住宿登记“网上办”。提升跨境支付便利化水平，增加社会外币兑换服务点，稳妥推进跨境移动支付应用开发，为外籍人士提供自动化、便利化的境内支付结算服务。完善出入境、医疗保障、应急救援

等服务功能，提升旅游咨询及服务的国际化水平。

二是加强平台建设。建设跨境电商 O2O（online to offline，线上线下商务）体验展示中心、国家数字服务出口基地、外贸综合服务平台等重大平台。畅通商品进口渠道，持续提高通关便利化水平，优化申报流程，稳步发展进口商品直销等新型商业模式。加快发展免税经济，主动衔接、积极争取国家免税店创新政策，拓展离境退税和免税业务，支持成渝创建市内免税店试点城市，布局设立一批市内免税店、口岸免税店、离境提货点，在大型消费商圈设立退税柜台，改善商圈商业街街区环境，提高交通体系的时尚度、便利度，改善智能化体验。

三是畅通消费维权通道。对标国际惯例，建立统一、便民、高效的消费申诉和联动处理机制，优化入境游客消费维权机制，开通入境游客维权绿色通道。增强消费相关企业责任意识，健全缺陷产品召回、产品伤害监测、产品质量担保等制度，完善多元化国际消费维权机制和纠纷解决机制。拓宽维权渠道，纵向构建覆盖经营者、行业协会及相关部门、维权机构的多层级的维权渠道，横向提供电话、网络、窗口等多形式的维权渠道。

本章参考文献

陈丽莉，杨予越，李长风，等. 2023. 中国五大城市群消费中心城市指数演变及其影响因素. 经济地理，43（8）：39-48.

樊志宏. 2022. 建设国际消费中心的关键是打造系列国际性消费目的地. 武汉社会科学，10（3）：31-33.

李东晋，林楠. 2022. 推动成渝地区双城经济圈建设具有全国影响力重要经济中心. 宏观经济管理，（10）：55-60，69.

李中锋，廖祖君，王芳. 2023. 四川蓝皮书：成渝地区双城经济圈建设报告（2023）. 北京：社会科学文献出版社.

廖玉姣. 2023. 国际消费中心城市建设背景下的首店经济发展研究：以重庆为例. 重庆社会科学，（3）：118-130.

毛中根，武优勐. 2020. 中国西部地区城市群消费水平空间结构演变分析：以成渝城市群为例. 湘潭大学学报（哲学社会科学版），44（2）：50-55.

上海市商务发展研究中心. 2022. 国际消费中心城市全球化视野的比较与评估. 上海：上海人民出版社.

涂建军，况人瑞，毛凯，等. 2021. 成渝城市群高质量发展水平评价. 经济地理，41（7）：50-60.

王微，王青，刘涛，等. 2021. 国际消费中心城市：理论、政策与实践. 北京：中国发展出版社.

易小光. 2021. 以川渝自贸试验区协同开放为引领建设富有巴蜀特色的国际消费目的地. 重庆行政，22（6）：22-24.

周鸿，杜文婷. 2024-03-08. 做强成渝餐饮品牌 共建巴蜀特色国际消费目的地. 成都日报，（2）.

第二十章　成渝地区双城经济圈世界级休闲旅游胜地建设的成就、困难与展望

发展旅游业是推动高质量发展的重要着力点。2024年4月23日，习近平总书记在新时代推动西部大开发座谈会上强调，西部各省份“要坚持把发展特色优势产业作为主攻方向”，“把旅游等服务业打造成区域支柱产业”①。2024年5月17日，党中央召开全国旅游发展大会，会议明确指出旅游已经成为人民日常生活的重要组成部分，旅游业日益成为新兴的战略性支柱产业和具有显著时代特征的民生产业、幸福产业。成渝地区双城经济圈作为具有全国影响力的重要经济中心，在近年来的发展建设中，按照《规划纲要》的总体要求，先后印发《巴蜀文化旅游走廊建设规划》及其实施方案等重要文件，力争将其打造成为全国文化旅游发展创新改革高地、全国文化和旅游协同发展样板，以及具有国际范、中国味、巴蜀韵的世界级休闲旅游胜地。2024年是成渝地区双城经济圈建设的第5年，也是两地建设世界级休闲旅游胜地的第5个年头，系统梳理发展建设成效，提炼发展特色经验，以期为高质量推动旅游目的地建设提供决策参考。

第一节　进展成就

2022年5月，文化和旅游部、国家发展改革委、重庆市人民政府和四川省人民政府联合印发《巴蜀文化旅游走廊建设规划》，提出到2035年，巴蜀文化旅游走廊协同发展的体制机制更加完善，全国文化旅游发展创新改革高地、全国文化和旅游协同发展样板、世界级休闲旅游胜地基本建成。为此，成渝两地在近年来的发展建设中不断增加优质旅游产品供给，积极构建巴蜀文化旅游走廊品牌体系，推动旅游消费提质升级，世界级休闲旅游胜地建设成效初现。

一、协同推进旅游发展的工作体制机制全面建立

成渝地区双城经济圈建设重庆四川党政联席会议制度，务实推进，为世界级休闲旅游胜地打造提供了坚实的组织和领导保障。2020年3月至2024年6月，推动成渝地区双

① 在中国式现代化建设中奋力谱写西部大开发新篇章——习近平总书记在新时代推动西部大开发座谈会上重要讲话振奋人心、催人奋进，http://www.qstheory.cn/qsgdzx/2024-04/25/c_1130127550.htm，2024-04-25。

城经济圈建设重庆四川党政联席会议已连续召开 9 次，巴蜀文化旅游走廊建设专项工作组联席会议召开了 8 次。联席会议深入学习贯彻党中央决策部署，围绕习近平文化思想及习近平总书记重要指示精神，围绕成渝地区双城经济圈发展战略，聚焦重大政策、重大改革、重大项目、重大活动、重大品牌等重要事项，推动巴蜀文化旅游走廊建设从“全面起势”迈入“深化创新”新的发展阶段，将培育世界级休闲旅游胜地列入“十项行动”计划并制定了详细的任务清单。基于联席会议达成的共识，成渝两地共同培育巴蜀文旅结构性优势，实施一揽子协议，推动合作共建世界级休闲旅游胜地走深走实。

二、文化旅游发展的政策保障与改革创新齐发力

产业政策保障有力，世界级休闲旅游胜地建设的支撑不断夯实。成渝两地印发《四川省贯彻落实〈巴蜀文化旅游走廊建设规划〉实施方案》《重庆市贯彻落实〈巴蜀文化旅游走廊建设规划〉实施方案》等重要文件，共同构建了系统的规划落实保障体系。2023 年 12 月 12 日，巴蜀文化旅游走廊建设专项工作组第七次联席会议成功召开。会议提出，巴蜀文化旅游走廊建设已从“全面起势”迈入“深化创新”重要阶段，川渝两地合作联动机制将进一步完善。为了将巴蜀文化旅游走廊打造成为改革创新协同样板，两地联合编制《成渝地区双城经济圈国家文化和旅游创新改革试验区建设方案》，共同起草《川剧保护传承条例（草案）》。为了深化资大文旅融合发展示范区这一重大平台的建设工作，推进遂潼川渝毗邻地区一体化发展先行区的旅游服务质量试点工作，两地编制《万达开云文化旅游一体化协同发展规划》。文旅合作联盟相继成立。截至 2024 年 8 月，巴蜀文化旅游推广联盟、川渝文化旅游企业联盟、川渝非遗保护联盟等 36 个合作联盟相继成立。各地市间的文旅合作政策陆续出台，四川省内江市、四川省资阳市、重庆市永川区等“两市五区”签署了《成渝古道文化旅游区域协作备忘录》。文旅公共服务政策不断优化。持续对文旅公共服务“一件事一次办”进行优化，川渝跨省（市）通办证照审批扩充至 11 项，办结时限压缩31%。创新推进川渝阅读“一卡通”，涵盖两地115家公共图书馆，实现3000万册图书通借通还。数字化文旅服务平台实现互联互通。推动“智游天府”与“惠游重庆”平台相互连接，探索“电子社保卡入景区”的试点工作。

三、成都与重庆都市旅游能级与影响力不断攀升

成渝地区双城经济圈城市旅游发展是建设世界级休闲旅游胜地的重要支撑。根据《2023 年成都市国民经济和社会发展统计公报》数据，成都市全年游客接待量达 2.80 亿人次，已超过 2019 年同期水平，实现旅游收入 3700 亿元（图 20-1）。作为建设世界级休闲旅游胜地的重要内容，成都市的会展业全面恢复。2023 年高质量举办糖酒会、中国网络视听大会、成都国际车展等重大展会 1058 场[①]。2023 年重庆市接待过夜游客 1.03 亿人

① 资料来源：2024 年成都市政府工作报告。

次，旅游及相关产业实现增加值 1206.82 亿元，占地区生产总值的 4%[①]（图 20-2）。

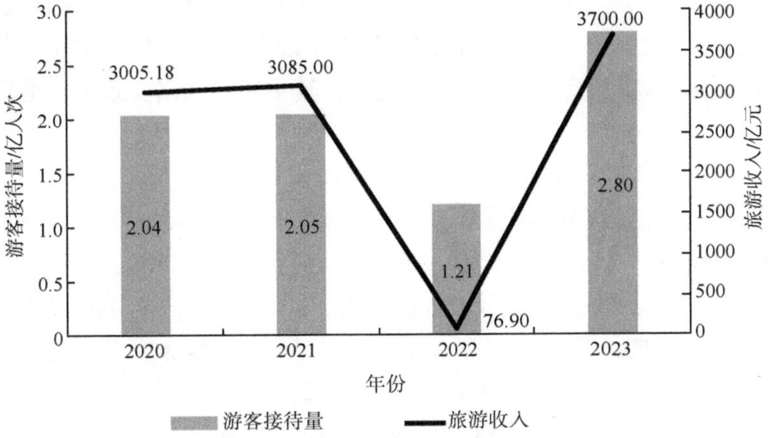

图 20-1　成都市游客接待量与旅游收入

资料来源：2020—2023 年成都市国民经济和社会发展统计公报

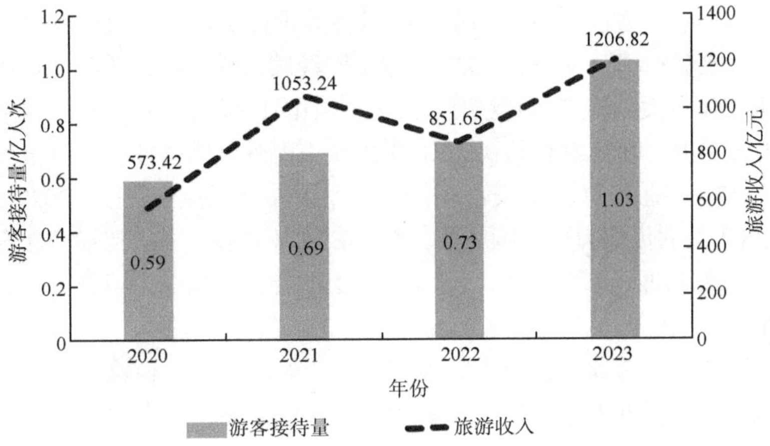

图 20-2　重庆市游客接待量与旅游收入

资料来源：2020—2023 年重庆市国民经济和社会发展统计公报

重庆市游客接待量为过夜人次，旅游收入按照增加值测算

成渝地区双城经济圈假日旅游市场呈现持续增长态势，成渝双城的引领作用十分凸显。根据成都市文化广电旅游局官网数据，2024 年春节假期，成都市 A 级旅游景区共接待游客 1103.8 万人次，实现门票收入 1.4 亿元。2024 年上半年，成都市接待旅游人数达 1.3 亿人次，同比增长超 16%。2024 年国庆假期，成都市接待游客总量 2378.9 万人次，同比增长 5.1%，约占四川省的 43%；实现旅游收入 226.5 亿元，同比增长 8.9%，约占四川省的 65%。根据携程平台数据，成都市位于热门城市租车自驾榜单首位，在“00 后”

① 资料来源：《2023 年重庆市国民经济和社会发展统计公报》。

热衷目的地排行中位居第二。另据美团发布的 2024 年“十一”黄金周消费数据，成都市的消费规模居全国前五。与此同时，节假日对夜间文旅消费的拉动作用显著增强，发生在夜间时段的消费环比增长 75%。根据四川省电子商务大数据中心发布的数据，2024 年国庆节期间成都市网络零售额实现 316.61 亿元，其中通过网络实现的文旅服务消费共计 247.40 亿元，占比 78.14%。

对比来看，重庆市假日文旅消费市场亮点纷呈。根据重庆市人民政府官网数据，2024 年春节期间，全市纳入统计监测的 130 家旅游景区累计接待游客 1068.5 万人次，按可比口径增长 104.3%。全市纳入统计的过夜游客接待量为 238.29 万人次，同比增长 66.9%。从携程、飞猪、同程等平台大数据来看，重庆市位居春节假期全国热门目的地前十。2024 年国庆假期，重庆市以“欢度国庆佳节 乐游雄奇重庆”为主题，推出主题活动。根据重庆市文化和旅游发展委员会公布的数据，按照可比口径测算，全市接待国内游客 2268.35 万人次，同比增长 14.1%；游客花费 154.02 亿元，同比增长 15.8[①]；入境过夜游客同比增长 140.4%。全市纳入监测统计的 130 家旅游景区累计接待游客 846.12 万人次，按可比口径增长 13.1%。

在城市旅游影响力方面，成都和重庆稳居各类排行榜前十。根据我国权威数据平台鸥维数据联合“驱动中国”发布的 2023 年中国网红城市排行榜，成都和重庆分列第四和第五。根据北京师范大学新媒体传播研究中心、中国日报网、光明网和北京师范大学教育新闻与传媒研究中心联合发布的《2023 中国城市海外网络传播力建设报告》，在我国纳入监测的 337 座地市中，重庆市位居第五，成都市位居第七。2023 年，重庆在 YouTube（油管）上的传播力居全国第四，在 TikTok（抖音）上的传播力居全国第五，在 Google News（谷歌新闻）、X（Twitter，推特）上的传播力居全国第九，在 Facebook（脸书）上的传播力居全国第十，最终以 45.8 的综合指数位居西部第一、全国第五[②]。以抖音为代表的短视频文化的普及，让重庆的独特景观，如洪崖洞、轻轨穿楼等，在网络上广泛传播。重庆还通过举办大型赛事，如亚运会、大运会等，从文化传统、现代科技等方面全方位展示城市优势，提高了国际曝光度。同时，重庆热情好客的当地人、亲民的物价以及不宰客的良好旅游环境，也吸引了众多游客，进一步提升了重庆的网络知名度。相比之下，成都在 Google News、YouTube 和 X 三个平台上的网络传播力增长指数也排在前十名。成都丰富的美食文化是重要因素之一，如火锅、串串香等美食名号火遍全国，吸引众多游客前来品尝。成都独特的文化景点，如宽窄巷子、武侯祠 · 锦里、杜甫草堂等，展现了成都深厚的历史文化底蕴。成都的人文气息浓厚，当地人生活悠闲，幸福指数较高。这些因素都为重庆和成都两地的城市旅游发展增添了新动力。与此同时，成渝地区双城经济圈 5A 级旅游景区的网络关注度也屡创新高（杨晓霞等，2023）。由此可见，成渝双城引领成渝地区双城经济圈世界级休闲旅游胜地建设的“头部效益”十分显著（时朋飞等，2024）。

---

① 按照统计指标释义，此处的游客花费数据即为旅游收入数据。

② 资料来源：《2023 中国城市海外网络传播力建设报告》。

四、优质文化和旅游产品服务供给质量不断提升

高品质文化和旅游载体建设夯实了世界级休闲旅游胜地产品供给的基础。截至 2023 年底，成都市拥有 4 家国家级旅游休闲街区，分别是春熙路、宽窄巷子、武侯祠·锦里和望平坊旅游休闲街区。重庆市拥有 8 家国家级旅游休闲街区，分别是大九街旅游休闲街区、磁器口街区、弹子石老街、贰厂文创街区、酉州古城步行街、观音桥商圈旅游休闲街区、杨家坪步行街旅游休闲街区、南川东街。在 4A 级及以上旅游景区数量方面，截至 2024 年 6 月，成都市有 52 家，重庆市有 176 家。在国家级旅游度假区方面，截至 2024 年 6 月，成都市有 2 家，重庆市有 3 家。同时，服务成渝地区双城经济圈建设的 22 个省级文化旅游融合示范项目顺利完成。

成渝地区双城经济圈文旅融合持续演进，优质文化和旅游消费载体建设不断取得新突破（赵嫚，2024）。自巴蜀文化旅游走廊启动世界级休闲旅游胜地建设以来，截至 2024 年 10 月两地培育出 30 个国家级夜间文化和旅游消费集聚区以及 12 个国家级旅游休闲街区，发布了巴蜀十大经典主题旅游线路和 65 个国际潮流消费新场景。同时，川渝两地共建千个文旅地标，2023 年举办了“安逸四川 巴适重庆”巴蜀文化旅游推介会，联合拓展杭州、南京、武汉、广州、深圳、香港等重要客源市场。同时，两地共同搭建平台以促进文旅消费。两地工会组织了“百万职工游巴蜀”活动，30 万职工带动了近 100 万人次的出游，拉动消费超过 10 亿元。同时，两地联合开展“川渝好风光——巴蜀文旅新发现”全媒体行动，总传播量超过 1 亿次，有十余个话题登上同城及全国热搜。

五、红色旅游与乡村旅游提质升级综合成效显著

成渝地区双城经济圈拥有非常丰富的红色旅游资源，旅游发展成效十分显著。成渝两地加强红色旅游资源的开发和整合，推出了多条红色旅游精品线路，吸引了大量游客。同时，通过举办各类红色文化活动、加强宣传推广等方式，进一步提升了红色旅游的知名度和影响力。根据四川省文化和旅游厅官网数据，2023 年“五一”假期，四川省红色旅游景区接待游客超 100 万人次。2023 年上半年，主要红色旅游景区游客接待量同比增长超过 50%。根据重庆市文化和旅游发展委员会官网数据，2023 年“五一”假期，重庆红岩文化旅游景区接待游客 29.68 万人次。2023 年上半年，重庆部分红色旅游景点接待游客量较 2022 年同期增长约 30%。成渝两地红色旅游转型升级步伐加快，在突出自身特色的同时，不断创新发展模式，提升旅游品质，推动红色旅游持续发展。四川的一些红色景区与周边乡村合作，开发红色乡村旅游，带动当地经济发展。重庆红岩联线文化发展管理中心[①]在节假日推出的沉浸式体验活动，让游客更深入地了解了红岩精神。同时，长征国家文化公园（重庆段、四川段）建设速度不断加快，重庆綦江、酉阳和四川泸州、雅安、广元等长征国家文化公园主体建设区建设已见成效。赤水丹霞、大渡桥横、

① 2023 年 9 月，更名为“重庆红岩革命历史文化中心（重庆红岩革命历史博物馆）”。

雪山草地、转战嘉陵等文旅深度融合发展区建设正在起步。两地联合发布川陕苏区首批革命文物主题游线路，举办首届川渝红色故事讲解员风采展示赛，共同讲好革命故事，赓续红色血脉。在乡村旅游发展方面，成渝地区双城经济圈重点村镇的旅游发展态势向好，且在分布上呈现聚集特征，围绕双核呈向外延伸的趋势（陈绍友和于晓霞，2023）。同时，红色旅游与乡村旅游融合发展成效显著。根据四川省文化和旅游厅官网数据，2023 年成渝地区双城经济圈乡村旅游接待游客超过 5 亿人次，乡村旅游总收入约 1500 亿元，直接从事乡村旅游的人员超过 200 万人，带动间接就业约 500 万人。

六、文旅深度融合助力世界级休闲旅游胜地建设

在科技与文旅融合方面，成渝两地智慧旅游建设水平不断提升。在文化和旅游运营、管理和服务等多个方面开展了不同程度的智能化建设。“智游天府”“惠游重庆”等省（市）级公共服务平台建设完成，“青城山都江堰”“一部手机游武隆”“城口文旅”等公众号、“巫山全域智慧旅游平台”和万盛区域智慧旅游应用等智慧化建设初具规模，线上预订、电子票务、客流监测、智能调度和电子导览等功能在重点景区得到普及。根据重庆市文化和旅游发展委员会官网数据，截至 2024 年 7 月，成渝地区双城经济圈超过 60%的 4A 级及以上景区实现了智能导览系统的覆盖，大约 40%的景区引入了智能票务系统，实现了线上线下一体化售票和验票。在成渝地区双城经济圈的旅游消费场景中，移动支付的使用率超过了 80%。

在文化遗产保护利用与旅游开发方面，成渝两地实现了创新探索。成渝两地政府共同出台相关政策，建立协同工作机制，对文化遗产保护和利用进行统一规划和部署。两地共同签署《推动成渝地区双城经济圈非物质文化遗产保护共建合作框架协议》，明确加强资源整合、推进合理利用、培育非遗品牌等重点合作内容。两地的文化遗产保护机构和相关单位加强合作交流，共同开展研究、保护和利用项目。重庆的大足石刻研究院与四川的乐山大佛石窟研究院合作，对石刻文物保护技术进行研究和应用。创新保护手段，运用现代科技，如 3D 扫描、数字化建模等，对文化遗产进行数字化保护和监测。针对三星堆遗址，通过数字化技术建立了精确的文物数字档案，为保护和研究工作提供了有力支持。推动文化遗产与旅游深度融合，开发文化遗产旅游线路和产品。两地联手打造“成渝古驿道之旅”，串联沿线的古镇、古村落等文化遗产，带动旅游发展。

在多业态融合发展方面，成渝两地文旅市场亮点纷呈。为了加快交通与文旅融合，两地开通了巴蜀文化旅游走廊旅游专列。在曲艺与旅游融合方面，两地联合举办首届川渝喜剧人大赛、“川渝话剧双城记”优秀话剧展演等艺术活动。联手打造“成渝地·巴蜀情”主题活动，举办巴蜀合唱节、成渝城市经济圈民俗民间歌舞展演等系列群众文化活动，培育区域性公共文化服务示范。在演艺旅游方面，两地培育旅游演艺精品组织巡演，重庆舞剧《绝对考验》、四川音乐剧《三星堆》等十余项舞台艺术精品展演成为两地观众热门话题。

第二节　现 实 困 难

一、旅游交通不够便捷，基础设施有待完善

在旅游交通方面，笔者通过调查发现，成渝地区双城经济圈内部交通接驳体系和公共交通网络建设水平有待提升。在内部交通连接方面，虽然成渝之间的高铁交通较为便捷，但成渝地区双城经济圈内的一些城市和景区之间的公路交通仍存在路况不佳、通行时间较长的问题。例如，从重庆的某区县到四川的相邻区县，车程可能需要3—4小时。截至2024年6月，成渝地区双城经济圈内仍有约20%的4A级景区未通高速公路。在公共交通网络方面，部分旅游景区的公共交通线路较少，游客依赖自驾或包车方式，增加了旅行成本。携程旅行网数据显示，约40%的游客反映在某些景区难以找到合适的公共交通工具。此外，研究显示，成渝地区双城经济圈轨道交通网络在发展建设上也呈现出复杂网络特征，站点和线路的增加与其承载能力尚未达到平衡状态（丁锐等，2024）。

在旅游基础设施方面，笔者调研发现，部分地区尤其是一些偏远的旅游景点周边，高品质酒店和特色民宿的数量相对较少。据小红书相关统计，在成渝地区双城经济圈的一些小众旅游景点，三星级以上酒店的覆盖率不足30%。此外，部分景区的餐饮选择有限，卫生条件和服务质量有待提高。根据马蜂窝发布的点评数据，在某些山区景区，仅有约60%游客对餐饮服务表示满意。同时，在节假日期间成渝地区双城经济圈部分热门旅游城市的交通拥堵指数较平日上升50%以上。部分旅游景区的停车场车位数量不足，高峰时期车位满足率仅为60%左右。

二、旅游市场竞争激烈，服务质量参差不齐

成渝地区双城经济圈建设世界级休闲旅游胜地既要求各旅游城市同向而行，又要求各地打造独具特色的旅游精品。从旅游市场的竞争情况来看，同区域旅游城市仍面临激烈竞争。以成都和重庆为例，根据两地文旅主管部门发布的数据，2023年，重庆旅游总收入达5500亿元，同比增长15%；成都旅游总收入约3700亿元，同比增长13%。这表明重庆在旅游收入增长速度和总量上都有一定优势。同期，重庆接待游客约6.5亿人次，同比增长12%；成都接待游客约2.8亿人次，同比增长10%。从增长速度来看，重庆略快于成都，但成都的游客接待量基数相对较大。百度指数显示，在2023年7月到8月旅游旺季，“重庆旅游”的搜索热度指数平均为8000，“成都旅游”的搜索热度指数平均为7500。但在不同的时间段，两者的热度排名会有所变化。这在一定程度上说明两个旅游城市的产品具有某种可替代性，在合作发展的同时也面临同一类客源的竞争。

在旅游服务质量方面，根据携程旅行网发布的数据，成渝地区双城经济圈的酒店服务好评率平均约为75%，低于国内一些旅游发达地区（85%）。另据人民网旅游3·15投诉平台数据，成渝地区双城经济圈旅游景区游客投诉率约为5%，其中关于服务质量的投诉占比达到40%。根据针对导游服务的满意度调查结果，仅有约65%的游客认为导游

讲解清晰、服务周到。据统计，在成渝地区双城经济圈的旅游市场中，持有正规导游证且具备丰富历史文化知识的导游比例不足 50%。在旅游投诉处理方面，投诉处理机制不够完善，处理效率和结果难以令游客满意。人民网数据显示，旅游投诉的解决满意度仅为 70%左右。

三、旅游资源整合不足，统一品牌形象缺乏

成渝地区双城经济圈拥有丰富的文化和旅游资源，但分布较为分散，没有形成有效的整合和联动。例如，两地的古镇资源较多，但缺乏统一的规划和推广。在旅游品牌推广方面，目前尚未形成具有广泛影响力和辨识度的统一旅游品牌形象。相比于其他成熟的旅游区域，成渝地区双城经济圈在品牌知名度和市场认知度方面存在差距。据小红书发布的数据，在国内旅游目的地的选择中，成渝地区双城经济圈内城市的提及率相对较低，仅有 20%左右的游客能够清晰说出成渝地区双城经济圈的特色旅游品牌和形象口号。同时，成渝地区双城经济圈在国内主要旅游网站和社交媒体上的旅游话题热度，相比长三角、珠三角等地区低约 40%。从成效来看，成渝地区双城经济圈共建世界级休闲旅游胜地等工作的开展已提升了区域整体影响力，但也存在极化效应与过滤效应，除了成渝双城独具世界影响力外，其他城市还处于边缘地带，合作的深度和方式还有待创新（何芙蓉和胡北明，2022）。虽然两地在旅游营销宣传上的投入不断增加，但尚未形成合力。两地在旅游宣传推广方面缺乏协同和整合，尚未形成集中优势，导致宣传效果有限。

第三节　未来展望

打造世界级休闲旅游胜地既是《规划纲要》明确提出的成渝地区双城经济圈建设的战略定位，也是坚持以文塑旅、以旅彰文，坚定不移地走独具特色的中国旅游发展之路的必然选择。川渝两地文旅资源禀赋好、数量多、品质高，拥有一大批知名度较高的文旅产品。自重庆印发了《关于加快建设世界知名旅游目的地的意见》、四川印发了《四川省建设世界重要旅游目的地规划（2023—2035 年）》之后，两地协同打造国际范、中国味、巴蜀韵的世界级休闲旅游胜地步入快车道。

一、坚持新理念推动世界级休闲旅游胜地建设

坚持以文塑旅、以旅彰文，走出独具特色的中国旅游发展之路。充分认识旅游业更好服务美好生活、促进经济发展、构筑精神家园、展示地区形象、增进文明互鉴的多重功能。坚持守正创新、提质增效、融合发展的原则，实现传统旅游业态、产品和服务的全面升级，将有限的旅游资源合理开发，创造更多旅游精品、名品，推动旅游在更多领域相加相融，延伸产业链、创造新价值、催生新业态（姚树洁和房景，2024）。积极探索世界级休闲旅游胜地发展建设的中国模式与特色经验。下一步，川渝两地将强化联动，

坚持规划引领，以资大文旅融合发展示范区、主题风景道建设带建设为抓手，推进产业要素加速聚集，培育文旅融合新业态，共创文化和旅游区域协同发展国家试验区，共推巴蜀文化保护传承弘扬，共塑巴蜀文化旅游走廊品牌形象，推动巴蜀文化旅游走廊建设持续走深走实。

依托成渝地区双城经济圈建设重庆四川党政联席会议制度，成立成渝地区双城经济圈建设世界级休闲旅游胜地工作专班，由两地政府相关部门领导组成，负责统筹规划和协调旅游资源整合工作。工作专班制定明确的职责分工和工作流程，确保各项工作有序进行。定期召开会议，共同商讨重大文旅项目的推进和资源分配。同时，两地将在“携手共建世界级旅游目的地”目标基础上进一步深化共识、凝聚合力，从产品、品牌、客源、服务、宣传推广等方面强化协调联动（杨毅和许晨杨，2024）。积极发挥成渝地区双城经济圈建设重庆四川党政联席会议制度优势，坚持“川渝一盘棋”思想，协同打造世界级旅游品牌，加快推进川渝石窟寺国家遗址公园申请世界遗产，全面实现川渝地区资源互推、客源互送，整体提升成渝地区双城经济圈世界级休闲旅游胜地建设成效。

二、整合资源要素加快解决旅游发展的突出难题

加大投资力度完善基础设施建设。建议政府和社会资本共同投入，用于改善道路、停车场、游客服务中心等基础设施。设立专项基金，每年投入一定资金用于基础设施建设。优化旅游交通规划，加强成渝地区双城经济圈内城市之间、景区之间的交通规划，增加公交线路和旅游直通车（孙长城等，2021）。规划开通连接主要景区的旅游专线，确保游客能够便捷到达。提高交通设施的智能化水平，提供实时路况信息和在线预订服务。可以建立交通信息共享平台，游客通过手机 APP 就能随时了解交通状况。加大旅游专业人才培训力度。开展针对旅游从业人员的定期培训，包括导游、酒店服务人员、景区工作人员等，提升其服务技能和专业知识。每年组织多场专业培训课程，覆盖不少于50%的从业人员。制定统一的服务质量标准和规范，加强监督和考核。设立明确的服务标准，对不达标的企业进行整改或处罚。建立快速有效的投诉处理渠道，及时解决游客的问题，并对投诉情况进行分析和改进。建立及时回应机制，要求投诉在 24 小时内得到初步回应，72 小时内给出解决方案。

三、加强文旅产业载体建设激发市场主体活力

加强文化产业和旅游产业融合载体建设。联合出台文化产业和旅游产业深度融合发展的实施意见，重点支持国家级、省级文化产业和旅游产业融合发展示范区建设。深入实施美好生活度假休闲工程，做强城市旅游和乡村旅游。发挥体育旅游资源优势，丰富旅游景区业态，开展国家级（省级）体育旅游示范基地、假期体育旅游精品线路的申报评选工作（田建强等，2023）。通过金融、土地、财政等政策措施，加大对国家级的文化和旅游消费示范试点城市、夜间文化和旅游消费集聚区、文化产业示范园区、旅游度假

区、旅游休闲街区、红色旅游景区的建设支持力度。全面激发文旅市场主体活力。实施文化和旅游企业梯度培育计划，支持文旅企业做大做强。建议各级党委政府机关、企事业单位、社会团体组织党建活动、会展活动时，可按规定委托旅行社代理安排交通、住宿、餐饮、会务等服务事项。探索将旅行社设立许可、外商投资旅行社业务许可审批事项委托四川省成都市、绵阳市、乐山市、宜宾市、泸州市、南充市以及重庆市渝中区、沙坪坝区、北碚区、江北区、南岸区、九龙坡区等国家文化和旅游消费试点（示范）城市的文化和旅游行政部门实施。积极推动《共建资大文旅融合示范区石窟寺文物主题游径合作协议》落地实施，协调两地共同推进川渝石窟寺国家遗址公园建设，共同促进提升两地石窟寺学术研究水平，推动大足石刻、安岳石刻等石窟景区联动开放、预约开放，推动旅行社和媒体文物主题游径联合宣传营销，进一步丰富资阳市、大足区文物主题游径利用形式。做优生态旅游和特种旅游，持续推进川渝两地旅游风景道建设。

四、加大旅游产品供给持续开展旅游促消费活动

推进成渝地区双城经济圈文化和旅游深度融合发展，持续开展旅游促消费活动。结合法定节假日、传统节日和寒暑假等旅游旺季，持续开展文化和旅游消费季活动。创新国际非遗节、艺术节、川剧汇演等系列活动内容和举办方式。支持各地重点培育 1—2 个特色文旅活动品牌。鼓励市场化、社会化举办乡村旅游节、生态旅游节、国际旅游周等节事活动。组织开展活动绩效评估，发布成渝地区双城经济圈“十大节庆活动”“十大民俗活动”榜单。鼓励各地结合实际推出文化和旅游消费季等消费惠民措施，创新文旅消费券发放方式，优化景区门票减免措施，增强惠民政策直达性。鼓励发行文化和旅游消费联名银行卡，规范发展文化和旅游消费信贷业务。鼓励将文化和旅游消费嵌入各类消费场所。着力提升文旅融合创新业态供给水平。用好文旅重点项目协调调度工作机制，推动文化产业数字化转型，推动“音乐+旅游”“演出+旅游”“展览+旅游”“体育+旅游”等业态转型升级，因地制宜发展乡村旅游、音乐产业、非遗旅游、工业旅游等新业态新产品，打造更多具有巴蜀韵味的文创产品。统筹城乡重大文化设施和文化项目建设，推动“乡村大舞台”建设，开展城乡公共文化融合发展县域试点。探索成渝地区双城经济圈国际旅游目的地创建评选工作机制，积极培育乡村旅游新场景新业态。

五、推动科技与文旅融合赋能文旅发展应用空间

鼓励和支持成渝地区双城经济圈智慧文旅发展联盟，围绕数字文旅基础应用、行业监管、生产端、供给端、需求端、云端等方面提出企业和团体标准，加快巴蜀文旅走廊数字文旅新型基础设施建设，打通“数字化采集—网络化传输—智能化计算”数据链条，打通“数据孤岛”（陈堂等，2024）。建立川渝文旅部门数字文旅标准联络工作机制，大力推动数字文旅标准定标贯标，联合组织标准化培训，共同举办数字文旅标准宣贯活动，以标准引领为抓手，规范化、一体化提升巴蜀文旅走廊大数据产业分析能力、智慧服务能力。

探索实施川渝两地数字文旅“一朵云”“一张网”等集约化建设模式。依托“惠游重庆”和“智游天府”平台，推动客流互引、身份互认、产品互推等，实现两地文旅资源信息互通、服务设施共建共享（黄庆华等，2024）。协同推进文旅行业云建设，加快川渝两地旅游景区、文博图美等行业主体“上云用数赋智”。拓展数字技术赋能文旅发展应用空间。出台数字文旅发展行动计划，推动省—市（州）—区（县）三级智慧旅游综合服务平台共建共享，促进数字赋能文旅发展。围绕市场需求，科学配置新技术、文化符号等场景要素，推动数字经济和旅游经济深度融合发展，打造一批全国智慧旅游沉浸式体验新空间培育试点。加强古籍保护和活化利用，加快建设古籍数字资源库和川剧唱本、巴蜀家谱等特色古籍数据库。

六、协同推进旅游市场营销持续提升整体形象

持续提升整体形象，联手做大做强重大节会、展会、赛事等平台，相互赋能、互相借势。加强两地媒体平台相互链接和信息互动，联合策划一批主题宣传和全媒体行动，共推魅力都市、熊猫故乡、壮美三峡、巴蜀文明、古道漫行、古韵三国、石窟艺术、多彩民俗等巴蜀文化旅游走廊品牌形象。投入专项资金用于品牌宣传，在国内外主流媒体上进行广告投放，共同打造具有成渝特色的统一文化旅游品牌。推动各地旅游资源的整合与联动，共同开发旅游线路和产品。提升服务品质，联合推动公共服务标准化建设，整体提升“吃住行游购娱”全要素供给能力，打造区域旅游美食品牌，丰富文旅消费场景，推动交旅融合，提升快旅慢游水平，推进旅游市场联合共治和执法协作，共同营造放心舒心旅游环境。以资大文旅融合发展示范区发展建设为契机，持续打造“资足常乐”文旅品牌，深入挖掘资阳、大足两地石窟、石刻、红色、非遗等历史文化遗存，开展文艺、文学精品创作活动，举办传统节日活动、文旅消费季、文化惠民活动等，传承发扬中华优秀传统文化。

加快提升成渝地区双城经济圈在国际旅游市场上的影响力。加强成渝地区双城经济圈各市（州）联动，推出各具特色的国际化精品旅游线路和适用于 144 小时过境免签政策、入境免签政策的旅游产品和线路。开展入境游旅行商“请进来”行动，邀请客源市场的旅行商到成渝地区双城经济圈采风踏线。成渝两地联合举办“熊猫走世界”系列推广推介活动。优化入境旅游服务，提升入境游客消费便利度。创新推动成渝地区双城经济圈离境退税“即买即退”措施有机融入重点文旅消费场所。协同落实入境旅游便利服务举措，充分利用 144 小时过境免签政策吸引海外游客在成渝地区双城经济圈开展深度体验游。制定全球营销战略，在国际知名的旅游展会、媒体上进行宣传推广。利用社交媒体平台，如 Facebook、Instagram（照片墙）等，发布吸引人的旅游内容，吸引潜在游客。举办国际文化交流活动，如文化节、艺术展览等，增进国际游客对成渝文化的了解和认同。加强与国际旅游组织、旅行社的合作，邀请他们来成渝考察踩线，推广旅游产品。加强区域旅游合作，实现成渝地区双城经济圈内部加强合作，共同推广入境旅游。积极与周边省份和地区合作，打造跨区域的旅游线路，吸引更多入境游客，提升国际旅游吸引力。

本章参考文献

陈绍友，于晓霞. 2023. 成渝地区双城经济圈乡村旅游重点村空间分布特征及影响因素研究. 重庆师范大学学报（自然科学版），40（4）：81-94.

陈堂，陈光，陈鹏羽. 2024. 成渝地区双城经济圈数字化要素对产业结构升级的空间效应. 科技管理研究，44（12）：85-93.

丁锐，彭丽娜，杜琳钰，等. 2024. 成渝轨道交通网络演化及对综合交通复杂网络特性的影响研究. 铁道运输与经济，46（9）：144-153.

何芙蓉，胡北明. 2022. 成渝地区双城经济圈城市旅游合作的理论逻辑和实现路径. 四川师范大学学报（社会科学版），49（4）：80-88.

黄庆华，王馨可，潘婷. 2024. 数字经济赋能成渝地区双城经济圈产业链现代化：理论逻辑、动力机制与路径选择. 重庆工商大学学报（社会科学版）：1-14.

时朋飞，徐艳清，龙荟冰，等. 2024. 高质量发展背景下成渝地区双城经济圈旅游业竞争力时空特征演变研究. 湖南师范大学自然科学学报，47（2）：71-79.

孙长城，张凤太，安佑志，等. 2021. 旅游业与新型城镇化耦合协调动态关系研究：以成渝地区双城经济圈为例. 资源开发与市场，37（3）：372-379.

田建强，李江，张晓林. 2023. 双循环视角下成渝地区双城经济圈体育旅游合作层级及优化路径研究. 成都体育学院学报，49（1）：51-57.

杨晓霞，玉波香，刘亚男. 2023. 5A 级旅游景区网络关注时空特征及影响因素研究：基于成渝地区双城经济圈的分析. 价格理论与实践，（4）：185-189.

杨毅，许晨杨. 2024. 成渝地区双城经济圈区域协调发展的理论逻辑、实践创新与优化路径. 西南大学学报（社会科学版），50（3）：41-52.

姚树洁，房景. 2024. 发展新质生产力推进成渝地区双城经济圈国家战略腹地建设. 重庆大学学报（社会科学版），30（4）：1-20.

赵嫚. 2024. 成渝地区文旅融合的时空分异特征和空间演进. 区域经济评论，（1）：151-160.

第二十一章　成渝地区双城经济圈公共服务共建共享的成就、挑战与展望

公共服务关乎民生、连接民心，是人民群众获得感、幸福感、安全感的重要保障。党的二十届三中全会提出“完善基本公共服务制度体系，加强普惠性、基础性、兜底性民生建设”①。成渝地区双城经济圈是我国西部地区人口最密集的区域，推动成渝地区双城经济圈建设，应聚焦与人民生存发展联系最为紧密的民生和服务保障问题。2024 年 4 月 23 日，习近平总书记在重庆主持召开新时代推动西部大开发座谈会，强调“大力推进成渝地区双城经济圈建设”，“促进城市间基础设施联通、公共服务共享”②。

随着成渝地区双城经济圈建设步入第五个年头，全面提高公共服务共建能力和共享水平，满足人民群众的公共服务需求，对于坚持“一盘棋”，唱好“双城记”具有重要意义。《规划纲要》明确提出要“强化公共服务共建共享”，“以更好满足人民群众美好生活需要为目标，扩大民生保障覆盖面，提升公共服务质量和水平，不断增强人民群众获得感、幸福感、安全感”。本章从成渝地区双城经济圈公共服务共建共享出发，探讨双城经济圈基本公共服务共建共享、教育文化体育资源共享、公共卫生医疗和养老合作以及应急联动机制等方面的发展成就。同时，受限于经济社会发展条件和区域发展结构，成渝地区双城经济圈仍然面临公共服务发展不均衡、政策体系衔接不足和综合保障不足等挑战。需继续推进基本公共服务均等化、提高公共服务信息化水平、关注公民需求表达、加强公共服务人才队伍建设和健全公共服务财政保障机制，以提高公共服务共建共享能力。

第一节　发展成就

随着成渝地区双城经济圈建设的不断深入，经济圈内公共服务共建共享取得了瞩目的成就，西南财经大学发布的2023年“成渝地区双城经济圈民生满意度指数”报告显示，公共服务满意度指数由2021年的75.6上升至2023年的79.0，均高于75的中值水平。成渝地区双城经济圈基本实现基本公共服务共建共享程度提升、教育文化体育资源共享、公共卫生

① 中国共产党第二十届中央委员会第三次全体会议公报，https://www.gov.cn/yaowen/liebiao/202407/content_6963409.htm，2024-07-18。

② 习近平主持召开新时代推动西部大开发座谈会强调：进一步形成大保护大开放高质量发展新格局 奋力谱写西部大开发新篇章，https://www.gov.cn/yaowen/liebiao/202404/content_6947130.htm，2024-04-23。

生医疗和养老合作加强以及应急联动机制不断健全。

一、基本公共服务共建共享程度提升

（一）基本公共服务共建提速

2024 年 6 月，推动成渝地区双城经济圈建设重庆四川党政联席会议第九次会议发布的报告显示，双圈居民享受到更多政策红利、同城便利，“川渝通办”累计办件量超过 1800 万件次，“一件事一次办”“免证办”等事项扩面提质。成渝地区双城经济圈建成多条川渝大通道，每年服务驾乘人员超 5.3 亿人次[①]。2024 年 3 月，交通运输部、国家市场监督管理总局、重庆市人民政府、四川省人民政府联合印发《推动成渝地区双城经济圈综合交通运输高质量发展标准体系》，重庆和四川两地政府通过统一两地高速公路服务区的设施配置、标志标识等标准，满足两地交通运输服务均衡、同频发展的需求。同时，在《共建成渝地区双城经济圈 2024 年重大项目清单》中提出“强化公共服务共建共享”，并列出 18 个公共服务共建共享重大项目（表 21-1）。

表 21-1　共建成渝地区双城经济圈 2024 年重大项目清单（公共服务项目）

公共服务项目	序号	项目名称
教育文化体育	1	涪陵中国水文博物馆
	2	遂潼区域职业教育中心
	3	中国民用航空飞行学院天府校区建设项目
	4	铜遂人才共育园
	5	西部职教基地建设
	6	达州西南职教园
医疗卫生及养老服务	7	华中科技大学同济医学院附属协和医院重庆医院
	8	重庆市第四人民医院科学城院区建设项目（紧急医学救援基地）
	9	成都中医药大学附属医院德阳医院
	10	江苏省人民医院重庆医院建设项目（国家区域医疗中心）
	11	四川大学华西第二医院天府医院（四川省儿童医院）二期
	12	广州中医药大学第一附属医院重庆医院一期工程（国家区域医疗中心）
	13	重庆医科大学附属儿童医院宜宾医院建设项目
	14	山东省立医院泸州医院
	15	西南智慧康养城
防灾救灾及应急救援	16	国家西南区域应急救援中心
	17	川东北—渝东北空中应急救援中心
	18	川渝长江流域水上应急救援基地

① 交通运输部举行成渝综合交通运输标准体系专题新闻发布会，http://www.scio.gov.cn/xwfb/bwxwfb/gbwfbh/jtysb/202405/t20240520_848681_m.html，2024-05-17。

（二）基本公共服务共享加码

在构建自由流动、高效配置的公共就业服务体系方面，四川省政府和重庆市政府连续举办多届成渝地区双城经济圈就业创业活动周和“智汇巴蜀”成渝地区双城经济圈大学生模拟求职招聘大赛。截至 2023 年 11 月，两地共享人力资源和就业岗位信息 24 万个，已联合开展成渝专场招聘活动 53 场，为两地 2262 家用人单位发布 5.92 万个就业岗位，实现劳务转移 11.04 万人，截至 2023 年 8 月，两地共建应届离校未就业高校毕业生就业数据库，交换实名制信息 20.7 万条，为促进成渝地区双城经济圈高质量充分就业和人力资源服务高质量发展提供了有力支撑。在构建便捷均等、普惠共享的社保公共服务体系方面，两地已办理成渝间基本养老保险关系转移业务 1.07 万人次，互办社保待遇领取资格认证 1.43 万人次。两地逐步推动区域内就业人员便捷参加企业职工基本养老保险，协同开展养老保险待遇领取、工伤认定等服务，实现养老金领取资格核查互认，并在全国首推基本养老保险关系转移资金定期结算。两地坚持以数字化改革为引领，加快人社数据资源汇聚，推进实现社保卡“一卡通游”，已在重庆武隆喀斯特、成都西岭雪山等 24 个景区实现社保卡网上购票及预约服务，社保卡作为身份凭证在两地 129 家图书馆通借通还，惠及 18 万余名群众①。

二、教育文化体育资源共享

（一）教育协同发展

1. 教育一体化发展

成渝地区共同制定签署《推动成渝地区双城经济圈教育协同发展框架协议》《成渝地区双城经济圈教育协同发展行动计划》等多个战略合作协议，共同推动义务教育学区制管理、集团化办学，举办各类论坛、赛事、研讨、培训等多元活动，布局建设了 10 个成渝地区城乡义务教育一体化发展试验区和 9 个培育试验区，联合实施“成渝协同”重大教育改革试验等 6 项改革试验示范项目②。为了让教育入学更加便利，实现小学入学“一件事”川渝异地可办，义务教育阶段学生学籍档案异地查询核验超 450 万次③。同时，成渝地区的教育主管部门还围绕基础教育公平优质工程、职业教育提质领跑工程、高等教育突破跃升工程、教师队伍强基培优工程、教育对外开放合作工程等，携手打造了一批教育协同发展新范例。川渝两地共同申报并获批了国家级产教联合体，联合共建卓越工程师创新研究院，推动构建两地教育齐头并进、两翼齐飞的良好发展生态。

---

① 101 项合作事项，成渝两地人社再“牵手”，https://www.mohrss.gov.cn/SYrlzyhshbzb/zhuanti/jinbaogongcheng/jbgcshehuibaozhangka/jbgcshbzkdifangdongtai/202311/t20231120_509248.html，2023-11-12。

② 新重庆“渝”跃向前 双城记“育”见未来，https://epaper.cqrb.cn/cqrb/2024-04/24/032/content_rb_331318.htm，2024-04-24。

③ 唱响“双城记” 打造增长极丨“川渝通办”为企业群众幸福持续“加码”，http://scdfz.sc.gov.cn/gzdt/zyhy/cyscj/content_150608，2024-06-24。

2. 教育人才队伍合作加强

截至 2024 年 1 月，四川和重庆共有 10 所高校、19 个学科入选国家“双一流”建设名单，联合培育国家级人才 91 人[①]，聚集了大量学术领袖、两院院士、国家杰青等高层次人才。四川和重庆联合公布《成渝地区双城经济圈急需紧缺人才目录》，创新发布境外人才参加专技类职业资格考试目录40项，2023年开展“百万人才兴重庆”系列活动近200场，全年引进人才 1.2 万人。同时依托首个成渝乡村振兴国家级专家服务基地，全年选派百团千名专家服务基层；全面上线“新重庆人才服务卡”与“天府英才卡”6 项互认共享服务；联合举办西部 HR 能力大赛、首届卓越工程师大赛、“巴蜀工匠”杯乡村振兴技术技能大赛等活动。双向互派科研人员 105 人；累计联合招收培养博士后 37 人；加快建设“智能+技能”数字技能人才培养试验区，建成“巴蜀工匠”协同培养融合区 2 个，累计培育数字技能人才 8.5 万人[②]。

（二）公共文化服务一体化推进

1. 公共文化资源共享

成渝地区双城经济圈内基本实现县级及以上公共图书馆资源共享、读者信息馆际互认和图书通借通还等服务，极大提升了公共文化服务的覆盖面和精准度，促进了公共文化资源的共享。截至 2023 年底，“川渝阅读一卡通”项目已打通两地 175 家公共图书馆图书资源，实现 115 家图书馆、3000 万册图书通借通还服务，是构建“书香成渝”全民阅读服务体系的核心保障，极大地便利了两地群众跨省借阅图书[③]。成渝两地于 2024 年 7 月正式推出“数字文化一网通”服务，两地市民凭个人社保信息即能认证登录重庆数字图书馆和成都数字图书馆，免费下载并使用 110 个数据库（其中 11 个试用数据库）、容量逾 1408TB 的数字资源[④]。

2. 共建巴蜀文化旅游走廊

巴蜀文化旅游走廊建设 5 年来，两地文化和旅游主管部门协同推进“考古中国”、川渝石窟寺国家遗址公园、同根同源非遗保护等重大项目，持续推进长江国家文化公园川渝段、长征国家文化公园川渝段、川陕片区红军文化公园建设，形成一批重大标志性成果。两地同步审议通过川剧保护传承条例，联合举办了“成渝地 · 巴蜀情”巴蜀合唱节系列群众文化活动和“百万职工游巴蜀”等文旅品牌营销活动，带动 30 万职工出游近

---

① 首批成渝地区城乡义务教育一体化发展试验区评选结果公布，https://admin.cq.gov.cn/ywdt/zwhd/bmdt/202401/t20240130_12879654.html，2024-01-30。

② 人社部与川渝政府合作三年晒出成绩单，https://www.cq.gov.cn/zt/shfgfgg/xnwskstbzq/202308/t20230830_12285806.html，2023-08-30。

③ 实施畅游巴蜀便捷行动 川渝两地将推进景区联动促销，https://www.cq.gov.cn/zt/cydqscjjq/xtfz/202402/t20240226_12955434.html，2024-02-26。

④ 成渝推出“数字文化一网通”服务 实现超 1400TB 数字资源共享，http://www.news.cn/local/20240701/7b12ae31be6e4175b8135453ea5ed18b/c.html，2024-07-01。

100 万人次，拉动消费超 10 亿元[①]。截至 2024 年 5 月，两地已共同组建合作联盟 27 个，签订各领域合作协议 86 份，每年常态化联合开展重大文旅活动 10 余项，两地川剧精品剧目双双斩获“文华大奖”，并联合申办了 2025 年第十四届中国艺术节。

（三）体育事业深度融合发展

四川和重庆体育部门于 2021 年首次签约发起组建成渝体育产业联盟，双方明确提出以“三联合”（即联合办会、联合办赛、联合办展）为抓手，推动全方面协同、多维度融合，目前各项工作均取得显著成效。截至2023年11月，双方共同开展了“巴山蜀水·运动川渝”体育旅游休闲消费季、成渝双城万人瑜伽大会、成渝双城铁人三项公开赛等赛事活动 400 余场，参与人数超 600 万人次[②]，成为推动双城体育产业联合发展的品牌活动和助力乡村振兴的重要抓手，两地体育产业增加值增速年均超过 10%[③]。

三、公共卫生医疗和养老合作加强

（一）公共卫生服务体系健全

助力成渝地区双城经济圈一体化发展，四川和重庆持续加强传染病等重大疫情联防联控及公共卫生应急处置工作，联合签署《推动成渝地区双城经济圈建设川渝疾病预防控制协同行动合作协议（2024—2026 年）》，深化传染病监测预警、应对处置。为了加快推进成渝双城卫生健康一体化建设，两地相关部门联合开展川渝地区卫生专业技术人才“双百”培养项目，培训两地卫生技术人员 60 名[④]。截至 2023 年底，四川和重庆 291 家二级及以上公立医院实现 112 项检查检验结果共互认 197.32 万例次，为群众节约就医费用约 1.93 亿元[⑤]，两地实现“无差别受理、同标准办理”。同时，为携手助力成渝地区双城经济圈建设，两地协同加强公共卫生监督执法，共建川渝卫生健康监督执法专家库，并于 2023 年举办首届川渝卫生健康综合行政执法技能竞赛。

（二）医疗资源协同化配置增强

1. 共建医疗服务供给共同体

成渝地区双城经济圈持续推进国家医学、医疗“双中心”建设，推动高水平医院建

---

① 实施畅游巴蜀便捷行动 川渝两地将推进景区联动促销，https://www.cq.gov.cn/zt/cydqscjjq/xtfz/202402/t20240226_12955434. html，2024-02-26。

② 成渝体育产业联盟又添新成员，https://www.cqcb.com/liangjiangchao/2023-11-25/5433600_pc.html，2023-11-25。

③ 激活体育消费，四川在行动 ——让赛事“流量”变消费“能量”和经济“增量”，https://tyj.sc.gov.cn/sctyj/sjxw/2024/5/15/d2f6a83bc4ce44748ac2efac4e8438d4.shtml，2024-05-15。

④ 川渝地区卫生专业技术人才“双百”项目正式启动，https://www.chinanews.com.cn/gn/2021/04-08/9450502.shtml，2021-04-09。

⑤ 跨区域专科联盟覆盖两地近千家医院、百余项检查检验结果实现互认…… 川渝卫生健康一体化发展实现多点突破，http://scdfz.sc.gov.cn/gzdt/zyhy/cysci/content_134860，2024-01-14。

设心血管、呼吸、肿瘤、创伤等重点病种国家医学中心。截至 2023 年 5 月，四川和重庆获批的 9 个国家区域医疗中心项目均已全部开工；两地累计成立跨区域专科联盟 147 个[①]。2023 年 6 月，重庆市渝北区人民医院与四川省邻水县高滩镇卫生院签订医共体协议，标志着广安首个跨省域签约医共体成立。

2. 共享在线医疗发展成果

为打造“成渝健康圈”，自 2021 年以来，四川和重庆不断推进电子健康卡互认工作，截至 2024 年 3 月，在两地已开展电子健康卡“扫码就医”的二级及以上医疗机构中，有 80%以上共计 1857 家医疗机构实现了电子健康卡互通互认，改善了群众就医体验，提升了就医获得感。此外，两地共建医疗卫生信息协作网，提供远程会诊、远程影像、远程心电等远程医疗服务。截至 2024 年 6 月，建立远程医疗协作网 255 个，涉及卫生健康领域的 11 项“川渝通办”事项已累计服务两地群众超 61 万件次。

3. 共育医药卫生人才

川渝联合举办西部医药卫生人才网络招聘会，收到求职简历2300余份。组织四川省人民医院、西南医科大学附属医院、重庆医科大学附属第一医院、重庆医科大学附属第二医院等 4 家医院，每年互派 20 名业务骨干开展结对交流。加快产业发展领域人才培养，联合举办 5 期川渝中药材生产技术骨干培训班[①]。

（三）养老服务体系共建共享

以养老助推成渝地区双城经济圈建设，四川和重庆两地广泛宣传“川渝通办”养老机构登记备案相关规定和扶持政策，支持引导两地知名养老服务品牌异地设立养老机构20余家、床位 2000 余张[②]，并在川渝高竹新区等川渝毗邻地区开展养老服务合作试点示范，探索异地养老服务机制。协调开展普惠养老城企联动专项行动，重庆合展、迪马常青社、龙湖等养老企业到成都建设运营养老服务设施，四川寿而康到潼南建设运营养老服务中心。同时，建立“1+N”老年医疗协同研究网络，打造辐射中西部地区的老年健康服务高地，组建成渝老年医疗护理联盟、川南渝西老年医学联盟，开展老年医学人才培训、学术交流等活动，提升老年健康服务能力和水平。

四、应急联动机制不断健全

（一）建成防灾减灾防线

四川和重庆签订《四川省气象局 重庆市气象局共同推动成渝地区双城经济圈建设合作

① 看四川 · 区域合作丨川渝携手共建“健康圈”，https://www.sohu.com/a/784285159_121118852，2024-06-07。

② 丁中平：深化川渝民政合作 助推成渝地区双城经济圈建设走深走实，https://mp.weixin.qq.com/s?__biz=MzIzMzY2MDA3MA==&mid=2247571250&idx=2&sn=1fcb84c93b811ee2829408536bbff0b8&chksm=e9d86c2aaf4f6bafe0c1daec0914efc54f06159f875fcd959155ae457cf7ca4ec07cb0fc4f85&scene=27，2024-05-06。

协议》和《成渝地区双城经济圈水旱灾害防御信息共享和通报制度备忘录》，双方实时共享雨情雨量等气象信息，以及水文站点的水情信息和水库（水电站）实时调度、工情等信息。两地不断深化跨界河流水事协作，签署了《成渝地区双城经济圈水利合作备忘录》，将嘉陵江、沱江、涪江、渠江等跨省市河流干支流上的大中型水库（水电站）全部纳入跨省市洪水联合调度范围。此外，还建立并启动应急物资协同联动保障机制，实现灾情互联互通、物资储备共享、物资保障联动。

（二）实施地震预警一体化

当前四川和重庆地震部门密切配合，着手开展地震预警站网融合测试评估，共同完善信息共享机制、预警信息发布策略。并与广电、电信、移动等媒体和企业深入合作，推动实现电视地震预警，积极拓展手机、大喇叭等地震预警发布渠道，推动实现预警站网、数据处理、信息发布来源一体化，全面提高秒级地震预警和分钟级地震烈度速报服务能力，2024 年 4 月已全面完成 DTU（data terminal unit，数据终端单元）升级，90%以上的台站网络延迟达到小于 1.25 秒要求①，服务保障成渝地区双城经济圈建设。

（三）合成应急救援能力提高

四川和重庆不断统筹成渝地区双城经济圈内的川渝毗邻地区“120”应急救援服务，川南与渝西地区开展“120”一体化服务，川东北与渝东北建立万达开“120”两小时医疗急救圈，四川广安与重庆合川“120”信息系统成功对接，常态化实施毗邻地区院前急救信息共享。启动“川渝无偿献血深度合作暨高竹新区献血屋”建设，在全国率先建立跨区域献血机制，实现信息高效互联、资源高效共享。两地中医疫病防治队联合组织开展中医应急演练，建立区域联动响应、快速反应机制，打造高水平中医应急医疗队伍。

第二节　面临挑战

一、公共服务发展不均衡

受限于经济社会发展条件和区域发展结构，成渝地区双城经济圈公共服务仍然存在发展不平衡不充分、公共服务存在差距等问题（柳天恩等，2023），尤其是优质公共服务资源向重庆、成都等中心城市、中心城区集中。

（一）社会保障服务不均衡

社会保险服务方面，重庆社会保险参保比例高于四川。截至 2024 年 4 月底，四川基本

① 川渝地区举办地震预警一体化交流会，https://www.cqdzj.gov.cn/content.php?id=9892，2024-04-23。

医保参保率达到95%以上[①]，重庆2023年基本医保参保率已达97.8%[②]；2023年川渝两地城镇职工基本养老保险参保人数占常住人口的比例分别为 40.95%和 46.23%；2023 年两地失业保险的参保人数占常住人口的比例分别为14.24%和19.59%[③]。2023年四川和重庆居民最低生活保障人数占常住人口的比例分别为 4.89%和 2.44%，城市低保平均保障标准分别为每人每月 740 元和 735 元，农村低保平均保障标准分别为每人每月 533 元和 600 元。重庆综合服务设施覆盖率高于四川。截至 2022 年底，四川城市社区综合服务设施覆盖率79.6%，农村社区综合服务设施覆盖率 32.9%[④]，重庆村（社区）综合服务设施覆盖率达100%[⑤]。

（二）教育发展水平不均衡

在高等教育方面，2023年四川和重庆每百万人口拥有普通高校（机构）数分别为1.64所和2.26所，重庆每百万人口拥有普通高校（机构）数是四川的1.38倍。2023年成渝两地拥有 10 所“双一流”建设高校，占全国总数的 6.8%。其中，成都的“双一流”建设高校数量为8所，重庆的“双一流”建设高校数量为2所。在教育支出方面，2023年四川和重庆财政性教育经费投入分别为1951.1 亿元[⑥]和856 亿元[⑦]。在区域内部，教育发展水平不均衡的问题依旧较为严重。2023年末成都共有在蓉高校65所，约占四川高校总数的47.4%，在校学生120.8万人，占四川高校在校生数量的55.8%。成渝地区双城经济圈内的达州仅有3 所普通高等学校，资阳则没有普通高等学校，可见成都占有四川约一半的高校教育资源，而四川其他地区高等教育资源相对匮乏。

（三）医疗卫生服务不均衡

在医疗资源供给方面，2023 年四川和重庆每百万人口拥有医院数分别为 31.17 所和27.01 所，每千人口医疗卫生机构床位数分别为 8.47 张和 5.94 张。2023 年四川每千人口拥有的卫生技术人员数为8.87 人、执业医师数为3.36 人，重庆每千人口拥有的卫生技术人员数为8.50 人、执业医师数为3.21 人。在医疗卫生支出方面，2022 年川渝两地人均卫生总费用分别为5082.07 元和5266.83 元，四川略低于重庆。区域内部医疗资源分配不均

---

① 四川省医疗保障局关于对省第十四届人大第二次会议第 14021113 号建议办理答复的函，https://ylbzj.sc.gov.cn/scsybj/nc010414/2024/6/11/3bcaa79b7e704b68a3f33691ae99f391.shtml，2024-06-11。

② 重庆将加快推进医保支付方式改革，https://www.gov.cn/lianbo/difang/202401/content_6927084.htm，2024-01-19。

③ 根据川渝两地统计年鉴及统计公报计算。

④ 四川省 2022 年民政事业发展统计公报，https://mzt.sc.gov.cn/scmzt/tjsj/2023/11/27/d48c8f34d3f5438983008c8b169676a9.shtml，2023-11-27。

⑤ 重庆村（社区）综合服务设施覆盖率达 100%，https://wap.cq.gov.cn/ywdt/jrcq/202305/t20230531_12013763.html，2023-05-31。

⑥ 关于四川省 2023 年预算执行情况和 2024 年预算草案的报告，https://www.sc.gov.cn/10462/10464/10699/10702/2024/2/19/256c549788f14ae280d0503a1524cb02.shtml，2024-02-19。

⑦ 关于重庆市 2023 年预算执行情况和 2024 年预算草案的报告，https://www.cq.gov.cn/zwgk/zfxxgkzl/fdzdgknr/ysjs/sjyjsqk/ys/202402/t20240229_12973140.html，2024-02-29。

衡问题依然严重。2023 年成都三甲医院数量达 61 家，占四川三甲医院总数的 42.42%，2023 年重庆中心城区三甲医院数量达 23 家，占重庆三甲医院总数的 56.10%，这意味着成渝地区双城经济圈内的医疗资源向成都和重庆中心城区集聚，而其他地区分配到的资源相对较少。

二、政策体系衔接不足

受行政区划制约，成渝地区双城经济圈内基本公共服务在信息共享、两地合作、综合保障等方面的政策和相关标准衔接不足，制约了共建共享的协同推进进度（刘志彪等，2019）。

（一）共享互通存在壁垒

当前成渝地区双城经济圈在政务服务数据共享和信息协同方面还有待突破，两地信息数据共享互通壁垒依然存在（袁刚等，2020）。在跨部门数据共享方面，两地跨部门信息比对和共享存在一定壁垒，医保与人社、税务、民政、教育等部门之间的数据共享交换还存在困难。在跨地区数据共享方面，两地数据共享不足，技术标准不统一。在行政审批方面，不同地区的同一部门对同一事项的审批标准并不统一。截至 2024 年 2 月，“川渝通办”开通的政务服务事项仅 311 项[①]，而“渝快办”接入政务服务事项 2885 项[②]，大部分政府服务需要公民或企业将相同的信息在多个部门进行重复填报，并且填报的格式规范并不统一。在智慧政务平台建设方面，两地建立的多平台账户不能实现互通互认，缺乏系统性的集成网站，多个孤立的平台和网站组成了“信息迷宫”。目前“川渝通办”在“天府通办”“渝快办”网站及 APP 内皆开设有进入通道，但是“天府通办”“渝快办”并不能实现账号互通互认，即使用户分别在两平台进行实名认证、使用同一手机号注册也无法实现账号办理业务互通。

（二）两地合作受到限制

在政策制定方面，在双城圈规划范围内，部分地区对于存在较大差异的政策未能及时进行沟通、调整和统一，仍按照本地之前执行的政策来开展工作，在一体化推进过程中会造成偏差。例如，遂潼川渝毗邻地区一体化发展先行区内，遂宁和潼南两地已实现异地就医购药直接结算，但两地医保报销政策差异较大，不利于两地的卫生健康事业交流和基本医疗卫生一体化发展。公共服务资源跨区域流动方面，受行政区划、公共服务属性的影响，目前成渝地区双城经济圈在基本公共服务领域的合作主要由各主管部门推进，通过定期或不定期会议、协议等方式进行，尚未形成有效的利益协调机制，一旦涉

---

① 最新版推进川渝公共服务一体化深化便捷生活行动事项印发 两地便捷生活“升级”，https://www.cq.gov.cn/zwgk/zfxxgkml/zcjd_120614/mtsj/202402/t20240227_12965105.html，2024-02-27。

② “渝快办”为企业群众办事搭起“数字桥梁”，http://cq.people.com.cn/n2/2024/0429/c365402-40827778.html，2024-04-29。

及核心利益问题，协作就会较难开展。例如，在教育和人才方面，各地关于资源的争夺是比较激烈的，为了防止资源外流，虽然探讨着合作，但仍存壁垒，这不利于教育公平的实现和人才资源的自由流动。

三、综合保障不足

（一）民间参与积极性亟须增强

在推动成渝地区双城经济圈公共服务共建共享过程中，相关部门在前期的布局或者后期的使用感受上，很少采取相关举措来对两地居民进行用户调研，忽略了对公共服务进行满意度评估和对用户感受的采集。部分公共服务领域即便引入了公众参与机制，也无法展开有效互动。对于社会公众而言，公共服务的服务对象是无差别的民众，但在实际生活中民众与民众之间也存在一定的鸿沟，公众有时需要具有较强的专业知识才能理解公共服务相关的政策、文件、决策等。例如，两地在公共服务政策制定环节，发布了《推进川渝公共服务一体化 便捷生活行动事项 2024 年版（征求意见稿）》，但仅收到 1 条反馈意见[①]，可见在意见征集方面，公众参与度不高。

（二）多元化人才支持力度不足

一方面，部分地区存在公共服务专业人才不足的问题，限制了公共服务质量和效率的提升。截至 2024 年 6 月，四川和重庆人才资源总量已经超过 1700 万人[②]，占两地总人口的比重为 14.71%，比全国平均水平低约 1 个百分点，虽然数量庞大的人才资源为成渝地区双城经济圈高质量发展提供了坚实的人才支撑，但公共服务专业人才匮乏，高端人才集聚平台较少。另一方面，成渝地区双城经济圈公共服务专业人才激励机制和共享机制尚不健全，已经出台的成渝地区双城经济圈“放管服”改革和“川渝通办”事项改革等政策机制，仅仅从证照办理、民生服务等较为宽泛的社会配套服务方面建立优化改革机制，并未针对公共服务专业人才建立全方位的激励和共享机制，造成人才鼓励实现效果不理想。

（三）公共服务基础设施存在短板

一方面，成渝地区双城经济圈内部分地区交通基础设施建设相对滞后。这部分地区难以凭借自身财政能力进行大规模基础设施建设，也难以凭借发展现状进行基础设施建设贷款，加之其比较复杂的交通条件，导致其交通干线建设进程缓慢，路网覆盖度和空

---

① 《推进川渝公共服务一体化 便捷生活行动事项 2024 年版（征求意见稿）》在线意见征集情况，https://www.sc.gov.cn/10462/c100384/2024/1/7/8ba7a4794a454e4093ed7f6389300990.shtml，2024-01-07。

② 加强成渝地区双城经济圈人才队伍建设，https://mp.weixin.qq.com/s?__biz=MjM5NDUyNjgyNA==&mid=2652862390&idx=2&sn=44164430b8c5aa1918236f5f8a7e82d4&chksm=bc8f79b524f46a90b4a9a7c23d2a8c06044ccf0f863c6f31808db675289cbc02d1ce663bcfcc&scene=27，2024-06-26。

间连通度偏低。其交通通达度偏低，阻碍了成渝一体化交通运输体系构建。另一方面，养老服务基础设施供给不足。第七次全国人口普查数据显示，成渝地区双城经济圈老龄化程度高于全国平均水平。但成渝地区双城经济圈内的养老服务基础设施仍不能满足逐年增多的高龄、失能失智、多病共存的老年人的需要，当前成渝地区双城经济圈内的养老服务设施站点密度较低，无论是人口密集的城市社区还是以分散聚落为主的自然村，养老服务设施难以达到15分钟生活圈全覆盖。

第三节　未来展望

一、推进基本公共服务均等化

推进成渝地区双城经济圈基本公共服务均等化，既需要优化公共服务资源空间配置，又需要破除体制机制障碍约束，让基本公共服务发展成果更多更公平地惠及两地人民，满足人民对美好生活的向往（缪小林和张蓉，2022）。一方面，优化基本公共服务资源的空间配置（陆铭等，2019）。两地政府要推进成都和重庆优质的教育、医疗资源向欠发达地区渗透。坚持机会公平和地域平衡的基本原则，围绕常住人口规模和服务半径，回应服务对象基本需求，合理布局基本公共服务设施，促进常住人口分布与公共服务供给空间匹配。同时，以城乡社区为载体，完善成渝基本公共服务网络，加大公共资源向基层、农村地区倾斜的力度，推进社区综合服务中心、卫生站、图书馆等公共服务设施建设，扩大公共服务设施覆盖面。另一方面，同标同质完善基本公共服务均等化制度机制。落实国家、四川省、重庆市基本公共服务标准，推动四川省和重庆市各级政府完善广覆盖、更公平、可持续的公共服务制度体系。基于增进民生福祉、促进共同富裕原则，立足人的全生命周期公共服务共性需求，围绕幼有所育、学有所教、劳有所得、病有所医、老有所养、住有所居、弱有所扶、优军服务保障、文体服务保障的民生保障改善目标，进一步打破行业分割、地区分割、行政层级分割，建立成渝地区双城经济圈基本公共服务标准及动态调整机制，多元扩大普惠性非基本公共服务供给，丰富多层次多样化生活服务供给，提高资源利用效率和政策实施效果，稳步提升公共服务保障水平。

二、提高公共服务信息化水平

在信息化、数字化、智能化的新时代，将信息技术融入于基本公共服务的供给和建设管理过程中，可以实现基本公共服务资源的精准化和均衡化供给，提高供给效率。一方面，加快数字政府建设，通过大数据、云计算等技术深入挖掘分析，建立数字化政务服务模式，统筹公共资源配置，实现政务信息的快速流转和高效处理。在网络技术的基础上进行不同政府层级、机构和政府网站之间的整合，形成一个整体性网上办公平台，各个公共服务供给主体主动开放自己的数据库，为人民群众提供多元化的信息获取渠道。此外，成渝地区行政审批部门在该平台对基本公共服务领域相关的行政审批手续进行网上审批，简化政务工作流程，让成渝地区双城经济圈范围内的广大人民群众能够共享便捷的基本公共服务。另一方面，加强成渝地区双城经济圈整体性数据库建设，对海量数据信息进行收集整理，形成完善的基本公共服务数据体系。在基本医疗卫生服务领域，对人民群众的病历数据进行收集，在成渝地区双城经济圈范围内各医疗机构之间实现数据互联互通，优化网上预约诊疗服务，建立完善一体化的诊疗机制，让群众足不出户也可以享受大城市大医院的医疗资源和服务，缓解大医院就医拥挤的问题。在人力资源领域，建立成渝地区双城经济圈整体性人力资源数据库，形成区域内人力资源合作和信息共享机制，实现人力资源的统筹和优化配置，为解决人民群众的就业问题提供便利。

三、关注公民需求表达

为人民群众提供基本公共服务的过程也是致力于满足人民群众对基本公共服务差异化需求的过程，要探索构建整体性的服务需求导向机制和个人偏好结合机制，确保政府能够及时对公民的需要做出响应。一是畅通人民群众的需求表达渠道，通过建设一站式服务平台，整合政府的公共服务职能，提供“按过程管理”的无缝隙服务，打造“基本公共服务超市”，及时发布基本公共服务领域的各类信息，推行“门诊化”服务，同时对民众的留言建议进行归类、整合，建立与民众之间有效的对话沟通机制，并及时进行回应和解决，实现信息平台管理和运行更加高效科学，体现为人民服务的根本宗旨，从而更好地管理和优化基本公共服务。二是关注成渝地区双城经济圈内滞后地区公民对基本公共服务的需求，要提升社会保障、医疗卫生、公共教育等基本公共服务的供给能力，不断缩小圈内市县的差距。三是各地区要建立完善基本公共服务质量评估体系，科学构建评价指标体系，明确评估标准、内容和要求，将基本公共服务领域的目标任务转化为量化指标，科学评估基本公共服务质量和效率（张晓杰，2021），充分发挥群众监督、媒体监督的正能量，不断提高基本公共服务质量，严格执行问责制度，加强审计监督。

四、加强公共服务人才队伍建设

成渝地区双城经济圈实现公共服务共建共享，关键是要建设一支规模宏大、结构合理、素质优良、充满活力的专业人才队伍。一是加强协同发展顶层设计，两地相关部门研究编制《成渝地区双城经济圈人才一体化发展规划（2025—2035）》，从人才引进、培养、使用、评价、服务、支持、激励等方面，对重庆和四川出台的人才政策进行系统梳理，进一步推动两地人才政策互补融合、同向发力。组建成渝人才联盟，强化四川和重庆两地人才互动，组织学术、科研、技术、服务等交流活动，促进人才一体化发展。二是夯实人才事业发展平台，用好与国家部委签订的战略合作协议，联合争取国家在成渝地区双城经济圈投放一批国防、科技、工业、交通重大项目，布局一批全国重点实验室和一流科研院所，提升一批研究型大学和领军企业的创新能力，补齐高端人才发展平台短板。立足打造新时代西部大开发重要战略支点、内陆开放综合枢纽两大定位，在人才管理、培养、使用、流动等方面先行先试，打造西部“人才特区”，增强人才集聚能力。三是改进人才管理方式，加强人才培养、引进和继续教育，推动人才向川渝地区有序聚集，支持科研人员在川渝地区兼职兼薪或离岗转化科技成果，按规定取得合法报酬。借鉴济南、苏州、无锡等地经验，成立川渝高新人才发展集团，利用市场化手段助力两地高新人才“引育留用”工作。切实加强成渝地区双城经济圈科技服务机构“新龙”创新合作联盟建设[①]，为人才提供项目申报、成果转化、创新创业等方面的专业服务。

五、健全公共服务财政保障机制

成渝地区双城经济圈基本公共服务财政保障机制的重点是财政保障的优先顺序、共建共享的成本分担和收益分享机制、政策标准与社会发展水平相适宜等方面的问题（Buchanan，1950；廖明月和赵磊磊，2022）。一是完善财政分级保障机制。两地按照先易后难、有序推进的原则，分类制定统一的基本公共服务财政保障政策清单。对纳入清单的基本公共服务项目，重在研究统一两地政策标准的“底线”与“天花板”。对已经明确的基本公共服务政策“底线”，要逐项梳理确定财政的支出责任和分担比例，对超过“底线”的部分，按照谁受益、谁承担的原则处理（缪小林等，2020；童光辉和赵海利，2014）。二是构建差异化财政保障机制。对于纯公益项目，按规定纳入预算统筹。对于有一定收益的项目，发挥财政资金的引导作用，通过多渠道的融资方式，引导市场资金进入。对于市场化程度较高的项目，明确财政与市场边界，对有利于基本公共服务共建共享且达到相关指标的项目，给予一定的财政奖励。三是建立财政政策联动机制。加强在城乡最低生活保障、教育经费、困难学生补助等方面提标衔接，逐步在提标幅度、时间等方面保持相对协调。同时，加强两地基本公共服务资金管理经验交流，研究制定区域内基本公共服务资金管理办法，统一制定基本公共服务资金绩效评价指标体系，交叉开展财政资金使用效果绩效评价。

本章参考文献

廖明月，赵磊磊. 2022. 新发展理念下成渝地区双城经济圈建设的财税政策选择. 财会通讯，(8)：136-142.

刘志彪，徐宁，孔令池，等. 2019. 长三角高质量一体化发展研究. 北京：中国人民大学出版社.

柳天恩，孙雨薇，田梦颖. 2023. 京津冀基本公共服务均等化的多重困境与推进路径. 区域经济评论，(3)：32-39.

① “新龙”创新合作联盟由15家重庆市科技服务机构与15家成都新都区科技服务机构自愿联合发起成立，旨在通过引导国内优秀的科技服务机构、科技成果转移转化机构、孵化载体、科技金融机构向区域内聚集，促进联盟成员机构优势互补、资源共享、市场联动、信息互通、模式创新、协作发展，为成渝地区双城经济圈内高校、企业、科研院所提供技术对接、项目撮合、成果转化等市场化科技服务，共同推动成渝两地产业链、人才链与创新链融合发展。

陆铭，李鹏飞，钟辉勇. 2019. 发展与平衡的新时代：新中国 70 年的空间政治经济学. 管理世界，35（10）：11-23，63，219.

缪小林，张蓉. 2022. 从分配迈向治理：均衡性转移支付与基本公共服务均等化感知. 管理世界，38（2）：129-149，9-14.

缪小林，张蓉，于洋航. 2020. 基本公共服务均等化治理：从“缩小地区间财力差距”到“提升人民群众获得感”. 中国行政管理，（2）：67-71.

童光辉，赵海利. 2014. 新型城镇化进程中的基本公共服务均等化：财政支出责任及其分担机制：以城市非户籍人口为中心. 经济学家，（11）：32-36.

袁刚，温圣军，赵晶晶，等. 2020. 政务数据资源整合共享：需求、困境与关键进路. 电子政务，（10）：109-116.

张晓杰. 2021. 长三角基本公共服务一体化：逻辑、目标与推进路径. 经济体制改革，（1）：56-62.

Buchanan J M. 1950. Federalism and fiscal equity. The American Economic Review，40（4）：583-599.

第二十二章 成渝地区双城经济圈基本公共服务标准化便利化建设的成就、问题与展望

《规划纲要》提出要推进基本公共服务标准化便利化，这是实现成渝地区双城经济圈公共服务共建共享的前提，也是建成高品质生活宜居地的基础之一。公共服务的对象是居民。满足居民的基本生活需求，确保居民的生活质量达到一定标准，是基本公共服务的重要目的。项目将从需求端分析成渝地区双城经济圈基本公共服务的供给情况，评估作用效果以及后续着力方向，为成渝地区双城经济圈实现标准、便利的高品质公共服务提供实证参考。公共服务涉及具体项目较多，对其分类也有不同。这里主要对《规划纲要》重点提及的文化教育、医疗卫生、养老保障、生态环境四个部分进行分析。

本章分为三个部分。第一部分基于宏观数据，对成渝地区双城经济圈基本公共服务的成就进行总结。运用四川省、重庆市统计年鉴以及相关宏观数据了解成渝地区双城经济圈总体情况及其地区内的公共服务供给情况与差异。虽然2023年的统计年鉴数据反映的主要是2022年的情况，但仍能看到相关公共服务提供的趋势。第二部分利用微观数据，从居民角度探究基本公共服务是否满足居民需求，目前依然存在哪些问题。运用2021年到2023年西南财经大学中国民生指数研发中心对成渝地区双城经济圈各区县的微观调查数据，了解居民对公共服务的满意度。重点分析成渝地区双城经济圈不同地区、不同群体的居民对不同项目的满意度差异以及对某些公共服务的进一步需求。第三部分则基于前两部分的分析结果，探讨如何基于现有条件，对标成渝地区双城经济圈内公共服务水平较高的地区，提升公共服务水平，满足居民需求，使区域内公共服务逐步标准化与便利化。

第一节 进展成就

自《规划纲要》提出以来，成渝地区双城经济圈为实现标准便利的基本公共服务供给共同发力。公共服务标准化是持续提升公共服务质量，满足公民公共服务需求的重要手段（陈振明和耿旭，2014）。通过标准化，可以优化公共服务体系，提升公共服务能力，推动地区间、群体间基本服务均等化（陈世香和李帅，2024）。比较成渝地区双城经济圈与长三角城市群公共服务2010—2021年的数据发现，在成渝地区双城经济圈建设起步之时，其基本公共服务供给水平、供给均等化程度均低于长三角城市群，但资源配置的均等化程度高于长三角城市群（张晓杰和王孝，2024）。几年时间里，在资源配置均等化的

基础上，成渝地区双城经济圈在基本公共服务方面取得了较大成效。

一、成渝地区双城经济圈经济总量稳步提升，公共服务投入波动增加

2023 年成渝地区双城经济圈经济总量达 81 986.67 亿元，较 2022 年增长 6.1%，分别占全国、西部地区经济总量的 6.5%、30.4%；其中，成都都市圈经济总量为 27 845.3 亿元、重庆都市圈经济总量为 24 632.6 亿元，占成渝地区双城经济圈经济总量的 64.01%，成渝“双核”拉动成渝地区双城经济圈发展的作用明显。伴随成渝地区双城经济圈经济的增长，公共服务投入也随之增加。2022 年，成渝地区双城经济圈公共服务预算支出 43 543 694 万元，分别较 2020 年、2021 年增加 2 862 852 万元、3 371 908 万元，占一般公共预算支出的比重为 43.41%，比重较 2020 年、2021 年增加了 0.92 个百分点、0.97 个百分点，年均增长率为 3.46%；2022 年人均公共服务预算支出 4408.01 元，分别较 2020 年、2021 年增加 282.50 元、338.23 元，年均增长 3.37%（表 22-1）。

表 22-1　2020—2022 年成渝地区双城经济圈公共服务投入情况

年份	公共服务预算支出/万元	人均公共服务预算支出/元	公共服务预算支出占一般公共预算支出的比重
2020	40 680 842	4 125.51	42.49%
2021	40 171 786	4 069.78	42.44%
2022	43 543 694	4 408.01	43.41%

资料来源：根据 2021—2023 年四川省、重庆市统计年鉴中成渝地区双城经济圈各地区数据加总获得

经济发展是促进公共服务发展的基础条件。2022 年成渝地区双城经济圈人均可支配收入指数为 115.85，较 2021 年增长 4.1%；人均医疗保健消费支出指数为 115.51，较 2021 年增长 3.6%；人均教育文化娱乐消费支出指数为 111.58，较 2021 年增长 3.5%。根据《成渝地区双城经济圈一体化发展指数报告（2022—2023）》《2022 年成渝地区双城经济圈发展指数报告》，2022 年成渝地区双城经济圈公共服务指数为 110.55，较 2021 年提高 3.22，增速为 3%，公共服务指数明显上升。公共服务供给水平及标准化程度显著提高。

二、文化教育服务供给质量总体提高，标准化程度提升

2020 年以来，人均教育预算支出增加，成渝地区双城经济圈小学和普通中学生师比下降，教育服务供给质量明显提高。2022 年小学生师比、普通中学（初中和高中）生师比分别为 15.57、12.81，较 2021 年下降了 0.10、0.26，较 2020 年下降了 0.48、0.60（表 22-2）。目前，小学师资配比总体较好，中学的师资配比略高①。2022 年成渝地区双城经济圈 44 个市县（区）中，除大渡口区小学生师比（19.28）略高于国家统一标准外，其他地区的生师比均满足标准。普通中学生师比也在明显下降，生师比在 13.0 以下的已经有

① 2014 年中央编办、教育部、财政部印发《关于统一城乡中小学教职工编制标准的通知》，将县镇、农村中小学教职工编制标准统一到城市标准，即高中生师比为 12.5 : 1、初中生师比为 13.5 : 1、小学生师比为 19 : 1。

19个县（区），且生师比有进一步下降趋势。

表 22-2　2020—2022 年成渝地区双城经济圈教育及文化公共服务情况

年份	小学生师比	普通中学生师比	人均拥有图书馆藏量/本	公共图书馆藏量占全国的比重	人均教育预算支出/元	教育预算支出占一般公共预算支出的比重
2020	16.05	13.41	0.51	4.22%	1659.46	17.09%
2021	15.67	13.07	0.56	4.36%	1712.40	17.86%
2022	15.57	12.81	0.63	4.60%	1803.70	18.04%

资料来源：根据 2021—2023 年四川省、重庆市统计年鉴，文化和旅游部 2020—2022 年文化和旅游发展统计公报中成渝地区双城经济圈各地区数据加总获得

2022 年成渝地区双城经济圈人均教育预算支出为 1803.70 元，分别较 2020 年、2021 年增加 144.24 元、91.30 元，年均增加 4.26%；教育预算支出占一般公共预算支出的比重从 2020 年的 17.09%增加至 2022 年的 18.04%，增加了 0.95 个百分点（表 22-2）。

2022 年成渝地区双城经济圈公共图书馆藏量达 6248.74 万本，分别较 2020 年、2021 年增加了 1267.89 万本、750.28 万本，年均增长 12.01%；公共图书馆藏量占全国的比重从 2020 年的 4.22%增加到 2022 年的 4.60%，增加了 0.38 个百分点；人均拥有图书馆藏量从 2020 年的 0.51 本增加到 2022 年的 0.63 本（表 22-2）。

三、医疗卫生服务供给总体呈增长趋势，服务便利性增强

2022 年每万人拥有医疗机构床位 79.83 张，分别较 2020 年、2021 年增加 6.37 张、2.45 张，年均增加 4.25%；每万人拥有卫生技术人员 81.64 人，分别较 2020 年、2021 年增加 5.96 人、2.13 人，年均增加 3.86%。2022 年人均卫生健康预算支出 1150.98 元，分别较 2020 年、2021 年增加 67.30 元、190.94 元，年均增加 3.06%；医疗卫生健康预算支出占一般公共预算支出的比重从 2020 年的 11.16%增加至 2022 年的 11.33%，增加了 0.17 个百分点（表 22-3）。

表 22-3　2020—2022 年成渝地区双城经济圈医疗卫生公共服务情况

年份	每万人拥有医疗机构床位数/张	每万人拥有卫生技术人员数/人	人均卫生健康预算支出/元	医疗卫生健康预算支出占一般公共预算支出的比重
2020	73.46	75.68	1083.68	11.16%
2021	77.38	79.51	960.04	10.01%
2022	79.83	81.64	1150.98	11.33%

资料来源：根据 2021—2023 年四川省、重庆市统计年鉴中成渝地区双城经济圈各地区数据加总获得

四、养老保障服务标准化程度加深，便利性有所提升

养老保障涉及养老保险及养老机构服务获得两方面。近几年，成渝地区双城经济圈

地区的养老保险覆盖人数上升明显，养老服务机构数总体增加。2020 年以来，成渝地区双城经济圈基本养老保险参保人数逐年增加，基本养老保险参保率稳定保持在 90%以上。2023 年参保人数达 6964.71 万人，分别较 2020 年、2021 年、2022 年增加 430.22 万人、292.10 万人、148.78 万人，年均增长 2.15%（图 22-1）。

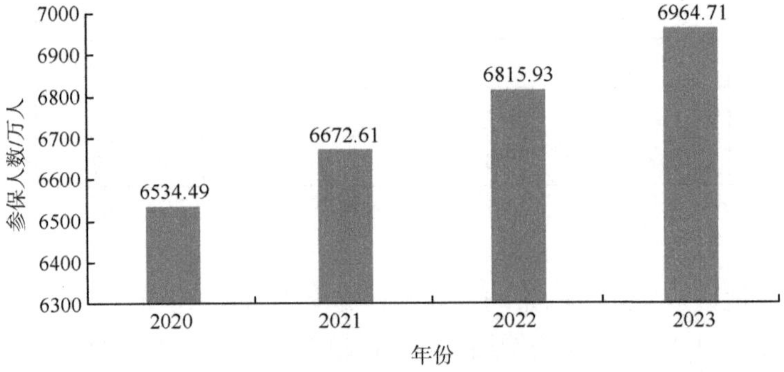

图 22-1　2020—2023 年成渝地区双城经济圈基本养老保险参保人数

基于成渝地区双城经济圈各地区历年国民经济和社会发展统计公报数据加总获得

2023 年成渝地区双城经济圈已备案养老机构有 3808 家，分别较 2021 年、2022 年增加 158 家、77 家，年均增长 2.14%。2021 年，每万名 60 岁及以上老年人口拥有养老机构数为 1.46 家。2022 年每万名 60 岁及以上老年人口拥有养老机构数 1.67 家，较 2021 年增加 0.21 家；2023 年每万名 60 岁及以上老年人口拥有养老机构数 1.47 家，较 2021 年增加 0.01 家（表 22-4）。

表 22-4　2021—2023 年成渝地区双城经济圈养老机构情况　　单位：家

年份	养老机构	每万名 60 岁及以上老年人口拥有养老机构数
2021	3650	1.46
2022	3731	1.67
2023	3808	1.47

资料来源：四川省民政厅、重庆市民政局

五、生态环境持续改善，生态宜居发展持续向好

《2022 年成渝地区双城经济圈发展指数报告》《成渝地区双城经济圈一体化发展指数报告（2022—2023）》显示，2022 年生态环保指数为 106.95，较 2021 年提高 2.04，增速为 1.94%；2022 年生态环境共保联治指数为 111.1，较 2021 年提高 4.6，增速为 4.32%；生态宜居指数达 109.0，较 2021 年提高 2.7，增速达 2.54%；成渝地区双城经济圈生态环境发展持续向好，成效突出（表 22-5）。

表 22-5　2021 年、2022 年成渝地区双城经济圈生态环境情况

指标	2021 年	2022 年	增幅	增速
生态环保指数	104.91	106.95	2.04	1.94%
生态环境共保联治指数	106.5	111.1	4.6	4.32%
生态宜居指数	106.3	109.0	2.7	2.54%

资料来源：《2022 年成渝地区双城经济圈发展指数报告》《成渝地区双城经济圈一体化发展指数报告（2022—2023）》

第二节　存在问题

成渝地区双城经济圈的公共服务在取得较大成就的同时，也存在需要进一步改进的问题。公共服务的质量和水平直接影响居民对公共服务的评价（邓悦，2014）。同时，居民日益增长的美好生活需要也对公共服务提出了新的更高的要求。基于居民的公共服务满意度，可以在一定程度上了解居民的需求以及尚存的问题。表 22-6 反映了 2021—2023 年成渝地区双城经济圈居民对公共服务的满意度情况。可以看到，以满分 100 分计，整体上居民对公共服务较为满意。2023 年成渝地区双城经济圈居民对公共服务的满意度整体上较 2021 年稳中有升，但对各类公共服务的满意度有一定差异。

表 22-6　2021—2023 年成渝地区双城经济圈居民对公共服务的满意度

指数	2023 年	2022 年	2021 年	2023 较 2021 变化
医疗满意度	78.0	78.2	80.4	–2.4
养老保障满意度	78.6	79.3	74.5	4.1
教育满意度	79.5	79.7	71.1	8.4
交通出行满意度	79.9	80.0	76.1	3.8
生态环境满意度	81.9	81.8	81.2	0.7

资料来源：西南财经大学中国民生指数研发中心

从满意度得分上看，2021 年到 2023 年生态环境满意度一直最高，其余四项的满意度均有一定波动。2021 年教育满意度得分最低，2022 年及 2023 年医疗满意度得分最低。公共服务满意度及其各指标同样具有较为明显的地区差异。在公共服务各项指标中，交通出行满意度的地区差距最小，医疗满意度的地区差距最大，其次为教育满意度及养老保障满意度。

从满意度的改变程度上看，教育满意度增长最为明显。2021 年，居民的教育满意度最低，仅为 71.1 分，比生态环境满意度得分低了 10.1 分。但在 2023 年，教育满意度达到了 79.5 分，较 2021 年提高了 8.4 分。可以看出此期间教育相关的公共服务质量明显提升。

同时，养老保障满意度与交通出行满意度也有明显的上升。养老保障满意度在 2021 年的得分为 74.5 分，到 2023 年，养老保障满意度上升到 78.6 分，其间满意度上升了 4.1 分。交通出行满意度在 2021 年的得分为 76.1 分，到 2023 年上升到 79.9 分，其间满意度上升了 3.8 分。生态环境满意度较为稳定，略有上升，2021 年到 2023 年其得分稳定在 81—82 分。

在 2021 年到 2023 年，医疗满意度得分有所下降。2021 年医疗满意度得分为 80.4，2023 年医疗满意度得分为 78.0，下降了 2.4 分。调查结果显示，医疗满意度呈现下降趋势，主要原因在于检查治疗费贵、药品贵、挂号看病难等。

生态环境满意度与交通出行满意度得分相对较高，但居民反映仍有一些问题需要进一步关注。生态环境方面，居民提出需要进一步加强对空气污染、工业垃圾污染、生活垃圾污染、噪声污染、水污染的防治。其中，反映噪声污染严重的人数比例最高，其次是空气污染、工业垃圾污染、生活垃圾污染、土壤使用农药化肥过度等问题。交通出行方面，居民反映交通拥堵、停车不便、公交与地铁站点离家远、道路状况差等问题需要进一步缓解。

除了上述各类具体公共服务满意度有所差异外，从整体来看，成渝地区双城经济圈公共服务存在的问题主要体现在以下几个方面。

一、地区间公共服务差距较大，标准化程度有待进一步提升

分地区看，2022 年成渝地区双城经济圈各地区中小学生师比和人均拥有图书馆藏量差异较为明显（表 22-7）。各地区小学生师比高出平均水平（15.57）[①]的市县（区）有 19 个，其中最高的为大渡口区（19.28），南岸区（18.40）次之，分别比平均水平高 3.71、2.83；小学生师比最低的市县（区）为长寿区（11.31），其次为忠县（12.29），分别比平均水平低 4.26、3.28；其中小学生师比最高的大渡口区与最低的长寿区之间相差了 7.97。各地区普通中学生师比不低于平均水平（12.81）的市县（区）有 28 个，其中最高的为南川区（15.75），忠县（15.60）次之，分别比平均水平高 2.94、2.79；普通中学生师比最低的市县（区）为渝中区（8.98），其次为长寿区（9.92），分别比平均水平低 3.83、2.89；其中普通中学生师比最高的南川区与最低的渝中区之间相差 6.77。

表 22-7　2022 年成渝地区双城经济圈各地区文化教育公共服务差异情况

地区	小学生师比	普通中学生师比	人均拥有图书馆藏量/本	地区	小学生师比	普通中学生师比	人均拥有图书馆藏量/本
南川区	12.84	15.75	0.77	梁平区	12.80	14.52	0.34
荣昌区	13.67	14.73	0.84	大足区	14.88	14.18	0.60
资阳市	15.89	13.73	0.38	德阳市	15.13	12.00	0.39
南充市	13.77	12.13	0.48	绵阳市	16.51	13.35	0.56
渝北区	16.82	12.53	0.53	永川区	16.86	15.34	1.04
北碚区	16.69	12.90	0.91	渝中区	13.63	8.98	3.34
铜梁区	14.92	13.59	0.81	南岸区	18.40	12.96	0.42
大渡口区	19.28	14.41	0.94	达州市	13.73	13.25	0.32

① 小学生师比平均水平根据各地区所有在校小学生总数除以小学专任教师总数得出。普通中学生师比、人均拥有图书馆藏量平均水平亦据相同方法得出。

续表

地区	小学生师比	普通中学生师比	人均拥有图书馆藏量/本	地区	小学生师比	普通中学生师比	人均拥有图书馆藏量/本
綦江区	13.26	12.10	0.87	垫江县	12.60	13.46	0.30
黔江区	15.43	12.19	0.70	成都市	16.86	11.74	0.67
眉山市	14.95	11.44	0.29	涪陵区	13.30	14.36	1.70
九龙坡区	17.44	12.19	0.78	宜宾市	16.31	13.41	0.49
遂宁市	14.95	12.57	0.39	雅安市	13.53	11.51	0.89
江北区	17.21	13.51	0.81	开州区	17.69	14.01	0.73
巴南区	17.30	12.75	0.66	云阳县	14.89	13.35	0.16
泸州市	16.61	14.35	0.52	丰都县	12.44	11.82	0.29
璧山区	18.36	14.17	0.59	潼南区	15.67	13.57	0.78
内江市	15.08	13.63	0.35	万州区	17.39	14.78	0.21
合川区	13.91	14.42	0.74	自贡市	15.28	13.62	0.34
乐山市	15.40	11.68	0.38	沙坪坝区	18.34	12.81	3.51
江津区	16.61	14.16	1.05	忠县	12.29	15.60	0.71
广安市	14.53	10.98	0.75	长寿区	11.31	9.92	1.16

资料来源：四川省、重庆市统计年鉴

成渝地区双城经济圈公共图书馆藏量明显增加，但全国占比仍然较低，且人均拥有量大部分地区仍不足一本。各地区人均拥有图书馆藏量超过 1 本的有 6 个市县（区），分别为沙坪坝区、渝中区、涪陵区、长寿区、江津区、永川区。44 个市县（区）中人均拥有图书馆藏量最多的为沙坪坝区（3.51 本），渝中区（3.34 本）次之，分别高于成渝地区双城经济圈平均人均拥有图书馆藏量（0.63 本）2.88 本、2.71 本；人均拥有图书馆藏量最少的为云阳县（0.16 本），万州区（0.21 本）次之，分别低于平均人均拥有图书馆藏量 0.47 本、0.42 本；其中人均拥有图书馆藏量最多的沙坪坝区与最少的云阳县之间相差了 3.35 本，差异明显。

成渝地区双城经济圈各地区医疗机构设施与人员配备差异十分明显（表 22-8）。2022 年成渝地区双城经济圈各地区每万人拥有医疗机构床位数在 100 张以上的市县（区）有 5 个，分别为渝中区、忠县、雅安市、资阳市、江北区，最多的为渝中区（287.26 张），忠县（135.97 张）次之，分别比成渝地区双城经济圈平均数量（79.83 张）多 207.43 张、56.14 张。最少的市县（区）为梁平区（24.18 张），渝北区（31.12 张）次之，分别比成渝地区双城经济圈平均数量少 55.65 张、48.71 张；其中每万人拥有医疗机构床位数最多的渝中区与最少的梁平区之间相差 263.08 张。各地区每万人拥有卫生技术人员数在 100 人以上的市县（区）有 4 个，分别为渝中区、江北区、成都市和忠县，最多的为渝中区（400.99 人），江北区（133.04 人）次之，分别比成渝地区双城经济圈平均每万人拥有卫生技术人员数多 319.49 人、51.54 人；最少的市县（区）为梁平区（21.87 人），开州区（33.47 人）

次之，分别比成渝地区双城经济圈平均数量少 59.63 人、48.03 人；其中每万人拥有卫生技术人员最多的渝中区与最少的梁平区之间相差 379.12 人。

表 22-8　2022 年成渝地区双城经济圈各地区医疗卫生公共服务差异情况

地区	每万人拥有医疗机构床位数/张	每万人拥有卫生技术人员数/人	地区	每万人拥有医疗机构床位数/张	每万人拥有卫生技术人员数/人
南川区	83.07	79.83	巴南区	67.52	66.60
荣昌区	70.12	81.60	泸州市	87.66	82.01
资阳市	101.37	79.33	璧山区	62.10	65.66
南充市	84.89	73.90	内江市	86.34	79.25
渝北区	31.12	49.79	合川区	63.99	65.94
北碚区	62.37	72.33	乐山市	84.02	78.43
铜梁区	63.76	72.37	江津区	73.37	60.26
大渡口区	70.32	81.70	广安市	67.29	60.66
梁平区	24.18	21.87	垫江县	92.45	66.20
大足区	70.53	61.12	成都市	78.45	102.41
德阳市	81.25	78.88	涪陵区	70.61	75.76
绵阳市	88.81	82.28	宜宾市	81.17	81.22
永川区	86.14	74.85	雅安市	103.64	98.97
渝中区	287.26	400.99	开州区	40.89	33.47
南岸区	43.98	71.13	云阳县	92.78	62.11
达州市	82.97	52.73	丰都县	54.65	37.29
綦江区	69.11	53.29	潼南区	61.83	57.94
黔江区	97.77	85.42	万州区	81.29	85.50
眉山市	72.82	73.78	自贡市	97.15	90.42
九龙坡区	68.55	78.67	沙坪坝区	65.29	76.62
遂宁市	77.84	75.40	忠县	135.97	100.49
江北区	100.20	133.04	长寿区	89.64	73.99

资料来源：四川省、重庆市统计年鉴

从微观角度看，公共服务满意度在地区间也有较大的差异。在教育方面，南川区、荣昌区等地的满意度较高。当地经济水平相对较高，人口数量相对较多，居民收入水平相对较高，对教育数量与质量提升的公共服务需求更为明显，成渝地区双城经济圈建设的政策红利也加快推进了教育协同发展；而在万州区、丰都县等地，由于经济发展不均衡，人口数量相对较少，居民收入水平不高，政策红利挖掘力度不够，教育发展基础薄弱，其城乡、区域、校际教育发展差距较大。

在养老保障方面，南川区、德阳市的居民满意度相对较高，忠县、垫江县的居民满意度较低。整体来看，养老保障满意度较高的地区具有较好的经济发展基础，居民收入水平整体较高，同时通过紧抓成渝地区双城经济圈建设的政策红利来强化养老保障。养老保障满意度较低的地区经济发展相对滞后，居民收入水平整体较低，政策红利发掘力度不够，养老保障水平偏低。

同时，地区公共服务的满意度也受人口聚集的影响。人口聚集提高了地区公共服务的需求度，地区的投入总量也将增加。比如，在交通出行方面，南川区、荣昌区等地人口众多，公共服务整体投入力度相对较大，成渝地区双城经济圈建设的政策红利也加快推进了当地交通基础设施建设工程；而忠县、万州区等地经济发展水平相对较低，地理位置相对偏僻，居民收入水平不高，交通建设方面的政策红利不太明显，地区人口数量不多，对交通便利性的需求尚未形成推动力。同时，过度的人口聚集也可能会降低公共服务获得的便利程度。成都市区以及中心城区的医疗条件与医疗水平相对较高，但医疗满意度最高的区（县）均不在上述地区。数据显示，南川区、南充市等地居民的医疗满意度较高，上述地区经济发展条件良好，人口集中度适中，良好的经济基础为医疗服务的高数量、优质量、合理分布提供了条件。忠县、丰都县等地经济发展水平不高，人口相对较少，医疗需求对当地医疗服务发展未能形成明显推动作用。

在生态环境方面，南川区、璧山区等地居民的满意度较高。这与当地的自然环境以及城市建设有一定联系。同时，成渝地区双城经济圈建设的政策红利也加快推进了生态文明建设，推动构建人与自然和谐共生的格局。丰都县、忠县的经济发展基础较为薄弱，居民收入水平相对较低，对生态环境的需求未得到重视，环境保护方面的政策红利尚未得到深入挖掘。

需要注意的是，满意度也会受到参照地区的影响。例如，巴南区属于重庆市中心城区，交通条件良好，但距离其他中心城区相对较远，距离高铁、机场等远程交通枢纽站也较远，相较于重庆市其他中心城区，其交通条件稍弱，导致该区居民的交通满意度较低。

从城乡方面看，与农村相比，城镇地区具有较好的经济基础，基础设施与公共服务相对完善，民生发展的起点相对更高。城镇的公共服务满意度总指数上升幅度相对更小；农村地区的公共服务发展有更大的空间，需求更为强烈。

二、群体间需求与服务的匹配度较低，便利性有待提高

公共服务的便利性不仅涉及服务的可及性，还包括服务是否能高效满足需求，即需求服务的可获得性。当前对于公共服务便利性的讨论主要结合数字化建设进行（王丛虎，2019；何继新等，2017）。公共服务的数字化尝试与推广极大地减轻了居民的行政负担（Linoe and Riesch，2020）。目前，成渝地区双城经济圈地区不同群体对公共服务的差异性需求日益突出。在关注现有公共服务获得时效的同时，还需要重点关注居民对各类公共服务的需求度。

不同群体对基本公共服务的需求重点有较大差异。公共服务的提供要考虑到所针对群体的需求。调查数据显示，不同年龄、收入的群体以及城乡居民的满意度均有所不

同。总体上看，老年人，尤其是 70 岁以上的老年人的满意度高于其他年龄群体，40—49 岁的中年人的满意度最低。城镇居民的满意度高于农村居民，其中医疗满意度之间的城乡差异性最为明显。不过农村地区公共服务满意度的上升幅度高于城镇地区，城镇与农村地区公共服务满意度之间的差距逐步缩小。居民公共服务满意度与收入呈正相关关系，收入水平越高，公共服务满意度越高。

数据显示，年龄与公共服务满意度之间呈“U”形关系。18—49 岁居民的满意度呈现逐渐下降趋势，而 50 岁及以上居民的满意度则呈现上升趋势。这可能与特定年龄居民的公共服务需求有联系。与 50 岁及以上的中老年人相比，18—49 岁的中青年群体可能面临生育、教育、工作等多重压力，对公共服务的需求较多，同时对公共服务也有着相对更高的心理预期。不过各年龄群体满意度较低的都是医疗与养老保障。可以看出居民对医疗、养老保障有着更高水平的需求。

同时，不同收入群体对公共服务的需求与敏感度不一样。虽然低收入群体的满意度低于高收入群体，但低收入群体的满意度上升更快。调查数据显示，年收入在 5 万元及以下的居民的满意度比年收入在 15 万元及以上的居民的满意度的上升幅度更大。对于较低收入的居民而言，他们对公共服务的需求更大，对公共服务质量提升的感知也更为敏感。

服务与需求不匹配问题在养老保障方面体现得较为明显。比如，社区提供的养老服务与实际需求不匹配，短板明显。2023 年四川省 60 岁及以上老年人口为 1816.4 万人、重庆市 60 岁及以上老年人口为 765.94 万人，分别较 2022 年增加了 298.19 万人、53.83 万人，老年人口规模不断扩大，老龄化速度加快。社区作为养老较为理想的服务场域，所提供的养老服务却存在形式化严重、内容单一等问题。面对“空巢老人”“失独老人”等特殊群体，社区提供的精神支持相对有限。并且，社区所提供的老年护理服务也主要集中在“生活护理”方面，在“专业护理”方面有所欠缺。

第三节　未来展望

近年来，成渝地区双城经济圈公共服务标准化与便利化程度明显提升。例如，在医疗卫生方面，成渝地区双城经济圈地区统一了社区医院评价标准以及医疗中心建设指南，制定了特定食品的安全地方标准，推动火锅底料食品安全国家标准立项。同时，开展中医药标准化建设，立项起草道地药材生产技术规程，推进川渝道地药材地方标准研制，进一步推动地区医疗卫生的标准化。在交通方面，成渝地区双城经济圈统一两地高速公路服务区的设施配置、标志标识等标准，满足两地交通运输服务均衡、同频发展的需求。同时，加快成渝地区双城经济圈内省际包车客运电子标志牌规范标准制定，推动实现运输企业线上申请、即办即用，极大简化审核查验流程，在标准化的基础上实现便利化。可以预见，未来成渝地区双城经济圈的基本公共服务将会更加标准化与便利化。

已有研究发现公共服务供给会扩大地区的收入差距，从而进一步加剧地区间的收入不平衡，即公共服务对地区间的收入差距存在累积效应（高春亮等，2022）。一般说来，地区收入水平越高，对公共服务的投入越多，公共服务供给就越多。要促进成渝地区双城经济圈公共服务实现标准便利的目标，就需要更多地将资源投入到成渝地区双城经济圈内地区发展相对缓慢的区县，以部分不均衡换来整体均衡。针对当前发展过程中出现的问题，可以从以下几点着手解决以助力目标的实现。

一、强化基本公共服务制度保障，完善协调机制

主动落实国家关于基本公共服务建设的标准，平衡四川省、重庆市公共服务均等化建设机制，积极构建成渝地区双城经济圈基本公共服务制度保障及协调机制，推动成渝地区双城经济圈各地区各级政府努力完善更高覆盖率、更加公平、可持续的公共服务制度体系。努力构建满足常住人口需求的成渝地区双城经济圈基本公共服务标准及动态调整机制，扩大服务人群范围。促进成渝地区双城经济圈各地区基本公共服务建设同标同质，丰富多层次、多样化的生活服务供给，稳步提升各地区公共服务的保障水平。合理布局基本公共服务资源，完善各地区街道（乡镇）、社区（村）的各类公共服务设施建设，促进成都市、重庆市中心城区等城市或地区的优质公共服务资源下沉到基层、偏远地区，提升公共服务供给的便利水平。

二、加大资源投入力度，促进资源配置均衡化、协调化

加大财政经费投入力度，做好资金保障。例如，教育方面，可优化教师资源配置，建立健全教师流动机制，鼓励优秀教师、青年教师主动参与支教或轮岗交流，促进教师资源的合理流动和均衡配置。统筹大中小学校规划布局，促进优质教育资源扩容和区域均衡布局，着力推动优质资源下沉。着力构建地区特色教育资源共享平台，通过跨区域、跨学校的合作与交流，促进地区间教育资源的优化配置和高效利用。充分利用现代信息技术，推广在线教育、远程教育等教育方式，丰富偏远地区教育资源。医疗方面，聚焦成渝地区双城经济圈公共服务供给水平的地区及城乡差异，为经济发展水平较低的地区提供医疗教育“点对点”帮扶服务。可鼓励成渝地区双城经济圈优质医疗机构和科研院校协同打造“医教研产”创新平台。充分利用人工智能等现代信息技术手段，完善线上诊疗服务。发展移动智慧医疗，推广“流动医疗服务”民生项目，支持有条件的地区开展送医上门、家庭医生签约服务。积极构建成渝地区双城经济圈乡村“互联网+医疗健康”服务体系，提高乡村医疗卫生数字化、智能化服务水平，促进公共服务便利获得。

三、创新服务模式，提高服务质量，满足居民需求

积极探索成渝地区双城经济圈公共服务资源建设同标同制，鼓励成都市、重庆市中心城区等城市或地区的优质服务机构跨区域布局，如在居民普遍关注的养老保障方面，

可建设综合性养老服务机构，打造综合性医养结合服务示范中心。在实现基本公共服务均等便利的同时，可以为不同需求群体提供更加优质的服务。当然，公共服务的需求识别与公共服务的标准化存在一定张力（付建军，2023），引导养老服务机构分类发展，根据老年人需求状况适时调整服务内容，差异化推进养老服务改革试点。积极利用互联网、大数据等手段开发如远程医疗、智能穿戴设备之类的智慧养老服务，满足老年人个性化的养老需求。着力推动以居家为基础、社区为依托、机构为补充、医养相结合的养老服务体系建设，满足老年人多样化的养老服务需求。对于不同群体，可提供有针对性的公共服务。

本章参考文献

陈世香，李帅. 2024. 中国公共服务标准化建设的回顾与展望：一个基于研究文献的分析. 宏观质量研究，12（3）：115-128.

陈振明，耿旭. 2014. 公共服务质量管理的本土经验：漳州行政服务标准化的创新实践评析. 中国行政管理，（3）：15-20.

邓悦. 2014. 我国质量公共服务评价结果差异及其分析：基于消费者满意度的评价.武汉大学学报（哲学社会科学版），67（5）：39-44.

付建军. 2023. 城市基层公共服务数字化供给的内在张力与调适路径：基于场景视角的讨论. 上海行政学院学报，24（6）：60-71.

高春亮，王业强，魏后凯. 2022. 公共服务供给与地区收入差距：基于人力资本视角的分析. 中国人口科学，（4）：44-59，127.

何继新，张浩南，李原乐. 2017. “互联网+公共服务”治理研究：现状述评、逻辑框架与关键问题. 电子政务，（12）：12-21.

王丛虎. 2019. 政府有效提供公共服务的路径探析. 人民论坛，（34）：71-73.

张晓杰，王孝. 2024. 均衡性与可及性：城市群基本公共服务均等化：基于长三角城市群和成渝双城经济圈的比较分析. 价格理论与实践，（3）：210-215.

Linoe E，Riesch N，2020. Thick red tape and the thin blue line：a field study on reducing administrative burden in police recruitment. Public Administration Review，80（1）：92-103.

Song M，An S H，Meier K J. 2021. Quality standards, implementation autonomy，and citizen satisfaction with public services：cross-national evidence. Public Management Review，23（6）：906-928.

第二十三章　成渝地区双城经济圈多元包容社会治理格局构建的成就、问题与建议

为强化成都和重庆两大核心城市的引领作用，促进成渝地区双城经济圈紧密合作与一体化发展，形成优势互补、高质量发展的区域经济新格局，《规划纲要》提出了总体要求和系列重点任务。其中，构建多元包容的社会治理格局是实现成渝地区双城经济圈社会和谐稳定、治理效能提升的重要途径。

当前，我国社会治理格局正深刻转型（李友梅，2021），国家对社会治理提出了更高要求，强调要构建共建共治共享的社会治理格局[①]。这要求政府、市场、社会等多元主体共同参与社会治理，形成优势互补、协同高效的治理体系。同时，注重包容性增长，保障不同群体的利益诉求，维护社会公平正义。一方面，传统治理模式已难以适应现代社会发展的需求，需要向更加开放、包容、创新的方向转变；另一方面，随着社会结构的深刻变化和利益格局的深刻调整，社会治理面临着诸多新挑战和新问题，需要不断创新治理理念和方式方法。因此，构建多元包容的社会治理格局成为社会治理转型升级的必然要求。

社会治理格局可以从多个维度理解，包括治理主体的多元性、治理方式的创新性、治理效果的显著性等（肖琦，2022）。其中，治理主体的多元性强调政府、社会组织、企业、民众等各方力量的共同参与（韩升和张瑜，2024）；治理方式的创新性则体现在运用现代科技手段创新治理模式等方面（张蔚菊，2024）；治理效果的显著性则通过提升民生保障水平、增强社会矛盾与风险防控能力、提高人民群众的安全感与幸福感等方面来体现。

第一节　发展成就

成渝地区双城经济圈构建多元包容的社会治理格局，一系列成效得以显现，治理主体呈现多元化发展趋势，治理模式有效创新；并且，在民生保障与公共服务、社会风险防控、人民群众安全感幸福感方面也体现出了社会治理的显著效果。

---

① 打造新时代共建共治共享的社会治理格局，http://theory.people.com.cn/GB/n1/2018/0108/c40531-29750868.html，2024-07-30。

一、社会治理主体多元化

（一）地区间政府部门协同合作不断加强

成渝地区双城经济圈在构建多元包容社会治理格局的过程中，地区间政府部门的协同合作提供了重要保障。两地政府通过签订合作协议、建立联席会议制度等方式[①]，加强了政策协调、信息共享和联合执法，有效打破了行政壁垒，实现了区域治理的“一盘棋”。中共重庆市委、中共四川省委、重庆市人民政府、四川省人民政府联合印发了《重庆四川两省市贯彻落实〈成渝地区双城经济圈建设规划纲要〉联合实施方案》[②]，在基础设施建设方面加强合作，推动了交通、能源、信息和水利等基础设施的互联互通，为成渝地区双城经济圈的协同发展奠定了坚实的物质基础。2020 年 4 月，四川省委组织部与重庆市委组织部联合签署了《成渝地区双城经济圈人才协同发展战略合作框架协议》[③]，川渝两地建立了互派年轻干部的长效机制，2020 年 9 月之后的一年内，51 名四川干部和 50 名重庆干部进行了互派，他们参与了 7 项国家部委编制规划，13 项两省市共同编制规划或建设方案编制工作，以及 67 个川渝合作共建重大项目建设的推进[④]，互派干部加强了两地之间的信息互通和经验共享，促进了协同发展。截至 2024 年 6 月，成渝地区双城经济圈建设重庆四川党政联席会议已举行了九次，共同研究和推进重点任务、重大改革和项目，审议通过了多个政策文件，推动了全方位合作[⑤⑥]；同时，积极召开常务副省市长协调会议，组建了人员互派、一体运行的联合办公室，共同设立了交通、产业等多个专项工作组，形成了决策层、协调层、执行层上下贯通的运行机制[⑦]。

川渝两地在行政审批、市场准入、公共服务等领域实现了制度衔接和标准统一，截至 2024 年 10 月 22 日，已推出四批“川渝通办”事项，涉及企业群众高频事项 355 项[⑧]，增强了两地群众的幸福感和获得感[⑦]。政府部门还积极引入市场机制，通过政府购买服务

---

① 川渝省市台办合作助推成渝地区双城经济圈建设联席会议在渝召开，https://www.sc.gov.cn/10462/10778/10876/2024/6/28/79bed6dd06854a6da293eca3e2325dc4.shtml，2024-06-28。

② 重磅！《成渝地区双城经济圈建设规划纲要》联合实施方案发布，https://www.sc.gov.cn/10462/12771/2021/12/30/653c478fec1240b7b4269356d261d560.shtml，2024-07-15。

③ 互派干部让川渝关系更紧密，https://www.12371.gov.cn/Item/594465.aspx，2024-07-12。

④ 第一批川渝互派年轻干部结束互派，他们收获了啥？互派工作，让“1+1>2”，https://www.sc.gov.cn/10462/12771/2021/9/21/f0e3147c70e14eeb9e5041fdd5b9c1f9.shtml，2024-06-06。

⑤ 川渝党政八次“握手” 双城经济圈建设全面起势，https://www.sc.gov.cn/10462/10464/10797/2023/12/29/d219ea115d25419db097af7a177f15d4.shtml，2024-06-07。

⑥ 4 年 9 次“串门” 双城经济圈建设结出哪些硕果？，https://www.chengdu.gov.cn/cdsrmzf/c136804/2024-06/24/content_2fcc36c4316149f0a18491849b8af2b4.shtml，2024-07-18。

⑦ 成渝“双圈”规划纲要全图解来了，两地发改委主任谈，https://www.thepaper.cn/newsDetail_forward_15003073，2024-07-01。

⑧ 四批 355 项“川渝通办”事项持续便利两地企业群众，https://wap.cq.gov.cn/ywdt/jrcq/202410/t20241029_13747861.html，2024-10-29。

等方式[①]，吸引社会资本参与社会治理，既缓解了政府的财政压力，又提高了社会治理效率。这种政府主导、市场运作、社会参与的治理模式，为成渝地区双城经济圈的社会治理注入了新的活力。

（二）各类社会组织及民众积极参与

社会组织作为社会治理的重要力量，在成渝地区双城经济圈构建多元包容社会治理格局中发挥了积极作用[②]。各类社会组织，如行业协会、公益组织、志愿者团体等，根据自身特点和优势，积极参与到社会治理的各个环节中。他们通过提供专业服务、开展公益活动、反映社情民意等方式，有效弥补了政府和市场在治理过程中的不足，增强了社会治理的针对性和实效性。2024 年 7 月 11 日，川渝社会工作合作联席会议第一次会议在成都召开，两省市正式签订《川渝社会工作合作框架协议（2024—2027 年）》，标志着两地党委社会工作部门协同推进成渝地区双城经济圈建设，不断深化社会工作领域合作，开启新篇章，为两地未来五年的社会工作发展及合作定下基调。同时，川渝社会工作合作“十项行动”发布，强调要智力共用、人才共育，如建立川渝社会工作领域专家人才库，探索建立干部双向交流挂职制度等举措[③]。未来，川渝两地志愿服务队伍将进一步共融发展，川渝将建立健全志愿者、社会工作者参与生态环境保护的制度机制。2024 年 7 月，四川泸州，重庆江津、永川、荣昌四地已达成合作，以“同饮一江水，共护母亲河”为目标的川渝“河小青”保护长江行动已正式启动，志愿者的身影活跃在长江江畔[④]。

此外，社会组织还通过搭建平台、整合资源，促进政府、市场、社会之间的良性互动，推动社会的协同共治。例如，2023 年，四川省行业协会商会以服务成渝地区双城经济圈建设为牵引，在推动破解成渝地区双城经济圈政策性难题和疏通机制性梗阻，推进科技协同创新、现代产业协作共兴共融，加强公共服务共建共享，以及重点项目投资建设等方面积极发挥重要作用（蒋京洲和付真卿，2024）。一些社会组织利用自身在特定领域的专业优势，为政府决策提供咨询建议，为市场主体提供信息支持，为民众提供便捷服务，有效促进了社会治理的精细化、专业化。

企业与民众作为社会治理的重要参与者和受益者，在成渝地区双城经济圈构建多元包容社会治理格局中也发挥了重要作用。企业通过履行社会责任，积极参与公益事业，为社会治理贡献力量[⑤]。企业还通过回馈社会的方式，推动区域经济的持续健康发展，为社会治理提供了坚实的物质基础。例如，截至 2023 年 9 月，四川省遂宁市已设立 306 只

---

① 成渝地区双城经济圈特殊资产市场协同机制启动，http://admin.cq.gov.cn/ywdt/jrcq/202304/t20230423_11902999.html，2024-06-07。

② “唱好‘双城记’·行业齐发展”成渝地区社会组织助力产业建圈强链专题交流圆满开展，https://cdmzj.chengdu.gov.cn/cdmzj_gb/c121876/2023-11/17/content_7f0ac06e725d4eac874ded5e7c02ab24.shtml，2024-07-01。

③ 一图读懂丨川渝社会工作合作“十项行动”，https://www.sohu.com/a/793581524_121124518，2024-07-29。

④ 服务成渝地区双城经济圈建设，两地社会工作如何共下“一盘棋”？，https://www.jiemian.com/article/11441960.html，2024-07-30。

⑤ 产业合作将更广泛深入 成渝城市群寻求新突破，https://www.sc.gov.cn/10462/10464/10797/2016/6/13/10383856.shtml，2024-06-18。

基金，善款余额 439.2532 万元[①]。同时，四川省和重庆市的基层党组织开展交流共建活动，如共办主题党日[②]、共上一堂党课[③]、组建青年党员先锋队[④]等。这些活动不仅加强了基层党组织的联系和互动，也促进了区域内居民协同参与社会治理（蒋京洲和付真卿，2024）。例如，绵阳市打造了“仙鹤夜话”“三评两审一监督”等议事协商平台，让社区干部、环卫工人、快递小哥、出租车司机等越来越多的群众走进治理“舞台”中央，参与社会治理的协商和决策过程。这种参与方式不仅增强了居民的主人翁意识，也为市域社会治理现代化注入了“源头活水”[⑤]。

二、社会治理模式不断创新

（一）社区治理网格化与精细化逐步推进

成渝地区双城经济圈在构建多元包容社会治理格局的过程中，积极推进社区治理的网格化与精细化[⑥]。例如，成都双流黄甲街道双华社区，基于“六方-四级”网格化基层治理模式将社区划分为若干网格单元，由专人负责管理和服务[⑦]。通过划分网格、明确责任、整合资源等方式，将社区治理工作细化到每一个网格、每一栋楼、每一个家庭。这种网格化的治理模式有效提高了社区治理的针对性和实效性，实现了对社区问题早发现、早报告、早处置。

重庆将城市更新纳入推动成渝地区双城经济圈建设的“十项行动”中，强调通过政策规划和管理路径的完善，在城区、街道、社区等层面不断推动精细化治理。例如，民主村社区更新项目一期的竣工，不仅改善了居民生活环境，也体现了治理方式向精细化迈进的成果[⑧]。社区治理还注重精细化管理。通过引入智能化、信息化手段，如建立社区信息平台、推广智慧社区 APP 等，实现了对社区信息的实时采集、分析和处理。这种精细化管理不仅提高了社区治理的效率和质量，还增强了社区居民的获得感和满意度。例如，世茂服务在成都世茂城 3 期推行智慧化社区建设，通过网格化管理、内部市场化机

---

① 让“慈善之光”在“成渝之星”更加闪亮——遂宁慈善事业发展综述，https://www.suining.gov.cn/gongkai/show/860831f906154e3e9ce2731e0898c365.html，2024-06-01。

② 区统计局党支部开展 “川渝共建 机关先行”主题党日活动，http://www.cqjb.gov.cn/bm/qtjj_71929/zwxx_73796/dt/202402/t20240229_12979172.html，2024-02-29。

③ “党课开讲啦 · 川渝共上一堂党课”第四场活动在重庆合川举行，https://www.12371.cn/2024/07/20/ARTI1721462916286703.shtml，2024-07-20。

④ “川渝共建•机关先行”青年党员先锋队组建 市财政局参加启动仪式，http://czj.cq.gov.cn/zwgk_268/czdt/bmdt_31579/202403/t20240327_13088501.html，2024-03-27。

⑤ 凝聚合力 “攥指成拳” 建强成渝副中心市域治理支点，https://www.mianyangpeace.gov.cn/fxyj/20230129/2700602.html，2024-06-18。

⑥ 以“四点”推进城市社区治理现代化，https://www.cqrb.cn/content/2021-05/13/content_317900.htm，2024-07-27。

⑦ 成都双流黄甲街道双华社区：“六方-四级”网格化基层治理模式，http://home.china.com.cn/txt/2023-08/11/content_42480773.htm，2024-07-27。

⑧ 推进城市更新行动 打造宜居、韧性、智慧社区，https://www.cq.gov.cn/zt/yyzt/kcyx/202404/t20240429_13169573.html，2024-07-27。

制，建立了快速响应客户需求的服务团队[①]；重庆市沙坪坝区持续健全“大综合一体化”城市综合治理体制机制，不断提高城市基层精细化治理、精准化服务水平，全面推进韧性城市建设[②]；四川省成都市青白江区在社区管理中导入了“OSM（on site management）现场管理系统”，结合其“陆海联运枢纽、国际化青白江”的发展定位，通过精细化管理手段强化了社区服务能力和治理效能[③]。

（二）数字技术在社会治理中的应用强化

随着数字技术的快速发展，成渝地区双城经济圈充分利用大数据、云计算、人工智能等现代科技手段，提升了社会治理的智能化水平[④]。例如，成都高新区通过建立社会治理信息平台、推广智能安防系统等措施，实现了对社会治理信息的实时监测和预警分析，提高了治理工作的针对性和时效性[⑤]。成渝地区相关政府部门积极推动数字技术在社会治理中的广泛应用[⑥]，如建立大数据中心，推广云计算、物联网等技术手段，实现了对社会治理数据的全面采集、深度分析和智能应用。

通过数字技术，政府可以更加精准地掌握社会治理的实际情况和动态变化，为科学决策提供有力支持。同时，数字技术还提高了社会治理的透明度和公信力，增强了民众对政府的信任和支持。例如，成渝地区政府已通过推广“互联网+政务服务”模式[⑦]，为民众提供了更加便捷、高效的政务服务体验；还通过建立社会信用体系，加强了对市场主体的监管和约束力度。

在推进社会治理的过程中，成渝地区双城经济圈注重法治与德治的有机结合。一方面，加强法治建设，完善法律法规体系，确保社会治理工作有法可依、有章可循。例如，合江县和江津区两地法院签订了合作协议，共同开展法治宣传，倡导文明乡风、良好家风、淳朴民风，旨在弘扬社会主义法治文化，推动自治、法治、德治相结合的城乡基层治理体系建设，增强了人民群众的获得感、幸福感、安全感[⑧]。另一方面，弘扬社会

---

① 世茂服务加速成渝双城经济圈深耕进程，新设中心城市，落户第二总部，https://www.sohu.com/a/531512676_114984，2024-06-18。

② 加快建设成渝地区双城经济圈主阵地，争当高质量发展、高品质生活、高效能治理示范区，争当创新驱动排头兵、内陆开放领头雁 沙坪坝 系统重塑创新驱动开放引领新优势 为新重庆建设注入新动能，http://wap.cq.gov.cn/zt/cydqscjjq/chscjjhjjq/202407/t20240710_13363458.html，2024-07-30。

③ 四川省成都市青白江区：青白江区“OSM”助推社区精细化管理，http://unn.people.com.cn/GB/n1/2021/0120/c435200-32006300.html，2024-07-13。

④ 互联网如何赋能双城经济圈现代化建设？川渝两地合力探索智能社会治理实践路径，http://www.scjgdj.gov.cn/B000000002/202312/110488.html，2024-07-11。

⑤ 新华网：打造丰富应用场景 成都高新区加快推进智慧社区建设，https://www.cdht.gov.cn/cdht/c150883/2023-05/10/content_e9485d773cb94288bd0b45ebc2445b45.shtml，2024-06-19。

⑥ 探索智能社会治理路径 成渝地区双城经济圈智能社会治理研究成果交流会举行，https://www.zgm.cn/content/65828b05e24e8，2024-05-12。

⑦ 完善“渝快办”服务功能 在成渝地区实现“一网通办”，http://cq.china.com.cn/2020-07/08/content_41212841.html，2024-06-06。

⑧ 重庆法院司法服务保障成渝地区双城经济圈建设典型案事例（第一批），https://m.163.com/dy/article/GE02ME3D0514JAIO.html，2024-07-01。

主义核心价值观，重庆市检察院与四川省检察院联合出台的措施，不仅强调了法律监督的职能，还着眼于社会公德、职业道德、家庭美德和个人品德的提升，通过法治手段促进社会整体道德水平提高，体现了法治德治并重的治理理念①，以此加强社会公德、职业道德、家庭美德和个人品德建设，营造良好的社会风尚和道德氛围。

三、社会治理效果明显

（一）民生保障与公共服务水平不断提高

通过构建多元包容的社会治理格局，成渝地区双城经济圈在民生保障和公共服务方面取得了显著成效。教育、医疗、养老等公共服务设施不断完善，服务水平持续提升；就业创业政策不断优化，居民收入水平稳步提高；社会保障体系不断完善，困难群众得到有效帮扶。根据 2023 年“成渝地区双城经济圈民生满意度指数”报告，如表 23-1 所示，2021—2023 年，成渝地区双城经济圈的民生满意度总指数由 76.5 上升到 79.5，居民生计满意度指数由 75.8 上升到 79.3，公共服务满意度指数由 75.6 上升到 79.0，民生环境满意度指数由 81.1 上升到 81.5，文化消费满意度指数由 73.8 上升到 78.4。由此可见，成渝地区双城经济圈各项民生满意度呈上升趋势，成渝地区双城经济圈的多元包容社会治理格局逐步优化。

表 23-1　2021—2023 年成渝地区双城经济圈民生满意度总指数及类别指数

指标	2021 年	2022 年	2023 年
民生满意度总指数	76.5	79.4	79.5
居民生计满意度指数	75.8	78.2	79.3
公共服务满意度指数	75.6	79.3	79.0
民生环境满意度指数	81.1	81.9	81.5
文化消费满意度指数	73.8	78.7	78.4

资料来源：西南财经大学中国民生指数研发中心

随着多元包容社会治理格局的构建和完善，成渝地区双城经济圈的民生保障和公共服务水平显著提升。川渝两地政府不断加大投入力度，完善基础设施建设和公共服务体系，成渝地区坚持把教育、科技、人才作为战略先导，推进成渝（兴隆湖）综合性科学中心的建设，加大对重大科技基础设施的投资力度，旨在促进区域科技创新和产业升级②；四川省政府出台规划，明确巩固提升国家物流枢纽功能，建设宜宾、自贡、内江等多个

① 川渝检察机关联合推出 47 项措施护航成渝地区双城经济圈建设 携手打造区域法治一体化的高水平样板，http://admin.cq.gov.cn/zt/cydqscjjq/chscjjhjjq/202401/t20240119_12842513.html，2024-07-12。

② 成渝（兴隆湖）综合性科学中心暨重大科技基础设施建设现场推进活动举行，http://sc.people.com.cn/cpc/n2/2023/0507/c392632-40405514.html，2024-06-30。

区域性物流中心[①]，为民众提供更加优质、便捷的生活服务。在教育领域，川渝两地签订《成渝地区双城经济圈教育协同发展行动计划》，推动了优质数字教学资源向两地师生全面开放，实施数字学校优质资源共享项目，促进了成渝地区教育信息化的发展；同时，推动建设“城乡义务教育一体化发展试验区”、成立“成渝地区小学教育联盟”等，整合川渝两地资源，持续充分发挥好联盟作用[②]；两地开放大学围绕职业教育、社区教育和老年教育的融合发展进行了深入合作，坚持城乡统筹，一体推进学习型社会建设，聚焦终身教育服务能力提升，体现了教育资源的优化配置和教育服务的多元化发展[③]，这不仅优化了教育资源配置，还提升了教育体系的整体质量。在医疗领域，为促进优质医疗资源下沉，两地政府和医疗机构积极推进远程医疗服务。例如，建立远程会诊、远程影像诊断、远程教育等平台，使成渝地区双城经济圈尤其是偏远地区的患者也能享受到大城市高水平医院专家的诊疗服务，缩小了城乡、区域间的医疗服务差距[④]；自 2024 年 1 月起，川渝两地推动实施成渝地区双城经济圈建设卫生健康一体化发展“10 项行动”，打造一批卫生健康共建标志性成果，这进一步促进了两地在医疗卫生领域的合作与资源共享，加速了远程医疗等现代医疗技术的应用与推广[⑤]。加强医疗卫生体系建设、推广远程医疗服务，有效解决了群众看病难、看病贵的问题；在社会保障领域，完善社会保障制度，提高社会保障水平，如将川渝灵活就业群体纳入住房公积金制度保障范围（李倩薇，2023），建立企业薪酬调查信息联合发布制度和最低工资标准调整联合评估机制[⑥]，互签电子社保卡与养老保险关系转移接续优化[⑦]，打造人力资源社会保障区域协作高水平样板[⑧]，等等，为群众提供更加坚实的兜底保障。

（二）社会风险防控效果增强

在社会矛盾与风险防控方面，成渝地区双城经济圈通过建立健全预警机制、加强源头治理、完善应急处置体系等措施，有效提升了防控能力。各类矛盾纠纷得到及时化

① 四川省加强成渝地区双城经济圈交通基础设施建设规划印发，铁路项目名单出炉，https://sisi.shmtu.edu.cn/2022/1018/c8829a191673/page.htm，2024-06-17。

② 四川省教育厅关于政协四川省第十三届委员会第一次会议第 0159 号提案的复函，https://edu.sc.gov.cn/scedu/c100580/2023/7/27/482969947011435cb2fe81a6bc627683.shtml，2024-07-01。

③ 《成渝地区双城经济圈教育协同发展行动计划》出台 推动优质数字教学资源向两地师生，https://www.msykxy.cn/html/news/2210.html，2024-06-01。

④ 川渝两地将共推这些医疗卫生领域重大项目合作共建，https://news.cqnews.net/1/detail/1095437001023545344/web/content_1095437001023545344.html，2024-07-01。

⑤ 实施 10 项行动打造“成渝健康圈” 今年川渝两地二级及以上医疗机构将实现检查检验结果互认，https://wap.cq.gov.cn/ywdt/jrcq/202401/t20240111_12808636.html，2024-07-10。

⑥ 川渝人社部门签署合作协议 十个方面合力建设全国高质量充分就业先行区，http://rlsbj.cq.gov.cn/zwxx_182/gzdt/202304/t20230411_11865411.html，2024-07-10。

⑦ 成渝人社再“牵手”！两地 12 个区县达成 101 项合作事项，http://rlsbj.cq.gov.cn/zwxx_182/gzdt/202311/t20231110_12542368.html，2024-06-01。

⑧ 川渝打造人力资源社会保障区域协作高水平样板，https://www.cq.chinanews.com.cn/news/2021/0818/39-25801.html，2024-07-01。

解，社会稳定和谐局面得到巩固。

多元包容社会治理格局的构建，显著提升了成渝地区双城经济圈对社会矛盾和风险的防控能力。成渝两地积极推动矛盾纠纷多元化解机制的构建，例如，设立联合调解中心、在线调解平台，整合法律、行政、社会等多种资源，对潜在的社会矛盾进行早期识别和干预，建立健全预警机制，有效预防矛盾升级。两地政府通过合作开发社会风险预警信息系统，利用大数据、人工智能技术，对影响社会稳定的风险进行动态监测、分析评估和预警提示，提前介入，将矛盾化解在萌芽状态，建立健全预警机制[①]，不断完善社会矛盾排查预警机制、完善应急管理体系、加强社会治安防控等，有效预防和化解了各类社会矛盾和风险。同时，在成渝地区双城经济圈内的许多社区，政府在推广网格化管理模式的同时，积极动员居民进行自我管理、自我服务。通过成立居民议事会[②]、志愿者服务队[③]等形式，居民在矛盾调解、安全隐患排查、邻里关系协调中发挥了重要作用，政府引导、社会协同、公众参与的风险防控格局得以形成。四川广安探索川渝高竹新区警务一体化改革，打造区域警务共同体，以护航成渝地区双城经济圈建设。这一改革通过整合两地警务资源，鼓励企业、民众参与治安防控，形成多元共治的社会治理模式，有效提升了区域风险防控能力[④]。这种多元化的防控机制不仅提高了矛盾和风险的处理效率和质量，还增强了社会的稳定性和和谐度。

（三）人民群众的安全感和幸福感提升

随着社会治理成效的不断提升，成渝地区双城经济圈的民众的安全感和幸福感也得到了显著增强。一方面，通过加强公共安全管理和治安防控工作等措施，有效维护社会治安秩序和公共安全，为民众创造安全稳定的生活环境；另一方面，通过完善公共服务体系、提高民生保障水平等措施，不断满足民众日益增长的美好生活需要，提升民众的幸福感和满意度。这种安全感和幸福感的提升不仅增强了民众对政府的信任和支持力度，还激发了民众参与社会治理的积极性和创造性。

根据 2022 年“成渝地区双城经济圈民生满意度指数”报告的数据，城镇的民生满意度指数为 79.6，农村的民生满意度指数为 79.0；对于 18—79 岁的人群，呈现出年龄越大，民生满意度指数越高的特征；学历和收入的差别并未使民生满意度指数的结果产生较为明显的差异，由此可以看出成渝地区双城经济圈社会治理的普惠性。在调研的 43 个地区中，整体较高的民生满意度指数彰显了较高的满意度水平，民生满意度指数最高的是重庆市南川区，为 92.05。当代表性决策可以满足大多数人的期望时，广泛的民众参与

---

① 潼南区公安局与武胜县公安局签订《服务成渝地区双城经济圈建设警务合作机制》，http://guoqing.china.com.cn/2020-05/29/content_76105489.html，2024-06-18。

② 居民议事会 解决群众身边事，http://www.ddknews.gov.cn/ddk_Content/2020-04/20/content_4655852.htm，2024-10-31。

③ 助力“成渝双圈”建设，川渝应急志愿服务队正式成立，https://www.hejiang.gov.cn/xw/xnyw/content_167338，2024-10-31。

④ 四川广安：探索川渝高竹新区警务一体化改革 打造区域警务共同体护航成渝地区双城经济圈建设，https://difang.gmw.cn/sc/2023-06/30/content_36665150.htm，2024-07-10。

才能提升整体社会的满意度。因此，民生满意度提升既体现了社会治理的民主性和针对性，又体现了社会治理透明度和实效性的提高。同时，民众在参与社会治理的过程中也增强了自身的责任感和归属感，提升了社会凝聚力和向心力。

第二节　主要问题

一、政策执行与落实仍存在困难

（一）地区间政策执行力度不均

成渝地区双城经济圈内的政策执行力度存在不均衡现象。一方面，不同地区、不同部门之间的资源禀赋、发展水平和治理能力不同，政策实施过程中也可能存在“上热下冷”或“中间梗阻”等问题。虽然川渝两地在多个领域建立了合作机制，但在实际操作层面，跨区域协调难度依然不小，利益协调机制不够成熟，导致一些涉及多地协同的政策难以完全同步推进，影响了政策的整体执行效果①。这不仅可能会影响政策效果的全面体现，也可能会降低政策在民众心中的公信力和民众对政策的满意度。

另一方面，一些地方政府在推动政策落实时，存在重形式、轻实效的现象。部分地方过于注重政策的“表面文章”，而在一定程度上忽视了政策的实际效果和民众的实际需求。在政策制定和执行过程中，公众参与度的高低也影响着政策的最终成效。部分地区的公众参与机制较为成熟，地方政府能够充分听取民意、汇聚民智，而有些地区的公众参与度低，政策执行缺乏社会基础和民众支持②。不同地区的社会治理能力和水平不同，尤其是在社区治理、环境保护、公共服务等领域，一些地区能够实现精细化管理，而另一些地区则因管理能力不足，难以有效执行相关政策③。

（二）地方利益与整体利益须增强协调

在推进区域协同发展的过程中，成渝地区双城经济圈面临的一个重要问题是如何平衡好各地方之间的利益关系，确保整体利益最大化。成渝地区双城经济圈内的不同行政区都有各自的经济发展目标、财税分配机制和行政管理权限。在推进一体化的进程中，如何平衡好地方利益与区域整体利益，避免由行政壁垒导致资源错配、重复建设或恶性竞争，是亟须解决的问题④。例如，基础设施互联互通项目可能因跨区域合作不畅而进展

① 下好协同发展这盘棋——成渝地区双城经济圈建设迈出新步伐，https://finance.sina.cn/2024-01-25/detail-inaessyr8967361.d.html，2024-07-01。

② 成渝地区双城经济圈建设的问题和对策浅析，https://www.cqdx.gov.cn/bmwz/xyzje/xxydn/content_7317?ivk_sa=1024320u&ivk_sa=1024320u，2024-07-11。

③ 聚焦审计整改报告④丨专项审计推动成渝地区双城经济圈建设，https://sichuan.scol.com.cn/xwtg/202111/58348365.html，2024-07-11。

④ 成渝地区双城经济圈建设的问题和对策浅析，https://www.cqdx.gov.cn/bmwz/xyzje/xxydn/content_7317?ivk_sa=1024320u&ivk_sa=1024320u，2024-07-01。

缓慢，影响整体发展速度；在交通基础设施建设、生态环境保护等方面，不同地方之间的利益协调难度较大。一些地方为了追求自身的短期利益，可能会忽视对周边地区的影响和破坏，导致整体利益受损。成都和重庆以及周边城市在承接产业转移和寻求特色发展时，容易出现产业同构现象，这既影响区域内的良性竞争与合作，也难以形成优势互补的产业链布局。因此，在尊重地方发展意愿的基础上，实现产业布局的合理分工与协同，是整体利益与地方利益协调的关键[①]。同时，成渝地区双城经济圈的发展也伴随着人口流动的加速，如何确保教育、医疗、社保等公共服务在区域内均衡发展，满足居民需求，是考验地方政府合作与协调能力的重要课题。地方可能会倾向于优先保障本地居民利益，而忽视区域整体的公共服务一体化进程，造成资源分配不均，影响成渝地区双城经济圈内的社会融合与民生福祉（张守帅，2021）。如何建立起有效的利益协调机制，确保各方利益在发展中得到兼顾和平衡，是当前亟待解决的问题。

二、多元治理主体间的协同不足

（一）跨部门协同发展机制仍不健全

成渝地区双城经济圈在构建多元包容社会治理格局的过程中，其跨部门协同机制尚不健全。缺乏统一的信息共享平台和标准，不同政府部门间的信息传递不畅，导致资源重复配置、响应迟缓。例如，在应对突发公共事件时，卫生、公安、交通等部门之间的信息沟通若不及时，可能会影响决策效率和应急处置效果，且部分社会治理领域存在职能交叉，导致权责不明晰[②]。一些领域存在地域管辖限制，易出现监管空白或过度干预情况，影响治理效果以及政府的形象和公信力。在环境保护、交通管理等领域，需要多个部门共同参与和协作，但这种“九龙治水”的局面却难以形成合力，也容易导致问题久拖不决。

（二）社会组织与民众参与程度仍待提升

虽然社会组织在成渝地区双城经济圈社会治理中发挥了一定的作用，但其整体实力、影响力和参与度仍显不足。一方面，成渝地区双城经济圈内不同地区的社会组织发展水平存在显著差异。一些位于核心城市的大型社会组织可能拥有更完善的管理体系、专业的服务团队和丰富的资源，而偏远地区或新成立的社会组织则可能因资源有限、人才匮乏等因素，在专业能力和服务水平上相对滞后[③]。另一方面，民众在社会治理过程中的参与度也有待提升。部分民众对社会治理的认知度和参与度较低，影响了社会治理的

① 推动成渝地区双城经济圈建设的重要路径——经济区和行政区适度分离，https://m.thepaper.cn/newsDetail_forward_10132651，2024-07-01。

② 成渝地区双城经济圈建设政策落实情况咋样 四川 6 市审计局开展专项审计调查，http://scnews.newssc.org/system/20210409/001165331.html，2024-07-01。

③ 服务成渝地区双城经济圈建设 两地社会工作如何共下“一盘棋”？丨奋力谱写中国式现代化四川新篇章，https://sichuan.scol.com.cn/ggxw/202407/82569711.html，2024-07-01。

民主性和广泛性。社会治理不只是政府行为，还需要社会各界的广泛参与。目前在成渝地区双城经济圈跨部门协同机制方面，民间组织、企业和社会公众的参与度仍有提升的空间（詹懿，2021），充分发挥上述主体在矛盾调解、风险防控等方面的潜力是当前需要考虑的问题。

三、社会治理创新效能不佳

（一）治理模式仍显单一

在成渝地区双城经济圈构建多元包容的社会治理格局的过程中，社会治理模式仍显单一。部分地区和部门在推进社会治理时仍沿用传统的治理模式和方法，缺乏创新性和针对性。这种单一化的治理模式不仅难以满足复杂多变的社会治理需求，也难以提高社会治理的效率和效果。

在社区治理方面，部分社区管理者和工作人员可能因长期习惯于传统的行政管理模式，未能充分认识到现代社区治理中多元主体参与的重要性。他们倾向于延续过去的做法，即社区承担几乎所有的公共服务与社会管理职能，包括环境卫生保持、治安维护、矛盾调解等，而较少鼓励居民、社会组织和企业参与其中。这种方式不仅加重了政府的负担和成本，也限制了社区自治和居民参与的空间和机会。在传统管理模式下，信息流通不畅，资源倾向于自上而下分配，社区内部的需求反馈机制不灵敏，导致资源难以精准对接居民需求，服务效率和满意度受到影响[①]。相比之下，一些先进地区已经探索出多种创新的治理模式和方法，如网格化管理、智慧治理等，取得了显著成效。

（二）地区间科技手段应用差异大

尽管数字技术在社会治理中的应用逐渐普及，但成渝地区双城经济圈在科技应用方面仍有不足。科技在社会治理中的应用范围和深度有限，与社会治理的实际需求之间仍存在差距。虽然核心城市如成都、重庆的信息技术基础设施建设较为先进，但部分周边区域和农村地区仍面临互联网覆盖不足、数字设备普及率低等问题；同时部分群体尤其是老年人、低收入群体等在数字技术应用上存在障碍，造成了数字鸿沟，影响了社会治理中采用科技手段推动全民参与和提供普惠服务的深度[②]。在数据处理、分析预测、智能决策等方面，成渝地区双城经济圈的应用水平仍有待提高。部分地区在推动数字化转型过程中存在重硬件、轻软件的现象，数据资源难以得到有效利用和共享。此外，专业的技术团队和人才支持仍有较大空缺，地区差异大，导致应用效果不尽如人意。

① 史育龙、潘昭宇：成渝地区双城经济圈空间格局优化研究，https://m.thepaper.cn/newsDetail_forward_15011316，2024-07-01。

② 互联网如何赋能双城经济圈现代化建设？川渝两地合力探索智能社会治理实践路径，http://www.scjgdj.gov.cn/B000000002/202312/110488.html，2024-07-11。

第三节 政策建议

为进一步提升成渝地区双城经济圈社会治理效能，加快构建多元包容的社会治理格局，提出以下建议。

一、加强政策执行与落实

（一）完善政策执行考核机制

建立科学、合理的政策执行考核机制，是确保政策得到有效执行的关键。明确考核标准、方法和程序，确保考核工作的公正性和透明度。加强对政策执行情况的监督和评估，通过定期考核、通报排名等方式，激励各地区和部门加大政策执行力度，确保政策作用得到全面发挥。引入第三方评估机构，对政策执行情况进行独立评估，提高评估结果的客观性和准确性。

（二）完善地方与整体利益的协调机制

在成渝地区双城经济圈建设过程中，平衡好各地方之间的利益关系，确保整体利益最大化，是推进区域协同发展的关键。建立健全跨区域、跨部门的沟通协作机制，推动形成利益共享、风险共担的合作格局。制定区域协同发展规划，明确各地区的发展定位和重点任务；建立利益补偿机制，对在区域协同发展中做出较大贡献的地区给予相应的利益补偿；加强跨区域、跨部门的政策协调和信息共享，避免政策冲突和重复建设。

二、促进多元主体协同合作

（一）建立健全跨部门协同机制

政府部门之间协同合作是构建多元包容社会治理格局的重要基础。加强政府部门之间的沟通协调和信息共享，打破部门壁垒和信息孤岛，推动形成跨部门协同治理的良好局面。持续开展联席会议制度，定期召开会议研究解决跨部门协作中的问题；建立信息共享平台，实现治理信息的实时共享和有效利用；加强政策制定、执行和评估等环节的协同配合，确保各项政策措施得到有效落实。

（二）鼓励社会组织与民众参与

社会组织和民众是社会治理的重要力量。加大对社会组织的培育和支持力度，提高其专业能力和服务水平；同时拓宽民众参与社会治理的渠道和途径，增强其参与意识和能力。制定相关政策法规，为社会组织提供必要的法律保障和政策支持；建立社会组织孵化器和服务平台，为社会组织提供场地、资金、培训等方面的支持；加强社会组织之间的合作与交流，推动形成优势互补、协同发展的良好态势。开展多种形式的志愿服务活动和社会公益活动，引导民众积极参与社会治理；建立公众参与平台，畅通民众表达意见和诉求的渠道；加强社会治理宣传和教育工作，提高民众对社会治理的认知度和参与度。

三、推动社会治理创新

（一）大力推进社会治理模式创新

随着时代的发展和社会的进步，传统的治理模式已经难以适应现代社会治理的需求。积极探索多元化的治理模式和方法，结合地区实际和治理需求，引入现代科技手段和管理理念，推动形成符合时代要求和地区特点的治理新模式。推广网格化管理、智慧治理等新型治理模式；利用大数据、云计算等现代科技手段提升社会治理的智能化水平；加强社会共治和多元共治等方面的探索和实践等。

（二）坚决依靠科技手段优化治理

应用科技手段是推动社会治理创新的重要途径。充分利用大数据、云计算、人工智能等现代科技手段提升社会治理的智能化水平和精细化程度。搭建社会治理信息平台，实现社会治理信息的实时监测、预警分析和智能决策等功能；推广智能安防系统，提高社会治安防控水平；开发社会治理 APP 等移动应用，为民众提供更加便捷、高效的服务；等等。促进科技手段在社会治理中的普及和推广，拓宽科技手段在社会治理中的应用范围，提高应用深度。

四、提升社会治理效能

（一）加强公共服务体系建设

公共服务体系建设是提升社会治理效能的重要保障。加大对教育、医疗、养老等公共服务设施的投入力度，提高公共服务水平、拓宽覆盖面。加强公共服务设施的规划和建设工作，确保各项服务设施得到有效利用和资源共享；加强对公共服务人员的培训和管理，提高其服务意识和专业能力；加强公共服务政策的研究和制定工作，确保其符合地区实际和民众需求；等等。

（二）完善社会矛盾与风险防控机制

社会矛盾与风险防控是社会治理的重要任务之一。建立健全社会矛盾与风险防控机制，加强源头治理和前端防控工作。完善矛盾纠纷排查调处机制，建立健全风险评估和预警体系，及时发现和化解潜在的社会矛盾和风险隐患；加强应急管理和处置能力建设，确保在突发事件发生时能够迅速响应、有效应对；加强法治宣传和教育工作，提高民众的法律意识和法治观念等。加强社会治理信息化建设，提高社会治理的智能化水平和精细化程度，为社会矛盾与风险防控提供更加有力的支持。

本章参考文献

韩升，张瑜. 2024. 新时代社会治理共同体构建的主体间性逻辑. 吉首大学学报（社会科学版）：1-8.

蒋京洲，付真卿. 2024-07-19. 两地党委社会工作部门协同推进成渝地区双城经济圈建设 坚持“川渝一盘棋”携手构建社会共治新格局. 四川日报，(3).

李倩薇. 2023-11-16. 成渝两地人社部门达成近 200 项合作措施. 义乌商报，(4).

李友梅. 2021. 中国现代化新征程与社会治理再转型. 社会学研究，36（2）：14-28，225-226.

肖琦. 2022. 新时代社会治理格局下基层法院协同参与治理的角色定位、现状与路径探析. 南昌：南昌大学.

詹懿. 2021. 2020 年成渝地区双城经济圈产业协同发展现状、问题及对策//张波，王胜，蒋朋桥，等. 重庆经济社会发展报告（2021）. 北京：社会科学文献出版社：443-456.

张守帅. 2021-05-28. 全面加强战略协作政策协同工作协调 推动成渝地区双城经济圈建设不断迈出新步伐见到新气象. 华西都市报，(2).

张蔚菊. 2024. 以治理方式智能化促进社会治理精准化. 唯实，(4)：76-79.

Considine M. 2013. Governance networks and the question of transformation. Public Administration，91（2）：438-447.

Cooper T L，Bryer T A，Meek J W. 2006. Citizen-centered collaborative public management. Public Administration Review，66（S1）：76-88.

Dahl A，Soss J. 2014. Neoliberalism for the common good? Public value governance and the downsizing of democracy. Public Administration Review，74（4）：496-504.

de Graaf G，Huberts L，Smulders R. 2016. Coping with public value conflicts. Administration & Society，48（9）：1101-1127.

后　　记

2020 年 1 月 3 日，习近平总书记在中央财经委员会第六次会议上对成渝地区双城经济圈建设做出战略部署。成渝地区双城经济圈建设上升为国家重大战略。为此，西南财经大学中国西部经济研究院的毛中根、伍骏骞、吕朝凤等出版了《中国西部开发开放报告2021：成渝地区双城经济圈建设》。2025 年是成渝地区双城经济圈这一重大战略提出五周年，为献礼成渝地区双城经济圈建设，系统回顾五年来的成就进展、困难和问题，展望未来发展，中国西部经济研究院牵头整合校内外优势资源形成《成渝地区双城经济圈建设进展与展望：2020—2025 年》。

本书从 2024 年 5 月启动撰写工作，经历调研、撰写、修改、定稿、出版等环节，历时约 8 个月。在此期间，形成诸多阶段性成果：团队成员承担了四川省哲学社会科学基金重大专项项目和相关部门委托课题，在《四川日报》《成都日报》等报刊发表学术观点。这些阶段性成果为本书的写作奠定了良好基础。

本书是集体研究成果，撰写分工如下：总负责为毛中根、丁如曦、吕朝凤、伍骏骞；第一章由毛中根、丁如曦、吕朝凤、伍骏骞、赵轩瑜撰写；第二章由袁鹏、徐轲凡撰写；第三章由邱奕宾、于泱泱、周美娜撰写；第四章由徐承红撰写；第五章由孙苗、袁存惠撰写；第六章由秦志龙、伍骏骞撰写；第七章由郑雪梅、谭璇、赵雨嘉撰写；第八章由袁正、夏文启、苏雨撰写；第九章由王思懿、田浩然撰写；第十章由周溪亭、赵世博撰写；第十一章由陈涛、巴音姗撰写；第十二章由卢飞、闫璐撰写；第十三章由赵曦、丁一玲撰写；第十四章由夏添、夏鹏海撰写；第十五章由朱兢、李雷雷、蓝泽兵撰写；第十六章由吕朝凤、肖子恒撰写；第十七章由王鹏帆、苏虹撰写；第十八章由郭仕利、毛中根、伍骏骞撰写；第十九章由江舟、吕洁撰写；第二十章由张广宇撰写；第二十一章由叶胥、李可欣撰写；第二十二章由阳杨、谭伟俊撰写；第二十三章由杨帆、宋奕馨撰写。尽管我们做了大量细致的工作，但囿于作者的能力和水平，不足之处在所难免，恳请学界同仁批评指正。

本书编辑出版工作得到西南财经大学各位领导的大力支持。科学出版社马跃副总编辑和责任编辑给予了大力帮助。所有这些让我们备受感动，深受鼓舞，特此致谢。

毛中根

2024 年 10 月于成都